아동·청소년을 위한
긍정상담
──── 영성을 중심으로

크리스토퍼 싱크 · 서미 · 김동현 공저

학지사

서문

━━━●━━━●━━━

학교상담과 교실 장면에서의 영성의 통합은 아직까지 다양한 이유로 인해 지연되고 있다. 첫째, 종교와 영성 간의 경계가 모호하다. 둘째, 감수성이 예민해서 주변 상황의 영향을 많이 받는 아동·청소년에게 신념을 강요하는 것에 대한 우려가 있다. 종교와 영성의 뚜렷한 차이에 대한 상담 관련 분야의 학자와 전문상담자들의 이해가 이전보다는 더욱 깊어졌음에도, 상당수의 상담자들은 여전히 영성을 종교에서 파생된 것으로 여긴다. 예를 들어, 내담자나 학생들이 부모의 종교적·영적 신념과 실제 행동이 일치하지 않는 것 때문에 감정이 북받친 채 대화를 시작하려 한다고 하자. 이때 일부 상담자들은 그 주제를 피하거나 전환시켜야 한다고 여길 수 있다. 영성은 학부모와 학교 교사, 지역사회 간에 민감하고 논쟁적인 주제이기에, 학교에서 상담하기에는 적합하지 않은 것으로 여겨진다. 심지어 학생이 그와 관련된 주제를 가지고 왔을 때에도 그렇다. 이는 상담자로서 아쉬운 상황이다. 왜냐하면 내담자나 청소년이 가진 종교적 민감성을 건드리는 문제나 고민은 사회-발달적 문제로 재구성되어 다루어질 수 있기 때문이다.

심리사회적·인지적·영적 발달 이론에 따르면, 일반적으로 발달 단계상 후기 아동기와 청소년기의 학생들은 자신이 누구인지, 무엇을 믿는지, 누구를 본받을 것인지 등의 의문을 갖는다. 청소년들이 부모를 포함하여 주 양육자나 보호자의 신념에 대해 의문을 갖게 되면서 자신만의 세계관과 가치를 형성해 가는 것은 매우 일반적이다. 그러나 상담자들이 부모의 종교적 신념과 종교활동에 대한 고민을 직접적으로 다룰 필요는 없다. 그 대신 청소년들이 당면한 과업, 즉 개인적·사회적 이해에 대한 탐구, 독립에 대한 욕구, 또래집단이 도덕관과 신념 및 행동 형성에 미치는 영향에 대한 인식에 관심을 가져야 한다. 요약하자면, 영성은 다양한 형태로 나타나는 의미 도출이나 의미 부여 활동과 밀접하게 관련되어 있는 요인으로서 보다 광범위한 개념이다. 즉, 그 구조와 개념 측면에서 영성은 종교와 필연적으로 연관될 필요는 없다. 건강한 영성은 유익하며, 청소년들이 발달적 과제를 성취하는 데 유용한 자산이 될 수 있다. 즉, 영성을 통해 청소년들은 개인적·사회적·직업적·교육적 문제에 보다 잘 대처하고 발달 과업을 성취하게 된다. 이러한 영성의 기능을 고려하지 않는다면, 오히려 이것이 바로 비윤리적인 것이다.

이 책에서 언급한 대로, 다행스럽게도 세계 각국의 상담자와 치료자들은 이와 같은 사실을 인식하고 있다. 적어도 지난 10년 동안, (영성을 상담 장면에 통합하는 데 있어 조심스러웠던) 북미와 아시아태평양 지역 내 다양한 분야(정신건강, 재활, 간호, 작업치료 등)의 전문가들은 영국, 호주, 뉴질랜드의 학자나 전문가들처럼 내담자의 영성을 효과적인 서비스의 중요한 요소로 받아들이고 있다. 나아가, 최근 북미의 학교상담자들은 학생과 그 가족의 삶에 근간이 되는 차원으로서의 영성의 탐색에 관심을 보이고 있다. 물론 학교상담에서 내담자와 학생의 영성을 드러내 놓고 탐색하는 것에 대한 저항은 미국에서 여전히 존재한다. 그러나 영적 이슈들이 실존적인 고민(삶의 목적과 의미)을 해결하고 삶과 죽음, 고통 등을 이해하려는 학생들의 욕구를 반영하는 것으로 재개념화된다면, 이러한 저항은 줄어들 것이다. 또한 위기와 외상에 대처하는 회복탄력성뿐만 아니라 정신건강과 심리사회적 발달에 있어 영성의 중요성을 지지하는 경험적 연구에 대해 알게 된다면, 학생과 가족의 영성을 다루는 것에 대한 상담자들의 저항감은 감소될 것이다. 무엇보다도, 우리는 긍정적인 감정이 영적·신앙적 측면과 최소한 어느 정도는 관련이 있다는 사실을 알고 있다.

이 책은 이러한 맥락에서 서술되었다. 이 책은 한국 상담자들이 청소년과 그 가족의 영성을 민감하고 윤리적으로 탐색할 때 효과적으로 상담을 제공할 수 있도록 탄탄한 이론과 연구 기반을 제공하려고 한다. 상담교사, 예비 상담자와 현장 상담 전문가들이 쉽게 이해하고, 현장에 잘 적용할 수 있도록 책을 구성하였다. 특히 영성과 한국 학교상담의 관계에 대한 연구와 저서에서 아직 소개되지 않은 주제를 다루었다는 점에서 획기적이다.

이 책은 그 근간이 되는 개념 틀로서 상담의 이론 · 연구 및 실제에서 주된 추세인 긍정심리학, 체계 이론, 사회구성주의를 포함한다. 이러한 관점이 책의 초반부에 보다 자세히 설명되어 있지만, 긍정심리학이 내담자와 학생들을 더 건강하게 기능하는 개인으로 볼 수 있게 한다는 점에서 상담자들에게 유용한 시작점임을 강조하고 싶다. 긍정심리학을 기반으로 한 상담자들은 정신과 의사와 임상심리사들이 전통적으로 그랬듯 내담자의 결핍에 초점을 맞추기보다는 내담자의 발달적 강점을 찾아내려는 경향이 있다. 이 성격적 강점들은 개인적 · 사회적 · 교육적 측면에서 행동 변화를 가져오는 지렛대 역할을 한다. 즉, 긍정심리학은 상담자로 하여금 오직 학생들의 '위험한' 속성에만 초점을 맞추어 잘못된 점을 중재하고 치료하는 것에서 벗어나 내담자가 이미 잘하고 있는 것에서 출발하게 한다. 이미 암시되었듯이, 학생들의 영성은 상담자가 상담과정에서 활용하는 힘이 될 수 있다.

이 책의 또 다른 이론적 지향점은 체계 이론과 사회구성주의이다. 체계적 관점은 상담자로 하여금 학생들을 그 자신이 속한 생물학적 · 사회문화적 환경과 이 맥락에 영향을 주는 다양한 변수 내에서 보도록 한다. 상담자들이 잘 아는 것처럼 내담자의 행동은 복잡한 과정을 거친다. 상담자는 단순히 내담자의 과거를 탐색함으로써 현재 행동과 연결된 인과관계를 찾아낼 수는 없다. 인과관계와 선형적 사고는 학생의 교육적 · 가족적 · 개인적 역사 내에서 현재의 문제와 연관되었을 것으로 추정되는 무언가를 찾는 데에서 시작될 것이다. 예를 들어, 한 고등학교의 상담자가 어떤 청소년의 부적응 과정을 발견할 수 있다. 그 청소년은 어렸을 때 만났던 서툴고 지지적이지 않은 교사 '때문에' 수학을 싫어하게 되었다. 수학에 대한 어렸을 때부터의 부정적 태도는 그녀가 중학교에서 수학숙제를 자발적으로 하지 않는 데에 어느 정도 영향을 끼쳤을 것으로 여겨진다. 그것은 다시 현재 수학교실에서의 문제를 악화시켰을 수 있다. 그러나 이러한 논리적 문제해결 과정은 학생의 비행을 '초래했을' 수 있는 다른 모든 요인들을 지나치게 단순화시키므로 상담 역동 내에서 오히려 비생산적으로 작용하는 경향이 있다. 체계 이론에 기반을 둔 상담자들은 학생들의 과거 동기와 행동을 드러내기 위해 '그들이 왜 그랬는지'(예를 들어, '왜 그런 위험한 약물을 사용했니?') 질문하기보다는, 몇몇 하위체계(가족, 또래, 학교, 지역사회 등)가 학생들의 감정이나 생각, 행동에 영향을 끼쳤는지 알기 위해 보다 넓은 관점을 취한다. 어떤 사례에서는 학생의 종교와 영성이 탐색될 수 있는 중요한 체계가 된다. 이와 유사하게 학생들의 생각, 감정, 행동을 사회구성주의적 관점에서 보는 것은 상담자들이 학생 문제가 사회적 환경에서 만들어졌음을 이해하는 데 도움이 된다. 학생의 영성과 종교성 또한 사회적으로 구성되어 있다. 도덕관과 가치관은 시간이 지남에 따라 서서히 구축되는 것이기 때문에, 또한 점진적으로 해체되고 보다 건강한 방식으로 재구성될 수 있다.

이 책이 학생의 영성에 대한 독자들의 이해를 돕기를, 그리고 독자들에게 흥미로우며 유용한 책이 되기를 바란다. 이 책에서 효과적인 상담을 위해 추천하는 방법들과 사례들은 상담자들이 학생과 내담자를 더 잘 돕는 데에 도움이 될 것으로 믿는다. 이 책을 읽은 상담자들은 내담자의 영성을 보다 주의 깊게 받아들이고 평가·계획하며, 적절한 상담서비스와 중재를 제공하게 될 것이다. 피드백과 제안을 환영한다. 아동·청소년의 영성에 관한 독자의 경험은 이 책의 이후 개정판에 포함될 수 있을 것이다.

크리스토퍼 싱크

(시애틀퍼시픽 대학교 교육학과 교수)

한국인 저자 서문

"전인적으로 성장하는 아이들, 지극히 행복한 아이들, 이런 아이들이 되도록 하기 위해 교사와 상담자는 학교와 상담 현장에서 구체적으로 어떻게 도와야 할까?"

"과연 우리 교육자들은, 그리고 상담자들은 아이들이 행복하고 의미 있는 삶을 살도록 하기 위해 어떤 삶에 대해 이야기하고, 어떻게 살도록 가르쳐야 하는 것인가?"

이 책은 이러한 질문에서 시작되었다. 청소년들은 어떻게 성장해야 할지, 어떻게 하면 행복해질 수 있는지 그 방향을 알지 못한 채, 경쟁사회에서 살아남는 법을 배운다. 아동·청소년들의 행동의 지향점은 1등이 되고, 남보다 더 좋은 스펙을 쌓고, 경제적인 부와 명예를 얻는 데 맞추어져 있다. 아동·청소년들은 이전 세대보다 행복하지 않고 우울하며 정신적으로 취약하다. 그러나 정작 교사와 상담자들은 공부 이외에 이들에게 제시할 긍정적인 방향 또한 갖고 있지 못하다.

사회가 점점 더 물질적으로 풍요로워진 데 반해 상대적 결핍감과 물질만능주의로 인해 정신적으로 고독해지고 빈곤해지는 것은, 비단 한국 사회의 문제만은 아니다. 하지만 유치원에서 고등학교까지 근 12년 이상의 시간을, 보다 좋은 대학에 가는 것을 목표로 삼고 입시에만 매달리는 한국 사회에서 치열한 경쟁과 단절, 불안과 외로움은 그 정도가 심각하다. 이는 OECD 국가 중 한국 청소년의 행복감이 최하위라는 연구 결과와 학교폭력의 잔인성과 심각성에서 단적으로 드러난다. 이제 교사와 상담자는, 미래의 행복을 위해 현재를 사는 방법밖에 모르는 아이들에게 진정으로 하고 싶은 일과 삶의 가치를 탐색하고 이해시킴으로써, 오늘을 행복하게 살 수 있도록 아이들을 인도해 주어야 한다. 더불어 이제는 아동·청소년들이 삶의 의미와 진정한 자아를 만날 수 있도록 자극하고, 이들의 건강한 에너지를 발견해 주고 북돋아 주어야 할 때이다. 이 책의 저자들은 이와 같은 관점에서 삶의 의미와 밀접하게 관련된 영성을 학교 장면과 상담 장면에 적용해 보고자 하였다. 이를 통해 청소년상담자와 교육자로 하여금 긍정심리학의 입장에서, 삶의 의미 그리고 삶의 가치와 밀접하게 관련된 영성을 청소년상담 및 교육 현장에 접목할 수 있도록 돕고자 하였다.

이러한 맥락에서 저술된 책에 대한 전반적인 설명은, 앞선 주 저자인 싱크 박사의 서문에서 자세히 설명되어 있다. 그의 서문에는 이미 영성에 대한 관점, 이론적 근거, 의의가 설명됐기 때문에, 여기서는 이 책의 구성에 대해서 간략하게 설명하고자 한다.

이 책의 구성은 총 9개 장으로, 1장에서 3장까지는 싱크 박사가, 4장부터 6장까지는 서미 박사가, 7장부터 9장까지는 김동현 박사가 기술하였다. 싱크 박사가 저술한 1장에서 3장은 주로 영성에 대한 이론적 근거에 대해서 설명하고 있다. 구체적으로 1장에서는 영성의 철학적·이론적 토대인 긍정심리학에 대해서 전반적으로 개관하였고, 영성의 개념에 대해 기술하였으며, 발달적 강점 자원으로서의 영성을 상담 실제에 어떻게 적용할 것인지에 대해서 설명하였다. 2장에서는 청소년의 회복탄력성과 영성의 관계, 즉 회복탄력성에 미치는 영성의 긍정적인 영향, 영성을 통해 회복탄력성이 어떻게 촉진되는지에 관한 모형들, 그리고 실제 상담사례를 소개하였다. 3장에서는 영성의 발달 모델에 대해서 설명하였는데, 특히 제임스 파울러의 심리학적 모델을 집중적으로 조명하였다. 4장에서는 영성을 학교체제에 도입하는 것과 관련하여 영성과 학교공동체에 대해 설명하였다. 세부적으로 학교공동체의 필요성에 대해 개관하였고, 학교공동체의 통합적 모형인 돌봄학교공동체의 개념과 적용, 학교공동체의 목표인 영성교육 및 전인교육 내용에 대해서 설명하였다. 5장에서는 영성을 상담과 교육 장면에서 인식하고 활용하는 것에 대해서 기술하였다. 구체적으로, 여기서는 상담자와 교사의 자기 영성의 인식, 상담이나 교실 장면에서 청소년 내담자나 학생의 영성(영적 발달 수준) 인식, 상담자 및 교사의 영성 자각을 위한 영성교육에 대해서 설명하였다. 6장은 다문화상담에서의 영성의 활용 및 다양한 종교적 관점(그리스도교, 불교, 힌두교, 이슬람교)에서의 영성과 상담사례에 대해서 기술하였다. 7장은 국내외에서 진행된 영성 연구의 동향에 대해서 기술하였다. 8장은 영성의 측정 방법과 도구들을 설명하였는데, 주로 학교현장에서 직접적으로 활용할 수 있는 것들을 중심으로 살펴보았다. 9장은 수업 장면 또는 집단상담 장면에서 활용할 수 있는 영성 활동 및 프로그램들을 제시하였다.

　이 책의 저자 구성은 아동 · 청소년상담의 이론과 실제를 충실하게 다루는 데 매우 효과적이었다고 자부한다. 주 저자인 크리스토퍼 싱크 교수는 미국 학교상담 분야에서 오랜 연구와 교육 경험을 가진 학자로서, 관련 분야에서 가장 영향력 있는 저널인 *Professional School Counseling*의 편집자로 오랜 기간 활동해 오고 있으며, *Counseling and Values* 저널의 발행인과 편집자를 역임하는 등 영성과 상담 분야에서 저명한 연구자이다. 사실 이 책의 뼈대는 싱크 박사가 시애틀퍼시픽 대학교의 학교상담자 석 · 박사 통합과정에 개설된 Positive Psychology and Spirituality in Schools라는 과목에서 10여 년 넘게 진행해 온 강의 및 연구 경험에 근거한 것이다. 이렇게 미국에서의 연구와 실제에 근거한 탄탄한 뼈대 위에 서미 박사의 20여 년의 상담 경험과 김동현 박사의 20여 년의 교육 경험이 녹아들어, 한국 실정에 맞는 이론과 실제에 강한 책이 되었기를 기대한다. 싱크 박사가 저술한 1장에서 3장은 이론적인 개관 등 포괄적인 내용을 주로 담고 있으며, 상담 전문가인 서미 박사가 저술한 4장에서 6장은 다수의 상담사례를 포함한 상담 실제에 관련된 내용에 초점을 두었으며, 초등학교 교사인 김동현 박사가 저술한 7장에서 9장은 교사의 입장에서 교사가 활용할 수 있는 자료들이 다수 포함되어 있다.

　책에 수록되어 있는 다양한 상담사례나 활동 자료의 대부분은 저자 개인의 상담사례를 포함하여 원저자의 동의를 받은 자료들이므로 독자들이 인용할 때 저작자와 상의해야 함을 당부한다.

이 책이 나오기까지 많은 사람의 도움이 있었다. 먼저 1장에서 3장까지 싱크 박사의 영어 원고 번역에 도움을 준 안지영 선생님과 유혜란 선생님께 고마운 마음을 전하며, 영어 번역에서 어려움이 있을 때마다 도움을 주었던 앤 선생님께 감사를 전한다. 언제나 마음의 스승인 김재환 교수님, 고 이수원 교수님, 그리고 나태함에 대해 따뜻한 채찍을 주시는 구본용 원장님께도 마음 깊이 감사의 말씀을 전하고 싶다. 박사부터 박사후 과정 영성 연구를 지원해 주셨던 조한익 교수님, 그리고 원고를 쓰느라 알게 모르게 민폐를 끼쳤을 동료 학교폭력예방팀원 소수연, 주지선, 양대희, 김승윤, 김혜영, 전환희 선생님들과 양미진 실장님께 미안함과 감사의 마음을 표한다. 금호동 산동네 쌀집 막내딸이 탄력적으로 잘 자랄 수 있도록 언제나 모범이 되어 주신 부모님 두 분께도 큰 감사를 드린다. 세상에서 그저 나로서 존재할 수 있도록 깊은 이해와 응원을 주는 사랑하는 남편과 딸 나슬이에게 생애 첫 책의 저자가 된 영광을 돌리고 싶다. 마지막으로, 이 책을 출판할 수 있도록 허락해 주셨던 학지사와 박지연 대리, 편집을 맡아 수고해 온 이현구 과장님, 더불어 좋은 책을 만들기 위해 동분서주하며 노력하는 직원들의 노고에 감사의 말씀을 전한다.

서미

(한국청소년상담복지개발원 상담조교수)

차례

제1장 긍정심리학과 영성 개관

긍정심리학은 최근 들어 심리학의 한 분야로 인정받으며 심리학 이론 및 연구의 성격과 방향 제시에 영향력을 발휘하고 있다. 정신건강 종사자들과 학교 상담자들 사이에서 긍정심리학에 기반을 둔 긍정심리치료에 대한 관심이 증가하고 있으며, 간호, 사회복지, 경영학과 같은 다른 전문 서비스 분야에서도 긍정심리학의 핵심 원리가 빼놓을 수 없는 한 부분이 되었다는 사실이 긍정심리학의 광범위한 영향력을 뒷받침한다. 이 책에서는 긍정심리학에 관한 연구와 전문 서적을 토대로 긍정심리학 상담 이론 및 실제, 특히 청소년의 영성에 대해 다루고자 한다.

첫 번째 장에서는 우선 긍정심리학의 주된 이론적 기반에 관해 요약하고 용어를 명확히 정의함으로써 긍정심리학에 입문하는 것을 돕고자 한다. 그다음으로 긍정심리학자들에 의해 연구된 인간의 주요 특성과 긍정심리학의 핵심 가정에 대해 설명할 것이다. 이후 상담자가 상담 장면에서 사용할 수 있는 강점기반 프로그램과 평가도구들에 대해서 논의하고, 긍정심리학과 성격적 강점 및 영성 간의 관련성에 대해서 알아보려고 한다. 마지막으로 긍정심리학과 영성과의 연결성이 현재 상담의 이론 및 실제에 있어 어떻게 자리매김하고 있는지에 대해 간단히 다룰 것이다.

1. 긍정심리학의 이론적 기반 및 용어정의에서의 고려사항

정신의학과 임상심리학 일각의 전통적 접근법은 결핍 모델 또는 의학적 모델에 기초하여 환자나 내담자를 계속해서 '치료'의 대상으로만 간주한다. 이러한 심리치료자들은 APA(American Psychiatric Association, 미국정신의학협회)의 『정신장애 진단 및 통계편람(Diagnostic Statistical Manual of Mental Disorders: DSM)』 최신판에 근거하여 환자의 역기능적 행동에 진단명을 붙이고, 경과를 예측하고, 처치를 지시한다. 전통적인 심리치료 과정은 사람들이 신체적 질병으로 인해 의사를 찾았을 때 경험하는 것과 별반 다르지 않다. 당장의 증상을 완화시키고 일정 시간이 지나면 증상을 '고치는' 처방들이 환자에게 제공된다. 예를 들어, 정신과 의사는 증상의 심각성에 따라 약물요법과 병행하여 대화치료(인지행동치료의 한 유형)를 처방할 수 있다.

1900년대 중반 무렵, 의학적 모델과는 대조적으로 실존심리학과 인본주의 심리학(예: Abraham Maslow, 1943, 1968; Gordon Allport, 1961), 그리고 관련된 심리치료(예: 칼 로저스[Carl R. Rogers]의 내담자 중심 치료; Rogers, 1951, 1963)는 인간기능과 정신건강 개입을 개념화하는 데 있어 대안적인 패러다임을 제공하였다(예: Maddi, 1963). 인본주의 심리학에 따르면 개인은 개인 및 사회적 성장을 추구하는 내재적인 동기를 가지고 이를 실현하기 위해 움직인다. 그러나 부정적인 사회 환경으로 말미암아 개인의 내재적 동기는 약화되며 결과적으로 정신적 고통과 정신 병리가 촉발되는 것이다(Joseph & Linley, 2006). 이러한 인본주의의 철학적 이론을 기반으로 한 심리치료자나 상담자들은 인간 중심적이고, 내담자에게 권한을 부여하고, 내담자의 자율성을 고취하며, 내담자에게 지시적이지 않은 태도를 보인다. 인본주의 심리학의 대표 격인 로저스 이론에 기반을 둔 상담자들은 내담자들이 성장하거나 또는 최상의 기능을 하는 데 있어 장애가 되는 걸림돌을 극복할 수 있도록 필요한 돌봄과 지지를 제공하고 안내해 준다. 이때 상담자들은 내담자에게 덜 지시적이면서 낙관적인 태도를 견지한다. 인본주의 상담자들은 더 적응적이고 건강하게 기능하는 사람이 되기 위해 어떻게 삶을 변화시켜야 할지를 궁극적으로 가장 잘 알고 있는 사람은 바로 내담자 자신이라는 점을 믿는다. 내담자들이 자신 안에 내재된 능력과 강점을 명확하게 인식하지 못하는 경우도 마찬가지이다. 즉, 인본주의 심리학자들은 내담자들이 본질적으로 스스로 기능하고 성장할 수 있는 존재라는 긍정적인 시각을 가지기 때문에, 상담자의 가장 중요한 역할은 내담자의 자아발견과 치유를 위한 성장을 돕는 것으로 보고 있다.

지난 20년 동안 이 분야에서 가장 영향력 있는 연구자인 마틴 셀리그만과 미하이 칙센트미하이(Seligman & Csikszentmihalyi, 2000)에 의해서 주도된 긍정심리학은 주류 정신의학과 임상심리학에서 강조하는 정신병리학적 경향을 대체하는 실행 가능한 대안으로 떠올랐다(Compton & Hoffman, 2012; Linley, Joseph, Harrington, & Wood, 2006; Snyder, Lopez, & Pedrotti, 2011). 긍정심리학의 기반을 이루는 '강점 패러다임'은 인본주의적 실존주의 심리학(예: Allport, Henry Murray, Rogers, Viktor Frankl)에서 가장 큰 영향을 받았으며, 그리스·로마 철학, 융의 심리학, 제임스 듀이(James Dewey)와 실험심리학자 윌리엄 제임스(William James)의 저서 등에도 '강점 패러다임'에 영향을 끼친 요소들이 발견된다(Froh, 2004; Rathunde, 2001). 물론 인본주의와 긍정심리학 간에 철학적·방법론적 차이가 분명히 존재한다. 하지만 로저스의 인본주의와 관련된 심리학자들은 긍정심리학이 인본주의적인 실존주의에서 자연스럽게 파생된 결과물이라고 여긴다(Waterman, 2013). 이런 측면에서, 긍정심리학이 심리학의 한 분야로 인식되기 수십 년 전에 이미 에이브러햄 매슬로(Maslow, 1954)가 '긍정심리학을 향하여'라는 문구를 사용하였다는 점은 흥미롭다.

정신의학이 인간의 결핍과 '(환자로서) 인간의 경험을 치료하기'에 초점을 두는 것과는 매우 대조적으로, 긍정심리학자들은 잘 기능하는 개인과 집단에 대해 과학적으로 연구한다(Joseph & Linley, 2006, p. 333). 셀리그만과 칙센트미하이(Seligman & Csikszentmihalyi, 2000)는 긍정심리학을 "긍정적이고 주관적인 경험과 개인의 긍정적인 특성, 삶의 질을 향상시키며 삶이 황폐화되고 무의미할 때 일어나는 병리를 예방할 수 있는 긍정적 방법이나 제도에 대한 과학"으로 정의한다(p. 7). 또한 셀리그만과 칙센트미하이는 "심리학은 단순히 삶의 가장 안 좋은 부분을 바로잡는 것에만 몰두하기보다는 긍정적인 자질을 구축하는 것에까지 초점을 맞추어야 한다."고 제안한다(p. 5). 즉, 긍정심리학자들은 인간의 건강하지 않은 측면의 중요성을 부인하거나 축소하지 않으면서 강점에 집중한다고 볼 수 있다. 긍정심리학은 최적의 건강 상태, 성취, 행복(well-being)에 대한 연구이다(Linley et al., 2006, p. 6). 이러한 정의를 상담과 교육에 적용해 본다면 긍정심리학 연구자들은 주로 우수한 상담자와 교사 그리고 성공적인 내담자 또는 학생들의 주요한 자질, 성격, 행동 등을 연구한다고 볼 수 있다.

2. 핵심 가정들

인간과 인간의 기능적 측면을 다루는 모든 이론들과 마찬가지로 긍정심리학은 다양한 기본 가정을 전제로 하고 있다. 다수의 자료(예: Fredrickson & Losada, 2005; Fredrickson & Kurtz, 2011; Joseph & Linley, 2005; Mong, Bergeman, & Chow, 2010; Seligman, 2003)에 근거한 주요 가정은 다음과 같다.

- 인간 본성은 대체로 긍정적 성향을 나타내며 따라서 통제될 필요가 없다.
- 인간은 자신에게 무엇이 중요하며 만족스러운 삶을 위해서 무엇이 필수

적인지 알 수 있는 타고난 능력이 있다.

- 인간은 만족스럽고 행복하고 의미 있는 삶을 살아가기 위해 노력한다.
- 인간은 긍정적 감정을 가치 있게 여기며, 이러한 긍정적 감정은 개인적 · 사회적 역경을 극복하는 데 사용될 수 있다(긍정적인 감정에는 변화를 촉발하는 힘이 있다).
- 인간은 그들이 어떻게 기능할지에 영향을 주는 긍정적 또는 부정적 성격 특성을 가지고 있다.
- 모든 아동, 청소년, 가족 및 지역사회는 강점을 가지고 있다.
- 긍정적 감정은 개인적 성장과 사회적 친밀감 형성을 촉진할 뿐 아니라 인식의 범위를 확장시킨다.
- 긍정적 감정은 상승하는 성장 곡선(spiral)에 활력을 불어넣는다.
- 긍정적 감정은 부정적인 감정을 뒤바꾸고 회복탄력성을 촉진한다.
- 긍정적 감정은 개인의 심리적 자원을 증가시킨다.
- 학생, 가족, 지역사회는 종종 문제에 대해 새로운 방법으로 사고하고 혁신할 수 있게 하는 자원이 되기도 한다.

위의 핵심 가정에서 분명하게 볼 수 있듯이 긍정심리학자들은 건강한 인간으로 기능하는 데 중요한 역할을 하는 요인으로 긍정적 감정과 발달적 자원을 강조한다. 인본주의 심리학자처럼 긍정심리학자들은 인간을 희망적이고 낙관적인 시각으로 바라보며, 성취하고 만족하고자 하는 인간의 내재적 성향에 초점을 맞춘다. 일반적으로 강점기반 이론가들과 연구자들은 인간의 건강하지 않은 면을 부정하지 않으면서도 인간은 재능 있고, 성장을 추구하며, 의미 있는 존재라는 전제로부터 출발한다.

3. 발달적 자원

긍정심리학자들이 연구한 다수의 결과 변인(outcome variable)들 중에서 지속적으로 논의되고 있는 인간 특성 또는 강점은 다음과 같다. 진정성, 긍정적 감정(예: 기쁨, 만족감, 웰빙, 삶의 만족, 행복, 완전함, 연결성[interconnectness]), 몰입, 감사, 회복탄력성, 낙관성, 목표 달성, 자신감, 용기, 자기효능감, 자기조절, 자율성, 친밀감(예: Fredrickson & Kurtz, 2011; Stalikas, & Fitzpatrick, 2008). 최근에는 영적 지능이 개인의 잠재적 자질군의 일부로 고려되기도 한다. 이러한 잠재적 자질은 아동·청소년 발달과의 관계에서 광범위하게 논의되고 있다(Brown Kirschman, Johnson, Bender, & Roberts, 2009). 만약 이러한 특성이 청소년기에 나타난다면 건강한 발달 신호로 볼 수 있다. 연구에 의해 밝혀진 다른 강점 요인들은 〈표 1-1〉과 〈표 1-2〉에 제시되어 있으며, 다음의 내용에서 추가적인 논의를 진행하고자 한다.

4. 강점기반 프로그램의 예

학교상담자와 교육자들은 긍정적 청소년 발달(예: Dixon & Tucker, 2008; Lerner et al., 2012; Park & Peterson, 2008; Smith, 2006)과 회복탄력성(예: Fletcher & Sarkar, 2013)을 지원하기 위해 고안된 다양한 강점기반 접근법에 매우 익숙할 것이다. 강점기반 접근법을 활용하는 상담자들은 기본적으로 학생들로 하여금 긍정적인 특성을 개발하도록 하여 다양한 발달적 영역(예: 사회정서, 가족, 학업/교육)에서의 결손을 극복하도록 돕는다. 달리 말하면 임상가들은 내담자가 자신의 삶을 성공적으로 살아가는 데 집중하도록 돕는 것이다. 특히 과거 내담자에게 성공적이었던 운영 전략(navigational strategies)을 확인하고 그것을 현재 마주하는 새로운 역경에 효과적으로 적용할 수 있도록 선택적으로 활용하는 것을 돕는다. 좋은 강점 중심 접근의 한 예로서 니센(Nissen, 2006)이 소년 범죄자 상담을 위해 제시한 청소년 역량 평가(Youth Competency Assesment: YCA) 모델([그림 1-1])을 들 수 있다.

이 모델은 문제 청소년들이 가족 및 지역사회 자원과의 연결을 통해 개인적 안녕과 건강한 자아 정체성을 회복하는 데 초점을 맞추고 있다. 상담자의 목표는 내담자가 긍정적으로 기능하기까지의 과정을 이해하고 지원하는 것이다. 목표를 이루기 위해 상담자들은 다음 질문에 대한 답을 찾고자 한다. 첫째, 청소년이 가지고 있는 개인적 강점(긍정적 기술과 자질)은 무엇이며 어떻게 청소년들은 자신의 강점에 접근할 수 있는가? 둘째, 청소년들은 성공에 방해가 되는 것을 극복하기 위해 자신들의 강점을 어떻게 효과적으로 사용하는가? 셋째, 청소년에게 어떤 긍정적 자원(예: 이웃, 가족 구성원, 청소년 지도자)이 활용 가능한가?

미국에서 널리 사용되고 있는 또 다른 강점기반 모델로 긍정 행동 개입과 지원(Positive Behavior Intervention and Support: PBIS; PBIS.org, 2013 참조)과 중재반응(Response to Intervention: RTI; National Center on Response to

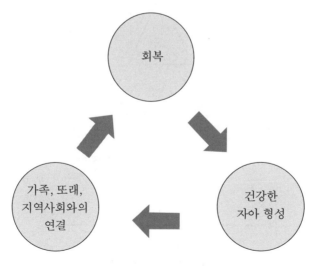

[그림 1-1] 청소년 역량 평가(YCA) 모델

Intervention, http://www.rti4success.org 참조)을 들 수 있다. 본질적으로 PBIS와 이와 자매격인 RTI 모델은 학생의 긍정적 행동을 증진하는 전인적 체제를 가지고 있다. 이 모델들은 학교 내의 시대에 뒤처지고 비효과적인 훈육 방법을 보다 지지적이고 효과적인 행동 관리 시스템으로 대체하고자 개발되었다(Lane, Menzies, Kalberg, & Oakes, 2012). PBIS와 RTI는 모두 연구 기반의 다층식(multi-level) 예방 시스템이기 때문에 구조, 목표, 실행에 있어서 유사점이 많다. 하지만 RTI는 장애학생을 돕는 데 좀 더 초점을 두는 경향이 있다.

PBIS와 RTI를 실행하는 학교 실무자들은 학생들의 삶을 질적으로 향상시키기 위해 사전 예방적·상호 협동적으로 움직이는 훈련을 받는다. [그림 1-2]는 PBIS의 기본적인 3단계 체제를 보여 주고 있다. 피라미드 모델의 가장 아래 단계에서는 대다수 학생을 위한 긍정적 예방 활동이 제공된다. 두 번째 단계에서는 문제 행동의 위험성이 있는 학생들을 대상으로 좀 더 높은 강도의 지원

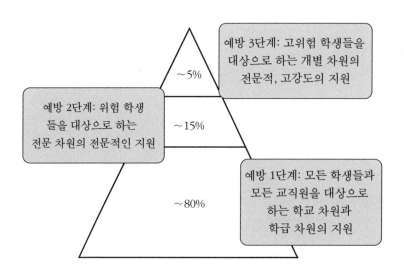

[그림 1-2] PBIS 모델

출처: http://www.pbis.org/htm

책이 소그룹 형태로 제공된다. 가장 상위 단계에서는 가장 큰 위험에 노출된 학생들을 대상으로 집중적인 지원책이 개별적으로 제공된다. PBIS와 RTI 모델을 실시하는 학교에서는 상담자들의 역할이 매우 중요한 것으로 드러났다(Ockerman, Mason, & Hollenbeck, 2012; Shepard, Shahidullah, & Carlson, 2013 참조). 특히 2, 3단계에서 상담자 역할의 중요성이 두드러지게 나타났다.

또 하나의 유용한 강점기반 접근으로 긍정 청소년 발달(Positive Youth Development: PYD)을 들 수 있다. 이 프로그램은 현재 미국뿐 아니라 아시아, 태평양 국가를 포함한 다른 나라에서 이미 실행되고 있다(예: Shek & Yu, 2011). PYD는 위에서 살펴본 두 모델과 유사하게 청소년들이 성공적으로 성인기로 옮겨가는 과정에서 필요로 하는 지원과 서비스를 포함한 넓은 범위의 체제를 포함하고 있다. PYD 프로그램은 긍정심리학 연구와 이론을 기초로 하

표 1-1 긍정 청소년 발달(PYD) 프로그램의 특징

- 건강한 출발과 발달
- 경계와 기대
- 돌봐 주는 성인
- 학습에 몰두
- 건설적인 시간 사용
- 효과적인 교육
- 권한 부여(empowerment)
- 가족, 학교, 지역사회 노력의 통합
- 기술 개발의 기회
- 봉사의 기회
- 긍정적 자아
- 긍정적 가치
- 안전한 공간과 신체적/심리적 안전
- 사회적 역량
- 지지적 관계

참고: National Conference of State Legislatures Positive Youth Development(2010, 출처: http://www.ncsl.org/issues-research/human-services/positive-youth-development-pyd.aspx#frameworks[2013. 6. 30. 인출])의 내용을 수정함.

여 개발되었으며 청소년의 위험요소 대신 그들의 발달적 자원과 강점에 보다 중점을 둔다. 또한 PYD는 청소년들에게 그들을 도울 수 있는 성인, 방문하여 함께 교류할 수 있는 안전한 장소, 효과적인 교육, 타인을 돌보면서 학습할 수 있는 기회 등을 제공한다. PYD 프로그램의 가장 핵심적인 특징이 〈표 1-1〉에 나타나 있다.

1) 강점 평가

내담자 스스로가 자신의 성격적 강점을 알아볼 수 있는 다양한 방법들이 이미 개발되었는데, 이는 대부분 셀리그만과 칙센트미하이(2000) 등 주요 긍정심리학자의 노력에 힘입은 것이다. 학교 및 이와 유사한 장면에서 광범위하게 사용되는 측정도구로 크게 세 가지를 들 수 있다. 그것은 성격강점검사(Values in Action Inventory of Strenghts: VIA-IS; Peterson & Seligman, 2004), 강점탐색척도(StrengthQuest) 또는 강점발견 척도(StrengthsFinder; Clifton, Anderson, & Schreiner, 2005), 그리고 서치 인스티튜트(Search Institute)의 40가지 성장자원평가(40 Developmental Assets; Search Institute, 2006, 2013)이다. 용어 간에 개념적 · 실제적 중복이 있음에도 불구하고, 각각의 측정도구는 고유의 명명법을 따르기 때문에 안타깝게도 응답자의 동일한 강점 특성에 대해 서로 다른 명칭을 사용한다.

표 1-2 VIA-IS 강점의 분류

지혜와 지식 – 지식의 습득과 활용을 수반하는 인지적 강점
- 창의성: 일을 처리하기 위한 새롭고, 생산적인 사고
- 호기심: 현재 경험하는 모든 것에 흥미를 가짐
- 열린 마음: 모든 방향에서 가능성을 탐색할 수 있는 사고력
- 학습에 대한 열정: 새로운 기술, 주제, 지식 체계에 대한 숙달
- 균형적 관점: 타인에게 현명한 상담을 제공할 수 있음

용기 – 외부적 또는 내부적인 반대에도 불구하고 목표를 반듯이 성취하고자 하는 강한 의지와 같은 정서적 강점
- 정직/진실성: 진실을 말하고 진솔한 방법으로 자신을 드러냄
- 용기: 위협, 도전, 어려움, 고통으로 인해 움츠러들지 않음
- 인내: 시작한 것을 끝냄
- 열정: 흥분과 에너지가 넘치는 삶

인간미 – 타인에 대한 돌봄과 친근함을 수반하는 대인관계 강점
- 친절: 타인에 대한 호의와 선행
- 사랑: 타인과의 긴밀한 관계를 소중히 여김
- 사회적 지능: 자신과 타인의 동기와 감정을 알아차리는 능력

정의 – 건강한 사회생활의 기초가 되는 시민적 강점
- 공정성: 공정성과 정의의 원칙에 따라 모든 사람을 동일하게 상대함
- 리더십: 그룹 활동을 조직하고 그룹에서 일어나는 활동을 살핌
- 팀워크: 그룹 또는 팀의 일원으로 잘 활동함

절제 – 정도를 넘지 않게 조절하는 강점
- 용서: 잘못한 사람을 용서함
- 겸손: 자신의 수고는 자연적으로 드러나게 이에 관여하지 않음
- 신중함: 자신의 선택에 신중함, 나중에 후회가 할 수 있는 일은 말하거나 시도하지 않음
- 자기조절: 자신의 감정이나 행동을 조절함

초월 – 더 큰 우주와의 연결을 구성하고 의미를 제공하는 강점
- 아름다움에 대한 감상: 삶의 모든 영역에서 아름다움, 우수성, 전문적인 작품을 알아보고 감상함
- 감사: 일어난 좋은 일들에 대해 인지하고 감사함
- 희망: 최선의 결과를 기대하고 이를 달성하기 위해 노력함
- 유머: 웃음과 농담을 좋아함. 다른 사람들에게 웃음을 가져다줌
- 영성/종교성: 더 높은 인생의 목적과 의미에 대한 일관된 신념을 가짐

〈표 1-2〉에서 볼 수 있듯이 VIA-IS는 6가지 덕목(예: 지혜와 지식, 용기, 사랑과 겸손)의 하위 요인을 구성하는 24가지의 성격적 강점을 측정한다. 클립튼 등의 강점발견 척도(StrengthsTest.com, 2005~2012)는 34개의 서로 다른 강점 또는 재능군 가운데 상위 5개의 강점을 찾도록 설계되었다(〈표 1-3〉 참조). 이 척도는 다양한 상황에서 유용하게 적용될 수 있는 개인의 재능을 측정한다.

| 표 1-3 | 강점 발견을 위한 강점목록 |

강점	설명
성취자	'성취자' 강점 유형의 사람들은 좋은 체력과 열정을 가지고 열심히 일한다. 이들은 바쁜 것과 생산적인 것에 큰 만족을 느낀다.
활동가	'활동가' 강점 유형의 사람들은 생각을 행동으로 실천함으로써 새로운 일을 시작하게 할 수 있다. 이들은 종종 참을성이 없다.
적응성	'적응성' 강점 유형의 사람들은 흐름에 따르는 것을 선호한다. 이들은 '현재를 사는' 사람으로, 일이 생기면 받아들이고 한 순간에 미래를 발견하는 경향이 있다.
분석적	'분석적' 강점 유형의 사람들은 이유와 원인을 찾는다. 이들은 상황에 영향을 미칠 수 있는 모든 요인에 대해 생각할 수 있는 능력이 있다.
조정자	'조정자' 강점 유형의 사람들은 구조화의 능력뿐 아니라 이를 보완하는 유연성도 함께 가진다. 이들은 최선의 결과를 거두기 위해 자원을 어떻게 활용해야 하는가를 고민하는 것을 좋아한다.
신념	'신념' 강점 유형의 사람들은 변하지 않는 핵심 가치를 가지고 있다. 이러한 가치 중에서 자신의 인생의 분명한 목적이 나온다.
지휘(통솔)	'지휘(통솔)' 강점 유형의 사람들은 존재감을 가진다. 이들은 상황을 통제하고 적절한 결정을 내릴 수 있다.
의사소통	'의사소통' 강점 유형의 사람들은 평범한 말로 자신의 생각을 쉽게 표현할 수 있다. 이들은 좋은 대화 상대이자 또한 발표자이다.
경쟁	'경쟁' 강점 유형의 사람들은 다른 사람의 성과와 비교하여 자신의 진보 정도를 판단한다. 이들은 일등을 위해 노력하고 경쟁 대회를 즐긴다.
연결성	'연결성' 강점 유형의 사람들은 모든 것 간의 연결에 대한 믿음이 있다. 이들은 대부분 모든 일에는 이유가 있으며, 우연은 없다고 믿는다.
일관성/ 공정성	'일관성'(첫 번째 StrengthsFinder 평가에서 공정성이라고 불린 주제) 강점 유형의 사람들은 사람들이 동일하게 대우받는 것의 필요성을 절감한다. 이들은 매우 명확한 규칙을 설정하고 이를 고수하므로 모든 사람을 공정하게 대우하려고 노력한다.
맥락	'맥락' 강점 유형의 사람들은 과거에 대한 생각을 즐긴다. 이들은 과거를 돌아보는 것을 통해 현재를 이해한다.
신중	'신중' 강점 유형의 사람들은 의사결정이나 선택의 상황에서 매우 신중하다. 이들은 장애물을 사전에 예측한다.

개발자	'개발자' 강점 유형의 사람들은 다른 사람의 잠재력을 인지하고 촉진시킨다. 이들은 작은 개선을 통한 변화를 잘 인지하며 이러한 부분에서 만족을 경험한다.
규율	'규율' 강점 유형의 사람들은 규범과 구조를 즐긴다. 이들의 세계는 자신이 만든 질서에 의해 가장 잘 설명된다.
공감	'공감' 강점 유형의 사람들은 다른 사람의 입장이 되어 봄으로써 타인의 감정을 잘 이해할 수 있다.
집중	'집중' 강점 유형의 사람들은 방향을 잡고, 방향에 따르고, 정해진 방향을 유지하는 데 필요한 조치들을 취할 수 있다. 이들은 우선순위를 정한 다음 행동한다.
미래적	'미래적' 강점 유형의 사람들은 미래의 가능성에서 영감을 받는다. 이들은 자신들의 비전을 통해 다른 사람들을 고무시킨다.
조화	'조화' 강점 유형의 사람들은 합의점을 찾는다. 이들은 갈등을 싫어한다. 대신 합의할 수 있는 영역을 찾는다.
이상화 (ideation)	'이상화' 강점 유형의 사람들은 아이디어에 매료된다. 이들은 서로 상이한 현상 사이에서 연결 고리를 찾을 수 있다.
수용/ 수용자	'수용/수용자' 강점 유형의 사람들은 다른 사람을 받아들인다. 이들은 소외감을 느끼는 사람들에게 관심을 보이고 그들을 포함하기 위해 노력한다.
개별화	'개별화' 강점 유형의 사람들은 각 사람의 고유한 특성에 흥미를 가진다. 이들은 서로 다른 특성을 지닌 사람들이 생산적으로 함께 일할 수 있는 방법을 찾는 데 재능이 있다.
입력	'입력' 강점 유형의 사람들은 더 알고자 하는 갈망이 있다. 종종 이들은 모든 종류의 정보를 수집하고 보관하는 것을 좋아한다.
지성	'지성' 강점 유형의 사람들은 지적 활동에 의해 큰 관심을 보인다. 이들은 내향적이고 지적 토론을 좋아한다.
학습자	'학습자' 강점 유형의 사람들은 배우고 지속적으로 발전하고자 하는 큰 욕망을 가지고 있다. 특히, 결과보다는 학습의 과정에 흥분한다.
극대화	'극대화' 강점 유형의 사람들은 개인과 그룹의 우수성을 증진하는 방법으로 강점에 초점을 맞춘다. 이들은 장점이 되는 어떤 것을 최고의 것으로 만드는 데 일가견이 있다.
긍정성	'긍정성' 강점 유형의 사람들은 열정을 전염시키는 특성을 가지고 있다. 이들은 낙관적이며, 이들이 시도하는 일은 다른 사람들을 흥분하게 만든다.
관계자	'관계자' 강점 유형의 사람들은 다른 사람들과의 긴밀한 관계를 즐긴다. 이들은 목표를 달성하기 위해 친구들과 함께 노력하는 것에서 깊은 만족을 경험한다.

책임	'책임' 강점 유형의 사람들은 말한 것과 실천하는 것에 대한 심리적 부담감을 갖는다. 이들은 정직과 충성과 같은 안정된 가치를 최우선으로 한다.
회복	'회복' 강점 유형의 사람들은 문제 처리가 주특기이다. 이들은 문제가 무엇인지 파악하고 그것을 해결하는 데 뛰어나다.
자신감	'자신감' 강점 유형의 사람들은 자기들의 삶을 관리하는 데 자신이 있다. 이들은 자신의 결정이 옳다고 확신을 주는 내부 나침반을 보유하고 있다.
중요성	'중요성' 강점 유형의 사람들은 다른 사람의 관점에서 자신이 매우 중요하기를 원한다. 이들은 독립적이며 눈에 띄기를 원한다.
전략적	'전략적' 강점 유형의 사람들은 나아갈 수 있는 다른 대안을 마련한다. 어떠한 상황에 직면하든지 이들은 신속하게 관련 패턴 및 주요 사안을 찾아낼 수 있다.
구애	'구애' 강점 유형의 사람들은 새로운 사람들을 만나고 그들을 자신들의 편으로 만드는 것을 좋아한다. 이들은 어색함을 깨고 다른 사람과의 관계를 형성하는 데서 만족을 느낀다.

출처: Clifton et al., 2005.

한 가지 재능이 우세할수록 그 재능이 개인의 행동이나 성취에 미치는 영향은 더욱 커진다(StrengthsTest.com, 2005~2012).

 다음으로 살펴볼 것은 서치 인스티튜트(Search Institute)의 40가지 성장자원 평가(〈표 1-4〉 참조)이다. 40가지의 특성이 성장자원 프로파일(Developmental Assets Profile: DAP; Search Institute, 2013)이라는 잘 만들어진 도구를 통해 측정된다. 여러 문화권의 다양한 청소년들을 대상으로 진행된 연구가 청소년들이 가진 40가지의 강점과, 이 강점들이 어떻게 건강한 청소년 발달의 구성요소(성장 자원)로서 작용하는지에 관한 근거를 제공하였다(예: Scales, 2011). 이러한 강점을 많이 나타내는 청소년들은 건강하고, 배려심 있고, 책임감 있는 성인으로 성장하는 것으로 알려져 있다. 40가지의 성장 자원은 우선 외적 및 내적 강점이라는 두 가지 카테고리로 구분된다. 그리고 각각의 카테고리는 다시 4개의 유형으로 나뉜다. 각각의 유형은 나아가 더욱 작은 강점 요인으로 세분화된다. 예를 들어, 한 명의 학생은 6개의 요인(예: 가족의 지원, 긍정적인 가족 내의 의사소통, 다른 성인과의 관계, 보살펴 주는 이웃)으로 나뉘는 '지원'이라는 외적 강점을 가지고 있을 수 있다. 만약 어떤 개인이 '학습에 대한 헌신'이

표 1-4 | 서치 인스티튜트(Search Institute, 2006)의 청소년을 위한 40가지 발달적 자산 (만 12~18세)

외부적 자산	지지	1. 가족의 지원 – 가족과 함께하는 생활은 많은 사랑과 지원을 제공한다. 2. 긍정적인 가족 내의 의사소통 – 부모가 긍정적으로 대화하고, 부모로부터 조언과 상담을 받기를 원한다. 3. 다른 성인과의 관계 – 3명 이상의 부모가 아닌 어른으로부터 지지를 받는다. 4. 보살펴 주는 이웃 – 청소년을 보살펴 주는 이웃이 있다. 5. 보살펴 주는 학교 분위기 – 학교가 돌봄과 격려가 있는 환경을 제공한다. 6. 부모의 학교활동 참여 – 청소년이 학교에 잘 적응할 수 있게 부모가 학교활동에 활발하게 참여한다.
	권한 부여	7. 지역사회가 청소년을 소중하게 여김 – 지역사회의 어른들이 자신들을 소중하게 여긴다고 생각한다. 8. 자원으로서 청소년 – 지역사회에서 유용한 역할을 부여 받는다. 9. 타인에게 도움을 줌 – 지역사회에 일주일에 한 시간 이상 봉사를 한다. 10. 안전 – 가정, 학교, 이웃에서 안전함을 느낀다.
	경계와 기대	11. 가족의 경계 – 가정은 분명한 규칙과 행동 대응 방법을 가지고 있고, 청소년들이 어디서 무엇을 하는지 지속적으로 모니터링 한다. 12. 학교의 경계 – 학교는 분명한 규칙과 행동 대응 방법을 제공한다. 13. 이웃의 경계 – 이웃에게는 청소년의 행동을 감독하는 책임이 따른다. 14. 성인 역할 모델 – 부모와 어른들은 긍정적이고 책임 있는 행동을 몸소 보여 준다. 15. 긍정적인 또래의 영향 – 가장 가까운 친구가 책임감 있는 행동을 보여 준다. 16. 높은 기대 – 부모와 교사 모두 청소년이 잘 할 수 있게 격려한다.
	시간의 건설적인 사용	17. 창의적인 활동 – 일주일에 3시간 이상 음악, 연극 또는 다른 예술분야의 레슨을 받거나 연습을 한다. 18. 청소년 프로그램 – 일주일에 3시간 이상 학교나 지역사회에 있는 스포츠, 동아리, 단체에서 시간을 보낸다. 19. 종교단체 – 일주일에 1시간 이상 종교와 관련된 단체에서 활동한다. 20. 가정에서의 시간 – 일주일에 이틀 또는 그 이상 친구 없이 특별한 일을 하지 않고 가정에서 시간을 보낸다.
내부적 자산	학습에 대한 헌신	21. 성취동기 – 학교에서 잘 생활하도록 동기부여를 받는다. 22. 학교 참여 – 학습에 활발하게 참여한다. 23. 숙제 – 매일 최소한 1시간은 숙제를 한다. 24. 학교와의 유대 – 학교에 관심을 갖는다. 25. 즐거움을 위한 독서 – 일주일에 3시간 이상 자신의 즐거움을 위해 독서를 한다.

내부적 자산	긍정적 가치	26. 보살핌 - 다른 사람을 돕는 것에 높은 가치를 둔다.
		27. 평등과 사회적 정의 - 평등을 강화하고 기아와 빈곤을 줄이는 데 높은 가치를 둔다.
		28. 청렴(integrity) - 신념에 따라 행동하고 자신의 신념을 확신한다.
		29. 정직 - 어려운 상황에서도 진실을 말한다.
		30. 책임 - 책임을 인정하고 받아들인다.
		31. 자제 - 성적 문란, 술 또는 다른 약물을 사용의 폐해를 심각하게 인식한다.
	사회적 역량	32. 계획과 의사결정 - 어떻게 계획을 세우고 의사결정을 해야 하는지 알고 있다.
		33. 대인관계 유능성 - 공감 능력, 민감성, 친구관계 기술을 가지고 있다.
		34. 문화적 유능성 - 다른 문화/인종/민족적 배경을 가진 사람들에 대한 지식을 가지고 있으며 그들을 대할 때 편안함을 느낀다.
		35. 저항 기술 - 부정적인 또래 압력과 위험한 상황에 대해 저항할 수 있다.
		36. 평화적인 갈등 해결 - 갈등을 비폭력적으로 해결하고자 한다.
	긍정적 자아	37. 개인의 능력 - 자신에게 일어나고 있는 일을 통제하고 있다고 느낀다.
		38. 자존감 - '나는 높은 자존감을 가지고 있다' 고 보고한다.
		39. 목적의식 - '나의 삶을 목적을 가지고 있다' 고 보고한다.
		40. 미래에 대한 긍정적 시각 - 자신의 미래를 낙관적으로 바라본다.

라는 내적 강점을 가지고 있다면 그는 아마도 하나 또는 다섯 가지 모두의 하위 강점(성취동기, 학교 참여, 숙제, 학교와의 유대, 즐거움을 위한 독서)을 보일 것이다. 다른 발달적 강점들은 앞서 논의한 PYD 프로그램에 나타나 있다(〈표 1-1〉참조; Benson, Scale, & Syvertsen, 2010).

2) 강점·자원으로서의 영성

비록 아직 걸음마 단계이지만, 긍정심리학자들은 현재 청소년의 성격적 강점, 성장 자원, 긍정적 감정 간의 잠재적인 연관성을 분석하고 있다(예: Lerner, Bowers, Geldhof, Gestsdóttir, & DeSouza, 2012). 예를 들어, 연구자들은 영성을 긍정적인 감정과 연결되는 성격적 강점 또는 자원으로 고려할 것을 제안한다(Sink & Hyun, 2012). 또한 영성은 청소년의 심리적 건강과 회복탄력성을 증진하는 보호 요인으로 간주되고 있다(예: Masten, Cutuli, Herbers, & Reed, 2009; Sink & Hyun, 2012; Snyder et al., 2011; Yonker, Schnabelrauch, & Dehaan, 2012). 실제로 건강한 영성을 가진 사람들은 높은 삶의 만족도를 보이고 삶을 보다 의미 있는 것으로 여긴다.

　앞의 세 가지 강점과 자원 리스트(회복탄력성, 삶의 만족도, 삶의 의미)는 모두 영성적 측면을 포함한다. 〈표 1-2〉를 다시 살펴보면, VIA-IS의 초월성 영역은 청소년들의 강점 중 스스로를 광활한 우주와 연결시키고 삶의 의미를 제공하는 것들에 대해 다룬다. 실제적으로 영성/종교성, 용서, 희망, 감사, 미적 감상(apprciation of beauty) 등은 성격적 강점과 연관되어 있다. 강점발견 척도의 강점 리스트(〈표 1-3〉)를 보면, 긍정적 영성과 가장 관련 깊은 두 개의 강점은 바로 신념(belief)과 연결성(connectedness)이다. 40가지의 성장자원평가(〈표 1-4〉 참조)에서도 몇 가지는 영성과 밀접하게 관련됨을 알 수 있다. 예를 들어, 외적 자원 카테고리에서 '종교 단체에서 시간을 보냄'은 '시간의 건설적 사용'과 관련된 자원이다. 내적 자원 영역 중 '긍정적 정체성'의 하위 요인 가운데 '목적의식'과 '미래에 대한 긍정적 시각'이라는 두 자원은 본질적으로 영적 요인들이다. 이 시점에서 영성과 종교를 정의할 필요가 있어 아래에서 다루기로 한다.

3) 긍정심리학과 영성

　앞서 언급했듯 긍정심리학자들은 잠재적 강점과 인간 기능의 본질적인 측면으로서 영성을 폭넓게 수용해 왔다. 특히 청소년 발달에서 영성의 중요성을 지지하는 주장은 매우 설득력이 있다(Sink & Hyun, 2012; Sink & Simpson, 2013). 하지만 영성의 정의를 도출하려고 할 때 큰 도전에 직면하게 된다. 현재로서는 연구자들 간에 합의내리기가 불가능해 보인다.

□ 정의적 고려사항

여러 문헌에서 종교와 영성을 구분하는 어려운 작업을 피하기 위해 이 둘을 혼합한 것을 흔히 볼 수 있다(Sink & Devlin, 2011). 싱크와 현(Sink & Hyun, 2012)과 다른 연구(Griffin, 1988; Kourie, 2007; Smith & McSherry, 2004)에 요약된 다양한 철학적·심리학적 근거에 따라 이 장에서는 건강한 영성을 개인적 강점인 동시에 VIA-IS, 강점발견 척도, DAP 척도와 같은 도구들을 통해 측정 가능한 초월적·비초월적 강점을 아우르는 중요한 개념으로 정의한다. 종교는 핵심 가치, 신념, 실천(practices)을 포함한 제도화되고 조직화된 신앙을 가지고 있다. 종교에 내포된 영성도 있을 수 있으나 종교적이지만 영적이지 않을 수도 있다. 그러므로 종교적으로 독실하다는 것은 종교적 가치, 신념, 실천 또는 의식에 얼마나 밀착되어 있고 또 일상생활에서 그것들을 얼마나 사용하는지에 달려 있다(Shukor & Jamal, 2013). 반대로 영성은 개인적 특성과 인간 존재의 깊은 차원을 반영하는 보다 폭넓은 관점을 의미한다(Kourie, 2007). 개인이 종교적이든 아니든 영성은 삶의 의미를 부여하는 '궁극적 가치'를 내포한다. 학자들에 따르면 영성은 사람들이 자신을 초월하고 일상생활에서 그러한 궁극적 가능성을 탐색하는 방법과 관련된 것이다. 한 개인은 종교적 관습을 따르고 종교적 신념을 가지면서 또한 영적일 수 있다. 또한 흥미롭게도 개인은 세속적이고 무신론자이면서 영적일 수도 있다.

더욱 구체적으로 말하면, 영성은 지능과 관련된 인간의 보편적인 기능이며, 신경생물학적 요소와도 관련될 뿐 아니라 청소년의 정체성 발달, 정신적 및 신체적 건강, 행복감 또는 삶의 만족을 모두 포함하는 개념이다(Sink & Devlin, 2012; Sink & Hyun, 2012; Sink & Simpson, 2013). 요약하자면 청소년 영성은 긍정심리학자들의 관점과 마찬가지로, 그 핵심에 있어서 매우 광범위하고 유동적이며 사회적으로 구조화된 개념이다. 영성은 긍정적 의미 형성과 성장 촉진 활동의 발달 과정으로서 오랜 기간에 걸쳐 다양한 형태로 드러났으며, 이러한 발달적 과정은 대체로 관계적이고 결합적이고 변형적이며 경험적인 특성을 나타낸다(Sink & Devlin, 2011). 건강한 영성은 특히 용서, 희망, 아름다움과 자연의 감상, 자기초월, 감사, 타인과의 유대, 동정심, 그리고 의미 탐색 및 인생의 목적과 같은 긍정적 특성을 포함할 때 많은 청소년들의 발달적 자원 또는 강점이 될 수 있다.

4) 긍정심리학과 상담 실제 간의 관계

실제적 차원에서 긍정심리학은 임상 또는 학교 장면에서 이루어지는 상담 과 치료에 강한 영향을 미친다(Harris, Thoresen, & Lopez, 2007; Magyar-Moe, 2009; Sink & Devlin, 2011; Sink & Simpson, 2013). 여타 상담과 마찬가지로 긍 정심리학을 기반으로 한 상담은 셀리그만과 동료들(2006)로부터 시작된 것부 터 웰빙치료(Fava, Rafanelli, Cazzaro, Conti, & Grandi, 1998; Ruini, Belaise, Brombin, Caffo, & Fava, 2006)에 이르기까지 다양한 접근법들이 있다. 각각의 기법이나 접근법은 서로 구별될 수 있지만, 다행히도 접근법들 사이에 중복되 는 부분이 많고, 어떤 임상 훈련을 받았든 간에 강점기반 상담자들은 최선의 인간 기능에 대한 유사한 가정을 가지고 있으며 비슷한 긍정적 개입을 시도한 다(Magyar-Moe, 2009). 앞서 언급된 바와 같이 이러한 이론적 배경을 기반으 로 하는 긍정심리학자들과 상담자들은 일반적으로 상담을 크게 치료 중심으 로부터 강점기반 접근에까지 이르는 것으로 본다. 바꾸어 말하면, 긍정상담 또는 긍정치료 그리고 여기서 사용되는 긍정개입은 내담자의 부정적 증상에 직접적인 목표를 두기보다는 앞서 언급한 대로 긍정적 감정, 참여와 의미, 낙 관주의, 희망, 용기 등과 같은 강점 또는 자원을 증가시키는 것을 목적으로 한 다(Magyar-Moe, 2009; Seligman, Rashid, & Parks, 2006). 궁극적으로는 내담자 들이 더욱 활기차고, 사교적이며, 의미 있는 활동에 참여하고, 중요한 타인과 밀접하면서 깊은 관계를 수립하며, 보다 만족하는 것에 우선순위를 두게끔 돕 는 것이다.

실질적인 측면에서 강점기반 상담자/치료사들은 내담자가 관계, 학교, 일 터 등에서 더욱 성공적일 수 있는 방안으로, '부정적'이거나 '당신에게 무엇이 문제인가?'라는 식의 관점에서 시작하기보다 내담자 안에 숨겨진 발달 적 · 보호적 자원을 발견하기 위한 작업을 먼저 시작한다. 다시 말해 결핍 모 델을 사용하는 전통적인 치료사들은 내담자들이 심각한 문제를 가지고 있으 며, 이로 인해 내담자들이 상담을 받으러 오게 되었다고 가정한다. 전통적인 치료사들은 정신건강 전문가로서 내담자를 '고치는' 것이 자신의 역할이라고 본다. '부정적' 경향의 치료사들은 새로운 내담자와의 첫 번째 만남에서 흔히 "현재 당신을 가장 힘들게 하는 것은 무엇인가요?" 또는 "오늘 당신을 여기에 오게 한 이유는 무엇인가요?"라고 묻는다. 그러나 긍정적 경향의 심리학자나 상담자들은 그 대신에 초기 관계 형성 회기를 내담자가 도움을 구하고 있음을 자연스럽게 확인하면서 시작할 것이다. 추측하건대 "오늘 당신의 방문에 대해 매우 감사하고 영광으로 생각합니다. 낯선 사람에게 당신의 삶에 대해 이야기 하기 위해 오늘 이곳까지 온 것으로 당신은 이미 엄청난 용기를 보여 줬어요." 와 같은 말을 할 것이다.

긍정심리학자들은 강점기반 관점으로 회기를 시작하는 것뿐 아니라 상대적 으로 '간단'하면서 꼭 긍정심리치료만을 위한 것만은 아닌 몇 가지 상담 기법 을 기본적으로 사용한다(Harvard Medical School, 2008). 첫째, 상담의 초점을 부정적인 것에서 긍정적인 것으로 바꾸려고 시도한다. 예를 들어, 내담자가 매일 밤 마음의 조명(mental spotlight)을 사용하여 그날에 일어난 일을 회상하 게 하는 것이 있다. 내담자들은 그날 어떤 일이 있었는지 돌아보고, 긍정적 경 험에 대한 일기를 쓰거나 잘 되었던 일을 기록하여 목록으로 만든다. 둘째, 치 료자들은 내담자들이 강점의 언어를 개발할 수 있게 돕는다. 치료자들은 내담 자들이 자신의 긍정적 특성과 강점을 찾고 이야기할 수 있도록 필요한 질문을 한다. 이 장면에서 상담자들은 앞서 살펴본 강점 평가 척도 중 하나를 사용할 수 있다. 결과적으로 내담자들은 자신의 최고의 강점 중 하나 이상을 찾아 그 것을 일주일 동안 정기적으로 사용해 볼 수 있게 된다. 셋째, 내담자들은 긍정 적인 것과 부정적인 것 사이에서 균형을 이루는 방법을 배운다. 자신의 부정 적인 면에 집착하거나 다른 사람의 약점을 비판하는 것에 집중하기보다는 긍정적인 면을 바라보는 것이 내담자에게 중요하다. 예를 들어, 내담자가 직장에서 다른 사람들과 협력해야 할 일이 생겼을 때, 먼저 타인과 관계에서의 강점과 약점을 인식하는 데 시간을 투자하고, 다음으로 타인의 부정적인 성향이나 행동을 강조하기보다는 그들이 가지고 있는 자원을 주목하고 강화하는 것들이 내담자에게 요청된다. 또한 내담자들은 직장 내 관계에서 발생할 수 있는 문제를 극복하기 위해 자신의 강점을 사용하도록 훈련받는다. 넷째, 긍정상담자들은 내담자들이 다양한 상황에서 희망을 품을 수 있도록 노력한다. 내담자들은 희망에 대한 격려를 통해 보다 효과적으로 대처할 수 있는 능력과 더불어 어려움과 장애물을 극복할 수 있는 능력을 향상시킨다. 상담자들은 내담자들로 하여금 문제를 보다 작고 관리 가능한 것으로 나누게 한다. 그런 다음 내담자와 함께 문제를 성공적으로 해결하기 위해 필요한 핵심 기술과 대처 과정이 무엇인지 파악하고 또한 어떻게 필요한 기술과 과정을 구축해 나갈지를 탐색한다.

숙련된 긍정상담자인가를 확인하기 위한 도구가 스미스(Smith, 2006)에 의해서 개발되었다. 치료자를 위한 강점기반 숙련도 평가(Strenghts-based Competence Continuum for Therapists)라 불리는 이 도구는 상담자들이 자신의 중재법을 스스로 평가하고 '매우 부족/치료 지향적 기법' 에서부터 '매우 능숙한 강점기반 접근' 까지의 범위 중 자신이 어디에 속하는지 추정할 수 있는 매우 훌륭한 도구이다. 만약 강점기반에 숙련된 상담자라면 다음과 같은 특성을 보인다.

- 공감적 배려를 보인다.
- 긍정심리학, 위험 · 보호 요인, 회복탄력성, 희망의 원칙에 기반을 둔다.
- 모든 내담자들이 강점을 가지고 있으며, 내담자의 강점을 일깨워 주는 지지적인 타인이 주변에 많을 때 내담자의 동기가 활성화되는 것을 이해한다.
- 문제에 대한 효과적인 해결책을 찾기 위해 내담자의 자원을 강조한다.

- 강점기반 및 위험 요인 측정을 모두 실시하고 강점기반 상담 기법을 시행한다(예: 개인적 자원에 대한 각성 촉구, 희망 고취, 부정적인 것을 긍정적인 것으로 재구성).
- 내담자의 강점과 관련된 목표 설정 기술을 개발하는 상담 기법을 이해하고 활용한다(Magyar-Moe, 2009).

❑ 긍정상담과 영성

긍정심리치료 저자들(예: Seligman, Steen, Park, & Peterson, 2005)로부터 핵심 아이디어를 가져온 영성은 이제 정신건강과 사회복지 상담에서 중요한 내담자 자원으로 생각되고 있다(예: Brown, Carney, Parrish, & Klem, 2013; Hepworth, Rooney, Rooney, Strom-Gottfried, & Larsen, 2012). 영성을 상담과 치료 등에 활용하려는 이러한 실제적 접근은 몇몇 전통적 상담자 중심 모델에서 강조하는 가치중립적 상담 기법의 방향과 상반되는 것처럼 보인다. 그러나 어떤 측면에서 보면, 긍정심리치료사들은 효과적으로 다른 사람을 돕는 기술을 실행한다는 의미에서 오히려 본래의 역사적·철학적 기원으로 되돌아가고 있다고 볼 수 있다. 레세호(Leseho, 2007)는 '심리치료사(psychotherapist)'라는 용어가 영혼 또는 호흡을 의미하는 그리스어인 'psyche'와, 문자 그대로 영혼의 하인 또는 참가자라는 의미를 지니는 'therapeia'로부터 왔다는 것을 독자들에게 상기시켜 준 바 있다. 따라서 전통적 그리스 문맥 안에서 정신의학의 실제는 '영혼의 치유'를 의미한다. 나아가 영단어인 'soul'은 사람의 영적·감성적 부분으로 생동적인 존재를 의미하는 고대 영단어인 'sawol'로부터 왔다. 어떤 면에서 긍정심리학자들은 영성 도우미(spiritual helper)이다.

지난 10년 혹은 그보다 오랫동안 다수의 학자들은 영성의 영향력이 학생과 그 가족들 삶에 나타날 수 있기 때문에 정신건강(Hartz, 2005) 및 학교기반 상담자(Sink & Hyun, 2012)들이 반드시 이를 고려해야 한다고 주장해 왔다. 특히 영성이 학생과 내담자에게 잠재된 발달적 자원 또는 성격적 강점일 때, 이를 방치하거나 회피하는 것은 비윤리적인 것으로 간주된다(예: ACA[American

Counseling Association, 2005]와 ASCA[American School Counselor Association, 2010]의 윤리강령 참조). 사실 ACA의 분과인 '상담의 영적 · 윤리적 · 종교적 가치 협회' (ASERVIC[Association for Spiritual, Ethical, and Religious Values in Counseling], 2009)는 '상담에서 영적 · 종교적 이슈를 다루기 위한 역량(Competencies for Addressing Spiritual and Religious Issues in Counseling)'에 관한 지침을 발간하였다. 이것은 상담자들이 어떻게 영성을 적절히 통합하여 내담자를 대상으로 한 측정과 개입에 사용할 것인지 명시하고 있다.

학교 수업 또는 대그룹 대상의 활동을 진행할 때 강점기반 개념을 어떻게 활용할 수 있는지에 대한 많은 논의가 있었다(예: Carpenter-Aeby & Kurtz, 2000; Froh & Parks, 2013: Koller & Svoboda, 2002; Smith, Boutte, Zigler, & Finn-Stevenson, 2004). 최근에는 프로와 팍스(Froh & Parks, 2013)에 의해 출간된 개정판에서는 영성(Haugen & Pargament, 2013)과 더불어 겸손, 용기, 삶의 목적, 마음챙김, 용서, 희망, 감사, 반물질주의 등과 관련된 주제를 직접적으로 다루는 데 적합한 교실 수업 활동을 제공하고 있다. 이와 유사하게 긍정심리치료 문헌은 학교를 기반으로 하는 개인 및 그룹 상담과 대그룹 개입 활동에 쉽게 차용될 수 있다. 하지만 이러한 활동 또는 개입 과정을 청소년 영성과 직접적으로 결합하고자 할 때 새로운 도전에 직면하게 된다. 여러 학자들(Bruce & Cockreham, 2004; Lambie, Davis, & Miller, 2008; Shek, 2012) 가운데 싱크와 동료들은 이러한 한계를 보완하고자 노력해 왔다(예: Quick & Sink, 2014; Sink, 1997, 2004; Sink & Devlin, 2011; Sink, Stern, & Cleveland, 2007). 다음 장에서 이와 관련한 주제를 상세히 다루겠지만, 우선적으로 몇 가지 일반적 권장사항을 제시한 후 학교 현장에서 어떻게 이러한 개념을 사용하여 청소년 우울을 다루는지에 대해 간략하게 설명하겠다.

상담자, 치료사, 그리고 교육자들이 문제를 안고 있는 청소년과 효과적으로 협력하기 위해 긍정심리학자들의 권고사항에 따라 취할 수 있는 보편적인 행동은 다음과 같다.

- 학생들이나 내담자들이 어떻게 영성 자원이나 특성을 드러낼 것인지에 대해 교육을 받는다. 앞서 논의한 바와 같이 상담자들은 내담자의 영성 발현에 대한 지식 및 이해와 관련된 영적 자질을 가진다. 초기 청소년과 후기 청소년이 영적 강점을 표현하고 보여 주는 방법에 있어 각각 발달적 차이가 있다는 것을 인식한다. 이러한 차이에 근거하여 개입 계획을 세우고 실행한다.

- 학생들이 성공을 촉진하는 자신의 타고난 긍정적 특성에 접근할 수 있게 돕는다. 상담자와 교육자는 내담자와 학생들이 과거에 그들의 문제를 다루는 데 사용하였던 성공적인 방법이 무엇이었는지 항상 탐색한다. 예를 들어, 상담자가 하워드 가드너(Howard Gardner)가 말한 '자기성찰 지능'(Moran, 2009) 또는 '영성 지능'(Hosseini, Elias, Krauss, & Aishah, 2010)을 소유한 청소년을 돕는다고 가정해 보자. 이 내담자를 위한 목표는 내담자가 이미 소유하고 있는 재능을 사용하여 문제를 극복하고 치유를 촉진하는 데 도움이 되도록 하는 것이다.

- 내담자와 학생이 모방할 수 있는 긍정적 모델과 모방학습 기회를 제공한다. 예를 들어, 슬픔을 겪고 있는 청소년들로 이루어진 소그룹을 운영하는 상담자는 '자신을 향한 신의 사랑'과 '어떻게 사랑의 신이 차 사고로 부모님을 죽게 할 수 있는가'에 대한 의문을 가진 학생을, 이미 이와 비슷한 영적 · 실존적 문제를 성공적으로 해결한 경험이 있는 학생과 짝지어 줌으로써 모방학습 기회를 제공한다. 상담자는 짝을 지어 슬픔을 극복하는 것과 관련된 활동에 참여케 할 수 있다. 또한 상담자는 자신의 슬픔경험을 이야기하는 모델이 된다.

- 내담자의 문화 또는 민족성의 영적 강점을 치유를 위한 지렛대로 사용한다. 예를 들어, 싱크와 심프슨(Sink & Simpson, 2013)의 연구 결과에서 보듯이, 어려움을 겪는 아프리카계 미국인 청소년을 도울 때 상담자들은 도움이 될 만한 흑인 지역사회의 영적 강점을 찾아봐야 한다. 핵심 질문은 '학생 신앙 공동체가 어떻게 지원과 돌봄을 제공할 수 있는가?'와 관련된

것이다.

상담자가 중도의 만성적 우울증으로 고통받는 청소년 내담자에게 어떻게 긍정심리학과 영성 관련 강점을 사용할 수 있는지에 관하여 대략 6회기에 걸친 실제적인 예시를 제공하고자 한다. 이는 이 절을 마무리하면서 이 장에서 논의한 핵심원리를 다시 한 번 강조하는 의미이다. 이러한 목적을 위해 셀리그만과 동료들(2006)이 예로 들고 추천한 내용을 적극 활용하였다. 첫째, 상담자들은(연구 결과에 근거하여) 내담자의 부정적인 증상을 감소시키고, 내담자의 긍정적 감정, 성격적 강점, 삶의 의미/목적을 즉각적으로 그리고 최우선적으로 개발함으로써 우울증을 효과적으로 다룰 수 있다고 믿어야 한다. 둘째, 내담자의 긍정적인 자원은 부정적인 증상을 상쇄할 뿐 아니라 이후 재발에 대비책이 될 수 있다. 물론 상담자들은 항상 내담자의 강점에 집중해야 한다.

- 1회기: 위의 사항을 항상 염두에 두고, 첫 번째 개인상담 회기는 라포를 형성하고 내담자가 자신의 강점을 발견하거나 또는 재발견하는 것을 돕는 과정으로 진행한다. 이때 내담자에게 이 장 서두에 서술된 VIA-IS와 같은 평가 도구 중 하나를 실시할 수 있다. 내담자가 가진 최고의 강점이 균형적 관점, 인내, 용서, 창의성, 영성이라고 가정해 보자. 내담자와 상담자는 이러한 특성과 또 다른 특성에 대해 대화를 나누고 작업을 진행한다. 상담자는 내담자가 이러한 강점을 일상생활 속에서 보다 많이 활용할 수 있는 방법은 무엇인지 강구하게 한다. 1회기 마지막 단계에서는 매일 내담자의 삶 속에서 일어나는 좋은 일 3가지를 기록하게 하고 이런 긍정적인 일이 왜 일어나는지에 대해 생각해 보도록 요청한다.
- 2회기: 상담자는 내담자가 지난주에 있었던 좋은 일과 축복받은 일에 관해 탐색하게 한다. 상담자와 내담자는 첫 회기에서 확인한 내담자의 개인적 강점들이 어떻게 좋은 일과 축복을 가져오는 데 도움이 되었는지에 대해 함께 작업한다.

- 3회기: 이 회기의 초점은 삶의 대본을 되돌아보는 것에 있다. 내담자는 다음과 같은 지시문에 따라 자서전을 쓰게 된다. "당신이 유익하고 만족스러운 삶을 살고 난 이후 생을 마감했다고 상상해 보세요. 당신의 추모비에 무엇이라고 쓰이길 원하나요?" "당신이 무엇보다도 어떤 사람으로 기억되길 원하는지 요약해서 적어 보세요." 회기의 나머지 부분은 내담자가 작성한 자서전 내용 가운데 중요하고 긍정적인 것에 중점을 두어 작업한다. 많은 경우, 영성과 관련 있는 문제가 목록에 오를 것이다. 상담자는 내담자가 자서전을 시작하는 것을 돕기 위해 내담자의 강점을 사용할 수 있으며 모델이 되어 주는 차원에서 내담자와 동시에 상담자 자신의 자서전을 적어 내려갈 수 있다. 그 후 4회기를 준비하기 위한 과제로서 내담자는 매우 감사하는 특별한 사람이지만 한 번도 제대로 고마움을 표현한 적 없는 누군가를 떠올린다. 그리고 나서 내담자는 자신의 감사한 마음을 표현하는 짧은 편지를 쓰고, 직접 또는 전화로 그 사람에게 편지를 읽어 준다.
- 4회기: 긍정적 주제에 머물러 있는 상태에서, 상담자-내담자 둘 사이의 논의는 지난 주 과제에 초점을 맞추어 이루어진다. 상담자와 내담자는 과제가 어떠했는가에 대해 작업한다. 다음 만남을 위한 과제로 내담자는 적어도 하루에 한 번 이상, 자신이 아는 누군가에게 적극적이고 협조적으로 반응할 것을 요청받는다. 또한 내담자가 누군가에 의해 상처를 입었다고 느낄 때 균형감, 창의성, 용서 등의 강점을 사용하도록 요청된다. 물론 처음에는 상담자가 적극적이고 건설적인 반응이란 '누군가의 좋은 소식에 대해 확연히 긍정적이고 열성적으로 반응하는 것'임을 설명해야 한다. 그리고 난 후 적극적이고 건설적인 반응을 사용할 수 있는 방법을 탐색하고 역할극을 해 볼 수 있다. 내담자는 이러한 경험에 대해 일기를 쓴다.
- 5회기: 상담자와 내담자는 이러한 경험에 대해 작업한다. 다른 사람에 대한 적극적이고 건설적인 반응의 중요성에 대해 반복해서 이야기를 나눈다. 내담자는 과제로 하루에 한 번, 평소 주로 바쁘게 해치웠던 것들(예:

식사, 샤워하기, 걷기)을 시간을 들여 즐긴다. 자신이 경험한 것을 일기에 기록한 뒤, 그것이 어떻게 달랐고 급하게 서둘렀을 때와 비교하여 느낌이 어땠는지 비교해 볼 것을 요청받는다.

- 6회기: 마지막 회기에서 내담자와 상담자는 지난 주 과제에 대해 논의한다. 내담자의 강점을 다시 떠올리고 강점들이 우울증을 극복하는 데 어떻게 도움이 되었는지 돌아본다. 내담자와 상담자는 이전 상담회기에서 함께 한 활동들이 미래에 어떤 식으로 도움이 될 수 있는지에 대해 논의한다. 마지막으로 상담자는 내담자의 지속적인 성공에 대한 확신을 주고 회기를 마무리한다.

요약

첫 번째 장에서는 나머지 장을 위한 토대를 마련하였다. 긍정심리학의 역사와 주요 특성, 핵심 가정 등이 다루어졌으며 심리학에 대한 새로운 접근이 일반적으로 어떻게 영성과 관련되어 있는지도 살펴보았다. 용어의 정의와 관련한 이슈들도 언급되었다. 성격적 강점과 개인적 자원에 대한 몇몇 분류 체계 간의 유사점 및 차이점은 무엇인지, 성격적 강점과 개인적 자원들이 어떻게 측정될 수 있는지도 살펴보았다. 또한 상담과 치료를 위한 긍정 접근방식에 대해 상세히 서술하였다. 상담 실제에서 긍정심리학과 영성의 적용 가능성을 보여 주기 위해, 4가지 일반적인 활용 치침을 기술하였다. 끝으로 어려움을 겪는 청소년을 대상으로 한 가상의 여섯 회기로 이루어진 개인상담 과정을 간략하게 제시하였다. 다음에 이어지는 장은 청소년 영성과 회복탄력성 주제에 대해 다룰 것이다.

 **제2장 청소년의 회복탄력성 및
보호 체계와 영성**

앞 장에서 우리는 긍정심리학의 기본이 되는 철학적·이론적 토대와 가정을 살펴보고 이러한 것들이 어떻게 아동 및 청소년 발달과 관련되는지에 대해 탐색하였다. 강점기반 접근을 상담과 심리치료에 적용하는 과정에서 임상가와 내담자는 우선 내담자의 성격적 강점을 측정하고, 측정된 자원을 행동변화를 위해 촉진하고 활용하기 위해 협력하게 된다. 긍정심리학자들이 영성을 발달적 자원 및 관련 연구 범주 안으로 통합함에 따라, 우리는 이러한 발달적 영역이 아동·청소년상담 실제에 어떻게 활용될 수 있는지 상담사례를 통해 살펴보았다. 또한 긍정심리학에서 청소년이 건강하게 기능하는 개인으로 성장하는 데에 회복탄력성과 보호 요인의 가치를 매우 강조한다는 사실을 기술하였고, 영성과 회복탄력성의 중요한 연관성 또한 다루었다. 이 장에서는 영성과 회복탄력성의 연관성에 대해 보다 심도 있는 논의를 진행하고자 한다. 이를 위해 첫째, 긍정심리학의 관점에서 회복탄력성을 정의하고 맥락화할 것이다. 둘째, 영성을 포함하여 청소년의 회복탄력성과 관련이 있는 주요 변인에

대해 개괄적으로 살펴볼 것이다. 셋째, 청소년의 회복탄력성에 긍정적 영향을
미치는 영성과 종교 공동체 등 주요 보호 체계에 대해 살펴볼 것이다. 넷째, 회
복탄력성이 다양한 영성 요인에 의해 어떻게 촉진되는가를 보여 주는 모델을
살펴봄으로써 회복탄력성과 영성의 연관성에 대해 상세히 알아볼 것이다. 마
지막으로 청소년을 대상으로 한 상담사례를 통해 상담 과정에서 영성이 어떻
게 탐색되는지를 보여 주는 것으로 이 장을 마무리할 것이다.

1. 긍정심리학과 회복탄력성

아동기와 청소년기의 회복탄력성을 조사하는 연구는 긍정심리학에서 매우
중요한 부분을 차지한다(예: Carr, 2011; Bernard & Slade, 2009; Brown, Hill,
Shellman, & Gómez, 2012; Linley & Proctor, 2013; Masten, Cutuli, Herbers, &
Reed, 2009; Yates & Masten, 2004). 우리는 이제 효과적으로 작용하는 개인적
대처 방법의 일반적인 발달 과정에 대해 상당 부분 알게 되었다. 예를 들어 건
강이나 사회정서, 학교에 관련된 문제에서, 위험에 처한 아동 및 청소년과 관
련된 근본적인 환경뿐 아니라 학생의 개인 안에 존재하는 문제 그리고 인간관
계 속에서 발생하는 문제들에 이르기까지 비교적 많은 것들을 이해하게 되었
다. 그럼에도 불구하고 긍정ㆍ발달심리학자들은 위험한 가정환경 또는 끔찍
한 비극에 노출된 아동과 청소년 중 일부가 어떻게 역경을 딛고 잘 성장하는지
에 대한 논리적인 설명을 하지 못하고 있다. 다른 사회과학적 현상과 마찬가
지로, 이에 대한 해답은 다채로울 뿐 아니라 다양한 변인들이 유기적으로 관
련되어 있어 다층적이라는 것이다(Goldstein & Brooks, 2013; Rutter, 2012). 불
우한 환경 속에서도 역경을 딛고 성공한 청소년들이 동일한 성격적 특성이나
발달적 자원을 갖고 있지 않다는 점은 매우 흥미롭다(예: Harvey & Delfabbro,
2004). 또한 자연스러운 귀결이지만, 민족성과 문화는 이들이 위험을 대처하
는 방식에 각기 다른 방향으로 영향을 미친다.

 발달적 측면에서 매우 결정적인 시기인 유아기부터 초기 성인기에 이르는 동안 대부분의 사람들은 도전과 역경을 경험한다. 다행스럽게도 대다수의 사람들은 이 힘든 시간을 거치는 동안 빠르게 어려움을 이겨 내고 정상적인 기능을 유지한다. 아동과 청소년은 사회정서적 고통과 같은 높은 수준의 스트레스를 경험하게 된다. 아동과 청소년들이 겪게 되는 괴로움은 자신들 몸에서 일어나는 생리적 변화, 경제적 고통, 또래관계, 가정불화 및 학업적 실패의 결과일 수 있다(Bornstein, Hahn, & Suwalsky, 2013). 청소년들이 어떻게 이러한 어려움에 대처하는가는 이후 이들이 거쳐 갈 발달 궤적과 더불어 만족스러운 삶에 대한 상당 부분을 예측케 한다. 만약 이들이 역경 속에서도 긍정적 방식으로 적응한다면, 이러한 과정은 이들의 건강한 성장에 도움이 될 것이다. 학교에서 시행되는 개입에도 불구하고 대략 25%의 청소년들이 학업 문제나 개인적 · 사회적 · 가족적 문제를 가진다. 반가운 소식은 위기 청소년의 과반수가 지속적인 지원과 지지를 통해 거의 정상적인 기능으로 돌아온다는 것이다(Cicchetti, 2013). 그러나 안타깝게도 25%의 청소년 중 대략 5%는 결국 장기적이고 만성적인 문제를 보이는 고위험집단에 속하게 된다(Masten, 2011). 고위험 내담자를 돕기 위한 상담자들과 치료사들의 헌신적인 노력에도 불구하고, 고위험 집단의 문제 행동 재발률은 상당히 높고, 정상적인 기능으로 완전히 회복하는 것에 대한 예후는 그리 좋지 않다.

 심리학적으로 회복탄력성은 시련, 역경, 스트레스 등을 이겨 내고 긍정적인 자세로 대처하는 능력을 의미한다(Bernard & Slade, 2009; Williams et al., 2013). 회복탄력성은 다차원적인 구조를 가진 구인으로, 다양한 관련 개념들의 정의와 이해로 이루어진다. 예를 들어, 이 분야의 선두 연구자인 매스턴과 동료들(Masten et al., 1999)은 회복탄력성의 개념을 다음과 같이 설명하였다.

 '회복탄력적'이라고 판단되는 아동은 다음과 같은 준거에 따른 진단이 이루어지거나 또는 이와 유사한 기본 성격 패턴에 대한 평가가 이루어진 것으로 본다. 첫째, 아동은 자신의 나이와 문화에 맞는 주요 발달 과업을 잘 수행하고 있다. 둘째, 아동은 평균 이상의 역경을 경험하고 있다(p. 145).

또 다른 권위자인 루터(Rutter, 2012)는 이러한 정의를 확장하였다.

　　회복탄력성은 어떤 개인이 심각한 스트레스나 역경에도 불구하고 비교
　적 좋은 성장 결과를 나타낸다는 사실로부터 추론할 수 있는 상호적인 현
　상이다. 이들의 성장 결과는 동일한 역경을 겪은 다른 개인들보다 양호하
　다(p. 474).

개념적으로 회복탄력성과 회복력을 구분하는 것은 중요하다. 회복탄력성
(resiliency)은 개인의 개별 속성을 의미하는 용어인 반면, 회복력(resilience)은
보다 맥락적인 개념에 가깝다. 좀 더 자세히 말하면, 회복탄력성은 개인의 내
적 자질을 뜻하고, 회복력은 사회적 생태계 내의 관계와 관련된다(Luthar &
Zelazo, 2003; Williams et al., 2013). 또한 회복탄력성은 첫째, 천부적이고 타고
난 특성으로 건강한 발달과 학습을 돕는다. 둘째, 개인 강점의 지속적인 발현
을 나타낸다. 셋째, 가족, 친구, 학교, 지역사회 등의 보호 요인에 의해 활성화
되거나 촉진된다. 넷째, 주요한 성인 또는 보호자의 신념에 의해 영향을 받는
다(Bernard, 2004; Bernard & Slade, 2009). 여러 요인 중에서 학업 수행, 행동
적응력, 신체적 건강 등이 청소년 회복력의 대부분을 구성한다(McAllister &
McKinnon, 2009).

버나드(Bernard, 2004)는 회복탄력성이 자율성, 문제해결, 목적의식, 대인
관계 능력 등 4개의 행동 패턴으로 나타난다고 주장하였다. 이러한 정보는 많
은 연구 결과와 일치하며 임상가들에게 유익하다. 〈표 2-1〉은 회복탄력성의
4개 요인과, 각 요인과 관련 있는 다양한 하부 강점 요인을 보여 준다. 자율성
은 자기 충족적인 방법으로 행동하고, 환경에 대해 통제력을 경험하는 능력과
관련이 있다(Bernard, 2004). 자율성은 자아의식, 정체성, 개인의 힘과도 관련
이 있다. 자율성의 하위 요인과 특성을 자주 나타내는 청소년은 회복탄력성

또한 나타낸다. 연구들에 따르면 적절한 자율적 행동은 긍정적 정신건강 및 안녕감(sense of well-being)과 어느 정도 상관이 있다(Howell, Keyes, & Passmore, 2013; Ross & Mirowsky, 2013).

버나드(2004)의 문제해결 요인은 대부분 상위인지 능력(예: 계획하기, 정신적 유연성, 비판적 사고와 반영)과 관련되기 때문에 자기조절 학습이라고도 불릴 수 있다. 연구 결과에 따르면 좋은 사고 기술을 가진 청소년들은 특히 집, 학교, 일터에서 맞닥뜨리는 문제를 훨씬 더 성공적으로 처리하는 편이다(Shure & Aberson, 2013). 반대로 제한적인 문제해결 기술을 가진 아동과 청소년은 걱정거리를 효과적으로 해결하는 데 훨씬 힘든 시간을 보내며, 외상적 사건 이후 정상적인 기능으로 돌아오는 데 훨씬 오랜 시간이 걸린다(예: Klika & Herrenkohl, 2013).

문제해결 능력 요인은 개인의 대인관계 능력과 관련이 있다(Bernard, 2004; 〈표 2-1〉 참조). 역동적 구인인 문제해결 능력은 사회적 인지와 마찬가지로 10대 초반에서 후기 청소년기까지의 전환기 기간 동안 복잡한 기술을 필요로 한다(Monahan & Steinberg, 2011). 대인관계 능력은 청소년이 어떻게 타인과 긍정적 관계 및 애착을 형성하는가와 관련되기 때문에 긍정적 적응 및 안녕을 나타내는 지표로서 사용된다(Howell et al., 2013; Sesma Jr, Mannes, & Scales, 2013). 사회적 단서를 효과적으로 읽는 능력, 타인에게 공감을 표현하는 능력 그리고 폭넓은 사회적 관점을 갖고 있지 못한 청소년들은 학교 안팎에서 관계 맺기에 어려움을 겪게 된다. 모나한과 스테인버그(Monahan & Steinberg, 2011)는 이 점을 강조한 바 있다.

대인관계 능력은 긍정적 발달의 보호 요인으로 작용하고 또한 스트레스에 대한 회복력의 지표로서 작용할 수 있다. 사교적인 청소년은 적당한 수준의 스트레스를 경험했을 때 오히려 자신의 사회성 기술을 이끌어 내고 강화시키는 등 유익한 결과를 얻게 될 수 있다. 그러나 대인관계 능력이 떨어지는 청소년들은 동일한 어려움에 직면했을 때 훨씬 나쁜 결과를 얻게 될 것이다(p. 7).

목적의식 요인은 3개의 관련된 특성으로 나뉘어 있다(Bernard, 2004). 첫 번째 특성들은 교육적 열망, 성취동기, 미래 목표와 관계된 것이다. 연구에 따르면 높은 열망과 의미 있는 목표가 아동과 청소년의 회복탄력성과 관련이 있다(Ungar, 2011). 두 번째 특성은 개인의 특별한 흥미와 창의적 능력 그리고 풍부한 상상력과 관련된 것이다. 창의적 예술 활동 또는 취미생활과 같이 자신이 즐길 수 있는 것을 하면서 긍정적 방법으로 흥미를 발산할 수 있는 청소년들은 보다 회복탄력적이다. 목적의식 요인을 구성하는 세 번째 특성들은 다수의 긍정심리학자들이 건강한 영성의 발현으로 간주하는 것과 거의 일치한다. 그것은 희망, 낙관성, 신념, 삶의 목적 그리고 영성 그 자체이다.

이러한 특성 요인들은 개인의 외부나 내부에서 의미를 찾는 데 기여하기 때문에 의미 부여를 창조하는 변환적 기제로 여겨진다(Bernard, 2004, p. 32). 앞서 설명한 바와 같이, 만약 청소년들이 이러한 회복탄력성 강점을 개발하고 일상에서 사용할 수 있다면, 장기적으로 건강하게 기능하는 개인으로 성장하고 또한 삶의 만족도를 향상시킬 수 있을 것이다(Donnon & Hammond, 2007).

버나드의 연구를 확장하여 수행된, 아동과 청소년을 위한 회복탄력성 척도에 대한 연구에서 프린스-엠버리(Prince-Embury, 2011, 2013)는 협의의 회복탄력성 개념을 소개하였고 아울러 회복탄력성을 측정할 수 있는 척도를 제공하였다. 프린스-엠버리(2011, 2013)는 청소년의 회복탄력성과 관련된 다양한 구인들(낙관성, 자기효능감, 적응력, 신뢰, 지원 접근성, 사회적 편안함, 인내, 세심함, 회복력, 결함 정도)을 탐색한 뒤, 이를 다시 타당성과 신뢰성을 갖춘 세 가지의 핵심적인 발달 요인(자기유능감[Sense of Mastery], 사회관계성[Sense of Relatedness], 감정반응도[Emotional Reactivity])으로 분류하는 데 성공하였다. 회복탄력성 척도는 심각한 문제에 빠진 청소년을 돕는 데 매우 유용한 두 가지 지표를 제공한다. 하나의 지표는 개인이 가지고 있는 개인적·사회적 자원의 수준을 나타내며, 다른 하나는 스트레스에 대해 취약한 정도를 나타낸다. 자원을 측정하는 지표에서는 높은 점수를 획득하고, 취약성 영역에서는 낮은 점수를 획득하는 것이 바람직하다고 볼 수 있다.

자기유능감 요인은 응답자의 자기효능감, 낙관성, 적응력 수준을 측정하여 얻게 되는데, 이는 알버트 반두라(예: Bandura, 1986, 1997)의 사회인지 연구에서 크게 영향을 받았다. 특히 청소년의 회복탄력성은 개인적·사회적인 문제를 스스로 얼마나 잘 해결할 수 있는가에 대한 그들 자신의 믿음과 밀접한 관련이 있다. 높은 자기유능감을 가진 청소년은 스트레스에 대한 강한 적응력과 회복력을 보이는 경향이 있다. 연구에 따르면 많은 요인들이 자기유능감과 상관이 있는 것으로 나타났으며, 여기에는 영적 특성(예: 희망, 낙관주의, 용기, 자기초월 능력)과 다양한 보호 자원들(예: 사랑이 넘치고 안전한 가정 및 신앙 공동체와의 풍성하고 의미 있는 연결, 지지적인 또래집단에 소속됨)이 포함된다. 또한 이러한 요인들은 문화와 인종이 다른 청소년들에게도 적용 가능하다(Benight & Cieslak, 2011; Donnon & Hammond, 2007; Fife, Bond, & Byars-Winston, 2011).

회복탄력성 척도는 또한 사회관계성 점수를 제시해 주는데, 이는 청소년이 사회 생태망 내의 중요 인물과 어떻게 연결되어 있는지 잘 나타낸다(Prince-Embury, 2011, 2013). 사회관계성 요인은 타인 신뢰, 지원 접근성, 타인과의 함께 있을 때 편안한 정도, 인내를 포함한다. 많은 연구에서 밝혀진 바와 같이, 잘 보살펴 주는 성인(부모, 교사, 청소년 리더, 성직자, 이웃)과 질 높은 관계를 유지하고 있는 아동과 청소년은 그렇지 못한 청소년보다 높은 회복탄력성을 나타낸다(Prince-Embury & Steer, 2010). 성인에 대한 불신이 낮은 회복탄력성을 가진 청소년에게 문제가 될 수 있다는 점은 그리 놀랍지 않다. 부정적인 가정환경과 폭력적인 부모로 인해 심리적 상처를 입은 청소년 중 대다수는 타인이 자신들을 지지해 줄 것이라는 사실을 거의 신뢰하지 못한다(Saklofske et al., 2013).

마지막 요인인 감정반응도는 청소년의 적의에 대한 민감도, 자기조절 능력, 기질 발달, 힘든 감정적 경험으로부터의 회복 능력에 의해 측정된다(Prince-Embury, 2011, 2013). 이 척도에서 높은 점수는 아동과 청소년이 다양한 문제에 대해 위험 수준에 노출되어 있다는 것을 의미한다. 실제로, 높은 수준의 감

정적 반응을 보이거나 반응 수준을 조절하는 데 어려움을 겪는 청소년은 부적
응적 행동 또는 정신병리 증상을 보일 수 있다. 반면 건강한 감정조절(감정적
으로 힘든 상황에서도 이를 조정하는 능력)은 회복탄력성을 촉진하는 것으로 판
단된다(Troy & Maus, 2011).

　　요약하면, 높은 회복탄력성을 가진 아동과 청소년은 큰 위기나 부정적인 사
건 이후에 정상적인 모습으로 비교적 빨리 회복하고 효과적으로 이에 대처하
는 모습을 나타낸다. 아동과 청소년이 긍정적 또는 부정적인 경험을 어떻게
다루고 처리하는가에 영향을 미치는 강점군 혹은 특성군이 분명 존재한다. 심
각한 문제에 직면한 청소년이 회복력을 통해 부정적인 요소들을 성공적으로
다뤄 낼 때, 이러한 과정을 통해 청소년의 전반적인 안녕감이 증대된다
(Harvey & Delfabbro, 2004).

2. 보호 체계

　　인간 기능에 대한 선구적인 체계적 접근(예: 브론펜브레너[Bronfenbrenner,
2004]의 생물생태학 이론, 러너[Lerner, 2010]의 발달 맥락적 관점)과 같은 맥락으로,
버나드(2004)와 더락(Durlak, 1998)은 청소년 발달에 매우 중요한 회복탄력성
과 보호 요인들을 설명하는 개념 모델을 제안하였다. 브론펜브레너의 생태도
를 함께 사용한 이 모델은 회복탄력성 특성들을 미시 수준부터 거시 수준까지
나타내어 청소년 회복탄력성의 윤곽을 추적해 볼 수 있게 한다. 또한 이 모델
은 다층적인 구조를 제시함으로써 개인과 환경 상호 간에 일어나는 회복탄력
성 과정에 대한 이해를 가능하게 한다(Ungar, Ghazinour, & Richter, 2012). 실
제로 버나드가 제안한 다차원적 모델은 회복탄릭싱 발달과 근접히거나 또는
관련이 먼 요인들을 함께 다루고 있다. 여기에는 상보적 관계에 있는 환경, 가
족, 학교, 지역단체 등이 포함된다. 환경, 가족, 학교, 지역단체와 같은 보호
체계는 앞서 논의한 바 있는 회복탄력성을 이루는 주요 요인 및 그 하위 요인

과 동시에 작용한다. 또한 학자들은 사회정서(Bender & Carlson, 2013), 자기
조절, 자기효능감(Causadias, Salvatore, & Sroufe, 2012; Minnard, 2002) 등과 같
은 아동과 청소년의 내부 보호 요인에 대해서도 언급하였다. 이러한 능력은
앞서 회복탄력성 강점으로서 논의하였기 때문에 여기서는 외부 보호 체계와,
어떻게 이들 외부 보호 체계가 회복탄력성을 증진하는가를 확인해 볼 것이다.

1) 가족

아마도 가장 폭넓게 연구된 것은 부모 또는 보호자 및 가족 전체가 아동과
청소년의 회복탄력성을 촉진하기 위해 어떠한 역할을 하는가에 관한 것들일
것이다(Bender & Carlson, 2013; Rutter, 2012). 청소년의 회복탄력성을 증진하
는 가족 보호 요인으로 종종 인용되는 것은 다음과 같다. 충분한 경제력, 안전
하고 건강한 생활공간, 온전한(이혼하거나 별거 중이 아닌) 부모, 건강한 영양 상
태, 회복탄력성의 모델링과 친사회적인 행동(예: 높은 기대, 공감과 동정심, 인내,
긍정적 영성, 문제에 대한 효과적인 대처, 비흡연과 비약물 사용), 어머니와 함께 효
과적으로 양육을 분담하는 아버지, 권위주의적이거나 소극적인 훈육 방법을
사용하기보다 권위를 가지는, 일관성 있는 양육태도, 따뜻함, 사랑(Yousafzai,
Rasheed, & Bhutta, 2013; 가족 보호 요인의 자세한 목록을 위해서는 Bernard, 2004
참조). 또 다른 가족 보호 체계를 살펴보면, 자녀의 학교과제를 돕고 교육과정
에 활발하게 참여하는 학부모는 학업적 회복력을 촉진한다(Bernard, 2004;
Minnard, 2002). 가족 보호 체계가 회복탄력성을 증가시키는 것과 마찬가지로,
청소년의 회복탄력성은 허약한 가족 보호 체계(예: 비효과적인 양육으로 인한 부
정적인 결과, 불확실한 가족 구조, 결손가정, 가족해체)를 보완할 수 있다.

2) 학교

아동과 청소년을 위한 매우 중요한 보호 체계는 학교 장면에 관한 것들이

다. 만약 청소년들이 교사들과 함께 호흡한다고 느끼고, 동아리 또는 운동부에 참여하며, 지지적인 또래집단에 소속된다면 이들은 회복력을 개발할 가능성이 크다. 특히 버나드(2004)가 고안한 학교 차원의 보호 지표 목록은 다양한 요인들을 포함하고 있는데, 여기에는 상호 배려하고 지지적인 학습 환경을 제공하는 교육자의 역할(예: 개별 학습목표 권장, 비판적 사고와 분석 강화, 차이에 대한 존중과 수용)과 학습과 태도에 있어 높은 기대를 유지(예: 지속적으로 목표에 대한 책임감을 갖게 함, 모든 아동은 배울 수 있다는 믿음, 친사회적인 행동에 대한 확신, 타당하고 정당한 경계와 규칙)하는 것이 포함된다. 보호 체계를 구축한 학교는 학생들이 모든 학교생활(예: 포괄적이고 다양하며 민주적인 학습공동체, 창의적 예술 활동, 봉사, 주도적 학습, 부모-학생 참여, 선후배 또는 또래 멘토링)에 활발히 참여할 수 있도록 충분한 기회를 제공한다. 긍정 행동 개입과 지원(Positive Behavior Intervention and Support: PBIS)이나 중재반응 모델(Response to Intervention: RTI) 같은 학교기반 예방 모델은 보호 체계의 좋은 예들이다. 이러한 모델들은 다음과 같은 보호적 학교활동을 적극 권장한다. 긍정적 또는 강점기반 교수 및 학습, 따뜻하고 배려 있는 학교 환경, 협력·공동 교수 모델, 대규모 혹은 소규모 집단상담을 통한 정신건강 지원, 외부 체험 학습, 예술 교육, 또래 도움, 멘토링, 봉사 학습 등이 그 예이다. 따라서 발달 수준에 적합한 이러한 활동들은 학업 향상을 위한 지지적이고 건강한 환경을 제공하고, 필수적인 삶의 기술 개발을 가능하게 하며, 학습과 삶에 대한 긍정적이고 희망적인 태도를 길러 준다(Bernard, 2004; Bernard & Slade, 2009; Mallin, Walker, & Levin, 2013).

3) 환경

환경적 보호 체계는 가족 및 학교 보호 체계와 밀접하게 교차하는 가운데, 청소년들의 관계와 메시지 그리고 기회의 질을 발전시킨다(Bernard & Slade, 2009). 여기서 환경은 청소년들이 생활하고, 놀고, 공부하고, 예배드리고, 일하는 외부 환경을 의미하지만 전체 지역사회만큼 넓지는 않다. 청소년기에 회복탄력성이 발현되기 위해 환경적 지원은 반드시 있어야 한다. 긍정적인 환경이란 청소년의 발달적 필요에 맞게 유동적이며, 성장에 적합한 환경을 의미한다(Rutter, 2012).

4) 지역사회

지지적인 지역사회와 연결되는 것과 공동체의식을 갖는 것은 회복탄력성을 증가시킬 가능성이 크다. 건강한 지역사회 지원 체계는 외상적 사건에 의한 장기적 심리증상에 대해 보호 요인으로 작용하기 때문이다(Greenfield & Marks, 2010). 이미 버나드(2004)가 설명하였듯이, 보호적 특성을 가진 다수의 지역사회 프로그램이 존재한다. 몇몇 지역사회는 청소년들에게 방과 후 또는 주말 프로그램, 남녀 운동부, 동아리, 종교적 활동과 같은 다양한 프로그램을 제공한다. 부유한 지역공동체는 저소득 가정을 위해 비용이 매우 적거나 전혀 들지 않는 건강 관련 서비스를 제공할 수 있는 반면 어떤 지역은 경제적으로 곤궁하여 청소년에 대한 지원이 거의 이루어지지 않을 수 있다. 다른 보호 체계와 마찬가지로 보호적인 지역사회는 어떤 활동에서든지 진정한 배려와 지원, 청소년에 대한 높은 기대, 참여 활동 및 서비스를 제공해야 한다.

지역사회를 기반으로 하는 프로그램을 더욱 자세히 다루는 것은 이번 장의 본래 목적을 벗어난 일이다. 그럼에도 불구하고, 긍정심리학 이론과 원리를 잘 적용하였을 뿐 아니라 경험적 연구 과정까지 마친 청소년 프로그램들(예: PBIS와 RTI, YCA[Youth Competency Assessment], PYD[Positive Youth Development])이 있어 이를 소개하고자 한다. 각 프로그램이 제공하는 많은 강점과 자원은 다른 방법으로는 쉽게 획득되지 않을 뿐만 아니라, 4개의 보호 체계(환경, 가정, 학교, 지역공동체)와 통합되어 작용하기 때문에 매우 종합적인 특징을 나타낸다. 이들 프로그램 가운데서 그나마 가장 실행 가능한 대안은 PYD인 것 같다. 프로그램의 구조, 실행절차, 실행 과정 및 운영 장소 등은 다양하지만, PYD는 필수적인 청소년 회복탄력성 기술(⟨표 1-1⟩ 참조)을 개발하는 것에 초점을 맞추고 있다. 이 프로그램의 목표는 대체로 가장 가까운 보호자 및 다른 성인과의 건강한 애착·유대감, 행동적·인지적·정서적·도덕적 및 사회적 유능감, 자기결정력, 자기효능감, 긍정적 정체성, 낙관성, 희망, 친사회적 규범, 영성과 관련된 특성 등을 개발하는 데 있다. PYD는 비영리단체, 건강 관련 진료소, 학교 등 지역공동체 환경에서 널리 실시되고 있다. 예방적 성격이 강한 PYD의 연구 결과를 살펴보면, 개인 및 사회적 문제, 정신 및 신체 질환, 학업 실패 등으로 어려움을 겪는 청소년들에게 지속적으로 긍정적인 영향을 주는 것으로 나타났다(예: PYD 프로그램과 관련 연구를 위해서는 Catalano, Berglund, Ryan, Lonczak, & Hawkins, 2004; Gavin, Catalano, David-Ferdon, Gloppen, & Markham, 2010; Geldhof, Bowers, & Lerner, 2013; Lerner et al., 2011 참조).

긍정심리학자들은 회복탄력성과 보호 체계를 효과적으로 탐구하기 위해 아

발달적 지원과 기회	발달적 욕구	긍정적인 발달의 성과	· 긍정적 중재
· 돌보는 관계	· 안전	· 사회적	· 교육적 성과
· 높은 기대	· 사랑과 소속감	· 정서적	
· 의미 있는 가족, 학교, 지역사회 참여	· 존중과 힘	· 인지적	
	· 도전	· 도덕적 및 영적	
	· 숙달		
	· 의미		

[그림 2-1] 회복탄력성, 보호 요인, 청소년 발달 과정

출처: Bernard & Slade, 2009를 수정함.

동·청소년 발달과 관련 있는 위험 및 보호 요인 연구에 집중한다. 버나드와 슬레이드(Bernard, & Slade, 2009)는 회복탄력성과 보호 요인 사이의 핵심 관계를 유용한 청소년 발달 과정으로 압축하였다([그림 2-1]). 만약 긍정적인 외부 지원과 개인적(아동 내적) 자원이 잘 마련된다면 이는 장기적으로 청소년 발달에 기여할 것이다. 버나드와 슬레이드(2009)는 다음 내용에 대한 확신을 가지고 있다.

> 청소년들이 가정, 학교, 지역사회에서 배려하는 관계, 높은 기대, 의미 있는 참여와 기여 등과 같은 풍부한 환경(또한 외적 자원이나 보호 요인이라 불리는 발달적 지원과 기회)을 제공받게 될 때, 이들의 발달적 필요가 충족되고 이에 병행하여 사랑, 친밀한 관계, 존중, 정체성, 힘, 숙달, 도전, 의미 등을 추구하게 된다(p. 364).

더욱이 효과적으로 잘 구축된 보호 체계는 큰 위기에 따른 상처와 상실을 경감시킨다(예: Eriksson, Cater, Andershed, & Andershed, 2010; Jain, Buka, Subramanian, & Molnar, 2012; Logan-Greene et al., 2011). 다음으로 긍정적 영성이 발달적 자원으로서 청소년들에게 어떻게 기여하는지(회복탄력성, 삶의 의미와 만족, 청소년기 이후의 성공 등을 촉진하기)에 관해 집중적으로 알아볼 것이다.

3. 영성과 회복탄력성

수년 전, 와기놀드와 영(Waginold & Young, 1993)은 회복탄력성을 가진 개인이 다른 많은 특성들 중, 영성적 자질에 관련되는 것에 주목하였다. 예를 들어, 진정으로 영적인 사람은 역경 속에서도 보다 침착하고 평화롭다(압력 아래에서도 침착함 유지). 이들은 또한 자기중심적 경향이 덜하고, 타인이 도움을 필요로 할 때 위로를 준다. 또한 이들의 신념은 높은 수준의 끈기, 자기수용, 자기만족감, 의미 있음(삶에는 목적과 가치가 있다는 인식), 실존적 고독(각자 삶의 방향은 특별하다는 인식)에 이르게 할 것이다. 이러한 특성은 일반적으로 버나드(2004)의 개인 강점 또는 청소년 회복탄력성의 특성과 일치한다(〈표 2-1〉 참조).

표 2-1 개인적 강점 및 관련된 특성 영역

자율성	문제해결	목적의식	사회적 유능감
• 적응할 정도의 거리감 또는 저항 • 유머 • 주도성 • 내적 통제성 • 긍정적 자아정체성 • 자기인식 또는 마음챙김 • 자기효능감 또는 숙달성	• 비판적 사고/통찰 • 유연성 • 계획 • 풍부한 자원	• 교육적 열망 • 믿음 • 목표 지향성 성취 동기 • 상상력과 창의성 • 흥미/취미 • 낙관성/희망 • 의미에 대한 탐색 • 영성	• 이타심 • 의사소통 • 동정심 • 공감/돌봄 • 용서 • 반응성

출처: Bernard, 2004를 수정함.

　　최근 포이, 드레서와 왓슨(Foy, Drescher, & Watson, 2011) 등이 개인 영성의 맥락 내에서 회복탄력성을 이해하는 것이 중요하다고 강조했는데, 이는 초기 정신건강 전문가들의 주장과 일치하는 것이다. 이들은 두 개념이 다소 밀접한 관계에 있다고 주장했다. 실제로 많은 사람들에게 영성은 위기나 고통에 직면했을 때, 그들의 회복탄력성을 발휘하게 하는 기초가 된다. 영성은 삶과 가치에 대한 긍정적 목적의식과 의미, 어려울 때 사회적 지원, 스트레스 상황에서 효과적으로 인지하고 처리할 수 있는 능력을 제공한다.

　　영성 발달의 각 단계에서 영성과 회복탄력성이 어떻게 발현되고 상호작용하는지를 설명한 포이와 동료들의 주장을 살펴보자. 포이 등(2011)은 하그베르그와 구엘리히(Hagberg & Guelich, 2005)의 영성 발달 모델을 활용하여 다음과

같이 주장했다. 정신적 외상을 초래한 사건이나 상황을 처리하는 방법은
① 사건의 본질(자연스러운/인위적인, 고의의/의도하지 않은)과 규모(얼마나 강렬
한가), ② 개인의 위험 요인과 회복탄력성, ③ 사건 이전, 중간, 사후의 정서적
및 물질적 지원 정도, ④ 당사자가 지각한 예측 가능성과 통제 가능성의 수준
에 의해 결정된다. 이러한 요소들은 피해자 영성 발달 단계의 기능, 가능한 영
성 지원 및 자원 수준, 개인이 학습한 영적 대처 방법으로서 상호작용한다. 예
를 들어, 만약 한 청소년이 끔찍한 교통사고를 당해 영구적인 신체손상으로
고통을 받게 된다면, 영성의 연속선 중 현재 어디에 놓여 있는가가 회복탄력
성에 많은 영향을 줄 것이다. 만약 그가 신과 삶의 강한 연결, 지지적 신앙공동
체, 잘 개발된 영성 대처 능력을 가지고 있다면, 즉 영성의 높은 수준에 놓여
있다면 회복탄력성 수준 또한 동일하게 높을 것이다. 이 단계에서 사람들은

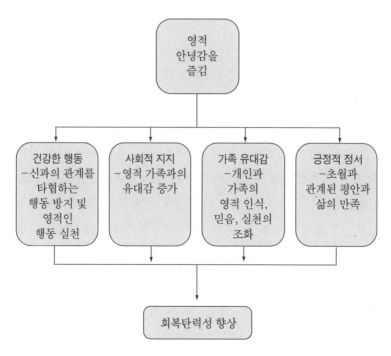

[그림 2-2] 영성과 회복탄력성의 관계

출처: Smith, Webber, & DeFrain, 2013, p. 10.

용서, 낙관성, 희망, 의미추구, 신앙 등의 개인적 강점을 통해 진정한 영성을 나타낸다. 반대로 만약 피해자가 ① 그의 신앙적 여정을 시작하여 이제 1단계 (신의 존재와 초월성의 욕구를 인지한 상태)에 있거나, ② 영적 자원을 거의 가지고 있지 않거나, ③ 도움을 받을 만한 영성공동체가 거의 없다면, 아마도 그의 회복탄력성은 발달되지 않았거나 또는 외상에 대해 성공적으로 대처하기에는 아직 적합하지 않은 상태일 것이다.

[그림 2-2]는 어떻게 개인의 영적 안녕감이 높은 회복탄력성과 연결되는지를 잘 설명하고 있는 경험적 검증을 거친 모델이다(Smith et al., 2013). 흐름도의 가장 상단에서 볼 수 있듯이, 영적 감각을 인식하고 즐길 줄 아는 청소년은 일탈적이고 유해한 행동이 아닌, 건강하고 바람직한 행동을 하는 것을 볼 수 있다. 정확한 해석은 아닐 수 있지만, 스미스와 동료들에 따르면 이러한 긍정적 행동은 '옳은' 일을 하지 않는 것은 그 개인의 신앙 공동체와 절대자(Higher Power)에 대한 헌신을 저버리는 일이라는 생각에서 기인한다. 또한 영적 네트워크는 십대들에게 가족 외의 긍정적인 사회적 지원 체계를 제공한다. 이러한 영적 공동체 내에서 청소년은 안전함을 느끼고, 조언을 얻고, 한마음으로 비슷한 신념을 나누는 대가족적인 유대감을 발전시킨다. 또한 진정한 긍정적 영성은 부모, 가족과 자녀 간의 상호연결을 돕는다. 강하고 건강한 가족유대는 청소년들이 자신들의 신념을 표현하고, 행동하고, 시험할 수 있게 하며 또한 개인적·공동체적 신념을 가지고 자신이 계획한 무엇인가를 해 볼 수 있는 안전한 환경을 제공한다. 이러한 유형의 가족에 속한 구성원들은 일반적으로 건강한 영적 실천을 지원하고 격려한다. 또한 행동의 합리적인 경계를 설정한다.

긍정적 영성이 높은 회복탄력성에 기여하는 네 번째 방법은 긍정적 정서 발달 및 사용을 통해서이다. 긍정심리학자들은 영성과 회복탄력성이 내적 평안함(샬롬), 삶의 목적, 삶의 만족, 휴식, 영감, 희망, 용기, 용서, 황홀감(경이감과 경외심), 사랑, 겸손 등의 정서와 연결된다고 주장한다.

이러한 개념과 관련하여, 청소년 영성의 발달을 추구하는 PYD와 같은 프로그램에서 어떻게 영성을 주요 요인 중 하나로 포함되는지에 대해 이미 살펴보았다(Catalano et al., 2004; Lerner, Roeser, & Phelps, 2008; Shek, 2012). 대부분의 북미 청소년이 영성 또는 종교적 신념을 자신들의 삶과 세계관의 중요한 부분으로 생각하고 있다는 사실은 이를 뒷받침한다(Smith & Denton, 2005). 또한 이러한 연구 결과가 서양 청소년에게만 국한되지 않는다는 점도 놀랍지 않다. 예를 들어, 다수의 멕시코 청소년(Marsiglia, Ayers, & Hoffman, 2012)과 아시아-태평양 지역의 청소년(Sun & Shek, 2010)들 또한 잠재적 대처기제와 개인적-공동체적 지원 체계로서 영성 및 종교성에 의존한다. 다음에서 연구와 이론이 어떻게 실제적으로 사용되는지를 설명할 것이다. 실제 사례 연구를 통해 문제 청소년에게서 영성, 회복탄력성, 보호 체계가 어떻게 중요하게 작용하는지 설명할 것이다. 이 사례는 저자 중 한 명인 서미 교수의 상담사례이다.

상담사례 **좋은 사람이 되고 싶은 비행청소년 정호**

정호는 사회봉사 징계 프로그램으로 상담실에 의뢰된 중학교 1학년 학생이었다. 그가 징계를 받게 된 계기는, 단짝 친구 순호와 가출을 하여, 상점에서 빵을 훔쳤기 때문이다. 때마침 순찰을 돌던 경찰이 현장에서 이들이 빵을 훔치는 것을 발견하여 경찰서에 보내졌다가 학교로 넘겨져 징계를 받게 되었다. 학교 교사는 정호를 의뢰하면서 순호는 현재 많이 반성 중이지만, 정호는 전혀 반성의 기미가 없어서 걱정이라는 이야기를 하였다. 정호의 친어머니는 5살 때 가출을 했고, 아버지는 정호가 초등학교 4학년 되던 해 새어머니와 결혼을 했다. 새어머니는 독실한 크리스찬이었으며, 아버지는 지방 출장이 잦은 일을 하고 있었다. 정호네 가족은 서울 외곽의 공업단지에 거주하고 있었다.

상담내용 및 전략

먼저 상담자가 지각한 위험 요인과 강점(보호 요인)은 다음과 같다.

- 상담자가 지각한 위험 요인: 정호가 가진 위험 요인은 5살 때 친어머니가 가출하고 아버지 또한 바쁘고 엄격한 편이어서 아동기에 정서적으로 따뜻한 보살핌을 받지 못하였고, 학습지도나 생활습관 지도의 부재로 긍정적인 생활습관이 형성되지 못했다는 점이다. 또한 정호는 대부분의 시간을 친구들과 보냈는데 친하게 지내는 친구의 상당수가 순호처럼 학교에 잘 적응하지 못하거나 학교를 중단한 친구였다. 이렇게 소위 노는 친구라고 불리는 친구들과 주로 어울려 다니는 점으로 인해 정호가 1학년 학기 초부터 교사들에게 요주의 인물로 찍혔다는 점 또한 위험 요인으로 작용하고 있었다.

- 상담자가 지각한 강점(보호 요인): 상담자는 상담 과정에서 정호의 강점이 좋은 사람이 되고 싶어 하고 삶의 긍정적인 의미를 찾고자 하는 점, 그리고 새어머니의 자상하고 헌신적인 사랑과 그에 대한 정호의 감사하는 마음임을 발견하였다. 이러한 강점은 사실 전혀 반성의 기미가 없다는 정호에게는 다소 반전과도 같은 강점이었다.

- 정호의 영적 강점을 활용한 상담 과정 및 전략: 처음 정호를 상담할 때 의뢰한 선생님의 말대로, 정호는 자신의 행동에 대해서 아무런 말도 하지 않았다. 반면 순호는 자신의 행동이 아주 잘못되었으며, 너무 배가 고파서 진짜 나쁜 행동을 했으며, 다시는 그런 행동을 하고 싶지 않다고 이야기하였다. 이 순간 이상하게도, 상담자는 순호의 잘 짜여진 고해성사보다 정호의 침묵에서 진심을 느꼈다. 이 이유를 상담자는 시간이 지나 알게 되었다. 침묵하던 정호는 시간이 지나 다음과 같은 이야기를 했다.

"선생님 저는 엄마에게 너무 죄송해요. 왜냐하면 엄마는 저를 너무 많이 신경 써 주시고 걱정하세요. 엄마는 매일 저를 위해서 기도해요. 가출도 하고 싶지 않았지만, 순호가 가출하자고 말했을 때 거절을 못하겠더라구요. 그리고 물건을 훔치고… 경찰서에 있는데 아무런 말도 나오지 않았어요… 경찰관이랑 선생님이 '너 이 자식 잘못했어? 안 했어?'라고 소리를 쳤지만, 선 정말 아무 생각이 안 났어요. 엄마한테 너무 너무 미안했거든요. 너무 미안해서 아무 말도 할 수가 없었어요"

상담자는 이러한 내담자가 가진 죄책감에서 강점을 발견했다. 차마 말로 꺼내지 못할 정도로 깊이 반성함으로부터 오는 죄책감은, 좋은 행동을 하고 싶은 열망과 새어머니에 대한 정서적 연대감과 감사함의 정도가 큼을 의미한다. 실제로 정호는 위인전을 즐겨 읽고, 교회를 출석하면서 위인전이나 성경에 나오는 사람처럼 좋은 사람이 되고 싶고 좋은 행동을 하고 싶다고 이야기했다. 그러나 정호는 이런 긍정적인 동기를 부정적인 자아상을 형성하는 데 활용(?)하고 있었다.

> "저는 약속을 잘 지키지 못하는 사람이에요. 예를 들어서, 교회에도 자주 가고 싶고, 좀 더 좋은 행동을 하자고 다짐을 많이 해요. 교회에 가면 마음이 따뜻해지고, 제 삶에 있어서 좀 더 좋은 것이 무엇인지에 대해서 생각을 하게 되요. 하지만 정말 아주 자주 교회에 가지 않고, 친구들이랑 어울리고 나쁜 행동을 하곤 해요…. 게다가 전 게으르기도 해요. 언제나 공부하는 계획을 세우곤 하지만 지키지 않아요. 위인전을 읽고 훌륭한 사람이 되는 꿈을 자주 꾸어요. 책을 읽다 보면 그 사람들이 저에게 어떻게 살면 좋다고 이야기해 주는 것 같아요. 하지만 저는 아무것도 하지 않아요."

정호가 좋은 사람이 되고, 좋은 행동을 하고 싶다는 말에는 세상에는 좀 더 의미 있는 삶이 존재하고 그런 삶을 살고 싶다는 태도가 숨겨져 있다. 이 태도는 영성의 한 측면인 삶의 의미나 목적을 의미한다. 정호의 이러한 강점은 교회에서 좋은 영향을 끼친 것으로 보인다. 즉, 정호가 교회에서 편안한 마음을 느끼는 것은 교회에서 정호의 삶의 의미를 추구하는 욕구를 채워 주고 불러일으켰기 때문일 것이다. 상담전략은, 삶의 의미 추구라는 정호의 영적 강점을 격려하면서 정호가 원하는 삶을 현실에서 실현할 수 있도록 돕는 것이었다.

좀 더 구체적으로, 상담자는 첫째, 좋은 삶을 살고 싶어 하는 동기를 갖는 것과, 이를 행동으로 옮기는 것을 구분하여 부정적인 자아상을 수정하도록 노력하였다. 즉, 행동으로 옮기지 못하더라고 변화하고 싶어 하는 동기를 가지는 것이 자신의 중요한 강점임을 인식하도록 노력하였다.

둘째, 자신이 원하는 모습이 어떤 것인지 좀 더 구체적으로 생각하도록 격려하였다. 이를 통해 좀 더 구체화함으로 행동으로 옮길 가능성을 높였다.

셋째, 현재 삶에서 의미 있다고 여기는 행동이 무엇인지 구체적으로 생각하고, 필요하다면 이를 실현시키기 위해 어떤 행동을 해야 하는지 계획을 세우도록 격려하였다.

넷째, 어머니의 헌신에 대한 감사를 표현하도록 격려하였다. 또한 상담자는 새어머니가 내담자의 반복되는 부정적인 행동에 지치지 않도록 내담자의 변화의 의지, 긍정적 삶에 대한 동기, 어머니의 헌신에 대한 깊은 감사의 마음에 대해서 새어머니가 알 수 있도록 새어머니와의 상담을 진행하였다.

다섯째, 정호가 살고 싶은 모습대로 살지 못하게 하는 장애물에 대해 탐색하고 보다 효과적으로 대처하도록 격려하였다. 정호에게 가장 큰 장애물은 어울려 다니는 친구들이었는데, 정호에게 이 친구들은 어릴 적부터 친구여서 친구들이 가출하자는 등의 부탁을 거절하고 싶어도 생각처럼 쉽지 않았다. 따라서, 상담자는 이에 대해서 어머니와 상의하였고, 결과적으로 정호네는 근처 다른 지역으로 이사를 하였다.

정호와의 상담은 사회봉사 징계 프로그램이 끝난 이후에도 지속되어 총 15회 정도의 상담이 이루어졌다. 상담을 통해 정호는 삶의 의미를 갖는 것, 좋은 사람이 되고 싶고, 좋은 행동을 하고 싶은 것 등이 자신에게 중요한 강점임을 알게 되었고, 자신이 바라는 삶을 살아가기 위해서 어떠한 노력을 해야 하는지 배우게 되었다. 상담이 종료된 후 2개월 정도 지났을 때, 상담자는 새어머니와의 통화를 통해 정호는 이사를 간 지역에서 새로운 친구를 사귀고, 새로운 학교에서 특별한 문제 행동을 보이지 않을 뿐 아니라 꾸준히 성적이 오르고 있음을 알게 되었다.

요약

　이 장에서는 청소년의 회복성과 그와 관련된 보호 요인들을 살펴보았다. 긍정 심리학자들의 견해와 같은 맥락을 유지하면서, 인간 발달에 대한 브론펜브레너의 생태학적 체계 이론 및 이와 유사한 모델들은 일상에서 회복탄력성의 형성과 활용에 관한 복잡한 역동을 이해할 수 있도록 했다. 이론가와 임상가들은 보다 넓은 관점을 가지고, PYD와 같은 위기 청소년을 위한 효과적인 예방 및 개입 프로그램을 개발할 수 있었다. 체제지향적 프로그램은 설계와 실행 과정에 반드시 핵심 회복탄력성 요인와 보호 체계를 포함시킨다. 다른 말로 하면, 체제적 프로그램은 "변화를 가져오는 요인에 초점을 맞추는 동시에 장기적으로 나쁜 결과를 가져오는 아동 중심의 단순한 개입대책이 아닌 예방 및 개입 방법에 대해 고민하게 한다"(Ungar, Ghazinour, & Richter, 2012, p. 360). 이러한 프로그램들은 영성을 핵심 회복탄력성의 한 특성으로 포함한다.

　이 장의 후반에서는 회복탄력성 요인이 청소년들에게 어떻게 드러나는가와 회복탄력성을 향상시키기 위해 보호 체계가 어떻게 작용하는가를 탐색하였다. 마지막으로 청소년 영성과 회복탄력성 이론, 연구 및 실제 등이 서로 어떻게 연결되는가를 살펴보았다. 임상 장면에서 회복탄력성과 영성 간의 관계를 인정하고, 치료 계획 수립 시 내담자의 영성을 고려하는 것은 자연스러운 일이다. 그러나 학교 장면에서만큼은 아직까지 학생의 영성 및 종교성을 다루는 일이 상담자와 교육자들 사이에서 논의가 금지된 사항으로 여겨지고 있다. 미국 및 다른 나라의 학교상담 연구자들은 학생의 회복탄력성에 대한 영성의 필수적인 역할을 간과하지 않을 것을 지속적으로 주장한다. 다행히 PYD와 같은 프로그램들이 지역공동체에 보편적으로 제공될 예정이므로 학교 관리자들은 위험에 처한 학생들에게 체제지향적이고 종합적인 서비스를 제공하는 방법을 배울 수 있을 것이다(학교공동체 프로그램에 대해서 4장에서 자세히 논의될 것이다). 또한 상담자들이 회복탄력성을 향상시키기 위한 발판으로 학생의 영성을 다루어야 하는 이유를 설명하기 위해 상담사례가 제시되었다.

활동지   탄력적인 한 소녀의 이야기

우리는 알고 있을까?*

영희는 서울 외곽 개발이 더디게 오는 도시에 사는 소녀였다. 그녀의 어머니는 초등학교 2학년 때 돌아가셨고 그로 인해 아버지는 술을 마시게 되었다. 술에 취해 아무 일도 하지 않는 아버지를 대신해서 영희의 언니 미영(가명)은 영희를 돌보고 가사일을 했다. 또한 돈을 벌지 않는 아버지를 대신해 영희의 큰아버지는 영희네 가족에게 돈을 주었다. 그러나 큰아버지는 좋은 사람이 아니었다. 그는 밤마다 미영에게 못된 짓을 했던 것이다. 그리고 같은 방에 있던 영희는 언니에게 일어나고 있는 모든 일을 목격할 수 밖에 없었다. 그러던 어느 아침 영희는 미영이 없는 텅 빈 침대를 보게 되었다. 언니가 집을 나간 후 영희에게는 함께 말할 사람, 요리할 사람, 놀 사람, 그리고 함께 울 사람이 더 이상 없었다. 그녀 옆에는 술에 찌든 아버지와 언제 그녀에게 못된 짓을 할지 모를 큰아버지만 남아 있었다. 외로움과 무서움 속에서 몇 개월을 보낸 영희도 집을 떠나 이모에게 갔다. 조금 안정이 되기 시작했을 때 아버지가 영희를 찾아왔다. 아버지는 애걸했다. "돌아오렴, 사랑한다." 그러나 영희는 아버지에게서 나는 진한 알코올 냄새와 붉은 눈이 싫었다. "안 가고 싶어요. 여기 있을 거에요. 아버지와 살기 싫어요." 그날 저녁 영희의 아버지는 아파트 옥상에서 떨어짐으로써 삶을 마감했다. 그리고 영희는 장례식에서 친척들의 비난을 들어야 했다. "네가 아버지를 죽였어. 네가 아버지와 함께 갔으면 아버지는 죽지 않았을 거야." 그때 그녀의 나이는 12살이었다.

영희의 얘기를 들으면서 이 어린 소녀의 불행의 무게에 나는 아무 말도 할 수 없었다. 과연 내가 어떤 위로를 할 수 있었겠는가? 그런데 더욱 나를 입 다물게 했던 것은 내가 만났을 당시(중학교 3학년) 그녀의 모습이었다. 그녀는 그런 일을 겪었을 것이라고는 상상조차 할 수 없을 만큼 심리적으로 안정되어 있었고 밝은 모습이었다. 때론 너무 큰 고통을 경험했던 사람들 중에 일종의 방어로 지나치게 밝고 긍정적인 모습을 보이는 사람들이 있다. 그러나 영희의 밝음은 이것과 다른 차원이었던 것으로 기억된다. 물론 백번 양보하고 설령 그것이 방어라고 쳐도 그녀의 적응은 놀라왔다. 학교 생활을 진심으로 재미있어 했으며 친구도 많았고 친구와 교사들로부터 긍정적이라는 이야기를 많이 듣고 있었다. 그때 조용히 자문했다. 그녀는 '어떻게 그런 고통을 견디어 냈을까? 어떻게 그 사건을 극복해 낸 것일까?'

불안 증상을 가진 사람이 있었다. 그는 6개월 전 승진이 됨과 동시에 매일 출근 시간만 되면 화장실을 드나드는 버릇이 생겼다. 실제로 화장실에 가면 소변이 나오지도 않는데 아침마다 4~5번씩 빈뇨감을 느꼈다. 이런 증상이 생긴 후 그는 자신이 문제가 있다고 생각하고 증상을 없애려고 화장실에 안 가려고 했지만 그럴수록 더욱 불안해지고 그 증상은 심해졌다. 그런데 놀라운 것은 그 6개월 사이 그는 결근을 한 번도 한 적이 없고 주어진 업무를 미룬 적도 없었다. "그런 증상이 있었음에도 불구하고 어떻게 결근 한 번 없이 그 상황을 견디어 내셨어요?"라고 물었을 때 그는 놀랐던 것 같다. "저는 한 번도 그걸 견디어 냈다고 생각한 적 없어요." "그건 견디어 낸 거예요. 중요한 것은 당신이 증상 때문에 힘들다 해도 그 증상으로 인해 당신의 현실이 망쳐진 것은 없다는 점이에요. 당신에게 어쩌면 증상은 지금 바로 당장 없애야 하는 건 아니죠."

그가 증상이 쉽게 없어지지 않는다는 것을 인정하고 증상이 있더라도 그는 남들과 똑같이 현실에 적응할 수 있는 자신의 강점을 믿게 되고 난 후 얼마 지나 그 증상도 사라졌다.

우리는 본인의 문제에 대해 생각할 때 나의 문제가 무엇이며, 이 문제가 나의 성장 배경에서 어떤 문제 때문에 발생했으며 이 문제가 얼마나 심각한지에 초점을 두기보다는 나를 힘들게 했던 상황에서도 나를 지탱해 주었던 힘은 무엇이며, 내 어떤 점 때문에 견디어 낼 수 있었으며 지금의 내 모습 중 나의 강점은 무엇인가에 초점을 둘 필요가 있다. 사실 우리 중에 힘든 경험을 해 보지 않았던 사람들은 거의 없을 것이다. 나를 무시하는 교수의 눈빛에서부터 사랑하는 사람의 죽음, 헤어짐까지 아픔과 상처는 공기와도 같이 늘 우리와 함께 있다. 그 상처를 잘 해결했다고 믿건 안 믿건 그 상처의 시간을 지나 현재 우리가 살아 숨 쉬고 있다면, 우리는 그것을 견디어 낸 것이다. 그저 가만히 있었던 것은 아니다. 묵묵히 있었던 것도 묵묵히 견디어 낸 것이다. 그 견딤의 뒤에는 희망이 있었을 수도 있고 탈출하고 싶다는 의지가 있었을 수도 있고 살고 싶다는 의지가 있었을 수도 있다. 이것이 바로 우리 자신이 가진 힘이다.

영희의 이야기로 돌아가서 영희에게 그 어려운 상황을 견디어 내게 한 힘은 무엇이었을까?

그것은 편지였다.

그녀는 매일매일 편지를 썼다. 돌아가신 어머니에게. 학교에서 있었던 일, 좋아하는 남자친구 이야기 … 그리고 아버지의 일, 언니의 일 … 그 모든 것을 매일매일 어머니에게 이야기했다. 어머니는 언제나 그녀의 옆에서 기쁨, 즐거움 그리고 슬픔, 아픔을 함께했다. 어두운 방에서 홀로 앉아 울면서 아버지의 죽음에 대한 글을 적고 있을 때 영희는 어떤 마음이었을까? 그 간절함에 마음이 뭉클해졌다. 그녀가 가진 '누군가 나를 지켜봐 주고 있다는 간절한 믿음'과 '어떤 상황에서도 살아남고 싶다는 강한 의지'에 가슴이 뛰었다.

그녀의 이야기를 하다 보니 문득 궁금해진다.

우리는 우리 자신 속에 있는 영희의 편지를 알고 있을까?

글쓴이: 서미

---

* 이 글은 서미가 인터넷 사이트 MissyUSA.com의 '심리오디세'와 개인적인 페이스북 계정(facebook)에 포스팅한 글을 요약 · 발췌한 것이다.

제3장 아동과 청소년의 영성 발달

긍정심리학의 주요 목적으로 인간이 시간이 흐름에 따라 어떻게 성숙하고 성장하는지, 특히 적어도 성인기 후반까지는 삶의 의미와 목적을 찾고, 개인적으로 만족감을 느끼는 수준에 도달할 수 있는지를 이해하는 것을 들 수 있다 (Fredrickson & Kurtz, 2011; Scheibe, Kunzmann, & Baltes, 2009; Williamson & Christie, 2009). 사실 긍정심리학자들은 발달학자라고 볼 수 있는데, 왜냐하면 이들이 건강한 성장 패턴을 구성하는 요인과 그 과정에 많은 관심을 보이기 때문이다(예: Brown Kirschman, Johnson, Bender, & Roberts, 2009). 이들은 생애 발달 과정에서 개인을 성장시키는 각 발달 단계에서의 핵심적인 특징이 무엇인지를 밝히는 데 관심을 갖는다. 또한 어떤 사람들은 환경에 적응을 잘하고 어떤 사람들은 적응을 잘 못하는지 그 이유와 방법에 대해서 해답을 찾고자 한다(Linley, 2003; Matthews, 2012; Sesma Jr, Mannes, & Scales, 2013). 사실 2장에서 역경에 대한 긍정적 적응과 부정적 적응에 대해 이미 다루었다. 즉, 2장에서 아동과 청소년의 회복탄력성 요인과 보호 체계 간의 긍정적 상호작용에 대해 살펴보았고, 영성의 특정 변인이 회복탄력성에 긍정적 영향을 미치는 것에 대해 설명하였다. 또한 영성이 정신적 외상으로 인한 부정적인 효과를 '보호' 하거나 조절하는 요인임을 확인하기도 하였다.

따라서 3장의 목적은 아동과 청소년의 영성 발달 과정을 설명하는 데 있다. 이를 위해 먼저 발달 경로를 소개한 후 영성이 어떻게 이 경로를 따라 발달하는가를 설명할 것이다. 둘째, 상당수의 신앙/발달 이론들이 서로 대립되기 때문에(Roehlkepartain, Benson, King, & Wagener, 2006), 가장 일반적으로 사용되는 이론인 제임스 파울러(Fowler, 1976, 1995)의 심리학적 모델을 집중적으로 살펴볼 것이다. 특히 아동과 청소년에 해당하는 영성 발달 단계가 주로 다루어질 것이다.

1. 발달 경로에 대한 소개

인간의 신체 발달, 진로 발달, 인지 발달, 도덕성 발달, 문화적 · 사회정서적 발달, 영성 발달을 포함하여 발달 영역에는 다양한 경로가 존재하고 인간은 이러한 경로를 통해서 성장한다(Parker, 2010, 2011; Sroufe & Jacobvitz, 2010; Weisner, 2002 참조). 영성 발달 경로는, 심리학에서 이미 널리 알려진 피아제의 인지 발달 단계(Piaget, 1972, 1973; Inhelder & Piaget, 1958/2008)나 에릭슨의 심리사회적 발달 단계(Erikson, 1950/1963)처럼 위계적이거나 단계적이지 않다. 전반적으로 영성 발달 경로는 비대칭적인 모습으로 진행되는 다양한 발달 영역(도덕성, 사회성, 인지 등)과 얽혀 있다. 이전 단계에서 다음 단계로 전환되는 과정은 특정 개인 또는 다수의 아동의 경우에는 더 길거나 짧을 수 있다. 즉, 어떤 청소년은 일반 청소년과 다르게 특정 영역에서 발달적으로 늦거나 빠를 수 있다. 예를 들어, 어떤 단계에서 또래와 비슷한 수행을 보이던 아동은, 특정 과업에서는 더 높은 단계에서 나타나는 성숙한 모습을 보일 수 있다. 지적으로 우수하거나 영재인 학생은 대개 뛰어난 수학 능력과 논리적 추론 능력을 보이지만, 심리사회적으로 또래와 다르거나 어색한 행동이나 기술을 보이기도 한다. 초기 청소년기에 속하는 청소년 중 일부는 또래에 비해 빠른 신체 발달을 보이는 반면, 어떤 청소년은 소근육과 대근육 기능에서 느린 발달을 보일 수 있다. 요약하자면, 발달 경로는 동일하거나 직선적이지 않다. 아동과 청소년은 단순한(혹은 발달되지 않은) 정서, 행동, 사고부터 보다 복잡하고 정교한 정서, 행동, 사고에 이르기까지 각기 다른 속도로 전통적인 단계를 거쳐 발달한다.

발달 경로의 또 다른 특징은, 발달 경로가 발달적으로 취약한 아동과 청소년의 적응 과정 및 경로를 설명하는 데 매우 유용하다는 점이다. 드문 경우이기는 하지만, 처음에는 아동의 발달 경로가 정상적이고 건강한 상태에서 시작했음에도 불구하고, 위험한 생물학적 또는 환경적 조건들로 인해서 아동의 안전했던 경로가 이탈될 수 있다. 즉, 학대하는 가정에 살거나, 태아 알코올 중후군을 겪거나, 전쟁지역에서 살거나, 자폐증인 경우 등의 조건이 발달속도를 늦추거나 저해하는 원인이 될 수 있다. 매스턴과 나라얀(Masten & Narayan, 2012)은 이러한 불규칙한 발달 경로에 대한 의미 있는 설명을 제공하였다. 이들은 큰 정신적 외상을 겪은 위험 아동과 회복탄력적인 아동 및 청소년의 발달 경로를 추적 연구한 끝에, 아동과 청소년들의 발달 경로가 근본적으로 복잡하며 다양한 요인들이 관련되는 것을 밝혔다.

천성(예: 유전)과 양육(예: 사회적 네트워크)은 아동의 전반적인 성장 패턴과 크게 관련되어 있다. 천성과 양육 관련 주요 변인과 경로가 건강한 발달과 건강하지 않은 발달에 어떻게 영향을 미치는지는 [그림 3-1]에서 잘 설명하고 있다(Sink, 2011). 청소년은 건강한 신체와 더불어 안전하고 돌봄이 있는 사회정서적 환경을 가졌을 때 최적의 상태로 기능한다. 그 결과, 이들은 개인적으로 유용한 자원, 성격적 강점 및 보호 요인을 소유하게 되며, 탄력적인 개인으로 성장하게 된다(Bernard, 2004). 반면 스트레스가 높은 위기 아동은 대개 열악한 생활환경에 노출되어 있다. 열악한 생활환경에 놓인 아동은 핵심 발달자원과 주변의 지원 체계가 부족하기 때문에 집, 학교 또는 지역사회에 잘 적응하지 못한다(Masten & Narayan, 2012). 이전 장에서 논의되었던 바와 같이, PYD 와 유사한 프로그램을 진행하는 상담자와 교육자는, 이러한 청소년에게 필요한 지원체제를 제공하고, 이들의 개인적 강점 및 자산을 발달시키고, 회복탄력적 기술을 개발시켜야 한다. 또한 학교 프로그램과 서비스는 이러한 위기청소년을 돕기 위해 PYD의 긍정전략을 적극적으로 활용해야 한다(Gomez & Ang, 2007; Huebner, Gilman, Reschly, & Hall, 2009). 2장에서 논의되었던 PBIS(Positive Behavior and Intervention Support)와 RTI(Response to Intervention)의 다층적인 체제는 '부정적인' 발달 경로에 있는 아동과 청소년, 다시 말해 학교생활에 제한된 적응을 보이고, 지속적으로 위험한 행동을 나타내는 학생을 긍정적으로 예방하고 중재할 수 있는 효과적인 방법이다.

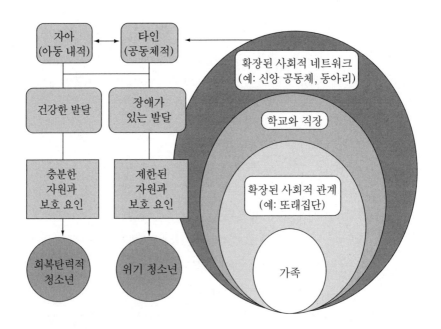

[그림 3-1] 건강한 발달과 건강하지 않은 발달에 영향을 미치는 핵심 요인과 경로

참고: 아동 내적 요인은 생물학적 구성, 기질, 유전 문제 등을 포함함.

2. 영성의 발달

신체적 성장과 심리적 성장의 각 단계를 구별할 수 있는 것처럼 영성 발달
에도 단계가 있다. 영성 발달 단계가 다른 발달 이론에 비해 발달 관련 문헌에
서 언급되는 빈도가 훨씬 낮은 것은 사실이다. 그러나 긍정심리학 관련 연구
는 지속적으로 아동과 청소년의 삶에서 영성이 중요한 보호 요인(예: 회복탄력
성을 발달시킴)임을 보여 주었다(예: Kim & Esquivel, 2011; Howell, Keyes, &
Passmore, 2013). 그러므로 아동·청소년을 돕는 전문가들은 내담자의 영성
발달 경로 혹은 발달 단계와 그 특성을 잘 이해하여야 한다. 이와 관련하여, 중
요한 질문이 제기될 수 있다. 즉, '인생의 각 단계, 특히 아동과 청소년과 관련
된 단계에서 영성은 어떻게 나타나는가?' 이 질문에 답하기 위해, 영성 발달
분야에서 가장 폭넓게 인용되는 제임스 파울러의 이론을 포함하여 두 가지 영
성 발달 모델을 살펴보고자 한다. 함께 소개될 싱크(Sink, 2008)의 영성 발달
모델은, 광범위한 파울러의 이론을 단순화하기 위해, 파울러의 여러 단계를
3단계로 축소한 모델이다.

상담을 포함한 다양한 분야의 학자들에 따르면, 파울러(1976, 1995, 2001,
2004; 이론 요약은 Hart, 2010 참조)의 영성 발달 이론은 아동과 청소년의 영성
발달을 이해하는 데 유용한 구조적인 틀 또는 체제이다(Astley, 2009; Fowler &
Dell, 2006; Moore, Talwar, & Bosacki, 2012; Rambo & Bauman, 2012; 상담에의
적용은 Dobmeier, 2011; Parker, 2011; Smith-Augustine, 2011 참조). 여기서는
파울러의 영성 발달 단계 중 아동과 청소년에게 초점을 두고 이들에게 해당되
는 단계와 주요 요인에 대해서만 알아볼 것이다. 파울러 이론을 세부적으로
검토하고, 유아기부터 노인기까지의 모든 발달 단계를 다루는 것은 이 장의
범위를 넘어서는 일이기 때문이다. 사실 파울러의 이론과 영성 발달 연구에
대한 수많은 문헌이 존재하며, 그에 대한 비평을 다룬 다수의 문헌도 존재한
다(Coyle, 2011; Parker, 2010; Streib, 2005). 만약 여러분이 파울러의 이론과 관

런된 평가 도구에 관심이 있다면 파커(Parker, 2010)의 요약 및 리크와 동료들 (Leak, 2009; Leak, Loucks, & Bowlin, 1999)의 연구를 우선적으로 살펴볼 것을 추천한다.

본론으로 들어가서 파울러(1976)가 '영성'이라는 구인을 어떻게 정의했는 지를 알아볼 필요가 있다. 파울러의 주요 저서 중 하나인 『영성의 단계: 인간 발달의 심리와 의미의 탐색(*Stages of Faith: The Psychology of Human Development and the Quest for Meaning*)』(1981)에서는 영성을 다음과 같이 설명하였다.

> 영성이 반드시 종교적인 의미로만 접근될 필요는 없다. 또한 교리적 신 념이나 믿음처럼 간주될 필요도 없다. 오히려 영성은 삶을 배우는 방법을 의미하는 말이다. 이것은 인간의 실존을 이해하는 방법이다. 이것은 삶의 현장에 순서와 일관성을 부여한다. 이것은 삶의 기초가 되는 신뢰와 삶의 지향점에 대한 몰두라고 할 수 있다…. (중략) 영성은 우리의 삶에 방향성, 용기, 의미, 희망을 줄 뿐 아니라 충성, 신뢰, 공감적 이해로 이루어진 공 동체를 형성시킨다(pp. 7, 9).

이 관점은 1장에서 정리했던 영성에 대한 정의, 즉 사람들이 어떻게 자신을 둘러싸고 있는 세상을 이해하고 의미를 형성해 나가는 것이라는 정의와 유사하다. 이처럼 영성은 신앙과 같이 대개 종교적 함의를 가지지만 반드시 그럴 필요는 없다.

파울러의 구조적 발달 모델에 따른 유아기부터 성인기에 걸친 영성의 발달 은 주요한 다른 발달 모델의 발달과 동시에 일어나기 때문에, 파울러의 발달 단계에는 에릭슨(Erikson, 1950/1963, 1980, 1998)의 심리사회적 발달 단계, 피 아제(Inhelder & Piaget, 1958/2008; Piaget, 1972, 1973)의 인지 발달 단계, 콜버 그와 허쉬(Kohlberg & Hersh, 1977; Levine, Kohlberg, & Hewer, 1985; Power, Higgins, & Kohlberg, 1989)의 도덕성 발달 단계의 필수 요소들이 모두 포함되어 있다([그림 3-2] 참조). 따라서 핵심적 사고, 도덕적 추론, 심리사회적 기술은 파울러의 각 단계에서도 개념화된다. 이것들을 통합한 기술에 대한 예시는 다음 내용에서 보다 자세하게 살펴볼 것이다.

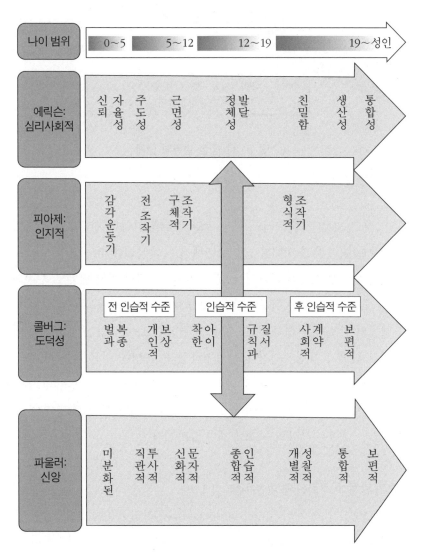

[그림 3-2] 주요 발달 이론과 경로

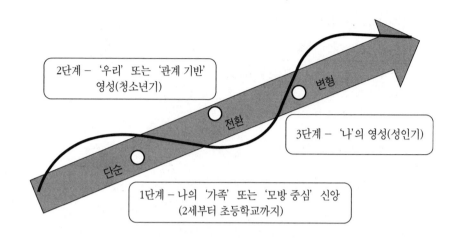

[그림 3-3] 영성 발달의 단계

출처: Sink, 2008을 수정함.

한편, 싱크(2008)는 파울러의 영성 발달 경로를 간략한 형태로 축소하였는데 그 모델이 [그림 3-3]이다. 이 모델에서는 파울러(1976, 1995; Fowler & Dell, 2006)의 7개의 발달 단계가 보다 포괄적인 3개의 발달 단계로 수정되었다. 파울러(1976, p. 10)와 마찬가지로, 싱크(2008) 또한 개인의 신념과 가치 그리고 행동의 본질을 구성하고, 조직하고, 결합하고, 다듬는 구체적인 방법에 따라서 각 단계가 특징지어진다고 설명하였다. 분명한 것은, 이후에 영성과 관련된 특성이 매우 이른 시기에 나타난다는 점이다. 싱크는 파울러(1995)의 아동기 3단계(초기, 1, 2단계) 모두를 1단계인 '가족 내/모방 중심의 영성'으로 통합하였다. 다음은 각각의 단계에 대한 요약이다.

❑ 초기 단계: 미분화된 영성(영아부터 약 2, 3세)
파울러(1995)가 진 개념기(preconceptual stage)라고 부른 '초기' 발달 단계에서 영아는 무의식적으로 자신의 기질과 세계관을 형성한다. 아기들이 어떻게 새로운 세계에 적응하는가는 그들의 기능과 환경에 달려 있다. 인지적 측면에서 피아제(1972)는 이러한 '사고' 단계의 유아기를 감각운동기라고 하였으며, 이 단계에서 영아는 기초감각을 통해 세계에 대한 기본 스키마(schema)를 발달시킨다. 또한 이 단계는 에릭슨(1950/1963, 1980)의 '신뢰 대 불신'(심리사회적 발달 이론의 1단계)의 단계와도 일치한다. 만약 영아들에게 그들의 신체적 욕구에 대한 일관된 사랑(예: 안아 주기, 흔들기, 보호자들과의 의사소통에서 오는 자극)과 돌봄이 제공된다면, 건강한 관계와 안정적 애착에 대한 영아들의 신뢰수준 및 적응력은 크게 향상될 것이다. 또한 영아와 보호자 간의 긍정적 유대관계는 이후의 단계에서 나타나게 되는 건강한 영성을 위해서도 필수적이다. 반대로 부정적 환경은 영아에게 불신과 자신감의 상실을 가져다줄 수 있다. 만약 영아에게 배려심이 깊고 지지적인 보호자가 없거나 즉각적으로 욕구를 만족시켜 줄 수 있는 환경이 제공되지 않는다면, 이들과 타인 사이의 긍정적이고 안정적인 애착은 매우 제한적으로 형성되거나 아예 형성되지 않을 것이다(Fowler, 1995, p. 120).

또한, 이 기간 동안 영아들은 보호자와의 경험과, 보호자와 함께 공유하고 있는 의미를 토대로 해서 초월적 존재에 대한 초기 이미지를 형성한다. 파울러(1995)는 초기 영성 단계를 다음과 같이 요약하였다.

> 신뢰, 용기, 희망, 사랑 등의 씨앗은 미분화된 상태로 융합되어 있으며, 동시에 버려지는 것에 대한 위협, 비일관성, 결핍 등과 경쟁한다…. (중략) 이 시기에 발달하는 상호관계의 질, 신뢰, 자율성, 희망, 용기(또는 그 반대되는 특성)의 강도는 후기 영성 발달을 강화시킨다(또는 약화시킨다)(p. 121).

파울러의 개념은 분명하게 영성 발달과 회복탄력성 이론 및 연구들이 서로 연결되어 있음을 보여 준다.

❏ 1단계: 직관적–투영적 영성(3세부터 7세)
두뇌 발달과 더불어 아동들은 모호하고 미분화된 영성으로부터 창의적이고 놀이 중심적인 영성으로 건너간다. 직관적-투영적 영성은 피아제의 전 조작기적 사고 단계, 언어의 출현, 말에서 상징 사용, 종교적 놀이(ritual play)(Fowler, 1995), 그리고 에릭슨(Erikson, 1980)의 '자율성 대 수치심'(2~3세)과 '주도성 대 죄의식'(3~5세) 단계를 수렴한다. 걸음 마시기의 유아는 세상에 대해 적극적으로 탐색하고, 새로운 경험, 물체, 현실에 정기적으로 노출되는데, 이런 과정을 통해 유아의 의식적 지식(스키마의 발달)이 확장된다. 이 과정에서 유아는 개인적 통제력과 독립성을 갖기 위해 애를 쓴다. 유아들의 이러한 탐색에 대한 지지와 격려는 이들의 자율성과 주도성을 촉진시킨다.

유아기 영성의 특징은 다소 놀이의 특징과 비슷한데, 유아기의 영성은 창의적이고, 기상천외하며, 상징적인 동시에 부모와 형제자매의 모델링, 행동, 예시, 기분, 언어, 신앙 등에 의해 강하게 영향을 받는다. 상징적 행동이 풍부한 가정에서 자란 아동들은 대개 개인적 · 사회적 · 의미적 측면에서 확장된 관점을 가지기 마련이다. 전 인습적 또는 '원시적'인 도덕적 추론은 초기 학령기에서부터 생겨나기 시작하는데, 처음에는 성인의 지시에 복종하는 것으로부터 시작한다. 부모의 규칙을 어기는 것이 부정적인 결과를 초래하게 된다는 사실을 인지함에 따라 아동들은 나쁜 행동을 피하게 된다(Kohlberg & Hersh, 1977). 전 인습기 후기에 속하는 아동의 특징은, ① 원하는 것을 얻기 위해 자기중심적인 방식으로 행동을 하고, ② 일이 '공정하면 좋은 것'이라고 믿으며, ③ 중요한 사람들로부터 보상을 얻기 위해 발달된 언어 능력을 사용하는 것을 들 수 있다. 요약하면, 유치원부터 초기 학령기 아동들은 환상을 사용할 뿐 아니라, 자신들만의 방식(아이와 같은 방식)으로 중요한 타자의 생각과 행동을 재생하고, 모방하고, 연기한다. 또한 이들은 자라온 방식에 따라 '신'은 보상을 주는 존재 혹은 처벌을 내리는 존재로 본다.

□ 2단계: 신화적-문자적 영성

초등학교 저학년부터 고학년에 속하는 아동들은 자신들의 사고방식과 믿음 체계를 형성하고 이를 따르게 된다. 이 단계는 구체적 조작기와 교차된다. 이 시기의 아동들은 다른 사람의 관점과 사고를 보다 논리적으로 수용할 수 있는 어느 정도의 능력을 가진다(Piaget, 1972, 1973). 공간, 시간, 인과관계 등의 개념이 이들의 일상생활에서 의미를 가지기 시작한다. 아동들은 이제 세상을 보다 현실적이며, 직선적이고, 질서 있고, 예측 가능한 곳으로 바라보게 된다. 따라서 십대 초반의 학생들은 가상과 현실, 환상과 실제를 구별할 수 있고, 이야기와 삶의 사건 속에 내포된 근본적인 의미를 더 완벽하게 파악할 수 있다. 이 연령대의 학생들에게 학교는 이들의 삶에 가장 중요한 곳이기 때문에, 에릭슨(1980)은 학교와 관련된 주요 심리사회적 딜레마가 반드시 해결되어야 한다고 주장했다. 아동은 학교에서 발생하는 새로운 사회적·학업적 요구를 효과적으로 처리하는 법을 배우고, '근면성'을 보여 줄 필요가 있다. 학교생활을 성공적으로 잘 수행한 아동들은 학업적 자기효능감과 회복탄력성을 가지게 되는 반면, 학교생활에 대한 성공을 경험하지 못한 아동들은 열등감을 가지거나 자신감이 결여된다. 공정성에 대한 판단은 여전히 상당 부분 상호호혜의 원칙을 기반으로 이루어지지만, '좋은 소년/좋은 소녀' 단계에서의 도덕적 추론은 또래의 판단과 의견에 점점 더 영향을 받는다(Kohlberg & Hersh, 1977). 즉, 좋은 행동은 점차적으로 가장 친한 친구의 관점에서 '옳은' 것을 하는 행동에 맞춰진다.

'신화적-문자적' 단계에서 아동들은 실질적인 삶의 경험을 통해 조금씩 자신의 영성이나 종교성이 다른 사람들과 다르다는 것을 인식하게 된다. 그러나 이 단계에서의 아동들의 영성은 여전히 매우 순진하고(예: 이분법적, 좋음 대 나쁨), 규칙에 좌우되며, 이야기 형태로 표출되고(즉, 아동들은 전해들은 '진짜' 이야기에 크게 의존한다), 또한 가족과 지역사회의 영향을 받는다. 아직 이 단계에서 자신의 신념 체계와 행동의 기반이 무엇인지 또는 어디서부터 왔는지를 구별하거나 평가하는 것은 어려운 일이다. 이 시기에 10대 초반의 청소년이 비교적 역기능적이지 않은 가정이나 지역사회에서 성장하고 중대한 개인적·사회적 문제가 거의 없는 경우, 이들의 영성은 건강하게 발달하며 회복탄력성을 촉진시킬 것이다.

❑ 3단계: 종합적-인습적인 영적 가치

초기 청소년기부터 시작되는 이 단계의 영성은 이제 막 시작되는 자기 성찰 및 추론 능력과 매우 깊은 관련이 있다. 피아제의 이론에 따르면, 형식적 조작기에 해당하는 청소년들은 추상적 사고뿐 아니라 삶의 깊은 의미와 목적에 대한 이해가 가능하다(Piaget, 1972, 1973). 바꾸어 말하면, 청소년들의 새로운 능력, 즉 이상적인 가능성을 연상하고, 추상적으로 가설을 탐색할 수 있는 능력을 통해 청소년들은 새로운 세상을 만나게 된다. 이들은 이제 형이상학적인 질문을 가지고 씨름할 수 있고, 전통적 신념에 도전장을 내밀 수 있으며, 세상과 상황에 대한 자기만의 신념을 명료화할 수 있다.

에릭슨(1980)이 지적했던 바와 같이, 청소년기는 자아가 통합되는 시기이다. '자아의식(즉, 자신의 내면세계와, 자신의 기질, 정서, 흥미에 대한 이해)'의 발달과 더불어 신념, 생각, 감정, 행동 등이 보다 넓은 범위로 확장된다. 자기정체성을 충분히 개발하지 못한 청소년들은 역할 혼란을 겪을 가능성이 높다. 특히 이러한 청소년들은 직업 및 학업에 대한 열망, 성적인 취향, 종교적 헌신, 삶의 전반적인 역할 등과 관련된 의사결정을 하는 데 있어 힘들어한다. 개인의 영적 정체성(예: 존재의 큰 틀 안에서 자신을 어떻게 바라보는가)은 자아정체성과 어느 정도 상관이 있다. 강한 자아정체성은 건강한 의미 형성과 삶의 목적의식을 개발하는 데 도움이 된다. 또한 그 반대도 가능하다(Templeton & Eccles, 2006).

이 단계는 장기적으로 건강한 영성을 형성하는 데 매우 중요한 시기이다. 이 단계에서, 가족이 가진 영성과 다른 모습을 표현하는 청소년을 발견하는 것은 그리 놀라운 일이 아니다. 이는, 이 단계의 청소년들은 그 방향성과 영감에 있어 가족이나 지역사회가 가진 전통적 혹은 인습적 영성의 이면까지 볼 수 있기 때문이다. 또한 이 단계의 청소년은 친구들이 하는 말과 행동을 부모의 관점과 행동보다 가치 있게 여기는 경향이 있기 때문에, 영적 신념을 형성하고 개인적 조언을 구하기 위해 흔히 또래집단에 의지한다. 파울러(Fowler, 1976)에 따르면, 청소년들이 '종합적-인습적 영성'으로 옮겨 갈 때, 이들의 의미 형성과 가치관은 또래집단에 의해 강하게 영향을 받은 내면화 과정에서 비롯된다. 또한 '신'에 대한 관점은 친구와의 대인관계에 영향을 주기도 한다. 이 단계에서 청소년들의 도덕적 추론은 주로 대인관계를 통해서 파악된다는 것은 흥미롭다. 하지만 정확한 이해를 위해 청소년들이 지역사회를 포함한 더 넓은 사회와 교류하는 측면도 고려되어야 할 것이다. 이 단계의 청소년들은 대부분의 경우 법과 규칙이 지켜질 때, 모든 사회 구성원들에게 혜택이 주어진다는 사실을 믿으며 또한 사회 질서에 대한 관심을 나타낸다(Kohlberg & Hersh, 1977). 요약하면, 청소년의 종합적(인공적)-인습적 영성은 자기정체성의 발현과 또래집단의 영향 간의 상호작용에 의해 대부분 형성된다. 다시 말해 이 단계의 청소년들은, 어른과 신앙 공동체가 가진 믿음 체계와 기준을 점검하고 시험한다.

❑ 4단계: 개별적-성찰적 영성

파울러(Fowler, 1995)에 의하면, 이 시기는 주로 초기 성인기(10대 후반부터 30대까지)의 영성 발달과 관련된다. 이 시기의 특징은 자신의 영성에 대해 깊이 사고하고, 그 영성이 자신과 타인에게 미치는 영향에 대해 깊이 성찰하는 것이다. 특히, 형식적 사고가 더욱 향상됨으로써 이 단계에서 영성은 개인의 영적 관점에 대한 매우 진지한 성찰을 통해서 이루어진다. 청소년들은 자신의 믿음과 행동 사이에 존재하는 영적 불일치와 모순을 다시 생각해 볼 수 있다. 이 단계는 에릭슨의 '친밀감 대 고립감' 단계에 해당하는 시기인데, 이 시기에 속하는 후기 청소년들과 초기 성인들은 다른 사람과 친밀하면서도 사랑이 담긴 관계를 맺어야 한다. 이 단계에서는 자신들의 영성을 점점 탐색해 감에 따라 이러한 경험을 공유하고 싶은 마음이 자연스럽게 나타나기도 한다.

'신' 또는 초월적 존재는 이제 친구에서 진리, 정의, 사랑, 용서 등의 화신으로 바뀐다.

이 단계가 바로 싱크(2008)의 영성 발달의 세 번째 단계('나'의 영성)에 해당한다([그림 3-3 참고]). 이 시기의 영성은 완전히 '소유되고', 개별화되고, 미묘한 차이를 갖기 시작한다. 이상적으로 성숙한 영성은 엄격함과는 거리가 멀고, 베푸는 것에 힘을 쓰고, 자기희생적이다. 바꾸어 말하면, 파울러의 영성 발달의 초기 단계들과 싱크의 첫 두 단계에서 나타난 영성과는 다르게, 이 단계에서는 자신만의 영성을 가지게 되면, 개인의 신념과 이를 실천에 옮기는 과정에서 다른 사람의 승인 또는 인정에 의존하는 경향이 현격하게 낮아진다. 즉, 이 단계에 해당하는 초기 성인은 대개 중요한 타자의 영성적 가치, 신념, 행동 등에 구속받지 않는다. 따라서 젊은이들이 자신의 영성을 개인화하게 되면 이전에 소중했던 영적 그룹과 소원한 관계에 접어들 수 있다. 파커 파머(Palmer, 2010)가 성숙한 크리스천 관점에 대해 설명한 바와 같이, 영적으로 뛰어난 사람들은 회색 지대(다양한 가치와 신념들이 교차하여 구분하기 힘든 영역)의 신념 체계에 살 수 있으며, 삶의 혼란스러운 모순을 능숙하게 처리할 수 있다.

파울러의 마지막 두 개의 성인 영성 발달 단계(결합된 신앙 및 보편화된 신앙, [그림 3-2] 참조)는 싱크(2008)의 변형적 영성 단계에 포함된다([그림 3-3] 참조). 이 장의 서두에서 밝힌 바와 같이, 이 장의 초점은 아동기와 청소년기의 영성 발달에 있기 때문에 영성 발달의 마지막 두 단계는 깊이 살펴보지 않을 것이다. 이상적인 영적 수준까지 도달한 중·장년기의 성인들은 어떤 상황에서도 깊고 풍부한 영성을 보여 준다. 어떤 면에서 이 단계의 영성은 인본주의 심리학이 제기한 자기실현 개념을 반영하고 있다고 볼 수 있다(Fowler & Prain, 1984).

지금부터는 파울러의 영성 발달 단계를 활용하는 데 있어, 아동과 청소년을 도울 때 필요한 몇 가지 핵심적인 주의사항을 소개하고자 한다. 첫째, 영성 발달 이론이 몇 개의 심각한 '맹점'을 가지고 있음에도 불구하고(Hay, Reich, & Utsch, 2006), 상당수의 연구가 이 이론이 밝히고 있는 영성 발달의 본질적인 측면을 지지하고 있다(Parker, 2010, 2011). 그러나 이 이론에 대한 연구 결과는 주로 서구 백인들을 대상으로 한 것이기 때문에, 서구 집단이 아닌 다른 사람들에게 이 이론을 확대하고자 할 때는 조심스럽게 접근할 필요가 있다(Slee, 1996). 둘째, 각 영성 발달 단계를 영적 수준을 측정하는 기준으로 삼아 개인의 순위를 매기는 것에 사용해서는 안 된다. 한 단계가 다른 단계보다 반드시 나은 것은 아니기 때문이다. 셋째, 아동과 청소년의 영성 발달을 촉진하는 것과 관련하여, 파울러의 이론과 그것을 실제로 적용하는 것 사이에는 간격이 있기 때문에 이론 적용에 있어 많은 제한이 따를 수 있다(Boyatzis, 2008; Roehlkepartain & Patel, 2006). 이와 관련하여 밀러-맥레모어(Miller-McLemore, 2006)는 파울러의 아동 영성에 대한 설명이 명확하지 않고, 체계적으로 연구되지 않았다고 비판한 바 있다. 넷째, 파울러의 발달 단계를 기반으로 아동과 청소년의 영성을 측정할 수 있는 도구가 미흡하다(Hill, 2013). 마지막으로, 각 영성 발달 단계의 특성을 교육적 또는 '치료적'인 의미에서 목표 설정에 적용하는 것은 신중하게 다루어져야 한다.

이러한 한계점에도 불구하고, 파울러의 모델은 상담과 심리치료에서 광범위하게 적용되고 있기에(Parker, 2011, 2012), 5장에서 파울러의 영성 발달 이론을 상담 장면에 적용하여 청소년 내담자의 영성을 인식하고 상담한 외국 상담사례와 한국 상담사례를 제시할 것이다.

 요약 ▶

이론의 타당성에 대한 한계와 특정 집단만을 상대로 연구가 적용되었다는 한계에도 불구하고, 파울러의 영성 발달 단계 이론은 전문가들에게 많은 도움을 제공한다. 특히 여러 도움이 필요한 취약한 내담자를 돕는 상담자와 심리 치료사는 이제 영성 발달과 의미 형성 과정(회복탄력성의 핵심 요인)을 이해할 수 있는 구조적인 틀을 가지게 되었다. 또한 긍정기법을 주로 사용하는 임상가들은 이제 내담자가 초기 학령기 아동들에게서 흔히 보이는 직관적·모방적 영성 발달 단계에 해당하는지 아니면 초기 청소년기에 보이는 영성 발달 과정을 거치고 있는지, 혹은 청소년 내담자가 이미 자율적인 영성 단계에 도달했는가를 판단할 수 있는 개념적 모델을 가지게 되었다. 이러한 정보를 사용하여, 상담자는 내담자가 더욱더 자신의 영성에 접근할 수 있게 합법적으로 또한 윤리적으로 지원할 수 있다. 현재 임상 연구들은 내담자의 영성을 고려한 상담과 개입 방법이 좋은 효과를 보이는 것으로 보고하고 있다. 한편 치료사는 내담자에게 지지적 신앙 공동체가 필요한 것인지 아니면 필요치 않은지를 예측할 수 있는 임시적 방편으로 영성 발달 단계를 사용할 수도 있다. 영적 공동체에 적극적으로 참여하는 아동과 청소년들은 어려운 시기에 그들을 안내하고, 긍정적 삶의 경로로 이끌 수 있는 의지할 만한 보호 체계를 가지게 된다. 서비스를 제공하는 전문직 종사자의 궁극적인 목표는 내담자의 영성이 변형적 단계에 도달하기까지 지속적으로 돕는 것이다. 즉, 내담자의 신념, 정서, 심리사회적 특성, 도덕적 신념 등이 건강한 발달 궤도에 올라서게 하는 것이다.

이 장에서 우리는 아동과 청소년 발달에 있어 영성의 중요성을 살펴보았다. 영성 발달 단계를 이와 관련이 있는 그 밖의 발달 영역 맥락에서 설명하였다. 또한 제임스 파울러의 영성 발달 단계와 더불어 싱크의 영성 발달 단계에 대해 함께 설명하였다. 이후 5장에서 파울러의 영성 발달 이론을 상담 장면에 적용한 외국 사례와 한국 사례를 제시할 것이다.

활동지　　상담자 집단 활동

※ 다음은 학생들이 파울러의 영성 발달 단계 어디에 위치해 있는지에 대해서 이해하기 위해 상담자나 학교상담자 교육에서 활용해 볼 수 있는 활동지이다.

　이 학생은 파울러의 영성 발달 단계 중 어디에 위치해 있나요? 상담이나 교육 장면에서 청소년들이 현재 파울러의 영성 발달 단계 중 어느 곳에 위치해 있느냐를 아는 것은 매우 중요합니다. 다음 사례를 보고 파울러의 영성 발달 단계 중 각 사례는 어디에 위치해 있는지 그리고 어떻게 다룰지에 대해서 이야기해 보세요.

〈사례 1〉
　선생님 안녕하세요? 저는 하나님께서 사람들을 죽이고 새로운 사람을 만드는 것 대신에 지금 살아 있는 사람들을 그냥 지키는 게 낫다고 생각해요. 그런데 왜 하나님이 그렇게 안 하시나요?

토론 과제
① 이 학생은 파울러의 단계 중 어떤 단계인가요?
② 만약 당신에게 이 학생이 이 질문을 한다면 어떻게 이야기를 해 나갈 수 있을까요?

〈사례 2〉
어떤 6살짜리 아이가 다음과 같이 아버지에게 물었습니다.
"스파이더맨은 정말 살아 있나요?"
"산타클로스는 정말 실제로 있는 건가요?"
"해적은 진짜 있나요?"
"신은 진짜 있나요?"

토론 과제

① 이 어린이는 어떤 단계에 있나요?

② 만약 여러분이 이 아이의 아버지라면 어떻게 대답할 것인가요?

〈사례 3〉

엄마는 저에게 자꾸 교회에 가라고 해요. 하나님을 믿지 않는데 왜 가야 하는지 모르겠어요. 사실 교회 사람들에게 제가 하나님이 있는지 잘 믿어지지 않는다고 하면 교회 사람들은 자꾸 기도를 하라고 하고 그냥 믿으라고 해요. 보이지 않고 믿는 것이 더 중요하다고도 해요. 솔직히 교회에 가면 하나님의 존재를 의심하는 것이 자꾸 죄책감이 들고 이상한 거 같아요. 그래서 엄마에게 교회를 안 가겠다고 하면 엄마는 저의 손을 잡고 눈물을 흘리시며 그저 기도만 하세요.

토론 과제

① 이 학생은 어떤 단계에 있나요?

② 만일 내담자가 이런 이야기를 한다면 여러분은 어떻게 상담을 하시겠습니까?

〈사례 4〉

선생님, 왜 신은 우리를 사랑하신다고 하시면서, 왜 지옥을 만들었나요? 그리고 왜 어떤 사람들은 고통 속에서 살아야 하나요? 어떤 사람은 아프리카 같은 가난한 곳에서 태어나고, 어떤 사람은 날 때부터 풍족하게 태어나고… 나쁜 부모 아래서 태어나면 나쁜 짓을 하기 쉽잖아요. 그런 사람들이 지옥에 간다면, 신도 책임이 있는 거 아닌가요?

토론 과제

① 이 학생은 어떤 단계에 있나요?

② 만일 학생이 이런 이야기를 한다면 여러분은 어떻게 이야기하시겠습니까?

제4장 청소년 영성과 학교공동체

현재 우리 청소년들은 학교에서 행복하지 못하며, 심지어 불행하기도 하다. 미래의 행복을 위해 현재의 행복을 담보로 삼고 학업 성취를 강조하는 전통적인 교육관은 입시 시장에서 상품성을 인정받는 소수 청소년에게만 의미가 있다. 다수의 청소년들은 어떤 의미도 주지 않는 지루한 수업을 들으며 인내심을 시험받는다. 학생들은 성적이라는 잣대로 서로를 바라보며, 1등, 2등, 3등, 꼴찌 혹은 공부 잘하는 아이, 못하는 아이 등의 이름을 서로에게 붙인다. 경쟁과 성공이 강조되는 학교라는 사회에서 똑똑하지 못하고 뭔가 부족해 보이는 아이는 왕따를 당할 수도 있다. 그리고 학생들은 그것이 그 개인의 탓이므로 자신은 그들을 도와줄 책임이 없다고 여긴다. 다른 사람의 고통과 어려움에 눈길을 주기에는 어쩌면 아이들의 학습량이 지나치게 많은 것인지 모른다. 이렇게 계층적이고 전통적인 교육관과 교육체제는 더 이상 아이들의 행복을 지켜 주지 못하며, 학생 개개인의 잠재력과 능력을 억누르고, 다른 사람과 어울리는 삶의 즐거움을 알지 못하게 한다. 그러나 교육에서의 이러한 계층적이고 경쟁적인 접근이 돌봄과 배려 중심의 비경쟁적 접근으로 변화하게 된다면, 학생들은 폭넓은 인간관계를 맺고, 활발하게 상호작용할 수 있다(Eisler, 1987). 나아가 학생들의 인지적·정서적 발달 모두에 초점을 두는 전인교육 또한 학생들이 각자 처한 다양한 환경에서 어떤 삶을 살아갈지를 자각하게 하고, 공감적인 태도로 타인과 상호작용하는 기틀을 형성하도록 돕는다.

이 장에서는 전통적 교육관과 달리 학생 개개인이 행복을 느끼고 잠재력을 발휘할 수 있는 새로운 교육적 접근에 대해서 논하고자 한다. 즉, 청소년의 영적 성장에 초점을 두는 학교공동체와 교육 모델에 대해 설명하고자 한다. 구체적으로 먼저 긍정심리학의 입장에서 학교공동체의 필요성과 개념에 대해 논하고, 학교공동체의 형태에 대해 설명할 것이다. 이후 학교공동체가 근거를 두는 전인교육 및 영성교육에 대해 설명하고 이와 관련하여 미국과 한국 학교 현장의 실제 사례를 소개하고자 한다.

1. 학교공동체의 필요성

1) 긍정심리학적 입장

긍정심리학의 선구자인 셀리그만 등(Seligman, Ernst, Gillham, Reivich, & Linkins, 2009)은 오늘날 학교가 가진 문제를 다음과 같이 설명한 바 있다.

먼저, 첫 번째 퀴즈를 내겠습니다. 여러분이 아이들을 위해서 가장 원하는 것을 한두 단어로 표현한다면 무엇입니까? 만약 제가 이 질문을 제가 부모들에게 한다면 대부분의 사람들은 아마도 '행복' '자신감' '만족감' '균형적인 삶' '친절함' '건강' '만족감' 등이라고 응답할 것입니다. 간단히 말해, 여러분이 아이들의 삶에서 가장 원하는 것은 아이들의 안녕감일 것입니다. 자 그럼, 두 번째 퀴즈를 내겠습니다. 학교가 지금 무엇을 가르치고 있는지 한두 단어로 표현한다면 무엇입니까? 아마도 당신의 대답은 다음과 같을 것입니다. '학업' '성공' '사고력' '순응' '교양' '수학' '훈련'. 다시 말해, 오늘날의 학교는 성취를 위한 도구를 가르칩니다. 주목할 것은, 위 두 가지 질문에 대한 답변 간에는 어떤 관련성도 찾을 수 없다는 점입니다.

앞의 인용문은 공동체로서의 학교 개념의 도입이 왜 현재 학교에서 필요한지에 대해서 짧지만 강렬하게 설명해 주고 있다. 학생들은 대부분의 시간을 학교에서 보내며 나머지 시간의 상당수를 학교에서 배운 것을 복습하는 데 사용한다. 그러나 안타깝게도 그들이 정작 배우는 내용의 상당수는 학생들의 심리적 안녕감과 행복한 삶을 위해 필요한 것들과는 거리가 있어 보인다. 즉, 학교에서 가르치는 수업 내용이 행복감이나 안녕감과 관련이 없는 것이다.

저자는 어떤 중년 남자(A씨)를 상담한 적이 있다. 그는 명문대를 졸업하고, 고위 공무원이었으며, 서울 중심가에 좋은 집을 가진 사람이었다.

사람들은 저에게 성공했다고 말합니다. 그런데 저는 행복하지 않습니다. 행복했던 순간이 있었습니다. 고등학교 1학년 때 우연히 기타를 갖게 되었습니다. 기타를 치면서 한창 유행했던 팝송을 부르곤 했어요. 참 즐거웠습니다. 그런데 어느 날 아버지가 공부하라며 제 기타를 부수었습니다. 저는 아버지 말씀대로 열심히 공부해서 최고의 대학을 갔고, 남들이 부러워하는 직장에 들어갔습니다. 그리고 나름대로 순조롭게 승진했습니다. 지금 어딜 가도 대우받고, 돈도 벌만큼 법니다. 그런데 … 아버지가 말한 대로 성공하면 다가올 거라 믿었던 행복이 무엇인지 아직도 모르겠습니다. 선생님은 행복하신가요? 가끔 〈Let it be〉라는 노래를 들으면 기타를 치며 불렀던 그때가 생각납니다. 그때는 행복했던 것 같습니다.

전통적인 학교가 주요 목표로 삼는 학업 성취를 성공적으로 달성한 A씨는 행복하지 않다. 생활의 대부분을 학원과 학교를 오가는 청소년들에게 우리는 흔히 말하곤 한다. "지금 고생해야 좋은 대학을 가고 좋은 직장을 가지게 될 것이다. 지금 고생해야 나중에 행복한 삶을 살 수 있다." 그러나 정작 A씨처럼 좋은 대학을 나오고 좋은 직장을 다녀도 행복하지 않은 삶을 살기도 한다.

A씨처럼 미래에 다가올 행복한 삶을 위해 청소년기의 행복을 잠시 미룬 사람들은 정작 경제적 부를 누릴 수 있는 위치가 되었을 때조차 어떻게 행복을 느껴야 할지 모르는 것처럼 보인다. 안타깝게도 우리 사회에는 A씨와 같은 사람이 드물지 않다.

학교는 이제 학생들에게 행복을 가르쳐야 한다(Seligman et al., 2009). 이제까지 학교는 지적 성취를 위한 경쟁을 조장함으로써 학생들에게 우울감과 불안감을 안겨 주었다. 행복해지고 싶어 하는 것이 인간의 기본적인 욕구임에도 불구하고(Lyubomirsky, Sheldon, & Schkade, 2005) 현대사회를 사는 상당수의 사람들은 행복하지 않다. 사회는 과거 어느 때보다 물질적으로 풍요로우며, 구성원들은 과학기술의 발달에 힘입어 그 어느 때보다 편리한 삶을 살고 있다. 불과 50년 전의 생활환경과 비교했을 때 생활용품들은 세 배 정도로 늘어났으며, 주거공간도 넓어졌고 다양한 차종과 세련된 의복이 비교할 수 없을 정도로 많아졌다(Easterbrook, 2003). 물질적인 면에서의 발전뿐만 아니라 사회적 환경에서도 상당한 진보가 있었다. 교육의 기회가 늘었고 음악장르는 더욱 다양해졌으며, 여성의 권익이 향상되었고 인종차별이 줄었다. 그런데 이러한 물질적 환경 및 사회적 환경이 진보하였음에도 불구하고 정작 그 환경에서 살아가고 있는 인간 개인의 행복과 안녕감은 후퇴한 것으로 보인다. 50년 전에 비해 사람들이 느끼는 우울감은 10배 이상 늘어났다(Wickramaratne, Weissman, Leaf, & Holford, 1989). 미국인이나 일본인들은 50년 전보다 삶에 더 만족감을 느끼는 것처럼 보이지 않으며, 독일과 영국 사람들은 그때와 비교해서 만족감을 덜 느끼는 것으로 보인다(Inglehart, Peterson, & Welzel, 2007). 이러한 현상은 근 몇십 년간 눈부신 경제 발전을 해 온 우리나라의 경우에도 예외가 아니다. 최근 중앙일보(2010. 8. 18)와 한국심리학회가 공동으로 실시한 연구에 따르면 한국인의 행복지수는 평균 63.22점(100점이 최상의 행복 상태)으로 나타났다. 이는 97개국 중 58위에 해당하며, 1인당 국내 총생산(GDP)이 절반에도 못 미치는 나라들과 비슷한 수치이다. 더욱 안타까운 것은 기본적인 욕구라고 할 수 있는 행복감이나 안녕감을 충분히 느끼지 못하는 현상이 청소년에게서 더욱 심각하다는 것이다. 연령별 행복지수를 살펴본 결과, 한국인 중 모든 연령을 통틀어 청소년들이 가장 행복하지 않은 것으로 보인다(이은경, 2007; 정명숙, 2005). 행복의 부재로 인한 자살 인구 또한 급증하고 있는데, 청소년 자살은 2008년에 비해 2009년 47%가 증가하였다(부산여성뉴스, 2010. 8. 31).

흥미로운 점은, 기존의 학교가 학업적 성취를 위해 잠시 등한시한 행복이 실제 학업 성취에도 긍정적인 영향을 미친다는 점이다. 학생들이 안녕감과 행복감을 느낄수록, 그들의 학습 능력이나 수행은 높아질 수 있다(Seligman et al., 2009). 긍정적인 기분은 집중력을 향상시키며(Fredrickson, 1998; Bolte, Goschke, & Kuhl, 2003; Fredrickson & Branigan, 2005; Rowe, Hirsh, Anderson, & Smith, 2007), 창조적인 사고(Isen, Daubman, & Nowicki, 1987; Estrada, Isen, & Young, 1994)와 전인적인 사고를 불러일으킨다(Isen, Rosenzweig, & Young, 1991; Kuhl, 1983, 2000). 반면 부정적인 기분은 편협한 관심을 갖게 하고(Bolte et al., 2003), 비판적이고 평가적인 사고를 하게 만드는 경향이 있다(Kuhl, 1983, 2000). 즉, 학교생활에서 느끼는 경쟁심, 긴장감 등의 부정적인 감정은 비판적인 사고를 더 촉진시킬 수 있다.

셀리그만(2002)에 따르면 행복이란 우선 기쁨, 사랑, 만족감과 같은 긍정적인 감정이라고 정의할 수 있다. 또한 행복은 몰입의 상태로서 마치 시간이 정지한 듯 자신조차 의식하지 못할 만큼 어딘가에 빠져 있는 상태이다. 어떤 면에서 이러한 상태는 기쁨, 사랑, 만족감을 느끼는 행복이라는 개념과는 좀 다를 수도 있다. 몰입의 상태는 무념의 상태이며, 무감의 상태이기 때문이다. 이러한 몰입은 도전과제에 맞닥뜨려 개인의 강점과 재능을 발휘할 때 나타나며 이러한 몰입은 당연히 학습을 촉진시킨다. 행복은 의미 있는 삶과도 관련이 있다. 긍정적인 기분과 몰입의 행복이 자아 중심적인 추구라면, 삶의 의미나 목적은 다른 사람이나 다음 세대 혹은 자아를 초월하는 무엇인가와 연결됨으로써 일어난다. 긍정심리학적 관점에서, 의미는 가장 높은 수준의 강점이 무엇인지를 이해하고, 이를 우리 자신보다 더 큰 존재에 기여하기 위해 사용하는 것이라고 정의된다(Seligman, 2001). 정리하면 인간이 행복하다는 것은 단순히 긍정적인 감정을 느끼는 것에 머무르는 것이 아니라, 무엇인가에 몰입하여 자신의 강점과 재능이 발휘되는 것을 느끼며, 자신의 존재가 다른 사람, 지역사회 혹은 초월적 존재와 관련되어 있음을 경험하는 것이다. 따라서 인간이 행복하다는 것은 이러한 강점과 개인이 가진 잠재력과 가치를 충분히 깨닫고 이를 충분히 발현하도록 지지해 주는 공동체의 일원임을 경험하는 것이라고 볼 수 있다. 학교교육의 목적은 학생들에게 이러한 경험을 제공하는 것이어야 한다. 이제 학교는 인간이 행복하고 의미 있는 삶을 영위할 수 있도록 학생의 전인적 성장에 초점을 맞춤으로써 개인이 잠재력과 가치, 영성을 깨닫고 발휘하도록 도우며, 학생 · 가족 · 지역사회의 요구에 초점을 맞춤으로써 긍정적 학교공동체로서의 기능을 수행할 수 있어야 한다(Gomez & Ang, 2007; Schreiner, Hulme, Hetzel, & Lopez, 2009; Shults, 2008; Sink & Edwards, 2008).

2) 학교폭력 예방 입장

학교의 건강한 학습공동체로서의 기능 수행은 점차 심각해져 가고 있는 학교폭력을 예방하는 측면에서 더욱 강조될 수 있다. 현재 한국 사회는 학교폭력으로 몸살을 앓고 있다. 2012년 교육부에서 전국 초등학교 4학년~고등학교 3학년을 대상으로 실시한 학교폭력 실태조사 결과에 따르면 실태조사에 참여한 139만 명 중 12.3%인 17만 명이 '최근 1년간 학교폭력 피해경험이 있다'고 응답하였으며, 또한 24.5%가 '학교 내 일진이 있다'고 생각하는 것으로 나타났다. 이와 비슷하게 2012년 청소년폭력예방재단에서 전국 초등학교 4학년~고등학교 2학년 5,530명을 대상으로 실시한 학교폭력 실태조사 결과에 따르면 학교폭력 피해율은 12.0%, 가해율은 12.6%로 나타났으며, 학교폭력 피해자 10명 중 4.5명이 피해 후 자살을 생각해 본 경험이 있는 것으로 나타났다. 또한 학교폭력 피해 후 고통스러웠다고 생각한 학생은 49.3%, 가해학생에게 복수 충동을 느낀 학생은 전체의 70.7%로 조사되어 학교폭력 피해 후 상당수가 심리적 고통을 호소하는 것으로 나타났다. 재학 기간 중 학교폭력 경험이 있다고 응답한 학생 중 학교폭력 피해를 처음 경험한 시기에 대한 질문에 초등학교 저학년(1~3학년)의 경우 30.5%, 고학년(4~6학년)은 47.8%로 총 78.3%가 초등학교 때 학교폭력 피해를 경험한 것으로 나타나 학교폭력 피해 경험이 장기화되는 것으로 나타났다. 학교폭력의 심각성에 대한 경각심이 사회적으로 증가하면서, 정부 차원에서의 학교폭력 대책을 포함하여 학교폭력을 예방하기 위한 노력들이 사회 전반적으로 다양하게 이루어지고 있다. 정부는 2004년 「학교폭력예방 및 대책에 대한 법률」을 제정하였으며, 2012년 2월 '학교폭력 근절 종합대책'을 발표하였고 2013년 7월에는 학교폭력 근절 종합대책을 개선 보완한 '현장 중심의 학교폭력 대책'을 발표하기도 하였다. 흥미로운 것은, 정부에서 발표하는 대책을 포함하여 학교폭력 예방 및 근절에 대한 움직임이 최근 학교공동체 형성을 통한 학교폭력 예방에 초점을 맞추고 있다는 사실이다(정제영, 2013).

　학생 간의 집단 따돌림, 학교폭력 피해에 대한 방관, 교사에 대한 학생의 폭력 등과 같은 학교폭력 문제들은 학교공동체 의식의 실종과 관련이 깊다. 학교에서 학생과 학생, 교사와 학생 등 구성원 간의 소통과 대화는 단절되었다. 좋은 대학을 가기 위한 경쟁으로 인해, 청소년은 70% 이상의 시간을 학업 성취를 위해 보내며, 같은 반 급우를 친구보다는 경쟁자로 보는 경향이 있다(Kim, 2009). 학생들은 성적에 매달려 옆자리의 친구를 돌볼 겨를이 없으며, 함께 생활하는 반 친구들을 경쟁하고 이겨야 할 대상으로 여긴다. 과열화된 입시경쟁으로 인해 학생들은 교실에서 소외감과 외로움을 깊이 경험한다(통계청, 2010). 학생들은 진정한 우정을 경험하지 못하며 서로를 괴롭힌다. 교실은 따뜻함과 우정 대신 소외감과 경쟁심, 긴장으로 채워졌고, 이러한 분위기는 따돌림과 폭력으로 이어진다. 능력이 모자라거나 어설픈 행동을 하는 친구들은 놀림을 받을 자격(?)이 있다고 간주하며, 왕따를 당하는 친구에게 섣불리 도움을 주었다가 자신이 피해를 당할 수도 있는 상황은 모르는 척하고 무시하는 것을 스스로를 보호하는 현명한 방법으로 만들기도 한다. 교사는 학생들에게 지식의 전달자에 불과하며, 뛰어난 지식전달 능력을 가진 학원선생보다 존중받지 못하는 존재이기도 하다. 교사는 학생들로부터 존중받지 못하며, 학생들은 교사의 지시에 순응하지 않는다. 학생들이 교사를 수업시간에 때렸다거나 고소했다는 기사는 더 이상 충격적인 뉴스가 아니다. 학생들에 대한 지도는 예전에 비해 더욱 힘들고 더 많은 헌신을 요구하지만, 안타깝게도 교사들은 예전에 비해 적은 헌신과 사명감을 갖고 교사라는 직업을 선택한다. 따라서 교사들은 학생들에게 지치게 되고, 학생들에 대한 교사의 관심과 배려는 예전과 같지 않다. 이 같은 현대 학교에서 구성원 모두가 단절되고 서로를 존중하지 않는 분위기에 대해 반성하며 학교공동체라는 개념이 제기되고 있다. 따뜻하고 안정된 공동체적 문화가 형성된 학교에서 학생들은 학교를 신뢰하고 교사를 존중하며 또래 친구를 배려한다(이해우, 2002). 학교공동체 교육은 학생 간, 교사 간, 교사와 학생 간의 소통과 배려를 증진시킴으로써 학교폭력을 예방하고 나아가 학생과 교사 모두가 성장하도록 도울 것이다.

[그림 4-1] 학교폭력 예방 집단 프로그램

2. 학교공동체: 돌봄 학습공동체

학교공동체에 관한 연구들은 전통적으로 크게 두 흐름으로 나뉜다. 싱크와 에드워즈(Sink & Edwards, 2008)에 따르면 이러한 두 가지의 흐름은 학습공동체의 목적이 어디에 있느냐에 따라 나뉘는데, 하나는 학생들의 인지적 발달과 학업 성취를 촉진시키는 것을 목적으로 하며, 나머지는 학생들에게 배려와 사회적·정서적 지지 제공을 통해 개인의 사회적·개인적 행복감을 증진시키는 것을 목적으로 한다. 그런데 이 두 흐름은 영성을 중시하는 전인교육이나 인본주의에 이론적 근거를 둔다는 점에서 돌봄 학습공동체로 통합될 수 있다(Sink, 2004). 여기서는 학교공동체의 두 흐름, 즉 인지적 발달 증진을 위한 학교공동체와 행복감 증진을 위한 학교공동체, 그리고 이 두 흐름의 통합모형인 돌봄 학습공동체에 대해서 설명할 것이다.

1) 인지적 발달 및 학업 성취를 증진시키기 위한 학교공동체

이 접근에 따르면 학교는 멘토링을 제공하는 숙련된 교육자와 배움에 대한 열정과 열의를 가진 학습자들로 구성된 작은 공동체로 정의되며, 이 공동체의 주요 과제는 학생들의 인지 발달 및 학습 성취를 높이는 것이다(Ash, 2008; Brown & Campione, 1998; Brown, Metz, & Campione, 1996; Bruner, 1996; Phillips, 1997; Redding, 2000; Watkins, 2005). 학교는 '서로 의존하고 함께 배우며, 동시에 자기 조절적인 학습 능력을 높이는 공동체'이다. 학습이나 배움은 타인과의 협력적인 상호작용 과정에서 이루어진다. 지식은 일방적으로 교사가 학생의 머릿속에 집어넣는 것이 아니라 학교라는 공동체 안에서 다른 사람 또는 환경과의 끊임없는 상호작용을 통해 나타나는 결과이다. 이 입장에서 효과적인 학습지도는 학생들이 스스로 문제를 해결할 기회를 제공하고, 자기 조절학습을 할 수 있도록 돕고, 다양한 배경, 경험과 관점을 가진 사람들과의 대화를 통해 학습하도록 유도하는 것이다.

　이러한 학습이나 배움의 심리학적 근거는 비고츠키(Vygotsky, 1978)의 사회적 구성주의에서 찾을 수 있다. 그는 학습이나 배움이 사회적·문화적 배경 속에서 타인과의 상호작용 과정을 통해 발생한다고 주장하였다. 즉, 보다 유능한 다른 사람(성인, 교사, 또는 또래)과 함께 활동하는 과정에서 타인이 가지고 있는 개념을 자신의 것으로 내재화하는 과정을 통해 학습이 발생한다는 것이다. 비고츠키는 학생이 주어진 지식이나 정보를 그대로 받아들이는 것이 아니라 이전에 가지고 있던 지식구조와 통합함으로써 새롭게 구성한다고 본다. 기존의 지식구조가 사람마다 다르기 때문에 새로이 구성된 지식은 교사의 지식과 다를 수 있으며 학생들 간에도 다를 수 있다. 그런데 이때 내재화를 통한 지식형성의 과정이 깊은 생각이나 사고 없이 지나치게 자기중심적일 경우에, 논리적이고 성숙한 개념을 형성하지 못할 수 있다. 학습자가 이러한 자기중심성에서 탈피하고 논리적이고 성숙한 개념을 형성할 수 있도록 하기 위해 교사가 비계설정(scaffolding)[1]을 통해 안내해 주는 역할을 해야 한다. 즉, 교육자는 일방적으로 지식을 전달하거나 즉각적인 대답을 해 주는 것이 아니라 적절한 질문이나 학생의 능력에 맞는 힌트, 정보를 제공함으로써 스스로 문제를 해결할 수 있도록 이끌어 준다. 이러한 학습은 교사와 학생 간의 관계에서뿐만 아니라 학생과 학생 간의 협력적 상호작용을 통해서도 이루어질 수 있다. 협력학습을 통해 학생들은 교육자료와 정보를 다른 학생들과 서로 공유하고, 다른 사람의 생각하는 방식을 보고 서로 생각을 공유함으로써 배움과 학습을 더 풍성하게 한다. 이러한 학습 방법은 학생들의 자기조절과 자기주도적 학습을 강조한다. 학습자들은 각자 기존의 지식구조에 새로운 학습 내용을 통합하

---

1) 비계설정(scaffolding)의 사전적 의미는 '건물을 건축하거나 수리할 때 인부들의 건축 재료를 운반하거나 오르내릴 수 있도록 건물 주변에 세우는 장대와 두꺼운 판자로 된 발판을 세우는 것'이다. 교육 분야에서 비계설정이라는 용어는 효과적인 교수-학습을 위해 성인이 학생과의 상호작용 중 도움을 적절히 조절하며 제공하는 것을 의미한다. 즉, 비계설정은 보다 유능한 교사, 부모 또래가 학습자에게 적절한 안내나 도움을 제공함으로써 학습에 도움을 주어 인지 발달을 돕는 발판 역할을 하도록 하는 체계를 말한다.

기 위해 두 지식 간의 불일치하는 부분을 자기주도적으로 해결하기 위해 새로운 아이디어를 만들어 내고 고민하고 사고한다.

이 접근의 대표적인 예로 브라운과 캠피온(Brown & Campione, 1998)의 학습공동체 개념을 들 수 있다. 이 개념은 학교공동체가 어떻게 인지 발달 및 학업 성취를 높일 수 있는지에 대해서 구체화시켰다. 먼저 이 학습공동체 내에서 학생들은 학업 성취를 높일 수 있는 자기규제 방법(self-regulation skill)을 배우는데 이것에는 비판적으로 분석하기, 의문을 갖고 질문하기, 배우고 알게 된 것에 대해서 다시 인식하기(메타 인식 훈련하기), 또래와 공동 작업하기 등이 포함된다. 이때 교사들은 촉진자나 멘토의 입장에서 어떻게 배우고 학습하는지에 대한 모범을 보여 주고, 교과 내용의 방향을 제시해 준다.

위와 같이 인지 중심의 학습자 학교공동체 모델에서 학습자들은 교사와 함께 학습과 배움을 탐구하는 학습의 주체이며, 배우고 습득한 지식을 현실세계에서 탐구하고 실천하는 것이 중요한 평가항목이 된다. 교사들은 학생들의 발달 단계에 관심을 갖고, 학습자들이 능동적이고 적극적으로 학습에 몰두하도록 격려하고, 학생들의 내적 동기와 자기규제에 초점을 맞추고, 학습수행 능력에서의 개인차를 평가하고 이에 맞게 도움을 주며, 학습자 간의 대화를 통해 학습자들은 서로 가치와 신념을 공유하게 된다(MaCombs & Miller, 2006; Sink & Rubel, 2001; Watkins, 2005). 정리하면 이 학습자 중심의 공동체는 대화와 열의로 채워진 작은 공동체인 교실에서 풍부하면서도 깊은 개념적인 지식을 연마함으로써 학습자의 인지적 발달 및 학업 성취를 향상시키고자 한다.

2) 행복감 증진을 위한 학교공동체: 돌봄공동체

학교공동체로서 또 하나의 흐름은 개인적 · 사회적 행복감 증진을 위한 돌봄공동체이며 지난 이십 년 간 수많은 학자들이 이에 관심을 갖고 연구해 왔다(Baker, Terry, Bridger, & Winsor, 1997; Battistich, Schaps, & Wilson, 2004; Gomez & Ang, 2007; Morrison & Allen, 2007; Nicholas, 1997; Noddings, 2003;

Osterman, 2000; Payne, Gottfredson, & Gottfredson, 2003; Schaps, Battistich, & Solomon, 2004; Solomon, Battistich, Watson, & Schaps, 1997). 돌봄(caring)이란 불평등한 관계에서 발생하는 인간관계로서(Noddings, 1989), 부모와 자식, 교사와 학생 사이처럼 영향력의 차이가 있는 관계에서 높은 영향력을 가진 부모와 교사가 아동과 학생을 보살피는 것이라고 정의할 수 있다(김정섭, 2009). '돌봄'은 좀 더 권위를 가진 사람이 좀 더 권위가 낮은 사람에게 베푸는 호의와 배려이지만, 상호작용의 관점에서 다루어져야 한다. 즉, 돌봄의 관계가 이루어지기 위해서는 돌봄의 제공자뿐만 아니라 수혜자까지 모두 관계에 기여해야 한다는 것이다. 돌보는 사람은 누군가를 필요한 만큼 돌보기 위해 상대방에게 관심을 갖고, 이야기를 들어 주고, 필요한 것을 알아채어 적절한 서비스를 제공해야 한다. 그런데 이렇게 돌보는 행위는 서비스를 받는 수혜자가 감사함을 표현하는 등 배려에 대한 반응이 적절하게 이루어져야 지속될 수 있다. 돌봄은 서로를 신뢰하고 존중하고 진실하게 대함으로써 발생하고 유지된다. 이런 관점에서 돌봄공동체는 돌봄의 주체와 객체를 나누지 않는다. 학교라는 공동체 안에서 교사, 학부모, 교직원, 지역사회 구성원들이 학생들에게 돌봄을 제공하는 동시에 학생들 또한 다른 학생들에게 돌봄을 제공한다. 뿐만 아니라 학생들은 교사, 학부모, 지역사회 구성원에게 돌봄을 제공하기도 한다.

이 접근은 돌봄을 통해서 모든 구성원 간에 이루어지는 사회적 행동의 특성과 모두의 건강한 심리사회적 발달, 정서적 발달과 도덕 발달에 초점을 맞춘다. 돌봄공동체에서 중요하게 지향하는 것은 양육적·긍정적이며 역량을 강화시키는 공동체를 제공하는 것이다. 또한 이 공동체는 문화적으로 민감하여 다른 문화에 대해서 개방적인 환경을 창조한다. 이러한 공동체를 창조하기 위해 교사는 모든 구성원에게 따뜻하고 안전하며, 수용적인 분위기를 만들어 주기 위해 노력하며 학생들 모두를 존중한다. 학습자 중심의 교육과 전인교육의 입장에서 교육 내용·교육 방법·학습관리와 같은 교육의 과정과 결과가 이루어진다(Baker et al., 1997; Baker, Dilly, Aupperlee, & Patil, 2003). 예를 들어 대인관계에서의 낙천성, 희망 및 예의, 민주적 의사결정과 학습, 학생들의 자신감과 자기확신, 탐색적 학습, 평생교육, 교육자의 인간적·전문적 발달에 대한 행정적 지원 등에 주로 관심을 갖는다.

3) 통합 모델: 돌봄 학습공동체

싱크와 에드워즈(2008)에 따르면 학교공동체의 두 접근은 돌봄 학습공동체 (Caring Community of Learning: CCL)로 통합할 수 있다. 학교공동체에 관한 두 접근이 목적이나 주요 관심사에서 다소 차이가 있지만 다음과 같은 공통점을 갖고 있기 때문이다. 긍정심리학과 사회생태학에 이론적 근거를 두고 있다는 점, 학습자 중심의 교육이라는 점 그리고 긍정적인 역량을 강화하는 학습 과정과 공동체 환경을 지향한다는 점에서 비슷하다(Brown et al., 1996; Sink, 2004; Watkins, 2005). 이러한 공통점을 근거로 이 두 흐름은 돌봄 학습공동체 (CCL)로 통합될 수 있다. 다음으로 실제 돌봄 학습공동체의 흐름에서 성공적 으로 평가되고 있는 세 가지 모델을 소개하고자 한다(Sink & Edwards, 2008).

(1) 돌봄 학습공동체 모델

① 돌봄 학교공동체

돌봄 학교공동체 모델(Caring School Community: CSC; 이전에는 Child Development Project였음)은 근본적인 학교 가치, 친사회적 행동, 공동체로서 의 학교 단위의 긍정적인 정서교류와 경험을 촉진시킴으로써 학생들의 위험 행동을 감소시키고 방어기제나 대처기제를 강화시키고자 한다(Baker, 2008; Baker et al., 1997; Baker et al., 2003; Battistich, 2003; U.S. Department of Education, 2007). 교과 과정과 교육 방법은 함께 공유할 수 있는 학습활동에 대한 욕구를 강조한다. 예를 들어 가치 있는 문학작품에 근거한 독서와 언어 기술 프로그램 및 발달 단계에 맞는 학급 조직화와 관리 기술과 같은 활동들이 강조된다. 또한 CSC 모델에서 학급과 학교라는 공동체는 보호자들의 참여와,

학교와 가족 간의 대화를 유도하는 활동을 조직하는 역할을 맡아야 한다. 미국의 교육부에 따르면 이 CSC 모델은 학생들의 지식, 태도, 가치, 학업 성취의 향상과 관련하여 평균 이상의 효과를 갖는 것으로 나타났다.

② 학문적 · 사회적 · 정서적 학습의 통합

엘리아스, 아널드와 허세이(Elias, Arnold, & Hussey, 2003)는 학교 내에 사회-정서적 학습과 정서지능을 도입한 효과적 학교의 모습에 대해서 제시하였다. 소위 학문적 · 사회적 · 정서적 학습의 통합(Collaborative for Academic, Social, and Emotional Learing: CASEL; www.CASEL.org 참조)이라고 불리는 이 모델은, 학생들의 학문적 · 사회정서적 기술을 향상시키고 문제행동을 예방하기 위해, 다음과 같은 다섯 가지 능력을 키우는 데 초점을 둔다. 즉, 자기관리, 자기이해, 사회적 민감성, 대인관계 기술, 책임 있는 의사결정이 이에 속한다. 그 효과성에 있어서도 CASEL 모델은 사회정서학습과 정서지능 교과 과정과 학교 절차 면에서 성공적이었던 것으로 보고되고 있다(Devaney, O'Brien, Tavegia, & Resnik, 2005; Elias, Zins, Graczyk, & Weissberg, 2003; 이외 다른 연구들은 www.casl.org/pub/ articles.php를 참조).

③ 긍정 행동 지원

잭슨과 패니안(Jackson & Panyan, 2002)에 의해 고안된 긍정 행동 지원 모델(Positive Behavior Support: PBS)은 학교에서 전통적으로 시행하던 징계 대신 긍정적 돌봄 관리 체제를 도입함과 동시에 학생들이 지원서비스를 제공받을 수 있도록 돕는다. PBS 모델의 개입과 서비스는 예방성, 긍정성, 통합성을 추구하는 전인교육의 틀에서 적용된다. 연구에 따르면, 이 모델은 간접적인 성취와 성취 관련 목표와 같은 학생들의 학습 결과에 긍정적으로 영향을 미친다(Safrin & Oswald, 2003; Sugai & Homer, 2006).

(2) 돌봄 학습공동체와 학교상담

학교공동체의 통합모형인 돌봄 학습공동체(CCL) 관점에서, 학교는 학생들이 전인적 인간으로 충분히 만족스러운 삶을 살 수 있도록 학생들의 잠재력과 역량을 중시한다. 또한 학습자들의 경험과 욕구를 중시하는 학습자 중심 학습을 격려하고 지원하는 돌봄의 분위기를 형성하는 것을 목적으로 한다. 이러한 돌봄 학습공동체를 형성하는 데 있어 학교상담자들은 중요한 역할을 담당할 수 있다. 학교상담자들은 돌봄 학습공동체 형성에 기여함으로써 예방과 성장 차원의 학교상담서비스를 제공할 수 있다.

최근 학교상담 연구자들은 청소년을 대상으로 예방과 성장을 강조하는 학교상담 체제의 도입이 절실하다고 주장한다(강진령, 유형근, 2004). 기존의 전통적인 상담이 문제행동을 노출하는 청소년이나 위기상담을 필요로 하는 청소년을 중심으로 하는 교정활동에 초점을 두고 있는 반면, 오늘날의 학교상담은 학생 누구나 혜택을 받는 예방과 성장을 위한 상담 및 교육에 초점을 두고 있다. 이와 관련하여, 슈미트(Schmidt, 2003)는 학교상담을 예방과 발달에 초점을 맞추어 상담자가 제공하는 광범위한 서비스와 활동으로 정의하였으며, 유형근(2002)은 학교상담을 "학생들이 학교의 안팎에서 당면하는 제반 문제를 예방하고 스스로 해결하며 건강하게 적응 및 성장하도록 돕기 위해 종합적이고 체계적으로 조력하는 활동"으로 정의한 바 있다. 이처럼 학교상담이 예방적·발달적·종합적 조력활동이라고 보았을 때, 학교상담은 단순히 상담자와 학생 내담자의 일대일 관계에서 이루어지는 일대일 상담이나 치료라기보다는 상담자가 학생, 학부모, 교사에게 학교교육의 일환으로 제공하는 종합적인 서비스 프로그램으로 보아야 한다.

ASCA(American School Counseling Association, 미국학교상담자협회)는 이러한 종합적이고 발달적인 학교상담의 개념과 학교상담자의 역할을 표준화하였다. 이 협회는 학업, 진로, 개인/사회성 발달이라는 세 가지 광범위한 영역에서의 발달적 상담에 초점을 둔 '학교상담 프로그램을 위한 국가 표준(The national standards for school counseling programs)'을 제정하였으며(ASCA,

1999), 학교와 관련된 모든 사람들(교사, 학생, 교장, 지역사회)이 긍정적인 학습 분위기를 조성하는 데 협력하는 종합적 학교상담 모델을 구체화하여 종합적 학교상담 프로그램(the Comprehensive School Counseling Program: CSCP)을 개발하기도 하였다(ASCA, 2005). 이러한 종합적 학교상담 모델에 따르면 학교 상담자의 역할은 심리적 문제를 가진 특정한 학생뿐만 아니라 대다수 학생들을 조력하는 광범위한 상담활동을 실시하는 전문가이다. 학교상담자들은 학생상담, 생활지도를 비롯하여 부모교육, 교사자문, 교장 및 교감자문, 지역사회와의 연계 등의 활동을 통해 학생들의 발달을 돕고 학생들 수준에 맞는 상담 및 교육 프로그램을 개발하여 서비스를 제공한다.

돌봄 학습공동체를 형성하기 위한 학교상담자의 역할은 종합적 학교상담(CSCP)의 틀 안에서 이해될 수 있다. 종합적 학교상담 모델과 돌봄 학습공동체는 예방과 성장을 초점으로 두는 것을 비롯하여 많은 부분에서 맥을 같이한다. 구체적으로 싱크와 에드워즈(2008)는 학교상담자가 돌봄 학습공동체 개념을 ASCA가 제정한 종합적 학교상담 프로그램에 다음과 같이 통합하여 학교상담 현장에 적용시킬 수 있을 것이라고 주장하였다. 먼저 학교상담자들은 종합적 학교상담 체계에 학습자의 역량이나 강점의 강화와 학습자 중심의 교육이라는 돌봄 학습공동체의 중심 개념을 포함시킬 수 있다. 앞서 기술하였듯 돌봄 학습공동체는 학생들의 학업 능력, 개인사회적 능력, 적성을 북돋아 주는 강점 강화 관점을 중시한다. 이러한 강점이나 역량을 격려하는 관점은 부적응 문제에 관심을 두는 교정 중심의 학교상담보다는 예방과 성장에 관심을 두는 종합적 학교상담에 포함되어야 한다. 또한, 종합적 학교상담 프로그램의 전달 체제(예: 수업안, 개입 계획안 등)에는 자기조절 기술(Brown & Campione, 1998)과 같은 돌봄 학습공동체의 주요 개념들이 적용될 필요가 있다. 학교상담자들은 교육자들이나 학교관계자들에게 돌봄 학습공동체의 필요성에 대해서 설명하여 교장, 교사, 학부모 간의 협력을 이끌어 낼 필요가 있다. 이러한 협력이야말로 청소년의 발달을 지원하는 구체적인 실행계획을 세우는 데 있어 필수적이다. 나아가 돌봄 학습공동체의 학교상담자는 학생들의 욕구가 잘 충족되고 있는지, 교사, 학생, 학부모들의 입장이 잘 고려되고 있는지를 평가할 필요가 있다. 돌봄 학습공동체의 모델이 교육에 효과적으로 기여하는지, 역량 중심의 교육 서비스의 효과가 무엇인지를 데이터를 통해 보여 주는 것 또한 상담자들의 몫이다. 이를 위해서는 인터뷰를 통해 학생들의 목소리를 경청하고, 누가 학생들을 지지해 주는지 파악하는 것이 중요하다. 학생들은 언제나 자신들의 경험, 욕구, 강점을 가장 잘 파악하는 전문가이다. 학생들의 성공을 이끄는 보호 요인을 파악할 때, 가장 중요한 참고자료인 학생들을 염두에 두지 않는다면 상담자가 학생들을 이해하는 데 소홀하다고 볼 수밖에 없다. 학생들과의 인터뷰뿐만 아니라 가족 구성원, 지역사회 구성원, 교사, 관리자, 학교 직원들의 인터뷰도 필요하다. '어머님(아버님)의 아이가 어떤 것을 잘하나요?' '아이들의 행동 중에서 부모님들께서 자랑스러워하시는 것은 무엇인가요?' '아이들과 함께하는 시간 중 언제가 가장 즐거우신 것 같으세요?' 등과 같은 질문은 아이들의 강점을 찾는 데 좋은 질문의 예이다.

(3) 한국 학교상담에서의 돌봄 학습공동체의 적용

그렇다면 이와 같은 돌봄 학습공동체를 형성하는 종합적 학교상담은 우리나라 학교 현실에 어떻게 적용될 수 있는가? 돌봄 학습공동체를 형성하는 학교상담이 오늘날 한국 교육에 긍정적인 영향을 미칠 것임이 자명함에도 불구하고, 한국 학교에서 이러한 개념이 도입될 가능성에 대해 교육자들은 다소 회의적일 것이다. 현실적으로 전문학교상담자가 파견되어 있는 학교가 그리 많지 않으며 무엇보다 학교상담에 대한 학부모, 교사, 교장들의 인식이 문제 학생의 생활지도 정도에 머물러 있기 때문에 돌봄 학습공동체를 위한 종합적 상담으로의 협력을 이끌어 낸다는 것은 다소 꿈같은 이야기일 수 있다. 그럼에도 불구하고 궁극적으로 예방과 발달 지향적인 종합적인 서비스 제공이 우리나라 학교상담의 목적이 되어야 한다는 점은 명백하며, 실제로 이러한 노력들이 대안학교 등 학교 현장에서 이루어지고 있는 것 또한 사실이다(한대동 외, 2009).

유순화(2009, p. 146)는 한국의 학교상담자가 종합적 학교상담의 관점에서

돌봄 학습공동체를 실현하기 위해 어떤 역할을 할지에 대해 다음과 같이 제안하였다.[2]

① 상담 관련 활동

학교상담자들은 개인상담보다는 집단지도나 집단상담을 더 많이 실시할 필요가 있다. 이는 종합적 학교상담이 교정보다는 예방과 성장을 지향하고, 소수의 문제 학생뿐만 아니라 전체 학생을 수혜 대상으로 하기 때문이다. 구체적으로 학교상담자는 전체 학생을 위한 집단상담이나 집단지도를 실시할 필요가 있다. 집단상담을 통해 학생들은 안전한 집단 내에서 또래들과의 상호작용을 통해 타인을 돌보고 배려하며 바람직하게 행동하는 것을 자연스럽게 학습할 수 있다. 나아가 학교상담자는 집단상담 안에서 학생들로 하여금 타인을 돌보고 나누는 방법을 진지하게 토론하는 시간을 갖게 함으로써 실생활에서도 배려하는 마음을 갖고 실행하도록 도울 수 있다.

또한 부적응 청소년들을 위한 상담은 전문상담교사나 상담 전문가가 할 수 있도록 유도하되, 이를 위해 지역사회의 아동 · 청소년상담소나 사설 전문 상담소 등 상담전문기관과 신속하게 의뢰 가능한 연계망을 형성할 필요가 있다.

마지막으로 학교상담자는 또래상담을 활성화시켜 건강한 또래문화와 돌봄의 분위기를 형성하는 데 기여할 수 있다. 또래상담은 또래를 상담할 수 있는 훈련을 받은 학생들이 다른 동료학생들의 학업이나 인성 등에 관련된 문제를 돕는 상담서비스이다(이상희, 이지은, 노성덕, 2000). 학교상담자는 책임 있고 훈련받은 또래상담자를 양성하여 왕따를 당하는 등 또래들과 섞여서 생활을 하지 못하거나, 학교생활을 하는 데 있어 문제를 갖는 친구에게 돌봄과 관심을 제공하도록 도울 수 있다.

실제 1994년부터 한국청소년상담복지개발원에서 국책사업으로 운영된 또

---

2) 다음의 방법들은 『배움과 돌봄의 학교공동체』(한대동 외, 2009)에서 유순화가 쓴 '6장 돌봄의 공동체를 위한 학교상담'을 요약한 것이다.

래상담 프로그램[3]은, 2012년 '학교폭력 예방 대책'으로 전국 5,000여 개의 초·중·고등학교에 전국적으로 보급되는 등 상당수의 학교에서 활발히 운영되고 있다. 이러한 또래상담사업의 운영은 학교폭력을 예방하는 등 긍정적인 영향을 학교에 미친 것으로 나타났다(한국청소년상담복지개발원, 2013). '2012년 학교폭력 대응 또래상담사업 결과 보고집'을 살펴보면 또래상담자의 활동을 통해 학급구성원들의 학교생활만족도와 학급 응집력이 높아지고, 또래 간의 갈등이나 따돌림 현상이 줄고, 학생 간에 공감하고 소통하는 장이 형성되는 등 배려 및 공감의 분위기가 학급과 학교에 조성되었다. 또한, 왕따 등으로 어려움을 당한 친구들은 또래상담을 통해 공감과 지지를 받으면서 학교생활에 적응할 수 있었다. 결과적으로 학생 상호간의 배려를 촉진하고, 학교폭력을 예방하는 효과가 있는 것으로 나타났다.

[그림 4-2] 또래상담 프로그램

---

3) 또래상담과 관련된 자세한 정보는 또래상담 홈페이지(www.peer.or.kr) 또는 한국청소년상담 복지개발원(www.kyci.or.kr)에서 얻을 수 있다.

② 진로지도 활동

진로지도는 우리나라 학교상담에서 가장 우선적으로 다루어지는 영역이다. 학교상담자는 학생들이 자신이 잘하고 원하는 것이 무엇인지를 스스로 찾을 수 있도록 여러 가지 채널을 통해 다양한 경험을 제공할 수 있다. 즉, 개인 및 집단상담이나 교과학습 그리고 학급 관리를 통하여, 선배나 유명 인사의 이야기를 듣는 행사를 통하여, 인쇄물이나 다양한 매체 및 학급 게시판을 활용한 정보제공 등 다양한 경로를 통하여 학생에게 여러 가지 경험을 제공할 수 있다. 또한 학교와 지역사회를 연결하여, 진로박람회를 개최하거나 직접 기관을 둘러볼 기회를 학생들에게 제공하는 등 학생들에게 풍부한 진로개발 기회를 제공할 수 있다.

③ 부모교육 및 부모의 학교 참여 유도 활동

상담교사는 학부모들에게 자녀양육에 유익한 각종 교육을 실시함으로써 학생들에게 따뜻하고 안정된 가정환경을 제공하도록 노력할 수 있다. 또한 학부모로 하여금 자녀교육에 대한 책임감을 학교와 함께 공유하는 동반자로서 활동할 수 있도록 유도한다. 학부모 자원 개발 기관을 설립하여 부모의 학교교육 참여를 유도하는 것 또한 하나의 방법이다.

④ 교사를 위한 자문활동

학교상담자는 교사가 돌봄과 공감의 마음으로 학생들과 대화하고 나아가 반 학생들의 생활지도와 상담을 담당하도록 도울 수 있다. 이를 위해 학교상담자는 교사들에게 적절한 의사소통과 촉진을 위한 기술을 갖도록 교육을 제공하고, 학생생활지도와 상담에 대한 자문과 자료를 제공할 수 있다.

⑤ 수업을 통하여 남을 배려하는 방법의 교수 활동

나딩스(Noddings, 1995)에 따르면, 교육과정 속에 돌봄이라는 주제를 포함함으로써 학생들로 하여금 학문적인 면이나 인간관계 면에서 많은 것을 배우도록 할 수 있다. 상담교사는 재량시간 등을 활용하여 교실에서 다른 사람을 배려하는 방법을 학생들에게 직접 가르칠 수 있다.

⑥ 지역사회와의 연계 활동

학교상담자는 학생, 부모, 교사들에게 학교 외부 서비스에 관한 정보를 제공하고 다양한 서비스를 활용할 수 있도록 돕는다. 지역사회의 자원으로는 병원, 상담실 및 복지기관, 정신건강과 약물 남용 관련 서비스, 재활치료 센터, 레크리에이션 프로그램, 도서관, 경찰, 병원, 종교기관 등이 포함될 수 있다.

참고자료 **돌봄 학습공동체의 실제 사례**

유순화(2009)는 『배움과 돌봄의 학교공동체』(한대동 외, 2009)에서 학교가 돌봄 학습공동체로서 기능하는 두 개의 미국 사례를 제시한 바 있다. 하나는 멤피스(Memphis) 시 학교들의 사례이고, 다른 하나는 링컨 센터 중학교(Lincoln Center Middle School: LCMS)의 실천사례이다. 멤피스 시 학교 사례는 학교상담자를 중심으로 한 돌봄 학습공동체로서의 학교 개혁을 이룬 사례이며, 링컨 센터 중학교 사례는 다양한 학교 영역에서 돌봄을 이루기 위한 이루어진 사례이다. 다음은 유순화(2009, p. 152)가 소개한 내용을 간략히 요약한 것이다.

멤피스 시의 학교 사례

미국의 멤피스 시에서는 먼저 여러 구성원 간의 협력을 비롯하여 대학, 지역사회, 국가기관과의 연계가 이루어지고 있다. 학교상담자는 이러한 연계가 좀 더 협력지향적으로 이루어지도록 조정자의 역할을 하고 있다. 좀 더 구체적으로, 첫째, 멤피스 시에서는 학교상담자의 역할을 '학생의 주된 지지자(chief advocate)'로서 '돌보고 지지하는 학교환경의 촉진자'로 규정하고 그 지위를 보장하고 있다. 둘째, 학생지원 체계의 재구조화가 이루어졌는데, 이는 학생들의 여러 학습장애 요인을 협력과정을 통해 제거하는 데 초점을 두고 있다. 이 과정은 상담자, 학교심리학자, 사회사업가, 행정가, 교사, 인정자원 전문가 등으로 구성된 학교 조정팀에 의해 이루어지는데 학교상담자는 이 팀의 수장으로서 이 과정을 이끌어 나가야 한다. 이때 새로이 세우는 계획들은, ① 주로 장애 요인을 처리하는 집중적 전략과 자원, ② 가정과 학교의 연계 및 학업 성취도 향상을 위한 양육적인 환경, ③ 예방과 개입전략의 연속성, ④ 가족의 자원에 초점을 둠, ⑤ 모든 학생들이 높은 수준의 배움을 가질 수 있다는 믿음, ⑥ 계속적인 협력 · 조정 · 통합, ⑦ 학교와 지역사회의 연계의 7개 지침을 따른다. 셋째, 7개의 지침에 근거하여 계획은 교실에서의 지원, 건강과 인적서비스, 가족의 후원 및 참여, 지역사회 봉사, 학습범위의 확대라는 5개 주요 영역에서 실천하도록 설계된다. 이러한 노력을 통해 멤피스 시는 학생들의 학업 성취도가 늘고, 결석이 줄고, 자존감이 향상되었다고 보고된다.

링컨 센터 중학교의 학교상담 사례

링컨 센터 중학교에서는 돌봄이라는 주제를 모든 교육과정에 필수적 요소로 구성하고 있는데, 이는 돌봄 공동체를 형성하고 돌보는 사람을 양성하고자 하는 데 그 목적이 있다. 이 프로그램에는 다섯 가지의 특징이 있다. 첫째, 평등정책의 확립을 들 수 있다. 이는 교사, 관리자, 학부모 등 학교공동체 모든 구성원들이 학생의 평등을 위협하는 행위에 대해 감시자의 역할을 하도록 격려한다. 둘째, 하위조직에의 권한 부여를 들 수 있는데, 즉 권위와 의사결정력을 가진 조직들을 구성하여 각 조직에 권한을 부여하는 것이다. 학교의 실제적인 의사결정권은 학교 행정가에게 있는 것이 아니라, 교사, 학부모, 공동체 구성원들이 실제적으로 가지고 있다. 셋째, 수업시간에 돌봄을 가르치는 것인데, 이 학교의 모든 프로그램에는 돌봄이 강조된다. 이를 위해 가드너(Gardner)의 다중지능 이론과 협동학습에 근거한 돌봄의 수업을 조직하고 있다. 넷째, 학생의 심리적 · 사회적 복지에 관심을 갖는 것이다. 예를 들어, 보호자가 없는 청소년을 위해 오후 7시 30분까지 방과후 프로그램, 저녁식사, 교통편을 제공한다. 다섯째, 돌봄을 실천하는 봉사활동을 강조한다. 이를 위해 봉사활동을 사회과 수업에 통합시키고 있다. 교사들은 이러한 노력을 통해 관내 다른 학교에 비해 높은 출석률을 보이고, 시험점수가 향상되는 등 학생들의 행동이 달라졌다고 보고하고 있다.

[그림 4-3] 지역사회 연계

3. 전인교육과 영성

긍정심리학 관점의 새로운 학교 형태인 학교공동체의 목표는 인간의 타고난 잠재력과 본성, 영적 의미를 찾고 전인적인 성장을 돕는 데 있다. 학교는 개인이 영적 발달을 이루도록 돕는 공동체로서, 전인교육과 영성교육을 실현해 나가야 한다.

전인교육의 주요 목표를 한마디로 정의한다면 인간이 타고난 자신의 영성을 깨닫는 것이다. 인간은 누구나 그들 자신의 잠재력과 가치를 타고난다. 타고난 자신의 가치를 찾는 것, 그 모습을 자각함으로써 충분히 만족스러운 삶을 사는 것이 바로 자기 내면의 영성, 자기 소리를 찾는 것이다.

전인교육은 병든 교육과 병든 지구 생태계를 치유하고 새로운 교육 문화를 창조해야 한다는 인식에서 대두된 새로운 교육 패러다임이다. 인간의 물질만능주의와 고도의 기술 산업 추구로 인해 인간관계는 단절되고 있으며, 생태계는 파괴되고 있다. 또한 객관적 실증주의에 기초한 과학적·합리적인 사고의 강조는 지식과 과학의 놀라운 발전을 이루고 정보화의 확산을 가져왔지만 실존적·철학적 사고의 부재와 인간이 가진 직관성의 경시를 초래했다. 인간은 물질적으로 풍요로운 삶을 영위하며 높은 수준의 지식과 정보를 소유하고 편리한 생활을 하지만, 감정은 메말라 가고, 고독하고 외로우며, 어디에도 자신이 속해 있다는 느낌을 받지 못하며 일상에서 삶의 의미를 느끼지 못한다. 과학의 발달로 인한 이성과 지식의 편식으로부터 벗어나 지구라는 생태계에 존재하는 생명과 그 영성의 성취를 강조하는 전인교육은 1980년대 중반 캐나다를 중심으로 교육 분야에도 도입되어 전 세계적인 관심을 끌고 있다(Miller, 1990).

우리나라에서도 지나치게 인지적인 발달에만 치중해 있는 교육을 비판하면서, 지덕체의 조화로운 발달을 도모하는 전인교육을 교육과정에 접목시키려는 시도가 많아지고 있다. 그러나 현재 한국에서의 전인교육은 인간의 영성과 관련된 부분을 다루지 않는 경향이 있다(한영란, 2004, p. 15). 영성은 삶의 의미나 삶의 초월적 차원과도 관련이 깊기 때문에 영적 영역이 빠진 지덕체의 조화는 기계적인 결합에 머물 뿐이며, 완전한 전인을 형성하는 데 도움이 될 수 없다. 따라서 영성의 개념을 포함한 전인교육의 주요 개념과 방법에 대해서 탐색해 보고 학생들의 전인적 성장을 돕는 교육 내용에 대해서 설명해 보고자 한다.

1) 전인교육에서의 인간관: 전인적 인간

전인교육은 인본주의 심리학에 근거하고 있다(Miller, 1990, p. 61). 칼 융, 로베르토 아사지올리, 칼 로저스, 에이브러햄 매슬로, 프레드릭 펄스, 로리 메이, 에리히 프롬, 칼스 타트 등이 이에 속한다. 이러한 인본주의 심리학을 교육에 접목시키는 데 있어 중요한 역할을 한 아서 콤브스(Arther W. Combs)는 다음과 같이 인간 잠재력의 중요성에 대해 강조한 바 있다.

"인간존재의 가능성, 즉 인간 능력의 본질에 대한 새로운 아이디어와
함께 우리는 오늘날 살고 있다."

　인본주의 교육은 인지와 정서의 균형 있는 발달을 추구하며 '통합적' 이고
'융합적' 인 경험을 중시한다. 인본주의 접근에서 보면, 교육의 목적은 아동의
생각과 행동을 만들어 내는 것이 아니라 아동 각자의 잠재된 능력을 개발하고
발달시키는 것이다. 예를 들어 브라운은 다음과 같이 말한 바 있다. "독특성이
란 인간 개인이 가진 가장 소중한 상품이며, 개인의 무궁무진한 잠재력이 국
가나 (교육)기관에 의해서 억눌리거나 왜곡된다면 이것은 악이자 큰 낭비이
다."(Brown, 1971, pp. 236-237)

　개인의 독특성과 잠재력을 강조하는 인본주의에 뿌리를 둔 전인교육에서
는, 인간의 내면의 특성, 즉 마음, 감정, 창조성, 상상력, 연민, 경외심과 숭배,
자아실현과 같은 특성들이 인간 존재의 본질적인 부분이라고 본다. 즉, 인간
모두에게 잠재되어 있는 깊고 아름다운 내적 특성들로 인해 인간은 가치 있어
지며, 온전히 충만한 삶을 살게 된다.

　이러한 내적 특성들은 외부의 신체적 · 사회적 세계와의 통합을 강조한다.
인간은 마음과 신체, 영과 물질이 각각 분리된 이분법적인 존재가 아니라 마
음(mind), 신체(body), 영혼(spirit)이 조화를 이루는 통합적 인격체인 전인적
존재이다(Miller, 1990, p. 59). 여기서 마음은 인간이 가진 지적 · 정신적인 특
성이라고 볼 수 있으며, 영혼(혹은 영성)은 인간의 깊은 내적 · 초월적 개념이
라고 정의할 수 있다. 이때 영성은 전인성을 이루는 데 있어서 가장 주요한 역
할을 한다.

　명지원(2011)은 인간의 전인성을 뒷받침하는 영성을 심층적인 마음의 밭이
라고 표현하면서 다음과 같이 영성의 역할에 대해서 묘사한 바 있다.

"수예자가 수예를 통해 자신의 생각을 형상화시키기 위해서는 밑바닥
의 천을 필요로 한다. 만일 천이 없다면 어떤 형태의 수도 이루어질 수 없

다. 그리고 놓았다고 할지라도 그 밑바닥에 있는 천이 망가지면 지금까지 놓았던 수예는 망가지고 말 것이다. 마찬가지로 인간을 구성하는 여러 요소가 있지만, 인간에게 영향을 미치는 정치, 경제, 사회, 문화, 예술 그리고 보다 깊은 차원의 존재성으로서 그 모든 것들을 떠받쳐 주는 것은 바로 심층적인 마음의 밭이라는 개념이다. 그 밭이 허물어져 병들면, 그 밭의 다른 구성요소들도 병들고 말 것이다. 전체를 지탱해 주는 힘으로서의 마음밭을 영성이라고 표현할 수 있다."

영성은 마음과 신체적 요소들 모두를 아우르면서 그 전체를 뒷받침해 주는 힘이다. 예를 들어 자동차가 있다고 하자. 기름과 차체가 있기에 자동차는 움직일 수 있으며, 이로써 자동차는 이동수단으로서의 기능을 충족시킬 수 있다. 그런데 움직이는 기능을 한다고 해도 어디로 가느냐의 방향이 분명하지 않다면 자동차는 무용지물일 뿐이다. 방향을 알지 못하고 달리는 자동차는 만족스러운 운행을 할 수 없다. 이때 차체는 우리의 몸에 비유될 수 있으며, 기름은 우리의 마음, 그리고 방향은 우리의 영혼이자 영성이라고 볼 수 있다. 자동차가 차체, 기름, 방향이 유기적으로 관계를 맺어야 움직일 수 있는 것처럼, 전인적 유기체로서의 인간 역시 몸과 마음 그리고 영혼이 함께 관계를 맺으며 살아가게 된다. 이때 주목할 것은, 자동차가 방향을 알지 못했을 때 움직일 수는 있으나 만족스럽고 즐거운 주행을 할 수 없는 것처럼, 영성이나 영혼이 분명하지 못할 때 인간은 살아 있으나 만족스럽고 행복한 삶을 살 수 없다. 즉, 인간은 인생이라는 도로에서 영성을 통해 삶의 방향과 의미를 갖고 가치 있는 삶을 살아가게 된다. 영성은 우리의 삶의 목적, 방향, 의미를 깨닫게 하고, 인생이 계속 진화하고 성장하고 있으며 지금 현재의 삶이 그 진화하는 인생과 연결되어 있음을 인식시키는 역할을 한다(Miller, 1990, p. 58).

이처럼 영성은 우리 현실을 뛰어넘는 풍요로운 전체와 접촉하도록 도움으로써, 우리가 처한 상황이 어떠하건 간에 현재 상태에 대한 의미와 가치를 부여하게 돕고, 제한된 상황에 대한 새로운 시각과 의미를 갖게 해 준다. 즉, 제한된 상황 그 자체를 보는 것이 아니라 현재 상태에 대한 '그 이상의 것' '더 나아간 어떤 것' 에 대한 의식을 갖는 것이다. 다시 자동차의 예로 돌아가서, 값비싼 자동차이건 값싼 자동차이건, 고가의 기름이건 저가의 기름이건 간에 자동차의 의미는 목적지에 안전하게 도착하는 것이다. 우리가 이러한 자동차의 의미를 인식한다면 우리의 차를 보란 듯이 추월해 가는 스포츠카를 보고도 스쳐 지나칠 수 있을 것이다. 물론 때로 스포츠카처럼 거침없이 삶의 주행을 하는 차주들이 부러울 때가 있다. 특히 그때 내가 가진 차가 고장이 나 서 있는 상태라면 그 부러움이 극에 달하기도 한다. 그러나 도착지에 안전하게 도착했을 때 우리는 더 이상 어떤 차들이 우리의 목적지에 와 있는지 별로 궁금해하지 않을지도 모른다. 왜냐하면 내가 차에 부여하는 의미는 긴 여행길에 안전하게 도착하는 것이기 때문이다. 중간에 우리의 차가 고장이 나서 섰을 때 잘 달리는 스포츠카를 보며 처지를 한탄할 수도 있다. 그러나 그때 우리의 동행자들이 함께 문제를 해결한 후 목적지에 무사히 도착해서 그 고통(?)의 시간을 추억처럼 이야기한다면, '차가 고장 났다' 라는 별로 행복하지 않을 수 있는 사건은 오히려 여행에 즐거운 의미를 부여해 줄 수도 있다. 당신은 '큰 사고 없이 안전하게 왔다' 는 것에 감사하고, '어려운 상황에서 함께 도와준 동료들이 있어서 행복하다' 는 것을 경험하며 '함께 공유할 추억이 생겼다' 는 것을 새삼 기뻐할 수 있다. 우리는 목적지에 다다랐을 때 어떤 차들이 왔는지 궁금해하지 않으며 오히려 그것마저 소중한 추억으로 기억할 수 있고, 차의 진정한 의미를 알게 된다. 작은 사건이 여행의 긴 여정과 연결되어 어떤 의미를 주듯이, 우리의 삶의 작은 사건들은 인생이라는 긴 여정과 연결되어 의미를 줄 수 있다. 이처럼 영성은 우리 일상생활의 작은 부분에서도 삶의 의미를 재발견할 수 있게 한다.

또한 영성은 일상 사건 간의 연결성뿐만 아니라, 우리로 하여금 모든 개체들이 보이지 않게 서로 연결되어 있음을 느끼게 한다. 영성은 인간 모두가 궁극적으로 시간과 공간을 초월하여 서로를 위해 존재하는 하나의 유기체라는 '상호연계성' 과 '공동체성' 을 인식하게 한다. 영성을 통해 우리는 우주와 우리의 삶의 진화와 계속적으로 연결되어 있음을 인식하게 된다(Miller, 1990, p. 58). 요약하면 영성은 "인간 내부의 깊은 곳으로부터 신비하고 자발적이며 창조적으로 피어오르는 인생을 경험하게 하고(Miller, 1990) 인간의 모든 삶 안에서 우주적 에너지, 생명력을 체험하는 능력"이다(Aumann, 1987, p. 18). 이와 같이 영성을 통한 성숙과 경험은, 자기 내면의 가장 깊은 차원을 자각하고 이해할 때, 사물이 다른 측면을 포착할 때, 다른 사람의 풍성한 자질, 그리고 우주의 웅대함과 복잡성과 조화 등에 대해 민감할 때 이루어질 수 있다(Boff, 1996, pp. 158, 186).

2) 영성과 전인교육

앞에 설명하였듯이, 전인교육은 본질적으로 학생들 본인이 타고난 본성인 영성을 자각하고, 잠재력, 가능성, 위대성을 이끌어 내도록 돕는 영성교육을 추구하는 대안교육이다(김복영, 2011). 우리 시대의 근본적인 위기는 '영적인 위기'이며 우리는 우리 자신의 실존적인 의미를 보지 못하고 있다(Zohar, & Marshall, 2001, p. 36). 이제 교육은 학생들로 하여금 자기 내면의 소리에 귀를 기울이고, 겉으로 드러나는 삶 속에 내재해 있는 의미를 볼 수 있도록 준비시켜야 한다.

내면의 소리에 깨어 있다는 것은 가슴에서 우러나오는 목소리를 듣는 것이며, 외부에서 일어나는 일이나 외부 자극에 휘둘리지 않고, 가장 깊은 내면의 소리를 듣는 것이다. 이것이 바로 우리 깊은 곳에 있는 영성을 회복하는 것이다.

이렇게 영성을 회복하기 위한 전인교육은 어떻게 이루어질 수 있는가? 학교나 교사는 어떤 역할을 해야 하는 것인가?

먼저, 교사나 학교는 인간 본성에 대한 기본적인 신뢰를 가지고 학생들을 대해야 한다. 성장하는 아이들은 자아존중과 자아실현의 욕구를 가지는데, 이것이 어떤 틀 속에 정형화되고, 경쟁과 실패에 대한 공포로 인해 이러한 욕구가 위협받을 때 최적의 상태로 성장하지 못한다. 이와 관련하여, 에이브러햄 매슬로는 다음과 같이 이야기한 바 있다.

"우리는 자아, 즉 일종의 내적 본성에 대해서 말하고자 한다. 이것은 굉장히 미묘하고 정교하며, 반드시 의식적인 것인 것도 아니며, 추구되어야만 하고, 감추어져서도 안 되며, 실현화되고, 가르쳐지고, 교육되어야 한다. 교사가 해야 할 일은 사람이 이미 그의 내면에 있는 것을 발견하도록 돕는 것이다. 교사들은 그를 강화시키거나 만들어 내거나 그를 미리 계획된 하나의 형태로 가르칠 필요조차 없다(Roberts, 1975, p. 37).

이러한 신뢰는 사회적·정서적 안전감을 촉진시켜 영적 성장 및 발전을 도울 것이다. 청소년들이 영적으로 성장하지 못하고 파괴적인 행동을 할 때 반사회적·자기파괴적 행동의 원인은 훈련의 결핍이 아니라 정서적·영적 요구가 잘 충족되지 못했기 때문이다. 예를 들어 학교폭력을 일으키는 가해청소년의 공격성이 어릴 때부터 화를 제대로 표현하는 훈련을 받지 못해서 나타난 것일 수도 있지만, 이보다는 근본적으로 학교 생활에서의 의미와 인생의 의미를 찾지 못하기 때문이다. 자아실현을 향한 안정된 환경을 제공하는 데 있어 칼 로저스(Rogers, 1969)는 『배움의 자유(Freedom to Learn)』라는 책에서 다음의 중요한 기본 원리를 강조하였다. 즉, 진실한 학습은 감정, 인간적 관심, 창조성을 가진 전인적 인간을 대상으로 한다. 인간은 성장과 통합을 향한 동기를 기본적으로 가지고 있지만, (이러한 동기가 발현되기 위해서는) 정서적으로 지지를 받는 환경, 즉 자기발견이나 탐색을 격려해 주는 환경이 필요하다. 학생과 교사 모두 다 독특하고 소중한 사람으로서 존경받아야 하며, 외적인 목표를 이루기 위한 역할이나 임무에 얽매이거나 강요받아서는 안 된다. 이러한 지침들은 사실 로저스의 인간 중심치료의 핵심 주제인 '신뢰와 무조건적 수용' '공감적 이해'와 '인간적 진솔성'을 확장한 것이다(Miller, 1990, p. 63). 다음의 인용문은 교육에 대한 칼 로저스의 생각을 잘 요약해 준다.

만약 인간이라는 유기체와 그 잠재력을 믿지 않는다면, 어쩌면, 내가 강조해 왔던 태도, 즉 신뢰와 무조전적 수용, 공감적 이해, 진솔성을 유지하는 것은 어려울 것이며 따라서 학습을 촉진시키는 데 도움을 줄 가능성도 없다. 우리가 인간을 불신한다면, 그 사람이 실수를 하지 않도록 그를 우리 자신의 선택대로 움직이게 할 것이다(Rogers, 1969, p. 114).

다음으로 영성 회복을 위한 교육을 위해 교사들은 학생들이 자신의 정체성을 탐색하도록 돕고, 때로는 세상으로부터 학생들의 자기탐색 권리를 옹호해 주어야 한다(Roszak, 1978, pp. 182, 183). 이는 칼 로저스의 강조점과 비슷하지만, 정체성에 초점을 두었다는 점에서 다소 차이가 있다. 학교는 학생들로 하여금 이전과는 다른 좀 더 새로운 정체성을 창조하도록 도와야 한다. 교육은 좀 더 섬세하고 깊이 있게 정체성을 탐구해 가는 것이다. 즉, 교사는 학생들로 하여금 자신이 누구인지를 배우게 해야 한다. 학생들에게는 내면 어딘가에 발견되지 않고, 아직 이름 붙여지지 않은 삶의 의미나 소명이 존재할 것이다(Roszak, 1978, pp. 182, 183). 이때 교사들의 소크라테스식 대화법은 자기 속에 숨겨져 아직 발견되지 않은 아름다운 그 무엇인가를 찾아 자기이해를 돕는 역할을 할 수 있다(Roszak, 1978, p. 187). 로작(Roszak, 1978)은 다음과 같이 이 과정을 표현한 바 있다.

너(학생)와 나(교사)는 무한한 가능성을 가진 뛰어난 종족이다. 네가 인간으로서의 본성을 탐구하도록 나는 도울 것이다. 우리가 자신의 재능을 탐색할 수도 없고, 문제만을 보게 된다면 이는 진정한 교육이 아니다. 네가 사회적으로 유용한 것과, 인간적인 충족감과 관련된 것 간에 차이를 인식하도록 도울 것이다. 너는(이제 '너'는 더 이상 나의 학생 여러 명 중 한 명이 아니고 너라는 유일한 사람이다) 내게 하나의 사람으로 존재한다. 어느 누구도 대체할 수 없는, 우주에 존재하는 독특한 하나의 존재이다. 너 안의 무언가는 발견되기를 바라는 그 어떤 특별한 것이다. 나는 주의 깊게 그것이 깨어나는 순간을 지켜보고 있을 것이다. 왜냐하면 그것이 바로 내 사명의 왕좌이며 그때가 바로 최고의 순간이기 때문이다(pp. 203-204).

다음으로, 교사는 공동체와의 진실한 만남을 촉진시켜야 한다. 한영란 (2004)은 영성에 대한 자각이 자기 자신 그리고 이웃, 자연과 같은 공동체와의 만남을 위해서 일어날 수 있음에 대해 다음과 같이 설명한 바 있다.

> 영성교육은 나 자신을 비롯하여 나를 둘러싸고 있는 이웃, 자연, 세계와 진실한 만남을 중시한다. 즉, 영성교육에서 '만남'은 중요한 의미를 갖는다. 만남 안에서 각자는 각자의 본래 인간상과 대면하는 첫 관계를 맺는다. 대면하는 관계를 통해 각자는 '만나게 되는 자'로서, 자아로부터 벗어나게 되기도 하고 자기를 수용하고 받아들이는 사람 안으로 들어가게도 된다(김용자, 2002, p. 241). 영성교육은 학생들이 이러한 만남을 통해 자신을 비롯하여 나를 둘러싸고 있는 크고 작은 공동체들을 인식하게 되고 우리의 삶이 더불어 사는 삶임을 인식하게 되며, 나와 세계는 유기적 관계임을 인식하도록 돕는다.

영적 깨달음을 위한 만남은 먼저 진실한 자신과의 만남, 참된 자신과의 만남이며, 다른 하나는 지역사회 혹은 지구 혹은 우주라는 공동체의 하나의 구성원으로서의 나와의 만남으로 이해된다. 즉, 진정한 자아를 발견하고, 자아와 세계와의 관계성을 깨달음으로써 '나'의 본래의 온전함을 갖게 된다. 이러한 만남은 자신으로부터 벗어나 다른 사람의 입장이 되는 노력을 통해서 일어나기도 한다(한영란, 2004). 예를 들어, 축제, 음악, 영화, 독서, 여행 등을 통한 영적 체험, 또는 친구나 존경하는 사람, 상징적인 인물과의 만남과 대화를 통해 영적 성숙을 꾀할 수 있다.

자아와 세계와의 관계성에 대한 깨달음은, 모든 개체들이 보이지 않게 서로 연결되어 있으며 궁극적으로 시간과 공간을 초월하여 서로를 위해 존재하는 하나의 유기체라는 점을 인식하게 하는 것이다. 이러한 인식은 다음에서 설명될 수 있다(Flake, 1993, p. 246, 한영란, 2004, p. 75에서 재인용).

교육은 인간 생명의 중요한 마음, 정신, 영혼과 관련된다. 모든 사람은 인간의 모습을 갖고 있는 성스러운 존재이며, 그 개성을 천부의 재능이나 능력, 직관이나 지성을 통해서 표현하고 있다…. 또한 '생명'은 전체로서 하나로 서로 도움을 주고받고 있다는 실감과 생명에의 신비에 대한 싶은 외경의 염원이 마음에 스며드는 경험 등을 할 수 있게 한다…. 교육의 중요한 역할 중 하나는 생명 속에서 모든 것이 서로 관계를 맺고 있다는 것을 자각할 수 있게 하는 것이다.

인간은 우주라는 거대한 맥락 속에서 존재하고, 살아 있는 모든 것은 함께, 서로를 위해 어울려 존재하고 살아간다. 이를 깨달았을 때 인간은 자연과 다른 생명체에 대한 존중과 경외심을 경험한다. 그리고 자신의 존재가 세계와 관련되어 있음과 공동체의 일원으로서의 자신의 존재를 수용하게 된다. 따라서 전인교육적 입장에서 교육의 중요한 역할은 생명 속에서 모든 것이 서로 관계를 맺고 있다는 것을 자각하도록 돕는 것이다.

다음으로, 전인교육에서는 인간의 몸이 내면적이고 영적인 차원의 성장이며, 영혼의 상징이라고 볼 수 있기 때문에(Coreth, 1994, p. 245) 교사는 몸에 대한 새로운 자각도 촉진시킬 필요가 있다(한영란, 2004). 몸은 우리 안에서 일어나고 있는 감정을 그대로 표현한다. 기쁨, 슬픔, 고통, 미움, 불신감 등은 얼굴에 그대로 표현된다. 게슈탈트 심리학에 따르면, 내가 자각하지 못하는 감정, 즉 해결되지 않은 감정을 가장 정직하게 말해 주는 것이 신체이다. 마음속 나 자신의 모습, 영성을 정직하게 투영해 주는 것이 나의 말하는 방식을 포함한 동작과 외적 자신이다. 루소(J.-J. Rousseau)는 정신과 육체를 분리하여 정신에 비해 육체를 덜 가치 있게 여기는 것을 비판하면서, 정신의 발달을 위해 육체의 훈련이 중요함을 다음과 같이 강조한 바 있다(정인지, 2002, p. 160에서 재인용).

당신들이 당신의 학생의 지성을 발전시키기를 원한다면 지성을 지배할 수 있는 힘을 길러 주십시오. 그의 육체를 계속하여 훈련시키십시오. 그를 지혜롭고 이성적으로 되게 하기 위해서는 그를 튼튼하게 건강하게 해 주십시오. 일을 시키고, 행동하게 하고, 뛰게 하고, 소리치게 하고, 늘 움직이게 하십시오. 곧 그는 이성에 의해 어른이 될 것입니다.

인간의 몸과 마음은 분리될 수 없으며, 육체를 통해 습득된 깨달음은 이성을 발달시킨다. 따라서 전인교육에서는 '몸공부'도 중시한다.

요약하면, 진정한 전인교육은 일상생활에서 자아 발견을 통하여 자신의 정체성과 삶의 의미를 찾고 학생들로 하여금, 학생들로 하여금 자기가 살고 있는 세계 속에서 이웃과 만물과의 상호관계성을 깨달아 사랑과 자비의 실천을 통해 영적 성장을 실현하도록 돕는 것이다. 또한 전인교육은 지적·영적·정서적·행위적인 모든 영역을 포함으로써 인간의 전체적 잠재력을 성장시키는 것이다. 따라서 영적 성숙에 초점을 두는 전인교육을 통해 학생들은 그들이 살아가야 하는 이유와 어떻게 충만하고 행복하게 살 수 있는지를 깨닫게 되며, 공동체 활동을 통해 자신의 존재 이유와 전체적인 삶의 의미를 깨닫게 될 것이다.

요약

　이 장에서는 청소년 영적 성장에 초점을 맞추는 학교공동체에 대해서 살펴보았다. 먼저 긍정심리학 입장에서 학교공동체의 필요성을 설명하여 학교공동체의 이론적 근거를 제시하였다. 또한 학교공동체가 현재 문제가 되고 있는 학교폭력에 어떻게 도움을 줄 수 있는지에 대해서 설명하였다. 두 가지 흐름의 학교공동체와 두 흐름의 통합 모델인 돌봄 학습공동체에 대해서 설명하였다. 특히 돌봄 학습공동체에 대해 집중적으로 서술하였는데, 구체적으로 세 가지 모델과 공동체에서의 학교상담자의 역할에 대해 상세히 서술하였다. 끝으로 학교공동체의 정신인 전인교육과 영성교육에 대해서 설명하였다.

　다음 장에서는 상담자나 학교상담자의 영성 인식과 상담자 영성교육에 대해 다룰 것이다.

강점 발견을 위한 질문의 예

※ 다음은 청소년들로 하여금 자신의 관심사, 강점, 목표, 꿈에 대해서 생각해 보고 이 해해 보도록 하는 질문의 예이다. 집단으로 이 질문을 실시하는 경우에는 청소년들 이 둘씩 짝을 지어 서로 이야기한 후 소감을 나눌 수도 있다.

- 햇빛이 아름다운 날에 당신은 무엇을 하고 싶나요?
- 여유시간이 있을 때 여러분은 무엇을 하고 싶나요?
- 여러분이 학교에서 가장 좋아하는 과목은 무엇인가요?
- 여러분이 가장 좋아하는(지도자가 항목을 만들 수 있다) ＿＿＿＿은 무엇인가요?
- 여러분이 이제껏 살면서 가장 좋았던 일은 무엇인가요?
- 여러분은 어떤 TV 프로그램(혹은 음악)을 좋아하나요? 그것은 어떤 의미를 주 나요?
- 여러분이 존경하는 사람은 누구인가요?
- 여러분이 가장 좋았다고 느꼈을 때는 언제인가요?
- 여러분이 누군가에게 무엇인가를 가르친다면 어떤 것을 가르치고 싶나요?
- 1년 안에 당신이 하게 될 일이 있다면 어떤 것인가요? 혹은 5년 안에 이루고 싶 은 일은 무엇인가요?
- 당신 자신에 대해서 어떤 점이 가장 마음에 드나요?
- 만일 당신의 친구가 당신에 대해서 설명한다면 무엇이라고 할까요?
- 당신이 가장 자랑스럽게 여기는 것은 무엇인가요?
- 가고 싶은 곳이 있다면 그곳은 어디인가요?
- 만일 당신이 휴가를 간다면, 누구를 데리고 가고 싶나요?
- 방과후에 당신은 무엇을 하고 싶나요?
- 당신 자신에 대해서 좋다고 <u>스스로</u> 느끼도록 하는 일을 당신이 했다면 그것은

무슨 일인가요?

- 당신의 인생과 관련이 있었으면 좋겠다고 생각하는 일이 있다면 어떤 것인가요?

- 만약 여러분이 동물이 된다면 어떤 동물이 되고 싶은가요? 그 이유는 무엇인가요?

- 여러분이 지금 여기에 있는 집단원 중에 가장 함께 일하고 싶은 사람이 있다면, 누구인가요?

- 당신을 보살펴 주고 위해 주는 사람 세 명을 말해 보세요.

출처: Jutta Dotterweich의 *PYD resource manual*(http://ecommons.cornell.edu/bitstream/1813/21946/2/PYD_ResourceManual.pdf)에서 발췌.

제5장 상담자 및 학교상담자의 영성 인식

  긍정심리학이나 그 밖의 여러 심리학 분야의 관련 논문에서는 영성이 인간의 정신적·심리사회적·신체적 적응에 긍정적인 영향을 미친다는 보고가 증가하고 있다. 이렇게 영성의 효과성이 부각되면서, 최근에는 청소년상담이나 학교상담 영역에서도 인간의 영성 회복을 위한 상담의 필요성이 강조되고 있다(Sink & Richmond, 2004).

  청소년의 영적 회복, 즉 자기 내면에 눈뜨는 것은 자신 존재의 깊은 곳에 뿌리내리고 있는 진정한 자아를 일깨워 주는 사람과의 만남을 통해서 가능하다(Babin, 1993). 상담자와 학교상담자는 공감과 있는 그대로의 수용을 통해 청소년들로 하여금 진정한 자신을 만나고, 영적 가치와 삶의 의미를 발견하도록 안내할 수 있다(Fukuyama & Sevig, 1999). 또한 학교상담자와 교사들이 학생의 마음에 귀를 기울이고 있는 그대로 수용함으로써, 청소년들은 교실에서 자신의 진정한 모습을 탐구하는 영적인 공간을 창조한다(Schoonmaker, 2009). 온전히 수용한다는 것은 상담자와 학교상담자가 내담자의 감정과 경험을 자신의 감정과 경험에서 분리하여 온전히 내담자에게만 집중하는 것이다. 이렇게 자기중심성에서 벗어나 눈앞에 존재하는 상대방에게 온전히 집중하는 현존성을 발달시키기 위해 상담자와 학교상담자들은 자신의 영적 믿음과 가치를 인식하고 검증해야 한다(Fukuyama & Sevig, 1999). 수와 수(Sue & Sue, 2008)는 상담자가 내담자의 영적 질문에 보다 민감하게 반응하고 효과적으로 상담하기 위해서, 상담자 스스로 자신의 영성에 대해 인식하고 상담 과정에서 내담자의 영적 질문이나 변화를 이해하며 이에 관련된 훈련을 받아야 한다고 강조하였다.

이 장에서는 상담자와 학교상담자 자신의 영성 자각, 상담 및 교육 장면에서 청소년의 영적 성장 지각 그리고 이러한 영성 지각을 훈련시키는 상담자 영성교육에 대해 설명하고자 한다.

1. 상담자 및 학교상담자, 교사의 자기 영성 인식

영성은 상담이나 심리치료를 통한 개인의 성장과 밀접한 관계가 있다. 삶의 의미, 가치, 윤리, 사망, 세계관, 고통, 초월성과 같은 영적 구인은 심리치료나 상담에서 핵심적으로 다루는 요소이다(Cornett, 1998). 상담의 목적은 자기 자신을 이해하고, 외부 환경이나 외부 존재와 보다 긴밀하게 관계를 맺고, 인생의 의미를 갖도록 돕는 데 있다. 이는 한마디로 자기 속의 진실한 자신을 찾음으로써 주변 환경과 좀 더 잘 관계를 맺고, 삶의 의미를 발견하는 것이라고 할 수 있다(Fukuyama & Sevig, 1999). 특히 청소년기는 이러한 자기정체성과 관련하여 영적인 탐색이 민감하게 이루어지는 시기이다(Good & Willoughby, 2008). 청소년들은 진정한 자신이 누구인지, 신은 존재하는지, 자신은 왜 사는지 등 실존적인 질문을 던지기 시작한다. 이 시기에 이러한 질문을 통해 삶의 의미를 찾고, 진정한 자아를 발견하는 것은 이후 삶에 대처하는 탄력성에 크게 기여한다(Miller, 2008). 이러한 실존적인 질문과 영적 정체성을 찾는 여행은 추상적으로 사고하는 능력이 발달함으로써 이루어지지만, 청소년은 아직 위기에 대처하고 영적 질문에 효율적으로 응답할 만한 능력이 충분히 발달되어 있지는 못하다(Steinberg, Cauffman, Woolard, Graham, & Banich, 2009). 청소년의 영적 질문에 보다 적절하고 민감하게 대응하기 위해 상담자는 자신의 영적 지식이나 가치에 대해 지각할 수 있어야 한다(Sue & Sue, 2008). 교사 또한 영적 질문에 민감하게 반응하는 효과적인 교육자로서 자신을 하나의 도구처럼 사용해야 하는데, 이는 자기이해, 자아와 자아의 반응에 대한 깊은 인식과 자각에 달려 있다(Richards, 2009).

상담자나 교사 또한 인간이기에 한계가 있으며, 청소년의 질문에 혼란을 느낄 수 있다(Magaldi-Dopman, 2009). 때로 이들은 자신의 영적 신념이나 가치와 다른 가치를 가진 청소년을 상담할 때 의식적·무의식적으로 불편한 감정을 느낄 수 있다. 이는 역전이의 문제로 나타나기도 하는데, 즉 상대방이 표현한 어떤 것이 상담자의 감정이나 생각을 유발시킬 수 있는 것이다.

저자는 미국에서 상담을 할 때 상담자의 영적 가치가 내담자를 전체적으로 이해하는 데 걸림돌이 된다는 것을 경험한 적이 있다. 제니(가명)는 한국에서 태어나 미국의 보수적인 가톨릭 가정에 입양된 30대 중반의 여성이었다. 내담자에게는 미국으로 이민 온 한국인 대모[1]가 있었는데 갑작스럽게 말기 암 선고를 받게 되었다. 심리적으로 대모에게 많이 의지했던 내담자는 본인이 동성애자라는 사실을 대모에게 이야기하는 것과 관련된 고민을 토로하였다. 미국에 온 지 30년이 넘었지만, 한국 문화에서 자랐고 천주교 신앙을 가진 대모가 자신이 동성애자인 것을 알았을 때 충격을 받을 것은 분명해 보였다. 그러나 내담자는 대모가 돌아가시기 전에 진실한 자신의 모습을 알리기를 원했다. 상담자는 이때 다소 강하게 한국 문화에서 자란 대모가 분명히 문화적으로 충격을 받을 것이며, 동성애자임을 밝히는 것이 반드시 그 상대방에게 진실한 모습을 알리는 것은 아니라고 이야기하며 설득했다. 그리고 동성애자임을 대모

---

1) 가톨릭에서 영세나 견진 성사를 받을 때 신앙의 증인으로 세우는 종교상의 여자 후견인.

에게 인정받아서 자신이 편해지기를 바라는 것일지 모르는 내담자의 마음을 지적하기도 하였다. 상담자의 설득을 들은 후, 내담자는 잠시 침묵하다 집으로 돌아갔다. 그리고 그다음 회기에 와서 그녀는 이렇게 말하였다.

"물론 동성애자로서의 제 모습이 제 전체 모습은 아닙니다. 하지만 그것은 분리될 수 없습니다. 제니라는 제 모습 안에는 동성애자, 사회복지사 그리고 다른 것들이 다 들어 있습니다. 그런데 대모님 앞에서 제가 동성애자이며 좋은 사람과 만나고 있다는 이야기를 하지 않는다는 것이 자꾸 대모님을 속이는 것 같습니다. 제 괴로움일 수도 있습니다. 하지만 그 괴로움이 제 마음을 편치 않게 하기 때문이라기보다는 대모님과 그저 제 진짜 모습 그대로 만나고 싶을 뿐입니다. 저도 제 회사사람들에게 커밍아웃을 하지는 않았습니다. 하지만 이 세상에서 그 누구보다 대모님께는 거짓이 아닌 진짜 모습 그대로 다가가고 싶습니다. 처음 제가 동성애자임을 인정했을 때, 진실하게 대하고 싶은 사람들에게는 제 자신의 성향에 대해 이야기해야 한다고 생각했었습니다. 동성애자인 제니는 제 일부일 수도 있지만 제 정체성의 많은 부분을 차지하기도 합니다. 대모님을 더 이상 속이고 싶지 않습니다."

상담자는 제니의 이야기를 들으면서 저번 회기에서 내담자를 설득하며 느꼈던 찝찝함의 정체를 깨달았다. 머리로는 동성애자인 제니를 받아들여야 한다고 생각했지만, 마음속으로는 동성애라는 것에 대해 불편해하고 있었던 것이다. 솔직히 내담자가 자신이 동성애자임을 이야기한 이후로는 그녀를 제니가 아닌 동성애자 제니라는 이름으로 자꾸 떠올렸던 것 또한 사실이었다. 이러한 불편함은 한국인 대모의 입장을 이해한다는 미명하에, 내담자에게 동성애자라는 긍정적이지 않은 사실을 숨기라는 설득으로 이어졌다. 저자의 경험처럼, 상담자와 교사가 자신의 영적 가치나 신념을 점검하지 않을 때 내담자나 학생을 있는 그대로 보지 못하고 자유로운 탐색을 방해한다. 따라서 상담자와 학교상담자는 상담 과정에서 불편한 감정을 느꼈을 때 '내 반응을 유발시키는 내담자(혹은 학생)의 말과 행동은 어떤 것인가?' '내담자(혹은 학생)와의 작업을 방해하는 나 자신의 개인적 믿음은 무엇인가?'라는 질문을 스스로에게 던지는 등 끊임없이 자신의 가치나 신념을 점검해 볼 필요가 있다 (Fukuyama & Sevig, 1999).

1) 상담자 및 학교상담자의 영성 및 종교성 자각 윤리 지침

상담에서 상담자 및 학교상담자의 영성 및 종교성에 대한 자각은 전문가의 윤리로 규정될 정도로 강조된다. ASERVIC(Association for Spiritual, Ethical, and Religious Values In Counseling, 상담의 영적 · 윤리적 · 종교적 가치 협회)은 '상담에서 영적 · 종교적 이슈를 다루기 위한 역량(Competencies for Addressing Spiritual and Religious Issues in Counseling)'을 규정했는데 이는 ACA(American Counseling Association, 미국상담협회)의 윤리 강령에 근거하여 만들어진, 가치와 규준에 대한 지침(ASERVIC, 2009)이다. ASERVIC은 영적 · 윤리적 · 종교적 가치가 인간의 전반적인 발달에 있어 본질적이며, 이러한 가치들이 상담 과정에 통합되어야 한다고 믿는 상담자와 인간 발달 전문가들의 조직이다. 협회가 제정한 가치와 규준지침의 목적은 다양성을 존중하고, 사회문화적 맥락에서 인간의 가치, 위엄, 잠재력, 독특성을 이해하고 지지하는 다문화적인 접근을 인정하는 데 있다. 또한 이런 다문화적인 접근이 상담 실제에 잘 적용되도록 지원하는 것을 목적으로 한다. 다음은 ASERVIC(2009)이 규정한 '상담에서 영적 · 종교적 이슈를 다루기 위한 역량'에 관한 지침이다.

하나, 상담자는 다양한 영적 체제, 세계의 주요 종교, 불가지론, 무신론 등을 포함하여 영성과 종교 간 유사점과 차이점을 설명할 수 있어야 한다.

둘, 상담자는 내담자의 영적 혹은 종교적 믿음이 이들의 세계관에 핵심이며, 심리사회적 기능에 영향을 미칠 수 있다는 것을 인식해야 한다.

셋, 상담자는 자신의 영적 · 종교적 태도, 믿음, 가치를 적극적으로 탐색해야 한다.

넷, 상담자는 자신의 영성이나 종교적 믿음이나 가치가 내담자와의 상담 과정에 어떻게 영향을 미치는지를 평가할 수 있어야 한다.

다섯, 상담자는 내담자의 영적·종교적 관점을 이해하는 데 있어 상담자 자신이 가진 한계를 분명히 알아야 한다. 또한 상담자가 의뢰하고 조언을 구할 수 있는 슈퍼바이저나 종교적·영적 자원들을 알고 있어야 한다.

여섯, 상담자는 다양한 영적·종교적 발달 모델을 이해하고, 이 모델들이 인간 발달에 어떻게 적용될 수 있는지를 알아야 하다.

일곱, 상담자는 영적 가치 및 종교적 가치에 대한 내담자와의 대화에서 수용적이고 민감하게 반응해야 한다.

여덟, 상담자는 내담자의 영적·종교적 관점과 일치하거나 내담자가 수용하는 영적·종교적 개념을 사용해야 한다.

아홉, 상담자는 내담자와의 대화에서 영적·종교적 단서를 알아채고, 치료적으로 관련이 있는 경우에는 내담자와 이에 대해 다룰 수 있어야 한다.

열, 상담자는 초기 면접과 평가 과정에서 내담자 혹은 다른 출처를 통해 내담자의 영적·종교적 관점에 대한 정보를 얻음으로써 내담자의 영적·종교적 관점을 이해해야 한다.

열하나, 상담자는 진단할 때 내담자의 영적·종교적 관점을 통해서 ① 안녕감이 증가되고, ② 내담자의 문제가 해결되거나 ③ 증상이 악화될 수 있음을 알아야 한다.

열둘, 상담자는 내담자의 영적·종교적 관점과 일치하는 목표를 설정해야 한다.

열셋, 상담자는 ① 내담자의 영적·종교적 관점을 포함하기 위해 치료적 기술을 수정하거나 ② 내담자 관점에 적합하고 수용 가능한 경우 영적·종교적 의식을 기술로 활용해야 한다.

열넷, 상담자는 내담자의 영적·종교적 관점과 관습이 포함된 이론과 연구들을 치료적으로 적용할 수 있어야 한다.

이 지침에서 강조하듯이, 다양한 문화와 종교가 어우러져 있는 현대사회에서 상담자와 학교상담자는 자신의 영적·종교적 가치관과 태도에 대해 인식하고, 그 한계점을 이해해야 한다. 나아가 내담자의 영적·종교적 가치관과 태도를 이해하고 상담에서 이와 관련된 문제를 수용적이고 민감하게 다룰 수 있어야 한다. 이에 상담자와 학교상담자가 스스로 자신의 영적·종교적 가치나 태도를 객관적으로 점검해 볼 수 있는 방법을 소개하고자 한다.

2) 상담자 및 학교상담자 영성 점검 척도

상담자와 학교상담자 자신의 영성에 대한 인식이 청소년상담의 실제에 지지적인 역할을 한다는 것에 상당수 연구자들이 동의함에도 불구하고(Ingersoll & Bauer, 2004; Lambie, Davis, & Miller, 2008) 이들의 영성을 측정하는 표준화된 도구는 안타깝게도 거의 없다. 그런 면에서, 최근 박승민, 서미, 김정수와 강민철(Park, Seo, Kim, & Kang, 2013)이 상담자 및 학교상담자를 대상으로 타당화한 영적 안녕감 척도는 상담자의 영적 자기인식에 기여할 것으로 기대된다.

(1) 영적 안녕감 척도

영성 측정과 관련하여, 영성 자체를 측정하기는 어렵기 때문에(Ingersoll, 1994, 1998) 영적 안녕감 척도와 같이 영성이 개인의 사회심리적 상태에 미치는 영향을 측정하는 것이 더 적절하다(Ellison, 1983). 즉, 혈액의 상태를 통해 신체 건강이 측정되듯이 영적 안녕감으로 영적 건강 또한 측정될 수 있다(Ingersoll, 1994). 신체적 건강이 다양한 지표들로 구성되어 있듯이, 영적 안녕감도 다양한 요인들로 구성되어 있다(Chandler, Holden, & Kolander, 1992; Ellison, 1983; Hinterkopf, 1998; Ingersoll, 1994, 1998; Masters, Carey, Maisto, Caldwell, Wolfe, Hackney, & Himawan, 2009). 한 예로 엘리슨(Ellison, 1983)은 영적 안녕감이 실존적 안녕감과 종교적 안녕감으로 구성되어 있다고 하였다. 이후 하우덴(Howden, 1992)과 웨스트게이트(Westgate, 1996)의 영적 안녕감 척도 등이 개발되었는데, 브릭스와 쇼프너(Briggs, & Shoffner, 2006)에 따르면 기존에 개발된 영적 안녕감 척도는 공통적으로 네 가지 요인들을 포함하고 있다. 즉, 삶에 대한 의미와 목적, 내적 자원, 초월성, 긍정적인 상호연결성이다. 그러나 이 구성 요인들은 기독교적 영성을 반영하는 경향이 있어 다양한 종교와 비종파적인 영성의 특징을 설명하는 데 한계가 있다. 이러한 면에서 잉거졸(Ingersoll, 1994)의 영적 안녕감 척도(Spiritual Wellness Inventory)는, 특정 종교나 문화에 국한되지 않고 보다 포괄적이고 다문화적인 영성을 반영하려 했다는 점에서 기존의 다른 척도들과 구별된다. 잉거졸(Ingersoll, 1994)은 보편적인 영성의 척도 개발을 위해 10년 이상을 영적 지도자로 활동한 12명과 '영적 안녕감'을 구성하는 요인에 대해서 인터뷰하였는데, 이들은 주로 유태교 랍비, 종교 연구학과 교수, 기독교 목사, 가톨릭 신부, 요가 지도자, 불교 승려 등이었다. 그 결과 '영적 안녕감'을 구성하는 10개 요인을 추출하였는데, 즉 절대자(신성)의 개념, 의미 추구, 연결성, 신비(의 수용), 영적 자유, 종교의식, 용서, 희망, 지식(학습), 현존성이다.

최근 박승민, 서미, 김정수와 강민철(2013)은 잉거졸(1998)이 개발한 영적 안녕감 척도(Spiritual Wellness Inventory)를 상담자와 상담 관련 대학원생 355명을 대상으로 타당화함으로써, 상담자나 학교상담자들이 영적 자기인식을 객관적으로 평정할 수 있는 토대를 마련하였다. 박승민 등(2013)의 연구 결과는 잉거졸(1998)의 원척도와 다른 결과를 보고하였는데, 10개의 하위 요인으로 구성된 원척도와는 달리 총 4개의 하위 요인을 확인하였다. 하위 요인으로는 인생 전반에 대한 의미(4문항), 삶에 대한 긍정성(12문항), 초월적 존재의 수용 및 연결성(10문항), 영적 실행에서의 융통성(5문항)이 나타났다. 여기서, 인생 전반에 대한 의미는 인생에 대한 일반적인 의미를 추구함을 의미하며, 삶에 대한 긍정성은 현재 삶을 소중하게 여기고 현재 순간에 몰두해서 사는 것을 의미한다. 또한 초월적 존재의 수용 및 연결성은 인간의 힘을 초월하는 힘이나 신과 같은 초월적 존재가 있음을 인정하고 자신의 삶이 이런 존재나 힘과 관련되어 있음을 받아들이는 것이다. 마지막으로 영적 실행에서의 융통성은 생활 속에서 영적 신념이나 가치에 대해서 개방적이고 융통성 있는 사고와 태

표 5-1   영적 안녕감 척도

문항번호	문항
인생 전반에 대한 의미	나는 삶의 의미를 찾으려고 애쓰지 않는다.
	나는 인생이나 그 의미에 대해 궁금증을 갖지 않는다.
	나는 살면서 생겨나는 의문점에 대해 곰곰이 생각하지 않는 편이다.
	나에게는 내 자신이 처한 상황을 조절하는 것이 중요하다.
삶에 대한 긍정성	나는 매일의 일상생활을 의미 있게 느끼지 않는다.
	나는 내 삶의 경험이 주는 의미를 심사숙고한다.
	나는 매 순간 깊은 감사의 마음을 갖는다.
	나는 어떤 순간 내 자신을 온전히 이해할 때가 자주 있다.
	나는 내 삶에 긍정적인 영향을 미치는 건전한 그룹에 속해 있다.
	나는 매일의 삶이 소중하다고 여긴다.
	희망이 없는 것처럼 보이는 상황에서조차 나는 상황이 좋아질 거라고 믿는다.
	나는 다른 사람을 용서하는 것이 중요하다고 느낀다.
	내 삶의 매 순간마다 희망이 있다고 느낀다.
	나는 매일매일의 순간이 즐겁다는 것을 느낀다.
	미래에 대해 생각할 때 스트레스를 받지 않는다.
	나는 어떤 일(마음 먹은 일)에 전념하는 것에 대해서 거리낌이 없다.
초월적 존재의 수용 및 연결성	나는 살면서 초월자(신이나 신성한 존재)의 존재를 느낀 적이 없다.
	초월자(신이나 신성한 존재)에 대한 나의 믿음이 다른 사람과 내가 연결되어 있음을 느끼게 해 준다.
	나는 초월자(신이나 신성한 존재)의 존재를 내면적으로 강하게 느끼지 않는다.
	나는 매일의 일상적인 활동을 통해서 초월자의 존재를 느낀다.
	초월자(신이나 신성한 존재)에 대한 나의 믿음이 자연과 더욱 연결되어 있음을 느끼게 해 준다.
	나의 영성은 나에게 매우 의미 있다.
	영적인 사람과 시간을 보내는 것이, 인생을 즐겁게 사는 데 도움이 되지는 않는다.
	나는 초월자(신이나 신성한 존재)의 존재를 느끼기 위해 무엇을 해야 하는지 알지 못한다.
	나는 지금까지 새로운 영적 훈련(명상이나 기도 등)을 개발하지 않았다.
	나는 내 자신의 영성과 나를 연결시켜 주는 활동을 정규적으로 한다.

영적 실행에서의 융통성	나는 삶의 경험으로부터 의미를 많이 발견하지 못한다.
	나는 현실 속의 어떤 집단에도 그 구성원으로 속해 있다고 느끼지 않는다.
	나는 나의 영적 믿음에 대해 의문을 갖는 것이 두렵다.
	나는 내 개인적 신념에 관해 직설적(직접적)으로 질문받는 것이 싫다.
	나는 많은 것을 배우고 싶지만, 내 영적 믿음이나 영적 가치에 갈등을 일으키는 것들에 대해서는 알고 싶지 않다.

출처: Park, Seo, Kim, & Kang, 2013.

도를 갖는 것을 의미한다. 하위 요인의 신뢰도 계수(Cronbach's α)는 인생 전반에 대한 의미 .72, 긍정적 삶의 태도 .85, 초월적 존재의 수용 및 연결성 .93, 영적 실행에서의 융통성 .69으로 나타났다.

(2) 영성 자가 점검

타당화된 척도는 아니지만, 간단하게 영적 상태를 체크해 볼 수 있는 영성 자가 테스트들은 인터넷을 통해 쉽게 찾아볼 수 있다. 여기서는 미국 시애틀 퍼시픽 대학교의 '긍정심리학과 영성' 이라는 학교상담자 양성 대학원 수업에서 사용했던 '나의 영성 체크리스트(My Spiritual Profile)' 를 소개한다.

나의 영성 체크리스트

다음 각 질문을 읽고, 각 문항에서 자신에게 가장 잘 해당된다고 생각되는 답을 하나만 고르십시오.

1. 내가 영적이고, 신실한 사람이 되기 위해 노력하는 것은,
   1) 기도하기 (i)
   2) 다른 사람들과의 관계에서 신이나 신성한 존재에 대해서 느끼는 것 (c)
   3) 신이나 신성한 존재에 대해 믿는 것 (b)
   4) 인생의 의문점에 대한 해답을 찾으려고 노력하는 것 (s)
   5) 자연에 귀를 기울이는 것 (t)
   6) 일상적인 활동들을 함 (m)

2. 영적 · 종교적 체험같은 특이한 경험을 내가 한다면, 나는

1) 조용히 마음속에 이 경험을 간직할 것이다. (i)

2) 나와 친한 사람과 이 경험을 나눌 것이다. (c)

3) 감탄과 놀라움의 감정으로 벅차 있을 것이다. (m)

4) 그런 경험을 다른 사람들에게 이야기하기 전에 어떤 의미인지를 이해하려고 노력할 것이다. (t)

5) 나의 부족함을 생각하며 겸손해지려 하겠지만, 나의 믿음은 더욱 확고해질 것이다. (b)

6) 현재 나의 영적인 수련의 길이 올바르고 영적 성숙이 이루어질 것임을 확인해 주는 하나의 징표로 여길 것이다. (s)

3. 내 영적 신념이나 종교적 신념에 대해서 의심이 들 때, 나는

1) 의심에 흔들리지 않고, 내 신념은 확고하다. (b)

2) 내가 사는 모습이나 삶의 방식을 통해서 진실을 드러내려고 한다. (m)

3) 마음속에서 느끼는 것을 바로 이야기한다. (i)

4) 명료하고 논리적으로 설명을 하려고 한다. (t)

5) 내 신념을 좀 더 명료화해 줄 사람을 찾아서 이야기한다. (c)

6) 그렇게 개인적인 것들을 나누고 이야기하는 방법 자체를 알지 못한다. (s)

4. 영적 신념을 버리지 않으면 가만 놔두지 않겠다고 누군가가 위협한다면, 나는

1) 신이나 신성한 존재가 도와줄 거라고 믿고 침묵할 것이다. (i)

2) 다른 사람들과 함께 있으면서 피할 것이다. (c)

3) 먼저 기도하고, 기도가 효과가 없다면, 위협을 가하는 사람을 따를 것이다. (m)

4) 내 신념을 이해하는 정도까지 그들을 설득하려고 노력할 것이다. (t)

5) 어떤 결과가 일어나건 간에 내 의견을 말할 것이다. (b)

6) 내 영적 신념에 대해 새로이 바라볼 방법이 있을지 궁금해할 것이다. (s)

5. 신이나 신적 존재가 내게 특별한 일을 수행하기를 원한다면, 나는

1) 그런 소명을 받았다는 사실에 깊은 감사를 표할 것이다. (i)

2) 겸허하고 조용히 그 일을 할 것이다. (c)

3) 먼저 받아들이고, 어떻게 할 것인지에 대해서 나중에 걱정할 것이다. (t)

4) 이전에 경험해 왔던 신성한 힘을 믿을 것이다. (m)

5) 나의 영적 신앙을 믿고 수행할 것이다. (b)

6) 그런 소명이 진짜 신이나 신적 존재가 원한 것인지를 확인시켜 줄 증거를 원할 것이다. (s)

6. 신과 분리되어 신의 존재에 대해서 의심하게 될 때, 나는
   1) 예상하지 않은 장소에서 신의 사랑을 찾아본다. (i)
   2) 나를 위해 기도해 달라고 다른 사람들에게 부탁한다. (c)
   3) 눈과 귀를 열어 신이나 신성한 힘을 경험하려고 노력한다. (t)
   4) 이전에 신이 존재함을 경험했던 방법을 기억하려고 애쓴다. (b)
   5) 어떤 식으로든 믿음을 지키려고 노력할 것이다. (m)
   6) 내가 잘못된 것은 아니었는지 의심해 볼 것이다. (s)

7. 주변 사람들이 신이나 신성한 존재를 찾으려고 한다면, 나는
   1) 사람들에게 신의 사랑에 대해서 이야기할 것이다. (i)
   2) 이들과 동반자가 되어 함께 찾으려고 노력할 것이다. (c)
   3) 신의 경이로움과 힘에 대해서 이야기할 것이다. (m)
   4) 기본적인 신앙의 요소에 대해서 이야기할 것이다. (t)
   5) 나의 영적 신념과 관련된 기쁨과 흥분을 나눔으로써 이들이 진실에 도달할 수 있
      도록 도울 것이다. (b)
   6) 영적 신념에 대한 의문점과 의구심들을 함께 이야기한다. (s)

8. 살다가 의심의 시간을 경험한다면,
   1) 수련회를 간다. (c)
   2) 성지순례를 간다. (m)
   3) 잠시 숨는다. (i)
   4) 영적 신념에 대한 수업에 참여한다. (d)
   5) 기도를 한다. (b)
   6) 의심을 통해 놀라운 통찰이 일어날 수 있음을 명심하려고 노력한다. (s)

9. 만일 내 영적 삶에 대한 이야기를 쓴다면, 내가 말하고 싶은 것은
   1) 다른 사람을 사랑함으로써 내 영성을 지키며 살았다는 것이다. (i)
   2) 신과 공동체에 대한 열정으로 흔들림이 없었다는 것이다. (c)
   3) 신과 신적 존재를 위해서 위험을 감수했다는 것이다. (c)
   4) 내가 믿음을 지켰다는 것이다. (t)
   5) 개인의 부적절성을 극복하고 나를 위한 신의 미션을 따른 것이다. (b)
   6) 새로운 진실을 그대로 받아들였다는 것이다. (s)

10. 일상생활에서 신실한 사람이 된다면, 나는
  1) 말이 필요없을 정도로 사랑으로 넘칠 것이다. (i)
  2) 타인을 대하는 행동을 통해서 내 믿음이 나타날 것이다. (c)
  3) 담대하고 용기 있을 것이다. (m)
  4) 내가 믿는 진실한 삶을 함께 공유하고 나눌 것이다. (d)
  5) 내가 믿듯이 다른 사람들이 신이나 신성한 존재를 믿도록 도울 것이다. (b)
  6) 신이나 신성한 존재를 경험할 새로운 가능성에 언제나 개방적인 자세로 있을 것
    이다. (f)

[그림 5-1] 나의 영성 체크리스트

출처: http://www.explorefaith.org/

[그림 5-1]의 체크리스트 결과는 다음과 같다.

먼저, 여러분들이 체크한 답 끝에 있는 괄호 속 알파벳 B, L, S, M, C, T 의 개수를 세십시오. 가장 높은 수가 나온 알파벳이 여러분의 영적인 유형에 해당합니다. 각 알파벳에 해당하는 영적 유형에 대한 설명은 다음과 같습니다.

    B – 믿는 사람(Believer)
    L – 사랑하는 사람(Lover)
    S – 찾고자 하는 사람(Seeker)
    M – 독립적인 사람(Maverick)
    C – 함께하는 사람(Companion)
    T – 생각하는 사람(Thinker)

B 유형 – 믿는 사람
믿는 사람 유형은 초월적 힘이나 신을 믿음으로써 영성을 발달시켜 나간다. 이들은 영적 체험에 개방적이고 수용적이다. 이들에게 초월적 존재는 경험을 통해서 확실히 존재한다고 내적으로 강하게 믿는다. 일단 신이나 초월성에 대해서 믿게 되면, 그 믿음이 공고해서 주변에서 이들의 믿음에 대해서 도전시킨다 해도 잘 설득되지 않는다. 초월적 존재나 신앙에 강하게 의존함으로써 영성을 발달시켜 나간다. 기도나 영적 훈련을 할 때도 신의 응답이나 영적 응답이 있을 것이라고 확신한다. 만일 신이나 초월적 존재를 맞닥뜨린다면, 자신의 희망이 실현되었다고 생각하면 행복해할 것이다. 여러분이 이

유형이라면, 다른 사람에게는 분명하게 나타나지 않는 그 어떤 것을 행동으로 옮기라는 명령이나 사명을 느낄 때마다 여러분의 영혼은 풍성해질 것이다.

L 유형 – 사랑하는 사람

이 유형의 사람은 감정과 느낌을 통해 성스러운 영성과 자연스럽게 연결되어 있다. 이들은 어떤 행동을 하건 간에 사랑을 깊이 느끼며 행동한다. 관대함, 선의, 자비로움과 연민이 중요한 가치이며, 정의를 위해 외치거나 타인을 판단할 때도 부드럽다. 내적인 성찰을 통해서 자신의 진실한 모습에 다가간다. 기도나 영적 실천은 다소 정서적이다. 만약 이들이 신이나 초월적 존재를 만난다면, 전적으로 자신의 사랑을 표현하려 할 것이다. 여러분이 이 유형에 속한다면, 여러분은 신이나 혹은 주변 사람들에 대한 사랑으로 영성을 발달시켜 나갈 것이다.

S 유형 – 찾고자 하는 사람

찾고자 하는 자는 질문을 통해 자연스럽게 자신의 영성을 발달시킨다. 건강한 회의론자로서, 종교적 신념에 대한 다양한 견해, 이해, 경험을 추구한다. 전통적인 종교나 믿음의 틀 안에서 자신의 영성을 이해하려고 하지 않고, 종교제도 속으로 범주화하거나 제도화할 필요를 느끼지 못할 수도 있다. 때때로 영적 질문에 대한 기존 종교의 해설이나 대답으로는 세상의 초월성과 신비로움을 이해하기 어렵다고 생각한다. 따라서 만약 이들이 기도를 한다면, 신의 응답을 원하기 때문이라기보다는 희망을 갖고 싶기 때문이다. 만일 이들이 신 앞에 선다면, 신에게 질문을 던질 것이다. 여러분이 이 유형이라면, 질문을 통해서 영적 의미를 발견해 나갈 것이며, 누구나 믿는 사실이나 진실에 대한 가설조차 검토하고 시험할 것이다.

M 유형 – 독립적인 사람

독립적인 사람들은 이해하지 않고도 행동할 수 있는 사람들이다. 이들은 다른 사람과 떨어지거나 홀로 서는 것을 두려워하지 않는다. 심지어 어떤 일이 일어날지 알지 못하는 상황에서도 자신이 믿는 영적 신념을 가지고 그 방향으로 행동하고 살아간다. 영성 발달은 다소 대담한 행동을 통해서 이루어지는데, 기도나 영적 훈련, 행동에서 충동적인 경향이 있다. 만약 이들이 초월적 존재나 신을 만난다면, 신이 요구하는 것이 어떤 것이든지 주의 깊게 계획하지 않고 실행하려고 할 것이다. 만일 여러분이 이 유형에 해당된다면, 여러분은 소중하고 의미 있다고 여겨지는 것에 쉽게 응답하고 그에 따라 행동할 것이다.

C 유형 - 함께하는 사람

이 유형의 사람은 타인과의 관계를 통해 영성을 발달시킨다. 이들은 영적 힘이나 영성은 우리 내면에 존재하며, 우리가 타인과 함께 있을 때 더 성숙해진다고 믿는다. 이들은 자신의 영성을 이해하는 데 있어 타인이 도움을 줄 것이라 기대하며, 경건한 사람들의 말, 행동, 신실함을 통해서 영적으로 성장할 거라고 믿는다. 그러므로 혼자보다는 다른 사람들과 함께 기도하고 종교의식에 참여하는 시간이 더 많은 경향이 있다.

T 유형 - 생각하는 사람

생각하는 사람은 지성을 통해 자연스럽게 영성을 발달시킨다. 이들은 분명하게 자신의 종교적 신념에 대해 이해하고 자신이 무엇을 믿고 있느냐에 대한 질문에 논리적으로 설명할 수 있다. 이들은 더 깊은 수준의 믿음과 진실을 이해하기 위해 혼자서 혹은 다른 사람과 공부하거나 책을 읽으며, 사고, 연구 및 토론을 통해 영성을 발달시켜 나간다. 만약 이들이 신이나 초월적 존재를 만나게 된다면, 어떻게 영성이나 믿음이라는 것을 어떻게 이해하고 있는지에 대해 신과 토론하기를 원할 것이다. 여러분이 이 유형이라면 여러분은 지적 발달을 통해 더 높은 영적 수준으로 성숙해 나갈 것이며, 영혼을 풍성하게 해 나갈 것이다.

[그림 5-2] 나의 영성 체크리스트 결과

2. 상담과 교육 현장에서의 청소년 영성 지각

청소년상담자와 학교상담자들은 내담자에게 특정 종교를 홍보하거나 지지한다는 인상을 주지 않아야 한다. 따라서 청소년상담자나 교사들은 종교적 신념을 학생들에게 표현하는 데 있어 신중해야 한다(Richards & Bergin, 2005). 그러나 이러한 제한점에도 불구하고, 교사와 상담자들은 내담자가 원할 때나, 영적인 문제가 내담자의 관심사에 적절하다고 판단될 때 영적인 주제들과 문제들을 탐구할 권리도 가지고 있다. 따라서 상담자는 필요할 때 내담자의 종교적이고 영적인 평가에 참여할 권리가 있다(Richards & Bergin, 2005; Sink & Richmond, 2004).

학교에서 종교적인 문제를 다루는 것을 엄격히 금지하는 미국에서도 학생들의 영성을 학교에서 다룰 필요성이 제기되고 있다(Benson, 1997; Dowd, 1997; Ingersoll & Bauer, 2004; Koepfer, 2000; Lambie, Davis, & Miller, 2008; Love, 2001; Sink, 2004, 2010; Sink & Devlin, 2011). 『전문 학교상담 저널(*Professional School Counseling*)』 2004년 특별호는 상담자들이 학교에서 효과적이고 윤리적으로 학생들의 영성을 다루는 데 필요한 이론적 근거와 지침에 대해 본격적으로 고찰한 바 있다(Sink & Richmond, 2004). 이 특별호에 수록된 논문에 따르면 학생 내담자의 종교적 · 영적 차원의 평가는 반드시 이루어져야 한다. 예를 들어 맥도널드(MacDonald, 2004)는 학생들의 문화, 세계관, 정체성의 의미를 완전히 이해하기 위해 상담자와 학교상담자들이 내담자와 학생들의 종교와 영성 그리고 그 배경에 대해 어느 정도의 이해를 가져야 한다고 주장하였다. 또한 다른 저자들도 성정체성과 임신에 대한 신념, 전쟁이나 폭력에 대한 태도, 희망, 삶의 의미와 목적, 그리고 정직, 연민, 용서와 같은 개인의 가치를 포함하여, 영성은 청소년의 삶에서 다양한 방식으로 드러난다고 하였다(예: Ingersoll & Bauer, 2004; Lonborg & Bowen, 2004; MacDonald, 2004; Rayburn, 2004; Richmond, 2004; Sink, 2004; Wolf, 2004). 학교에서 종교성이나 영성이 나타나는 방식에 대해 이해함으로써, 상담자나 학교상담자들은 ① 학생들이 영적 문제와 씨름하고 있을 때를 지각하고 ② 이 영적 문제가 정서적 기능과 대인관계와 관련성이 있는지에 대해 파악할 수 있다.

여기서는 어떻게 청소년의 영성을 인식하고 촉진시킬 수 있는지에 대해 크게 상담 장면과 교육 장면으로 나누어 설명할 것이다.

1) 상담 과정에서 청소년 영성 인식

(1) 청소년 영성 평정

리처즈와 버긴(Richards & Bergin, 2005)은 청소년상담 장면에서 내담자 영성을 두 수준으로 평정할 수 있다고 주장하였다. 이들에 따르면, 수준 1에서 상담자들은 내담자가 삶의 발달 단계에서 어떻게 기능했었는지에 대해 평정한다. 이를 통해 상담자는 내담자의 영적 세계관에 대해 전체적으로 이해하게 되고, 내담자의 종교와 영성이 어떻게 현재 내담자의 문제와 관련되어 있으며, 어느 정도 치료에 활용될 수 있는지에 대해 이해하게 된다.

수준 1보다 높은 수준 2의 평정은 내담자가 가진 현재 문제가 종교나 영성과 깊이 관련되어 있는 경우에 실시하는 게 좋다. 수준 2는 내담자의 영성과 종교성을 좀 더 깊이 이해하기 위한 특정한 영역들에 대한 평정으로 구성되어 있다. 예를 들어 불안장애를 가지고 있는 내담자가 매 순간 자신을 지켜본다고 믿는 신 앞에서 자신의 불완전함에 대해 굉장히 수치스러워한다고 가정해 보자. 이러한 수치스러움이 일어나는 이면에는 신이 매우 처벌적이라는 내담자의 믿음이 존재한다고 볼 수 있다. 수준 2의 평정은, 이러한 믿음이 어떻게 심리적인 문제에 영향을 미치는지에 대해서 이해하기 위해 이루어진다.

① 수준 1 평정

상담자는 초기 면접이나 초기 상담을 통해서 수준 1의 영성 관련 정보를 얻을 수 있다. 물론 상담 과정에서 자연스럽게 이러한 정보들이 노출될 수도 있지만 초기 면접에서 얻는 것이 가장 효과적이다. 초기 면접 체크리스트에 영성 관련 내용을 포함시킨 후, 상담자가 내담자가 체크한 내용들을 검토함으로써 영성 관련 정보를 얻는 것이다. [그림 5-3]의 질문들은 리처즈와 버긴(2005, p. 238)이 수준 1의 영성 정보를 얻기 위해 고안한 질문들로서, 초기 면접이나 초기 면접지에 포함시킬 수 있다.

1. 여러분은 영적 · 종교적 문제가 당신의 개인적 · 심리적인 문제와 관련이 있을 때, 상담 과정에서 이에 대해서 이야기하고 싶은가요?
   (만일 이야기하고 싶지 않다면 다음 질문에 대해서는 답하지 마십시오).
2. 여러분은 신이나 초월적 존재를 믿습니까?
3. 여러분에게 신은 어떤 존재입니까?
4. 여러분에게 영성은 중요합니까?
5. 종교 단체에 소속되어 있습니까? 만일 그렇다면, 그 단체가 여러분에게 얼마나 중요한가요?
6. 교회, 절, 유대 사원, 이슬람 사원, 혹은 다른 종교 예식을 드리는 사원에 다니는 것이 중요하다고 생각하십니까?
7. 여러분의 가족과 여러분 자신은 종교의 가르침을 얼마나 따르십니까?
8. 신이 여러분 개인의 삶을 어떻게 인도했으며, 어떻게 영향을 미친다고 생각하시나요?
9. 삶의 문제에 대처하거나 문제를 해결할 때 효과적인 영적 자원이나 영적 실천 방법이 있나요? 그렇다면 어떤 것이며, 그것은 어떻게 도움이 되나요?
10. 영성이나 종교와 관련하여 여러분이 걱정하는 것이 있다면 그것은 무엇인가요?
11. 만약 영적 지도자나 종교적 지도자의 도움을 받는 것이 중요하다고 상담 과정에서 여겨질 때, 여러분은 그런 분들과 당신의 문제에 대해서 의논을 하고 싶습니까?
12. 여러분은 상담자가 제안한다면, 종교적/영적 차원의 시도를 기꺼이 할 생각이 있습니까?

[그림 5-3] 수준 1 영성 관련 정보를 얻기 위한 질문

위와 같은 방법 외에도 영적 지도자들이 말한 영적 명언을 가지고 내담자와 이야기를 나눔으로써 수준 1의 평정을 할 수도 있다(Richards, Hardman, & Berrett, 2007).

다음은 활용할 수 있는 영적 명언들의 예시이다.

마음과 몸이 건강해지는 비결은 과거를 애달파하는 것이 아니며, 미래에 대해서 걱정하는 것도 아니다. 그저 현재를 현명하고 진솔하게 살아가는 것이다. - 부처

나의 불완전함과 실패는 나의 성공과 재능만큼이나 신께 감사할 은총이기에 그의 발에 모든 것을 맡긴다. - 간디

길이 없어 보일 때조차, 어떤 식으로든 일은 해결될 것이며, 신은 우리에게 그 방법을 보여 줄 것이라는 믿음을 가져야 한다. - 마틴 루터 킹

매일매일 삶에서 신을 만난다. 나병환자의 상처를 씻겨 줄 때, 마치 주님을 간호하는 것처럼 느껴진다. 너무 아름다운 경험이 아닌가? - 마더 테레사

당신이 상실과 하나가 될 때 당신은 그 상실을 기꺼이 경험하게 된다. - 노자

마음을 맑게 하라. 내면의 당신이 아닌 어떤 모습을 겉으로 행하지 마라. 절대적으로 정직하라. 신은 끝없이 정직하다. - 바바

인생의 시련 때문에 고단할 때 나는 먼저 내 내면의 목소리가 들려주는 지혜를 통해 상황을 이해하려고 노력한다. 나는 상황을 탓하거나 다른 사람을 변화시키려 하지 않는다. 먼저 내 자신 안의 깊은 곳으로 들어간다. 그런 다음 내 영혼을 맑게 하고 내 영혼이 힘과 지혜를 가로막는 장애물을 제거하려고 노력한다. - 요가난다

야훼는 나의 목자시니 내게 부족함이 없으리로다. 그가 나를 푸른 풀밭에 누이시며 쉴 만한 물가로 인도하시는도다. - 성경

신은 우리가 자신을 변화시킬 수 없다는 걸 인정하면서, 우리에게 평온을 선사했다. 동시에 우리가 바꿀 수 있는 용기와 차이를 구별할 수 있는 지혜를 주었다. - 프란체스코

두려움에 조언을 구하려고 하지 말고, 희망과 꿈에게서 해답을 찾아라. 좌절의 경험에 대해 생각하려 하지 말고, 당신의 발휘되지 못한 잠재력을 생각하라. 실패했던 과거에 연연해하지 말고, 현재 할 수 있는 일에 집중하라. - 교황 요한 바오로 2세

삶을 사는 데는 단지 두 가지 방법만이 있다. 하나는 기적이란 없다는 태도이다. 다른 하나는 모든 것이 기적이라는 것이다. - 알베르트 아인슈타인

오늘 당신은 당신 자신이다. 이것은 진실보다 더 진실이다. 당신 자신보다 더 당신 같은 사람은 세상에 없다. - 닥터 수스

가끔 사람들은 아름답다.
생김새가 아니라,
말하는 게 아니라,
그냥 그들 있는 그대로가. - 마커스 주삭

우리는 우리 자신이 되는 것을 두려워해서는 안 된다. 그러나 우리가 그것을 증명해야 할 수도 있다는 것은 두렵거나 이상하다. - 메이 샤톤

때때로 우리의 불빛은 꺼져 버리나 다른 사람과 조우에 의한 불통으로 다시 타오른다. - 알베르트 슈바이처

길이 이끄는 곳으로 가지 마라. 대신 길이 없는 곳으로 가서 흔적을 남겨라. - 랄프 월도 에머슨

당신은 바로 지금 이 자리에 있는 그대로 존귀하고도 온전한 사람입니다. - 혜민 스님

우리의 가장 큰 스승은, 사람들과의 관계 속에서 얻는 배움이에요. 깨달았다고 해도, 관계 속에서 얻는 배움이에요. 깨달았다고 해도, 관계 속에 불편함이 남아 있다면 아직 그 깨달음은 완전한 것이 아닙니다. - 혜민 스님

이유가 있어서 태어난 것이 아니라 태어났기 때문에 이유가 생긴 것이다. - 법륜 스님

[그림 5-4] 활용 가능한 영적 명언

　　이와 같은 명언들을 통해 상담자는 내담자에게 영적 믿음이나 가치에 대해서 생각해 볼 기회를 제공한다. 먼저 상담자는 내담자에게 명언들을 읽고 마음에 와 닿거나 중요하다고 느껴지는 것이 있는지를 묻는다. "어떤 명언이 가장 마음에 와 닿았나요?" "어떤 명언이 특히 당신의 마음을 움직였나요?" "여러분의 마음속에 영감을 불러일으킨 것이 있나요? 있다면 무엇인가요? 여러분의 가치나 신념(혹은 종교적 신념)과 가장 비슷한 것은 무엇인가요?" "어떤 명

언이 당신에게 가장 중요하게 느껴졌나요?'

이와 같이, 상담자는 내담자와 함께 어떤 명언이 그들에게 의미가 있었는지에 대해서 이야기를 나눈다. 이 활동을 통해, 상담자는 내담자에게 직접적으로 내담자의 신념 체계에 대해서 질문하지 않고도, 내담자의 영성에 대해서 통찰할 수 있다. 이런 활동을 통해 내담자 또한 자기 자신의 영적 믿음을 점검하고, 나누고, 수용하고, 포용하는 기회를 얻을 수 있다. 이러한 활동은, 개인 상담뿐만 아니라 집단상담이나 집단 프로그램에서도 이루어질 수 있는데, 즉 명언을 보여 주고, 각자에게 어떤 의미가 있는지에 대해 서로 이야기를 나누어 볼 수 있다.

② 수준 2 평정

수준 2 평정은 상담 면접이나 표준화된 측정도구를 통해서 실시될 수 있다. 실제로 종교적인 변인들을 연구하기 위한 다양한 종류의 측정도구들이 개발되었다(Hill & Hood, 1999; Miller & Thoresen, 2003). 표준화된 측정도구를 통한 평정은, 상담자가 내담자의 종교와 영성의 특정 영역을 상당히 깊이 있게 평가할 수 있다는 장점을 갖는다. 또한 상담회기가 아닌 시간에 내담자들로 하여금 스스로 평정을 마치게 할 수도 있다. 내담자들은 상담자를 비롯한 다른 것에 방해받지 않은 채 여유롭게 질문지에 답하면서, 자기탐색, 반성과 통찰의 기회를 가질 수도 있다. 게다가 표준화검사를 통해 데이터를 얻기 때문에 다른 청소년의 결과와 비교해 볼 수도 있다.

이처럼 표준화된 도구를 통한 영성이나 종교성의 측정은 상담자에게 유용하다. 표준화된 측정도구의 특징은 ① 신뢰도와 타당성에 대한 증거, ② 적절한 규범 자료, ③ 검사의 상담 관련성에 관한 정보, ④ 명확한 안내와 채점 지침, ⑤ 검사 매뉴얼 등이다. 이 모든 조건을 충족하는 영성 관련 측정도구는 드물지만, 상당수의 도구가 일부분을 충족한다(Richards & Bergin, 2005). 이 외에도 상담에서 활용할 수 있는 아동 · 청소년 영성 평정을 위한 측정도구나 방법들은 7장에서 자세히 소개할 것이다.

(2) 청소년 영성 발달 단계 지각

수준 1이나 수준 2의 평정을 통한 정보를 토대로 상담자 혹은 상담교사는 내담자의 현재 영적 성장 단계에 대해 이해할 수 있다. 영성은 인지, 성격, 성정체성과 같이 발달하는 인간의 특성 중 하나이다(Sink & Devlin, 2011). 아동·청소년상담이 내담자의 발달 단계를 이해하고 발달 단계 과업과 위기를 고려하여 이루어져야 한다는 점에서, 청소년 내담자의 영성 발달 단계를 이해하는 것은 중요하다. 예를 들어 친구에게 공격적인 행동을 하는 내담자를 상담한다고 가정해 보자. 상담 대상이 5~6세의 유치원을 다니는 아동일 때와, 중학교 1학년 청소년일 때에 상담자가 파악하는 공격적인 행동의 심각성은 다를 것이다. 심리사회적 발달 단계에 비추어 보았을 때 주도성이 강해지고 공격적인 행동에 대한 조절을 학습하지 못한 5~6세 아동의 경우 공격적인 행동은 심각한 문제행동으로 보기 어렵다. 그러나 청소년의 경우는 다르다. 이와 마찬가지로, 청소년의 영성과 관련된 상담에 있어 청소년이 현재 머무르고 있는 영성 발달 단계를 이해하고 이에 따라 현재의 문제를 이해하는 것은 중요하다.

앞서 3장에서 설명하였듯이, 파울러의 영성 발달 단계는 청소년의 영성 발달 수준을 설명하는 데 유용하다. 주 상담이나 교육 장면에서 청소년의 영성 발달 수준을 파악하고 이에 적합하게 청소년 영성과 관련하여 상담이 이루어져야 할 것이다. 1990년대 중반 이후, 상담이나 임상 장면에서 영성이나 종교의 통합이 중요하게 거론되어 온 것이 사실이다(Burke, Chauvin, & Miranti, 2003; Cashwell & Young, 2005; Frame, 2003; Josephson & Peteet, 2004; Miller, 2003; Pargament, 2007). 특히 영성의 상담적용에 있어서 제임스 파울러(Fowler, 1981)의 영성 발달 모델이 효과적임이라는 주장이 적지 않게 있어 왔다.

스티븐 파커(Stephen Parker, 2011)에 따르면 다음과 같은 이유로 파울러의 이론이 상담자에게 매력적일 수 있다. 먼저 영성 발달 이론은 영성 변화 및 성장을 설명하는 발달 모델이므로 상담자들로 하여금 각각의 영성 발달 단계의 특징과 전형적인 발달 위기, 다른 단계로의 전이에 대해 이해하도록 돕는다.

둘째, 파울러의 영성 발달 이론은 어떤 특정한 종교 가치, 신앙, 가치관, 도덕관과 관계없이 보편적인 인간의 가치나 신뢰, 도덕의 역할과 특성에 대해 설명하고 있기 때문에, 특정한 종교에 대한 거부감 없이 내담자의 신뢰나 믿음의 체계를 다룰 수 있다. 마지막으로 영성 발달 모델은 영적 발달을 하나의 성장 과정으로 간주함으로써 상담자들로 하여금 영성을 상담 장면에서 다룰 수 있는 근거를 제시하였다.

이렇듯 영성 발달 이론이 상담 장면에서 효과적이라는 주장에도 불구하고, 놀랍게도 파울러의 영성 발달 모델을 어떻게 실제 사례에 적용하는지에 대해서는 논의된 바가 많지 않다(Droege, 1984; Frame, 2003). 이런 의미에서 최근 파울러의 영성 발달 이론을 상담 과정에 어떻게 적용시킬지에 대한 스티븐 파커(2011)의 안내는 주목할 만하다. 스티븐 파커(2011)에 따르면, 파울러의 이론은 상담에서 세 가지 측면에서 효과적으로 적용될 수 있다. 즉, 상담자는 파울러의 영성 발달 단계를 이해함으로써, 발달 단계와 관련하여 세 가지 측면의 지각을 하고 이를 통해 내담자를 도울 수 있다. 그 세 가지 측면의 지각은 바로 내담자의 영성 발달 단계에 따른 강점 지각, 영성 발달 단계에서의 생애 위기의 지각(안정적 단계에서 발생하는 생애 위기 지각과 전인 단계에서 발생하는 생애 위기 지각), 영성 발달 전이 단계에서의 위기 지각이다.

① 영성 발달 단계와 강점 지각

영성이나 종교 관련 문제를 다루는 데 있어, 영성 발달 단계를 유용하게 활용하기 위해 상담자는 내담자의 현재 영성 발달(가치, 도덕)을 평정하는 것이 중요하다. 현재 내담자가 위치한 영성 발달 단계를 인식함으로써, 먼저 상담자는 현재 발달 단계의 강점을 이해하고 활용할 수 있다(Frame, 2003; Miller, 2005). 내담자의 영적 강점에 집중하는 것은 병리적인 것에 초점을 두는 전통적인 상담과는 달리 인간성장과 발달에 초점을 두는 긍정심리학 측면의 상담에 잘 적용되며, 특히 성장 지향적인 청소년상담에 효과적이다. 스티븐 파커(2011)는 각 단계의 특징에 따른 강점, 제한점을 다음과 같이 정리한 바 있다.

3장에서 각 단계의 특징에 대해서 자세히 살펴보았으므로, 여기서는 강점과 약점에 대해서 언급한다.

1단계: 직관적-투영적 영성

강점 - 이 단계에서의 아동이나 청소년은 상상력이 있고, 강한 이미지와 자신의 경험을 통합하는 능력을 갖는다. 예를 들어서 용기란 성경에서 사자굴 속에 들어간 다니엘의 행동 같은 것이다.

약점 - 이 단계에서는 거침없고 파괴적인 이미지, 즉 꿈이나 방에서 자신을 괴롭히는 짐승들과 같은 이미지들이 아이들을 공격하기도 한다.

2단계: 신화적-문자적 영성

강점 - 이 단계에서 자신이 살고 있는 세계가 일치성을 갖도록 이야기를 만들어 간다. 예를 들어, 성경에서의 창조에 관한 이야기는 인간의 삶의 의미와 목적을 담고 있다.

약점 - 공정함과 정의를 문자 그대로 정의하며 호혜적인 의미로 이해하는 한계가 있다. 예를 들어, 선은 언제나 보상되는 것이 아니며, 악도 언제나 처벌되지 않는 것과 같은 것이다.

3단계: 종합적-인습적 영성

강점 - 이 단계에서는 자신의 과거와 미래를 개인의 신앙이나 이야기에 통합할 수 있는 능력이 있다. 예를 들어, 무슬림이 되는 것은 더 큰 이야기와 전통 속에 연결되는 것이다.

약점 - 이 단계에서는 타인의 판단을 지나치게 내면화한다.

4단계: 개별적-성찰적 영성

강점 - 이 단계에서는 자아와 타인의 견해에 대해서 비판적으로 사고할 수 있는 능력을 갖는다. 예를 들어, 민족중심주의(ethnocentrism)를 인식하고, 헌신, 삶의 방식, 신념에 대한 책임감을 느끼기 시작한다.

약점 - 부조리나 민족분쟁과 같은 사회적인 문제나 기독교의 삼위일체와 같은 신비주의와 같은 인지적 딜레마를 해결하는 데 있어 합리적인 정신을 지나치게 과신하는 경향이 있다.

5단계: 통합적 영성

강점 – 이 단계에서는 현실을 이해하면서도, 자신에게 가장 깊이 있는 의미를 이해하고 추구하는 능력을 갖는다. 예를 들어, 종종 진실이 모호할 때조차 진실을 추구하는 경향이 있다.

약점 – 이 단계에서는 냉소적이거나 다소 수동적이다. 예를 들어, 진실의 다측면적인 특성을 보기 때문에, 더 이상 보다 나은 세상을 위해서 적극적으로 노력하지 않기도 한다.

[그림 5-5] 영성 발달 단계와 강점 및 제한점

② 신뢰 단계와 생애 위기 지각

스티븐 파커(2011)가 강조한 두 번째 지각으로는, 파울러의 영성 발달 단계에서 일어날 수 있는 생애 위기를 지각하는 것이다. 상담자들은 현재 내담자의 영성 발달 단계에서의 영적 어려움에 대해 지각하고 이해함으로써 내담자에게 도움을 줄 수 있다(Cashwell, Bentley, & Yarborough, 2007). 예를 들어 내담자가 스스로 불안하다고 느끼지 못할지라도 가끔 삶에서 어려움을 경험하고 있을 때가 있다(Briggs & Rayle, 2005b; Faiver, Ingersoll, O' Brien, & McNally, 2001; Frame, 2003; Griffith & Griffith, 2002). 이런 어려움은 갑자기 일어난 삶의 위기일 수도 있으며, 신뢰 발달 단계상 다른 단계로의 전이 과정에서 흔히 일어나는 불균형 때문일 수도 있다. 예를 들어서, 고 1 남자아이의 어머니가, 아들이 한국 사회의 교육 현실에 대해서 비판하고 세상이 정의롭지 못하다는 말을 서슴없이 하며, 부모의 의견에 비판적인 이야기를 하면서 불안해하는 모습을 보여서 상담실에 데리고 왔다고 하자. 만약 이 내담자의 불안이, 3단계에서 4단계로 전이되는 과정에서 인습적인 영성의 단계에서 개별적인 영성의 단계로 향할 때의 혼란으로 인해 나타난 것일 수도 있다. 만약 이러한 경우라면 상담자는 내담자의 부모에게 이러한 혼란이 자연스러운 것이며, 성장의 한 단계임을 부모에게 설명해 줄 수도 있다. 그러나 만약 내담자의 불안이 전이 단계에서 나타나는 수준이 아니고 뭔가 새로운 생애 위기가 관련된 것이라면 이야기는 달라질 수 있다. 예를 들어 내담자의 불안이 학업으로 인해 고민해 왔던 반 친구의 자살로 인한 것이라고 해 보자. 그렇다면 상담자는 반 친구의 자살에 대해서 다룰 필요가 있다. 그런데 이때, 이 내담자가 만약 개별적인 가치를 갖는 안정적인 4단계에 있는지, 아니면 여전히 인습적 가치와 개인의 가치 사이에서 혼란을 겪고 있는 3단계와 4단계의 중간에 끼어 있는지에 따라서 친구의 죽음이 내담자에게 주는 영향은 다를 것이다. 따라서 상담자의 처치 또한 다를 것이다. 그러므로 예기치 못한 생애 위기와 관련하여, 상담자는 먼저 내담자의 영성 발달 단계가 안정 단계인지 혹은 전이 단계인지를 파악할 필요가 있다(Parker, 2011). 또한 생애 위기와 상관없이 일어나는 전이 단계의 특징에 대해서 이해할 필요도 있다.

　　안정적인 단계에서 발생하는 생애 위기 지각　　이혼, 해고, 사랑하는 사람의 죽음 등 예기치 못한 위기가 안정된 상태에서 일어났을 때, 상담자의 역할은 현재의 신뢰 발달 단계를 확인하는 것이다. 이러한 평정을 통해서 상담자들은 특정 신뢰 발달의 강점을 내담자가 사용하도록 돕고, 특정 단계에서의 영적인 자원들을 망가뜨리지 않는 방법에 대해 파악할 수 있다(Griffith & Griffith, 2002). 예를 들어, 단계 3의 종합적-인습적 단계에 있는 고등학생 내담자가 학업을 중단하는 문제에 직면하게 되었을 때, 주변 사람들(자신, 배우자, 자녀, 부모, 배우자 부모)에게 끼치는 영향을 이해하고, 나아가 더 나은 관계로 가도록 3단계의 대인관계 자질을 활용할 수 있다. 즉, 내담자 학업 중단이 주변 사람들, 특히 중요하게 생각하는 사람들의 삶에 어떤 영향을 미치는지, 그리고 중요한 친구나 멘토 같은 사람들이 어떻게 조언하고 느끼는지에 대해서 물어보는 등 대인관계를 중시하는 강점을 활용하여 학업 중단에 대한 다양한 생각을 하도록 도울 수 있다. 실제로 저자가 만난 중학교 3학년 내담자는 학교 수업을 잘 듣지 않고 학교가 의미 없다고 느껴 그만두고 싶어 하였다. 그러나 학교를 그만둔 동네 형들이나 친구들에게 중학교는 졸업해야 한다는 말을 들었고, 다른 사람들한테 하찮게 보이고 싶지 않아서 학교를 다닌다고 이야기한 바 있다.

이렇게 타인의 의견을 신경 쓰는 것이 때때로 지나칠 때도 있는데, 3단계의 내담자의 경우 소위 피아제의 형식적 조작기이고 추상적인 사고가 가능하기 때문에 환경이나 미래에 대해 더 깊이 이야기할 수 있다. 따라서 3단계 내담자와 상담을 할 때, 대인관계 자질을 활용함과 동시에 결국에는 좀 더 깊이 있게 자신의 미래와 상황에 대해서 숙고하도록 도울 수 있다. 앞의 학업 중단을 원하는 내담자의 경우도 현재 학교를 다녀야 할 이유를 주변 사람들에게 찾는다고 했을 때, 이를 지지해 주는 것과 동시에 종국에는 본인의 미래와 현재 삶을 깊이 있게 숙고해 보고 의미 있는 삶을 사는 방법에 대해서 상담하도록 유도할 필요가 있다.

전이 단계에서 일어나는 생애 위기 지각   영성 발달 과정 중 전 단계에서 다음 단계로의 전이 단계에서도 예정되지 않은 생애 위기가 일어날 수 있다. 이때 상담자의 과업은 전이 단계임을 알아차리고 내담자가 전이 단계로 인한 불안정감과 갑자기 발생한 생애 위기로 인한 혼란을 잘 견디어 내도록 돕는 것이다(Fowler, 1996; Miller, 2005). 예를 들어 개별적-성찰적 단계(4단계)로 이동을 하는 동안 부모를 잃은 젊은이는 부모의 종교적인 감정으로부터 멀어지는 것에 대해서 죄책감(전이 단계에서의 혼란)을 느끼는 동시에 부모를 잃는 것에 대한 슬픔(생애 위기로 인한 고통)을 느낄 수 있다. 또한 사랑하는 사람의 부재로 인한 상실이 전이 단계에서 겪는 상실감에 더해질 수도 있으며, 반대로 전이 단계에서 오는 상실이 사랑하는 사람의 부재로 인한 상실에 더해질 수도 있다. 전이 단계에서 부모가 사망한 경우에는 안정된 상태에서 부모가 사망했을 때보다 슬픔이 좀 더 복잡하게 일어날 수 있다. 이때 상담자는 내담자로 하여금 두 개의 상실을 구분함으로써(예를 들어 앞선 사례의 경우, 전이 단계에서 오는 상실, 즉 자신이 내면화했던 부모의 종교를 버림으로써 오는 상실과 부모를 잃은 상실을 구분하는 것) 이러한 경험으로부터 내담자가 겪는 혼란이 줄어들도록 도울 수 있다.

③ 전형적인 전이 단계 지각

앞서 이야기하였듯이 내담자들은 생애 위기가 없더라도 전이 단계에서 오는 어려움을 경험한다. 이에 상담자들이 전이 발달 단계의 과정에서는 오는 변화를 예상하고 인식할 필요가 있다. 사람들이 전이 단계에서 혼란을 경험하는 것은 기존 단계에 대한 상실과 다음 단계로의 적응이 함께 공존하기 때문이다(Fowler, 1981; Schneider, 1986). 따라서 상담자는 내담자로 하여금 전 단계에 대한 상실을 애도하고, 다음 단계를 받아들이도록 도울 필요가 있다.

상실을 애도하기   내담자로 하여금 전이 단계를 잘 견디도록 돕기 위해, 상담자는 먼저 상실을 인식하도록 도와야 한다. 예를 들어 신화적-문자적 영성 단계(2단계)에서 다른 단계로 이동하고 있는 경우, 사람들은 아마도 공정한 세상에 대한 상실을 애도하고 공정한 세상을 떠나보내야 할 것이다. 즉, 세상은 공정의 법칙에 의해서 움직여야 한다는 욕구를 떠나보내야 할 것이다. 개별적-성찰적 영성 단계로 이동하는 사람은, 소중한 관계의 상실을 애도해야 할 것이다. 즉, 종합적-인습적 믿음을 가지고 있던 그는 더 이상 친구, 가족, 그 외 사람들이 자신의 질문을 이해해 주지 않고, 그런 질문을 하나의 위협처럼 느낀다는 사실을 깨닫게 된다. 통합적 영성(5단계)으로 이동하는 누군가는, 이전 영성 단계에서의 논리적 범주의 확실성(즉, 논리적 사고를 통한 확실하고 명료한 원리나 이치)의 상실을 애도할 수도 있다. 이렇듯 상담자는 전이 발달 단계에 속해 있는 다양한 상실을 인식함으로써, 파울러의 모델을 활용하여 내담자를 도울 수 있다.

미래를 끌어안기   전이는 단지 떠나고 애도하는 시기일 뿐만 아니라 기대하고 끌어안는 시기이다. 이러한 적응의 과정에는 불안이 생길 수 있는데, 상담자들은 내담자로 하여금 이 불안을 잘 다루어 방향을 잘 잡도록 도와야 한다. 즉, 이전에 소중했던 집단에 대한 상실을 애도하는 한편, 개별적-성찰적 영성(4단계)으로 이동하는 사람은 또한 새로운 자기만의 방식으로 진술하게 자신이 가진 믿음 체계나 가치를 주장하는 즐거움을 경험한다(Frame, 2003; Miller, 2005). 신화적-문자적 단계의 특징인 호혜성과 단순한 공정함에 의존하던 세계를 상실하고 이를 애도하고 있는 사람은(단계 2) 자신과 비슷한 질문을 끊임없이 던지는 타인과의 상호작용을 하고 이를 통해 풍요로워진다. 다음 단계에 일어날 것들에 대해서 불안해하고 고민하고 있는 내담자를 교육하는 것 또한 상담자가 전이 단계에 있는 내담자로 하여금 잘 대처하도록 돕는 방법이다.

이러한 전이 단계에서 잃는 것과 얻는 것은 영성 발달 과정에서 필연적인 부분이기 때문에, 이를 인식하는 것은 상담자에게 중요하다.

④ 영성 발달 단계 지각의 예

신뢰 발달 이론을 실제 상담 장면에 어떻게 적용시키는지를 사례를 통해 살펴본다면, 신뢰 발달 이론이 상담작업에 활용되는 방법에 대해서 좀 더 이해하기가 쉬울 것이다. 이에 스티븐 파커(2011)가 파울러의 영성 발달 이론을 적용시킨 사례(사례 1에서 사례 3까지의 사례들은 여러 사례를 합성한 사례임)와 그 분석을 요약·정리하였다. 또한 저자의 상담사례(사례 4, 사례 5)를 포함하여 한국 사례를 제시하고 파울러의 영성 발달 이론을 적용하여 분석하였다.

사례 5-1　안정된 단계에서 생애 위기 지각

13세 남자아이인 존이 상담에 의뢰된 것은 어머니가 교통사고로 사망한 후였다. 존의 어머니는 6개월 전에 사망하였으며, 유대교도인 존은 어머니가 죽기 4개월 전에 성인식을 치른 적이 있었다. 어머니의 교통사고 이후 존은 유대교 사원에 가지 않았고, 성적은 떨어졌고 어느 친구와도 어울리지 않았다. 교사들 또한, 존이 눈에 띄는 문제를 일으키지는 않지만, 다른 사람들에게 무관심하고 주로 혼자 지낸다고 보고하였다. 상담 과정에서 존은 어머니의 사망과 관련하여 '공정하지 않다는 생각, 불공평하다는 생각'을 토로하였다. 또한 자신이 훌륭한 사람이 되기 위해 노력했음에도 불구하고, 명백히 알지는 못하는 어떤 잘못 때문에 신이 자신을 처벌한 것 같다고 말하였다.

존의 영성 발달 단계 분석

파커(2011)에 따르면, 영성 발달 이론을 통해 다음과 같이 존을 이해하고 상담해 볼 수 있다.

첫째, 지금 현재 존의 영성 발달 단계가 몇 단계인지를 확인하고, 전이 단계의 시기에 있는지 아닌지를 확인하는 것이 중요하다. 존의 경우 공정함에 대한 개념이 다소 신이 자신을 처벌하고 있다는 등과 같이 정의에 대한 믿음이 호혜적인 점, 대인관계에서의 강한 연대가 없다는 점을 고려하여, 2단계인 신화적-문자적 영성 발달 단계에 있는 것으로 가정해 볼 수 있다. 그러나 공정한 세상에 대한 개념이 있다는 점과 존의 나이를 고려하면 조만간 종합적-인습적 영성을 향한 전이 단계가 나타날 수도 있다. 따라서 상담자는 생애 위기와 함께 전이 단계가 일어날 가능성도 함께 인식해야 한다. 만약, 상담자가 안정된 시기라고 가정한다면, 존의 신화적-문자적 영성 단계에서의 특징을 상담에서 활용할 수 있다. 이 단계에 해당하는 사람은 인과를 이해할 수 있지만 어떤 면에서는 고지식하게 가설을 세우는 경향이 있다. 예를 들어 존의 경우, 어머니의 죽음은 자신이 저지른 죄를 신이 처벌한 결과라는 생각을 갖고 있다. 상담자는 존으로 하여금, 엄마의 사고와 존의 행동 간의 인과관계에 대한 존의 가설을 인식시키고, 의문을 제기함으로써 존을 도울 수도 있다. 존은 따로따로 떨어져 있는 사건을 보다 잘 설명할 수 있는 새로운 내러티브를 만들어야 하는데, 이때, 상실, 슬픔, 애도 그리고 강점에 대한 종교적·영적 전통에서의 이야기들이 도움이 될 수 있다.

한편 존이 전이 단계에 있다고 가정한다면, 그의 내러티브 속에 다른 사람을 포함시키도록 격려하는 것도 좋다. 왜냐하면, 이 단계에서는 타인이 중요한 요인이기 때문이다.

또한 영성 발달 이론을 활용하여, 상담자는 존의 신화적-문자적 영성 단계에서 특징적으로 나타날 수 있는 한계점들에 대해서 알게 해 주고 이를 뛰어넘기를 격려하도록 유도할 수 있다. 즉, 내담자가 구체적 사고와 호혜성에 과도하게 의존하여 세상을 이해할 때 갖는 한계점에 대해서 알게 해 주는 것이다(Schneider, 1986). 즉, 이러한 방식으로 세상을 본다면, 결국, 어떤 삶의 경험은 불공평하다고 느끼게 되었을 때 우울하고 환멸감을 느끼게 될 것이다. 예를 들어서 존의 경우 어머니의 사망은 불공평하고 불공정한 것인데, 그것은 신이 무언가 내가 잘못했기 때문이라고 생각하고 있다. 상담자들은 불공정한 세상을 이해하기 위한 새로운 방법을 탐색할 수 있는 안전한 공간을 제공해 줌으로써 내담자를 도울 수 있다.

사례 5-2 전이 단계와 (수평적) 개종을 구분하는 것

아프리카에서 미국으로 이민 온 19살 자말은 최근 이슬람교로 개종하였다. 자말의 개종은 가족과의 갈등을 일으켰고 이로 인해서 상담을 받게 되었다. 13살 때까지 자말은 기독교도인 할머니 밑에서 어린 시절을 보내면서 교회를 다녔고 스포츠나 튜터링 같은 방과 후 프로그램 등 교회활동을 적극적으로 하기도 했으며, 친구들도 많은 편이었다. 이 교회 친구들 중 한 명은 이슬람교도가 되었으며, 이는 자말이 이슬람교도가 되는데 영향을 미친 것으로 보인다. 자말과의 상담에서, 상담자는 자말이 어린 아프리카 이민족 소년들에게 좋은 역할 모델이 되고자 하는 마음을 가지고 있으며, 이런 마음을 통해 다른 아프리카 이민족 친구들과 연대의식을 느끼고 있음을 알 수 있었다. 그는 아프리카 이민족들에게 강한 남성 역할 모델이 되고자 했으며, 이러한 미션을 실현하는 데 있어 이슬람은 좋은 지침을 제공한다고 믿었다. 결론적으로 자말은 새로운 종교인 이슬람이 어린 시절 기독교를 통해 해결되지 않았던 자기 정체성에 대한 생각을 확장시켜 주고 굳건히 하도록 도와주기 때문에 개종을 하게 되었다.

자말의 영성 발달 단계 분석

파커(2011)에 따르면 자말의 사례는 일종의 '수평적 개종'—즉, 영성 발달 단계에서의 수직적 발달이나 성숙이 아닌 동일 단계에서의 신념 내용의 변화—이 영성 발달 단계에서의 전이와 어떻게 분류될 수 있는지를 보여 주는 좋은 사례이다. 자말의 개종은 영성 발달 단계상의 전이가 아니라 동일한 단계에 머물면서 단순히 기독교에서 이슬람으로 개종한 믿음의 내용의 변화로 보인다. 그 이유는 자말이 종교의 뿌리나 함의에 대한 깊이 있는 질문 없이 개종하였다는 점에서, 여전히 자말이 종합적-인습적인 단계(3단계)에 머무르고 있는 것처럼 보이기 때문이다. 따라서 상담자는 영성 발달 차원에서 개종을 이해하기보다는, 현재 자말이 머물러 있는 종합적-인습적 영성 단계의 강점과 한계점을 인식하여 상담에 임할 수 있다. 따라서 상담자는 내담자의 종교 단체에서 자말을 도울 수 있는 사회적 지지 자원들을 탐색하고 이들이 자말에게 어떤 의미인지, 어떤 식으로 관계를 맺는지 등 특성을 탐색해 볼 수 있다. 또한 다른 사람들과 신앙에 대해서 깊이 이야기할 수 있는 대인관계에서의 자질을 개발하도록 자말을 격려할 수 있다.

덧붙여 상담자는 자말 같은 내담자가 종교 정체성과 관련된 비전들을 명료화하도록 도울 수 있다. 이때, 상담자는, 역으로, 이 단계의 약점으로 인한 위험에 대해서 내담자에게 알림으로써 도울 수 있다. 예를 들어, 자말처럼 종합적-인습적 단계인 내담자의 경우, 타인의 판단을 과도하게 내면화할 가능성이 있는바, 내담자에게 다른 관점에서의 종교나 전통적인 가치에 대해 이해하고 있는지에 대해서 질문해 볼 수 있다.

사례 5-3   안정된 단계에서 전이를 지각

기독교 가정에서 자란 수잔은 10대 중반 교회에서 운영하는 수련회에 참여한 후부터 기독교도로서의 삶에 헌신하였다. 수련회에서 수잔은 다른 친구들과 일체감을 느끼고 마음속 깊이 평화를 느꼈다. 이러한 경험 이후 수잔은 부모님의 교회에서 헌신적으로 신앙 생활을 하였고, 청소년부 지도자로 활동하였다. 그러나 현재 23살인 수잔은 작년부터 대학생활을 시작하면서 사회 부조리를 바로잡는 데 있어 교회가 구체적인 행동을 하지 않는다는 점을 인식하게 되었고, 가치탐색과 자기점검의 시간을 갖게 되었다. 교회가 타인을 사랑하고 염려한다고 하지만 실제로 어떤 행동도 하지 않는다는 문제의식으로 인해 수잔은 고향 친구들과 더 거리를 두게 되었다. 그러던 어느 날, 한 친구가 수잔에게 "너는 신앙을 잃고 있는 것 같아."라고 걱정스럽게 이야기했다. 마음속으로 수잔이 자신의 믿음과 신념, 그리고 왜 자신이 그 믿음을 지켜야 하는지를 스스로 명료히 이해해서 좋다고 느끼고 있지만, 교회에서의 신앙이 십대 때 자신의 정체성에 있어 가장 중요한 부분이기에, 신앙을 잃고 있다는 친구의 말로 인해 수잔은 낙심하게 되었다. 게다가 최근 수잔은 사업 경영 분야에서 경력을 쌓으라는 가족의 압력을 받고 있는데, 사실 수잔이 원하는 진로는 교직이었다. 이런 문제가 바로 수잔이 대학 상담 센터에서 상담을 받게 된 이유이다.

수잔의 영성 발달 단계 분석

파커(2011)에 따르면, 수잔의 사례는 종합적-인습적 단계(3단계)에서 개별적-성찰적 영성 발달(4단계)로의 전이를 가장 잘 설명해 주는 사례이다. 이러한 전이 단계에서의 사례분석에는, 현재 단계 및 전이 포인트를 평가하기, 그리고 전이 단계에서 나타나는 상실/슬픔과 예측/포함 과정을 확인하는 것이 중요하다. 이에 따라 수잔의 발달 단계를 평가해 보면, 수잔은 과거의 자신의 신념에 대한 가설을 의문시하고, 혼자의 생각에 초점을 맞춘다는 점에서 개별적-성찰적인 단계의 특성도 보이지만, 수잔이 느끼는 지속적인 혼란과 불편함을 느낀다는 점에서 완전히 개별적-성찰적 영성 단계에 안착하지는 않은 것으로 보인다.

수잔의 영성이 발달해 온 과정을 살펴보면, 수련회에서의 영적 경험으로 인한 신앙적 몰두는, 단순히 부모의 믿음 체계(신화적-문자적 영성, 2단계)를 그대로 받아들이는 것에서부터 개인적 결정에 근거하여 더욱 개인적이거나 관계적인 영성으로의 전이(종합적-인습적 영성 단계로의 전이)를 나타내는 것으로 보인다. 이러한 전이는 10대에 이렇듯 자연스럽게 이루어지기도 한다. 또한 어쩌면 수련회 경험은 정체성 발달을 가져왔을 수도 있는데, 즉 부모에 의한 정체성 형성에서 또래와 유사한 정체성으로 변화가 있었던 것으로 추측해 볼 수도 있다.

결론적으로, 현재 수잔에게서 나타나는 특징들, 즉 질문 던지기, 이전 단계의 가치와의 충돌, 이러한 과정에서 일어나는 자기인식 등은 종합적-인습적 영성 단계의 특징에서 개별적-성찰적 영성 단계의 특성을 향해 변화하는 사람들에게서 뚜렷이 나타나는 것들이다. 사실 수잔처럼 개별적-성찰적 단계로 향하고 있는 사람들은 사회 정의와 직업 문제에 대해 스스로 결정하기 위한 중요한 자원을 찾는 능력과 자질을 가지고 있다. 이들은 정체성과 이념에 대해 비판적으로 사고하는 능력을 통해 자신들이 기존에 가졌던 종교의 전통적인 윤리 지침을 수용하거나 거부하게 된다.

따라서 상담자는 내담자가 스스로 논리를 탐색하고, 이에 대해 문제를 제기하고, 논리를 확립하도록 안정한 공간을 제공함으로써 내담자를 도울 수 있다. 상담자들은 내담자가 어떤 모습이었는지, 미래에 무엇이 되고자 하는지에 대해 비판적으로 사고하게 함으로써 이 단계에서 도움을 제공할 수 있다(Faiver et al., 2001; Griffith & Griffith, 2002). 예를 들어 수잔의 경우, 상담자는 수잔이 새롭게 생각하고 있는 가치들을 탐색하고, 이에 대해 확신을 갖도록 안전한 공간을 제공할 수 있다. 상담자들은 내담자로 하여금 자기 자신과 사회 체계의 차이를 인정하도록 도와야 한다. 즉, 수잔의 경우 자신이 진실이라고 믿는 것과, 친구나 부모의 견해 간에 차이점들에 대해서 지각할 수 있도록 도울 필요가 있다.

사례 5-4 전이 단계에서 생애 위기 지각

정현은 서울 시내 대학에 갓 입학한 신입생이었다. 정현의 고향은 남쪽에 위치한 작은 섬으로 집안 형편은 넉넉지 않다. 정현의 다섯 누나들은 좋지 않은 형편 탓에 산업체 고등학교에 진학했으며, 정현 또한 서울 명문대에 입학할 수 있는 성적임에도 불구하고 장학금을 주는 중하위권 대학에 입학하였다. 정현이 대학 입학을 앞두고 있던 해에 갑자기 아버지가 말기 암 선고를 받게 되었다. 정현은 자신의 뒷바라지를 위해서 평생 고생만 하던 아버지가 자신의 성공을 보지도 못하고 돌아가셔야만 한다는 사실이 슬프고 억울했다. 특히 주변에 아무 생각 없이 대학 생활을 즐기고 돈을 펑펑 쓰는 친구들을 보면 화가 나고, 그런 한심한 아이들과 친구로 지내는 것이 의미 없이 느껴져 친구를 사귀고 싶지 않았다. 사실 정현은 학점을 어느 정도 유지해야 4년 동안 장학금을 받을 수 있는 학칙 때문에 공부에 집중을 해야 하고 결과가 잘 안 나올까 봐 불안하기도 했다.

정현의 영성 발달 단계 분석

정현의 사례는 전이 단계에서 생애 위기가 발생한 사례이다. 먼저 정현은 종합적-인습적 단계(3단계)에서 개별적-성찰적 영성 발달 단계로 전이되고 있는 것으로 보인다. 이러한 전이와 관련하여 정현의 전이가 어떻게 이루어지고 있는지, 그로 인한 상실은 무엇이며 얻는 것은 무엇인지를 확인할 필요가 있다. 이와 관련하여 정현은 대학에 들어오기 전에 지방에서 가족과 살 때 가족이 가진 신념을 개인의 것으로 내면화한 종합적-인습적 단계였던 것으로 보인다. 가족은 가장 소중한 존재이기 때문에 서로가 서로를 도와야 하며 개인보다는 가족의 화목을 위하는 것이 중요하다고 여겼던 점이 그것을 뒷받침한다. 정현이 동기 중 유일한 남자였고 공부도 잘했기 때문에 누나들은 기꺼이 일반학교를 포기하고 정현이 좀 더 좋은 교육을 받도록 희생하였다. 정현 또한 가족의 어려움을 알기 때문에 명문대를 가고 싶은 마음을 버리고 중하위권 대학을 선택했으며, 빨리 졸업해서 가족을 부양하고 싶어 했다. 그러나 정현은 대학에 들어온 이후 가족과 떨어져 다양한 가치와 사람이 존재하는 세계에서 살면서 개별적-성찰적 영성 발달 단계로 변화하는 모습을 보인다. 예를 들어 이제까지 자신에게 굳건한 진실이었던 가족에 대한 사랑과 헌신에 대해 다른 친구들이 전혀 신경 쓰지 않으면서도 행복해하는 모습을 보면서 가치관에 혼란을 느낀 것으로 보인다. 특히 이러한 혼란은 정현이 다른 신입생들과는 달리 대학에서의 학점에 매인 생활을 하면서 더욱 강해졌던 것으로 보인다. 정현의 억울한 심정은 이러한 혼란을 잘 표현하는 말이다. 즉, 자신이 믿어 왔던 가치대로라면 정현의 가족이나 정현은 다른 친구들보다 의미 있고 행복한 삶을 살아야 한다. 그러나 현실은 그렇지 않기 때문에 억울하다는 것이다. 만약 정현이 전이 단계가 아닌 개별적-성찰적 입장이라면 이러한 억울한 마음이 크지 않을 것이고, 다른 친구를 부러워하거나 미워해서 거리를 두는 행동을 하지는 않았을 것이다.

위와 같은 억울하고 혼란스러운 감정은 정현의 아버지의 암 선고로 인해 더욱 강해졌던 것으로 보인다. 정현은 아버지의 암 선고와 관련하여, 고생만 하면서 살아가는 아버지의 삶이 허무하다는 생각을 했다. 아버지의 삶이 보상받지 못한 것에 대해서 억울해했고, 자신이 훌륭한 직장을 가질 때까지 기다려 주지 않는 아버지의 허무한 삶을 받아들이기가 어려웠다. 한편으로 아버지의 죽음으로 인해 가족을 부양해야 한다는 부담이 강해지면서 동시에 그런 것으로부터 벗어나고 싶다는 생각을 하기도 했다. 이런 생각 때문에 정현은 더욱 죄책감을 느꼈다.

이렇게 전이 단계에서 생애 위기를 경험하는 경우 상담자는 직면한 생애 위기와 전이 단계에서의 혼란을 구분하도록 도와줄 필요가 있다. 상담자는 정현이 대학생활과 함께 시작된 전이 단계에서의 혼란과 아버지의 죽음으로 인한 슬픔에 대해 구분하도록 도왔다. 즉, 가족에 대한 희생을 버거워하고, 그런 가치에 대해 회의를 느끼고 욕구에 충실하는 등 가족과 분리된 새로운 가치와 생각을 형성해 가는 자신의 모습을 수용하도록 도왔다. 또한 아버지의 가치에 의문을 품고, 그와 다른 개인의 가치를 갖는 것이 아버지의 삶을 부정하는 것과 다름을 알도록 도왔다. 아버지의 삶이 허무했던 것 같다고 느끼고 그 삶의 가치에 동의하지 않는다고 해서 아버지를 배신하는 것이 아니라는 것을 분명히 인식하도록 도왔다. 내담자는 아버지의 죽음과 전이 단계에서의 상실(아버지의 가치를 포함한 기존에 자신이 가진 가치)을 구분하였다. 즉, 정현은 아버지의 급작스런 죽음을 받아들이고, 좀 더 후회 없이 아버지를 보내기 위해 아버지의 헌신에 대한 감사함을 글로 표현했고, 이것은 전에는 해 보지 못한 경험이었다. 아버지는 그 응답으로 정현을 키우는 과정에서 희생보다는 행복한 것이 더 많았음을 표현해 주었다. 이러한 과정을 거치고 나서, 정현은 가족을 소중하게 여기고 그들의 삶의 행복에 기여하는 것이 자신의 행복이며, 반대로 자신이 행복한 것이 가족에게도 행복임을 깨닫게 되었다. 또한 자신에게도 친구들처럼 자유롭게 자신의 욕구에 충실하게 살아 보고 싶은 마음이 있음을 받아들이고, 친구들과 거리도 좁혀 나갔다. 4월에 시작된 상담은 정현의 아버지의 사망 후 한 달까지 진행되어 10월에 종료되었다.

사례 5-5 │ 안정된 단계에서 생애 위기 지각

세련은 중학교 3학년 여학생으로 독실한 기독교인이다. 세련의 어머니는 세련이 5살이던 해에 세련의 아버지와 이혼했으며 세련이 초등학교 4학년이 되던 해 새아버지와 재혼하였다. 최근 세련의 어머니는 세련이 새아버지로부터 초등학교 5학년 이후로 일 년에 한두 번씩 성추행을 당했다는 것을 알게 되었고, 새아버지와 별거 상태이다. 세련이 성추행 사실을 알리지 못했던 이유는 어린 시절에는 성추행이 나쁜 것인지 잘 구분하지 못했고, 나쁜 것이라는 것을 알게 된 이후에는 어머니가 힘들어할까 봐 말하지 못했다. 아버지의 성추행에 대해 누구에게도 말하지 못했던 세련은 하나님께 기도를 통해 속마음을 털어놓았다. 현재 세련은 아버지가 다시 엄마와 합치고 싶어 하는 것을 알게 되어 불안해하고 있으며, 어머니가 교회 사람들에게 아버지와 헤어졌다는 것을 말하지 않아서 거짓말을 해야 하는 것이 불편하다.

세련의 안정된 단계에서의 생애 위기 분석

세련은 현재 종합적-인습적 단계에 있는 것으로 보인다. 재혼 전에 안정된 감정을 갖지 못했던 세련의 어머니는 세련과 충분한 시간을 보내고 정서적으로 돌보아 주지 못했다. 주로 교회를 다니면서 외로움을 달랬던 세련은 새아버지의 재혼으로 행복해하는 어머니를 힘들게 할 수 없어서 기도를 통해서 마음의 위로를 받았다. 그리고 기도의 응답처럼 교회행사를 하다가 어머니가 성추행 사실을 눈치채게 되었다. 이러한 과정을 통해 세련은 하나님이 언제나 자신을 지켜 주고, 하나님의 말씀은 언제나 옳다는 믿음을 더욱 굳건히 하게 되었다. 그런데 최근 다시 아버지를 받아들이려는 어머니의 태도로 인해서 어머니에 대한 미움이 자꾸 생기고, 새아버지에게 허용적인 어머니의 모습을 보면서 하나님의 말씀처럼 새아버지를 용서해야 할 것 같기도 한데 그러지 못해서 마음이 괴롭다. 또한 교회 사람들에게 새아버지에 대해 거짓말을 하는 등 정직하지 못한 행동을 자꾸 하는 것도 불편하고 전도사님을 포함해서 교회 사람들을 믿지 못하고 고민을 털어놓지 못하는 것도 죄책감이 든다. 왜냐하면 이런 행동은 하나님의 말씀을 거스르는 것이기 때문이라고 느껴지기 때문이다. 하나님께서는 기도를 하면 마음을 채워 주실 것이라고 하셨는데 마음이 편안해지지 않아서 더욱 열심히 기도해야겠다는 생각을 한다. 기도를 해도 가끔 하나님이 나에게 이런 고통을 주는 것이 원망스럽기도 하고 자꾸 하나님의 사랑을 의심하게 된다. 어쩌면 세련의 생애 위기(성추행)로 인한 혼란도 하나님의 말씀을 좀 더 믿고 의지하지 못하는 죄책감과 하나님을 자꾸 의심하게 되는 두려운 마음 때문에 더욱 강해지는 것으로 보인다. 결론적으로 세련은 아직 자신만의 개인적 영적 가치를 형성하는 개별적-성찰적 단계로 갈 준비가 되어 있지 않은 것처럼 보이는데 그 이유는 성추행과 관련해서도 세련은 계속 기도하면서 하나님의 뜻이 무엇인지를 알고 싶어 하기 때문이다. 따라서 상담자는 내담자가 믿는 기독교 신앙의 힘과 의미를 잘 이해할 필요가 있다. 상담자는 세련의 신앙과 기도의 의미에 대해서 깊이 탐색하고 이를 활용할 수 있을 것이다. 예를 들어, 하나님은 원수를 사랑하라는 말씀을 하시기도 하셨지만 독생자 예수를 보내어 인간의 죄를 사해 주실 만큼 우리를 사랑하시기 때문에 우리 인간도 스스로를 사랑하기를 원하신다는 점은 세련의 사례에 효과적으로 적용될 수 있다. 즉, 세련을 사랑하시는 하나님은 세련이 어머니의 행복 때문에 불행하게 살기를 원치 않으실 것이다. 따라서 세련이 어머니가 새아버지와 사는 것을 반대하는 것은 하나님의 뜻을 거스르는 것이 아님을 인식시키고, 함께 어머니와 이 문제에 대해 이야기하도록 도울 수 있다. 또한 내담자에게 기도의 의미가 무엇이고 이를 통해서 어떻게 문제를 극복해 왔는지를 탐색하고 이를 격려해 줄 필요가 있다. 이러한 과정을 통해 세련은 진정한 하나님의 사랑이 무엇이며 자신이 가진 고통의 의미가 무엇인지를 이해하게 될 것이다. 나아가 종합적-인습적 단계에서 일어날 수 있는 약점, 즉 타인의 판단을 지나치게 내면화하는 약점처럼, 교회를 다니는 사람의 말이나 어머니의 말을 지나치게 내면화할 수 있다는 점을 알려 줄 수 있다. 즉, 교회나 전도사님이 이야기하는 원수를 사랑한다거나 거짓말을 해서는 안 되고 고민을 털어놓아야 한다는 말을 비판적으로 사고하고 받아들이는 것 또한 중요할 수 있음 알려 줄 필요가 있다. 어쩌면 세련이 생애 위기로 인해 가진 신앙에 대한 의문점에 대해 도전적으로 응답해 가면서 세련은 개별적-성찰적 단계로 나아갈 수도 있다. 그러나 이러한 도전적이고 비판적인 과정은 세련이 개별적-성찰적 단계로 나아갈 준비가 되었을 때 가능하다. 어쩌면 일반 상담자들은 세련이 기도를 통해서 마음을 편안하게 하고 싶어 하는 점을 도전시키고 싶을 수도 있다. 그러나 세련이 아직 종합적-인습적 단계에 머물러 있는바, 기도나 하나님의 말씀을 벗어나 기도가 아닌 개인의 힘으로 이겨 내야 한다고 섣부르게 설득하는 것은 세련에게 거부감을 줄 수 있다.

2) 교실에서의 청소년 영성 인식

교사는 교실에서 청소년의 영성을 인식함으로써, 학생들의 영적 경험을 촉진시키는 깊은 가르침(deep teaching)을 제공하게 된다(Miller, 2009). 이때, 영적 경험이란 '특별한 어떤 일이 일어나는 것' 이 아니라 매일 일어나는 일상적인 삶의 사건을 깊이 있게 지각하는 것이다(Phenix, 1966). 따라서 깊은 가르침이란 학생들로 하여금 매일의 일상 사건에 대해 새롭게 영적인 의미를 발견하고 삶의 의미를 풍부히 하는 가르침이라고 할 수 있다. 깊은 가르침 속에서 교사의 가치는 교실의 일부가 될 수 있는데 교사들은 신명 나게 학생들에게 용기와 지혜, 사회 정의에 대한 열정을 알려 주고, 미션을 함께 공유할 수 있다(Nieto, 2005). 또한 깊은 가르침은 학생들의 재능에 초점을 두어 학업에 열중하게 하며, 학생 내면에 있는 내적인 지혜를 격려한다(Wentzel & Juvonen, 1996).

(1) 청소년 영성 지각: 경청과 현존

교사가 교실에서 매 순간 영적인 인식을 할 수 있을 때 깊은 가르침이 가능하다. 즉, 교실에서 '진짜 무엇이 일어나고 있는지' 를 아는 것은 학생들에게 깊은 가르침을 제공하는 데 있어 가장 기본이다. 리자 밀러(Miller, 2009)에 따르면, 교사들은 교실에서 매 순간 학생들이 갖는 영적 질문이나 어려움을 인식하게 된다. 이때 영적 질문이나 어려움들은 우리 주변을 둘러싸고 있는 세계와의 관계, 개인적으로 경험하는 절대적 가치, 삶의 의미와 초월성과 매일의 순간과의 연결성에 관한 것들이다. 이러한 질문이나 혼란스러움에 대해서 교사는 답을 주고 이야기를 덧붙이기보다는 '그저 그 순간 지켜보고 그 이야기를 듣는 것' 이 중요하다. 이렇게 영적 인식을 한다는 것은 현존하는 것이며 경청하는 것이다. 예를 들어 수업시간에 학생들은 갑작스럽게 깊은 슬픔에 대한 이야기를 할 수 있으며, 삶에 대한 의문점을 토로할 수도 있다. 이러한 학생들의 질문이나 이야기에 대해서 교사는 온전히 들을 수 있어야 한다. 이때 교사는 학생들이 스스로 영적 질문이나 어려움을 드러낼 수 있도록 안전하게 느껴지는 교실 환경을 조성하는 것이 중요하다. 파커 파머가 "가르침은 공간을 창조하는 것" 이라고 하였고, 메리 로즈 오렐리가 "우리가 가능하다고 상상하는 것보다 훨씬 더 조용히 함으로써, 그리고 이전에 우리가 그랬던 것보다 더

빈틈없이 경청함으로써"라고 한 것에서 알 수 있듯이, 교실에서 교사는 온전히 들음으로써 영적인 공간을 창조할 수 있다.

교실에서의 영적 공간과 관련하여 프란시스 스쿤메이커(Frances Schoonmaker, 2009)는 외형적으로 영적 공간이 예술, 시나 음악과 같은 형태로 아름다움과 신비의 공간이 될 수도 있고, 다양한 종교의 축하예식을 기리는 장소가 될 수도 있으며, 서로서로 배려해 주는 장소가 될 수도 있으며, 삶의 고통을 경험할 때 애도하고 위로받는 공간이 될 수 있다고 제안한다. 그러나 중요한 것은 교사들이 학생들에게 중요하다고 생각하는 교사 자신의 생각이나 가치를 제공하는 것이 아니라 학생이 현재 그 순간에 느끼는 감정을 인식하는 것이다.

(2) 청소년 영성 지각의 사례

현재에 머물러 온전히 아동이나 청소년이 말에 귀를 기울이는 것은 참으로 어렵다. 스쿤메이커(2009)는 박사 과정 학생들과 아동의 영성에 귀를 기울이는 것에 대한 연구를 진행한 바 있다. 이 연구에서 숙련된 교사들은 많은 아동에게 영적인 의미를 주는 이야기를 읽고 아동과 대화를 진행하였다. 연구 결과, 교사들과 아동 간 대화를 녹음한 것을 들었을 때, 놀랍게도 교사들보다 아동들이 영적인 의미나 함의점에 더 민감한 것으로 나타났다. 교사들은, 아동이 표현하는 영적 경험을 인식하지 못하거나 이를 표현할 시간을 충분히 갖지 않았다. 몇 가지 예를 들어 보면 다음과 같다.

마리아는 6살 된 벤과 대화를 끝낸 후, 벤과 어떤 영적인 이야기도 하지 못했다고 보고하며 낙심했다. 그러나 놀랍게도 연구자들은 벤과 마리아와의 대화가 전사된 기록용지에서 영적으로 의미 있는 대화를 발견했다. 다음은 벤과 마리아가 『처음 숲(The First Forest)"(Gile, 1991)』이라는 그림책을 보고 나눈 대화이다.

"저는 이게 제일 좋아요" 벤은 손가락으로 두 나뭇가지가 서로 맞닿아 있는 그림을 가리켰다.

"왜?" 마리아가 물었다.

"이건 영화 〈ET〉에서 보았어요. ET랑 주인공이 손을 서로 맞대었을 때 남자아이의 상처가 나았어요."

"흠." 마리아는 대답했다.

"그거랑 비슷해요." 벤은 그림을 보았다.

"이 두 개의 나뭇가지도 무엇인가 중요한 것을 표현하는 거라고 생각하니?" 마리아가 물었다.

"네."

마리아는 물었다. "그렇게 생각해? 왜 너한테 이게 ET를 생각나게 했을까?" 벤이 어깨를 으쓱였다. "우정일까?" 마리아가 제안했다.

"… ."

이 사례에서 벤은 영화 〈ET〉에서 가장 영적인 순간을 그림과 연결시켰다. 그런데 대화에서 보면 벤은 그 순간을 인식하자마자 바로 그 순간의 영적 경험(〈ET〉의 장면과 그림을 연결시킨 순간)으로부터 빠져나온 것처럼 보인다. 아마도 그 이유는 마리아가 벤이 관심이 없는 화제로 대화를 전환시켰기 때문일 수도 있고, 또는 더 이상 그 순간의 경험에 대해서 이야기할 필요가 없어서일 수도 있다. 하지만 중요한 것은, 아동의 영적 경험의 순간을 마리아가 놓쳤다는 사실이다.

또 다른 예로 스쿤메이커와 6살 에단이 성경에서 나오는 사자굴의 다니엘의 모습이 있는 그림을 가지고 한 대화를 들 수 있다.

스쿤메이커: "에단, 이 그림에서 어떤 것이 좋니?"

에단: "다니엘이 어떻게 결코 두려움을 느끼지 않았는지가 좋아요."

스쿤메이커: "어떤 것이 다니엘을 그렇게 침착하게 만든 거 같아?"

에단: "하나님이요?"

스쿤메이커: "너는 다니엘이 하나님을 믿었다고 생각해?"

에단: 예.

이렇게 대화는 끝났다고 스쿤메이커는 고백한다. 스쿤메이커는, 만약 대화를 다시 한다면, 에단이 "하나님이요?"라고 물었을 때, "좀 더 그것에 대해서 이야기해 줄래?" 혹은 "네가 그렇게 생각하는 이유가 뭐야?"라고 물었어야 한다고 강조한다. 즉, 스쿤메이커는 대화에서 에단을 따라갔다기보다는 자신이 이끌어 갔기에 아이와 함께 그 순간에 머무르지 못했다.

이처럼 아동에게 자신의 생각이나 감정을 표현할 시간과 공간을 허용하는 것은 어렵지만 참으로 중요하다. 연구 결과를 통해 알 수 있듯이 아이들의 경청에 대한 인내와 존중감이 필요하다. 즉, 아이의 영성에 대해서 귀를 기울인다는 것은 우리가 익숙하지 않은 방식으로 듣고 때로는 말없이 그들과 함께 있어 주어야 한다는 것을 의미한다. 헌터(Hunter, 1961)는 다음과 같이 말했다. "우리가 아이들의 말을 듣지 못한다면 말할 수도 없다." 앞의 연구 사례에서 알 수 있듯이, 아이들은 우리가 생각하는 것 이상으로 영적이고 강력한 영적 순간을 경험한다. 그러므로 우리는 온전한 경청을 통해 아이들의 영적인 경험을 지각하고, 이에 민감해야 한다.

3. 영성 자각을 위한 영성교육

지금까지 설명한 대로 상담자나 학교상담자는 자신의 영성에 대해서 인식하고, 상담이나 교육과정에서 청소년의 영성을 인식하고 촉진시킴으로써 청소년의 영적·종교적 문제를 효과적으로 다루고 영적 성장을 도울 수 있다. 따라서 상담자나 학교상담자의 영성을 지각하는 능력을 증진시키는 교육이나 훈련은 강조되어야 한다.

1) 상담자나 학교상담자 영성교육

정신건강 전문가나 상담 전문가들이 영성과 종교와 관련된 교육 경험에 대부분 수용적임에도 불구하고(Cashwell & Young, 2004; Gold, 2010; Hage, 2006), 실제로 학교상담자 교육에서 영성문제를 대학원 과정이나 비슷한 과정에서 다룬 경우는 거의 없다(Sink & Devlin, 2011).

그럼에도 상담자들은 영적인 문제를 다룰 경우에 부딪히고, 이를 다룸에 있어 다소 내적인 장애나 저항을 느끼기도 한다. 넬슨(Nelson, 2009)에 따르면, 상담자들은 내담자들에 비해 무신론적이고, 회의주의적인 편이며, 종교나 신앙에 관심이 적은 편이다. 따라서 상담자들에 비해 내담자들은 영성이나 종교성과 관련된 문제를 상담 장면에서 다루고 싶은 욕구가 더 많을 가능성이 있다. 그러나 상담자는 이를 원하지 않을 것이다. 그렇다면 상담자는 종교나 영성에 대해 다루기를 원하는 내담자와 작업하는 것을 피해야 하는 걸까?

이러한 문제를 해결하기 위해서는 상담 관련 대학원 교육 프로그램에 청소년들의 영성을 다루는 교육과정을 포함시킬 필요가 있다. 학교상담자 및 청소년상담자 영성교육 프로그램과 관련하여, 싱크와 데블린(Sink & Devlin, 2011)은, 수련의 초기 단계에서는 ASERVIC(2009)의 '상담에서 영적 · 종교적 이슈를 다루기 위한 역량'에 관한 지침 등을 참조하는 것이 중요하다고 강조하였다. 비슷한 맥락에서, 하게돈과 구티에레즈(Hagedorn & Gutierrez, 2009)는 학교상담 맥락에 적용될 수 있는 제안을 하였다(Fukuyama & Sevig, 1999; Gold, 2010; Wintersgill, 2008). 일반적으로 이들 상담자 영성교육 프로그램은 다음에 초점을 둔다.

- 영성과 종교적 이슈, 개념, 과정에 대한 설명(특히 긍정심리학과 역량 교육 뿐만 아니라 발달 이론과 체계를 통합하는 경우와 관련하여)
- 영성과 종교적 이슈와 관련하여 상담자 자각에 대한 격려와 인간의 태도가 학생에게 영향을 미치는 방법 자각

- 다양한 학습 환경(예: 교실 대 체육관), 과목 문제(언어 기술 대 사회 연구)와 교실, 소집단활동들을 통해 영적인 반영과 성장을 촉진시킬 수 있는 방법에 대한 인식
- 학생 참여를 교실에서 촉진시키는 다양한 교수 방법들을 대한 평정
- 다양한 그룹의 학생 및 가족과의 인턴십 경험
- 평가도구(예: 영적 지노그램, 긍정심리학 도구, 예를 들어 희망, 낙천성, 공감, 감사함)로서, 청소년의 영성과 신앙을 이해하도록 돕는 것들
- 효과적인 학교상담 초점 전략 및 개입

이와 같은 교육을 통해 궁극적으로 학교상담자나 상담자들은 다음과 같은 사항을 판단하는 데 있어 전문적인 틀을 갖게 된다.

- 영성이 학생들의 현재 문제와 관련된 정도
- 상담자들이 특별한 영성의 표현을 촉진시키거나 학생들의 영성에 대한 대화를 재구조화하고 윤리적으로 촉진시키는 능력을 소유했는지의 여부
- 학생들이 대안적인 사고와 접근에 대해 정서적 · 인지적으로 심사숙고할 준비가 된 정도

이 외에도 학교상담자와 상담자는 영적 성장을 위한 교육을 받을 필요가 있다. 상담자는 자신이 영적으로 성장한 정도 이상으로 내담자를 도울 수 없다(Maher & Hunt, 1993). 그럼에도 불구하고 상담자는 영적인 성장과 관련된 훈련을 받지 못하는 것 같다. 상담자 개인의 삶에서의 결정적인 경험이나 의미 있는 영적 경험들은 상담자의 전문성 발달에 기여한다(안현미, 2013; Skovholt & MaCarthy, 1988; Skovholt & Ronnestd, 1992; Skovolt & Starkey, 2008). 내담자와 마찬가지로 상담자 또한 의미 있는 삶을 살고자 갈등하고 삶을 선택하는 과정에서 종교적 경험을 하기도 하고, 기존의 삶의 방식에 대해서 회의와 한계를 경험하기도 한다. 이러한 경험들이 상담자의 전문성을 발달시키는 주요한

역할을 하게 된다(오현수, 한재희, 2009). 이러한 개인의 삶의 경험이 상담자 발달에 영향을 미치는 이유는, 상담자의 전문성이 삶의 경험을 통해 지속적으로 자기성찰을 함으로써 얻어지기 때문이다(Skovholt & Ronnestad, 1992).

최근 안현미(2013)의 연구는 영적 경험이 어떻게 상담자의 전문성 발달에 영향을 미치는지에 대해서 밝히고 있다는 점에서 주목할 만하다. 연구에 따르면, 상담자의 전문성 발달에 중요한 영향을 끼치는 개인 생애의 의미 있는 영적 경험인 신앙경험이 상담자 발달에 긍정적이었음을 밝힘으로써 영적 경험에 대한 개방적인 관심과 교육이 필요함을 시사하고 있다. 즉, 상담자가 경험한 신과의 관계에서의 의미 있는 신앙 경험은 삶에서 모든 경험을 의미 있게 재해석해 바라보게 하는 인지적 재구조화에 기여하며, 신과의 절대적 관계에서 정서적인 수용의 무한한 경험으로 기쁨과 감사라는 긍정적인 정서의 결과로 연결되고, 상담자로서의 소진 예방에 긍정적으로 기여하게 됨으로써 상담자의 전문성 발달에 핵심적 영향을 주는 것으로 드러났다. 또한 신과의 관계 경험은 상담자 발달에서 신이라는 하나의 멘토와의 관계경험을 통해 삶에서 지속적으로 자신을 돌아보게 함으로 성장으로 이끄는 것으로 나타났다(Goldfried, 2001; Hickson et al., 2000; Miller, 1999; Skovholt & Ronnestad, 1992).

상담자의 영적 성장의 경험들이 상담자의 전문성을 향상시키고 상담자 소진을 예방하므로, 상담자 교육이나 훈련에서 상담자 자신의 영적 경험을 촉진시킴은 물론, 영적인 경험에 대한 깊은 성찰과 통찰을 촉진하는 과정이 포함되어야 한다.

2) 교사 영성교육

파머(Palmer, 1998)에 따르면, 우리는 우리 자신을 가르친다. 교사는 학생들에게 중요한 모델이다. 그런데 교사들은 자신의 영성을 인식하고 교실에서 이를 표현하는 것에 대해서 거의 어떤 훈련도 받지 않는다. 리자 마리아 터커(Lisa Marie Tuker, 2010)에 따르면 영성을 학교에서 다루지 않는 것은 학생들의 삶의 중요한 부분이 무시되는 것이기 때문에 학생과 교사 둘 다에게 좋지 않다.

앞서 설명한 대로 학생들에게 교실이 영적 공간으로 존재하려면, 교사는 깨어 있는 마음으로 학생들의 영성에 귀를 기울이고 학생들과 함께 존재하는 능력이 있어야 한다. 이렇게 깨어서 귀를 기울이려면 교사에게 '중심성에서 벗어나는(decenter)' 능력이 필요하다(C. Edward Richards, 2009). 중심성에서 벗어나는 능력은, 타인의 경험을 우리 자신의 입장으로 이해하는 것을 뛰어넘어 인식하는 것, 즉 온전히 타인의 감정을 경험하고, 그 속에서 편안함을 느끼게 하는 것이다. 나 자신에게만 집중하는 것에서 벗어나고 나 자신의 욕구나 만족감으로부터 자유로워짐으로써, 온전히 타인에게 집중하고 상대가 느끼는 감정을 그대로 느끼는 능력이다. 교사가 이렇게 타인, 즉 학생의 입장에서 감정을 함께 느끼고, 함께 머무르려면 교사가 영적으로 깨어 있어야 한다(Miller, 2009). 이렇게 영적으로 깨어 타인의 영성을 인식하고 온전히 집중하는 능력은 교사 자신의 훈련을 통해서 촉진될 수 있으며(Schoonmaker, 2009), 명상과 자기 인식 훈련을 통해서(Richards, 2009) 얻어질 수도 있다. 이처럼 영적 인식이나 현존 능력이 훈련을 통해 향상될 수 있기에 학교상담자나 교사에게 교육의 일부로 제공되어야 한다.

이와 관련하여 파머(2003)는 전인으로서의 교사, 즉 영적 성장체로서의 교사를 강조하면서, 교사들을 위한 영성교육 프로그램을 개발하여 그 효과를 확인한 바 있다. 국내에서도 교사의 영적 성숙을 위한 교사교육 과정에 대한 변화의 필요성이 제기되고 있으나(김정신, 2005; 이경화, 심은주, 2013; 정윤경, 2005; 허영주, 2010) 실제로 교사교육 과정에서 교사의 영성교육 프로그램을 포함시키는 경우는 아직 많지 않다. 따라서 교사 영성교육 프로그램의 체계적인 연구와 운영이 시급하다.

요약 ▶

　이번 장에서는 상담자나 학교상담자, 교사의 영성 인식과 그 교육에 대해서 설명하였다. 먼저, 상담자 및 학교상담자, 교사가 자기 영성을 인식하는 것에 대해서 설명하였는데, 구체적으로 영성 자각의 필요성, 영성 자각의 상담자 윤리 지침, 영성 자기 점검 척도에 대해서 기술하였다.

　그런 다음에는 상담자나 학교상담자, 교사가 청소년의 영성을 지각하는 것에 대해서 두 가지 파트로 나누어서 설명하였다. 첫 번째 파트에서는 상담 과정에서 청소년의 영성을 인식하는 것과 관련하여, 상담면접 시 청소년 영성 인식을 위한 평정 방법과 청소년 영성 발달 단계에서 지각해야 할 내용에 대해서 설명하였다. 그리고 실제 상담 장면에서 어떻게 청소년 영성 발달 단계를 분석하고 상담에 활용하는지에 대해서 실제 상담사례를 통해서 보여 주었다. 두 번째 파트에서는 교사가 교실에서 경청과 현존성을 활용하여 청소년 영성을 인식하는 것에 대해서 설명하였고 그 사례를 제시하였다.

　끝으로 상담자나 학교상담자, 그리고 교사들을 교육하는 과정에서 이들의 영성 인식을 향상시키기 위한 영성교육이 어떻게 이루어져야 하는지에 대해서 제시하였다.

　다음에 이어지는 장은 다문화상담과 영성이라는 주제에 대해서 다룰 것이다.

168

숨은 그림 찾기: 건우라는 한 아이*

한 아이가 있었습니다. 제가 만난 중학생 중에, 처음으로 만난 자리에서 그토록 무시하는 말투와 눈빛을 제게 보였던 중학생은 감히 없었습니다. 이미 아이를 만나기 전에 선생님은 제게 말씀하셨습니다.

"아이가 상당히 건방집니다. 수업시간에 선생님들한테 공격적으로 말하고, 심지어 젊은 여자 선생님은 울면서 나갔어요."

'에휴, 오늘도 만만치 않겠구나.' 큰 숨 한번 들이쉬고, 아이가 있는 상담실 문을 열었습니다.

팔장을 긴 채로 엉덩이를 쇼파 끝에 걸치고 다리를 작은 탁자 밑으로 쭉 뻗고 있던 아이는 문소리가 들리자 잠깐 고개를 돌려 저를 흘끗 볼 뿐입니다.

아이 앞 쇼파에 엉덩이를 대며 반쯤 아이를 향해 몸을 기울이며 말했습니다.

"이름이 뭐야?"

아이는 미동도 하지 않고, 창밖을 보며 일갈합니다.

"이건우요."

"몇 학년이야?"

"중 2요."

녀석 말이 참 짧습니다. 내가 이 녀석보다 살아도 20년은 더 살았을 텐데 말입니다. '최소한 예의라도 좀 보이지, 이 자식이 … 흠.'

몇 개의 질문이 그렇게 오고 갔습니다. 대답이 짧으니 할 질문들이 금세 떨어졌습니다. 그런데 시간은 겨우 10분이 지났을 뿐입니다.

'에휴, 남은 35분 동안 이 녀석과 어떻게 보내야 하나?' 막막합니다. 더 이상 질문도 없습니다. 아무래도 오래 끌 수 있는 질문을 찾아야 할 텐데 걱정입니다. '약발이 잘 먹힌다는 자기개방(상담자가 솔직히 자기의 감정을 상담받는 사람에게 이야기하는 것)이나 해 볼까?' 그래서 좀 솔직히 말했습니다.

"음… 선생님 생각에 너랑 나랑 남은 35분 동안 이야기를 해야 하는데, 넌 대인관계, 성격, 진로, 이성교제 등 어떤 것이 관심이 있어?"

녀석 역시 끔쩍도 하지 않은 채 대답합니다.

"진로요."

'어라? 이 녀석… 진로란다….' 이성교제나 '없다' 정도의 대답이 나올 거라는 제 예상을 벗어났네요. 신기했습니다. 기쁘게 물어봤습니다.

"그래? 뭐가 되고 싶은데?"

녀석 갑자기 제 눈을 똑바로 보며 말합니다.

"조폭이요."

'이 녀석 나랑 장난하자는 건가?' 불끈 무언가 마음속에서 끓어오릅니다. '어쭈 그래 해 보자 이거지?' 그리고 주먹을 쥐고 녀석의 눈을 매섭게 마주 봅니다.

그런데 불현듯, 녀석의 시선을 마주 대하며 퍼뜩 어떤 목소리가 마음을 때립니다.

'저 녀석은 너랑 그저 처음 만났을 뿐이야.'

그렇습니다. 이 녀석은 단지 저를 처음 만났을 뿐입니다. 저를 무시할 이유도, 저에게 화를 낼 이유도 없습니다.

이 녀석이, 혹여 화를 내려는 마음을 가졌다 해도 그것은 저를 향한 것이 아닐 것입니다.

이 녀석이, 혹여 나를 마음속으로 무시하려 해도 그것은 저를 무시한 것이 아닐 것입니다.

그 녀석과 저에게는 서로를 무시하고 서로에게 화를 낼 아무런 역사가 없습니다.

그 녀석이 저에게 화를 내거나 나를 무시하는 게 아니라고 생각하니, 갑자기 건방진 아이는 사라집니다.

오직, 조폭이 되고 싶다는 건우가 내 앞에 있습니다.

그리고 온전히 이 녀석이 궁금해집니다.

"흠… 조폭… 많고 많은 직업 중에 조폭이 되고 싶은 이유가 있어?"

상담자로서 아이들을 상담할 때 우리 상담자가 아이에 대해 숨은 그림 찾기를 하면 좋겠다는 생각을 해 보곤 했습니다. 숨겨진 그림을 찾는 것처럼 우리가 겉으로 봐서는 알지 못하는 아이의 모습 속에 숨겨져 있는 중요한 그 무언가를 찾으면 좋겠다는 생각을 해 보곤 했습니다. 우리는 '우리 아이가 이러이러할 거야.'라는 우리가 만든 그림 때문에 그 그림 속에 숨겨진 아이의 작은 그림을 보지 못할 때가 많습니다.

건우가 조폭이 되고 싶은 이유는 간단했습니다. 돈을 벌고 싶었습니다. 그런데 주변에서 가장 돈을 잘 버는 사람은 항상 검은색 세단을 타고 멋진 양복을 입은 누나의 남자친구였습니다. 건우는 그렇게 번듯한 차를 사서 언제나 아빠에게 맞기만 했던 엄마를 태우고 다니고 싶었습니다. 그렇게 멋진 옷을 입고 맛난 음식을 먹으면서, 자신의 손으로 신고했던 폭력적 아빠의 경제력에서 독립하고 싶었습니다. 건우가 조폭을 선택한 이유는 다른 아이들이 직업을 선택하는 이유처럼 주변에서 소위 가장 잘나가는 직업을 선택하고 싶은 것입니다. 게다가, 건우에게는 조폭이라는 직업에 대한 소질도 있습니다. 건우는 학교에서 싸움대장이기 때문입니다. 심지어 건우는 교사들과 싸우는 것도 두렵지 않습니다. 사실 건우에게 선생님들은 싸워서 이기고 싶은 사람이기도 합니다. 왜냐하면 선생님들은 아빠와 비슷합니다. 엄마를 때린 아빠와 비슷하게 건우에게 선생님들은 명령하듯 무시하며 말을 합니다. 건우는 아빠에게 지지 않고 싶듯이, 그런 사람들에게도 지고 싶지 않습니다. 동기도 적성도 맞아떨어지니 건우의 입에서는 조폭이라는 단어가 자연스러울 수 있겠습니다.

건방지게 조폭이 되겠다는 말을 하는 아이, 선생님과 맞짱을 뜨는 아이, 이러한 겉 그림 밑에는 건우의 숨겨진 그림이 있습니다. 가식 없이 조폭이라는 말을 하는 정직한 아이, 돈을 벌어 엄마를 편하게 해 주고 싶은 아이, 맛있는 것을 맘껏 먹고 싶은 아이, 사고 싶은 게임을 선뜻 사고 싶은 아이, 그리고 자신을 믿어 주는 어른에게는 양 같은 아이….

혹시 궁금하신가요? 우리 아이들의 숨겨진 그림이?

* 이 글은 서미가 인터넷 사이트 MissyUSA.com의 '심리오디세' 와 개인적인 페이스북 계정에 포스팅한 글을 요약·발췌한 것이다.

제6장 다문화상담과 영성

    우리 사회는 점차 다양한 문화를 가진 다문화 사회로 변해 가고 있다. 외국인 근로자의 유입, 결혼 이민자의 증가, 유학생의 증가 등으로 우리나라에 체류 중인 외국인 비율이 해마다 증가하는 것이 그 주요 원인이다. 한겨레, 한민족, 한핏줄이라는 말은 이제 더 이상 우리 사회를 상징하는 말이 되기 어려운 것 같다. 이러한 경향은 이민 인구 유입의 증가, 국제사회로의 변화로 인해 앞으로 더욱 심화될 것으로 예상된다. 실제로 2012년 외국계 주민은 총 1,445,571명으로, 국내 총 인구의 2.8%에 달하고 있다(행정안전부, 2012). 이러한 사회적 변화가 학교에 그대로 반영되어, 교사나 학생들은 부모가 다른 문화권에서 성장한 학생이나 본인이 다른 문화권에서 태어나 자란 다문화 청소년들을 심심찮게 만나게 된다. 최근 교육부(2013) 통계에 따르면, 다문화 가정 학생 수는 55,767명으로 전체 학생의 1%에 육박하는 것으로 나타났다. 특히 이 수치는 2006년에 비해 7년 만에 6배가량 늘어난 수치이며, 2011년에 비해 18.8% 늘어난 수치이다. 전체 학생 수가 매년 20만 명씩 감소하고 있다는 사실을 감안하면, 다문화 가정 학생 비율이 점점 커질 것임을 알 수 있다. 그러나 한국 사회의 구성원으로서의 다문화 가정과 청소년은 여전히 이방인으로 취급받으며 다양한 불평등과 어려움을 겪고 있는 것으로 여겨진다(서현, 이승은, 2007; 전경숙, 2008).

다문화 청소년은 일반 청소년에 비해 다양한 위기 상황에 놓이는데, 다문화적인 배경이 학교 내 적응을 어렵게 하는 것으로 보인다(장덕희, 신효선, 2010; 조혜영, 이창호, 권순희, 서덕희, 이은하, 2007). 청소년기는 중요한 발달 위기 중 하나인 자아정체 혼란과 위기가 시작되는 시기이다. 이러한 자아정체 혼란의 문제는 다문화 청소년의 경우 더 복잡해진다. 예를 들어 외국인 부모를 둔 청소년의 경우 부모가 자란 문화권의 종교나 가치관이 현재 한국 사회의 가치와 충돌할 수 있다. 비슷하게 외국에서 자란 청소년의 경우 거주했던 문화권의 종교나 가치 등이 현재 한국 사회의 것과 충돌할 수 있다. 이러한 충돌로 인해 청소년은 사회적 정체성을 형성하는 데 어려움을 겪는다. 이제 한국의 상담자나 학교상담자들은, 이와 같은 문제를 직면하는 다문화 청소년을 효과적으로 상담하고 교육하기 위한 다문화상담 능력을 향상시켜야 한다.

다문화상담 능력과 관련하여, 대표적인 다문화 사회인 미국의 ASCA (American School Counselor Assocation, 미국학교상담자협회)는 '학교상담자의 의무에 대한 윤리 규정(Ethical Standards for School Counselors call for professional school counselors)'에서 학교상담자는 학생의 문화적 배경을 이해하고 문화적 요인과 일치하는 상담개입이나 기술만을 사용해야 한다고 규정하고 있다. 상담자는 학생의 세계관이나 영적 신념에 영향을 미치고 있는 문화나 종교에 대해 이해하고 있어야 한다.

이 장에서는 상담자와 학교상담자가 다문화 청소년의 영적 가치나 신념을 좀 더 잘 이해할 수 있도록 여러 종교(그리스도교, 이슬람교, 힌두교, 불교)에서 바라보는 영성에 대해서 설명할 것이다. 또한 그 영적 가치나 신념을 활용한 상담사례를 소개할 것이다.

1. 다문화상담에서의 영성

다문화 사회에 관한 여러 연구물과 책들은 개인이 세상을 바라보는 관점이나 가치관을 핵심 요인으로 다룬다(Ibrahim, 1985; Smith, Richards, MacGranley, & Obiakor, 2004). 이러한 세계관이나 가치관은 특정한 경험의 영향을 크게 받을 수 있으며 우리가 성장해 온 사회의 문화에서 공유하는 영적 전통의 영향을 받는다(Lonborg & Bowen, 2004). 예를 들어 한국에서 자란 청소년들은 '부모에게 효도하고 어른을 공경해야 한다'는 가치관을 보편적으로 가지고 있다. 이러한 효나 어른에 대한 공경의 가치관은 한국 사회에 전통적으로 뿌리를 내린 유교에서 강조하는 '인'과 '예'의 영적 가치와 관련이 있다. 그러나 미국에서 자란 청소년은 이러한 가치관을 갖지 않을 것이다.

개인의 영적 신념이나 가치관이 사회의 전통적인 문화나 철학, 종교에 근거한 영적 신념에 영향을 받는 것과 관련하여 청소년기는 중요한 시기이다. 청소년기는 자아정체성을 확립하는 과정에서 영적·종교적 탐구가 본격적으로 이루어지는 시기이다(Good & Willoughby, 2008). 예를 들어 청소년은 자신이 누구인가를 질문하면서, '나는 왜 태어났는가?' '어른을 공경해야 한다고 하지만, 존경받지 못할 짓을 하는 어른을 공경해야 하는가?' '신은 사람을 사랑한다고 하면서, 왜 나를 이런 불우한 환경에 놓게 했는가?' 등등에 대한 탐구를 시작한다. 예시 질문처럼 청소년의 영적 탐구는 부모나 소속 사회로부터 기존에 배웠던 가치와 신념에 대한 비판으로부터 시작된다. 청소년은 비판적인 사고를 통해 기존의 영적·종교적 신념을 다른 관점에서 다양한 방향으로 사고하기 시작하고, 가치와 믿음을 탐색하기 시작한다(Byrnes, 2003). 이러한 과정을 통해 청소년은 기존의 가치나 믿음 체계를 전복시키기도 하고 조금 수정하기도 하면서(Balk, 2000) 스스로 자기만의 영성을 형성해 간다. 따라서 이 시기의 청소년은 스스로 자신의 영적 신념을 돌아보고 자유롭게 탐색해 볼 기회를 가져야 한다.

상담자는 이런 측면을 고려하여 다문화 청소년 내담자가 자라면서 노출된 문화와 종교에 근거한 영적 믿음과 가치를 깊이 탐색하고 돌아볼 수 있는 기회를 제공할 필요가 있다. 다문화 청소년은 세상에 존재하는 다양한 관점을 이해하는 것뿐만 아니라 자라 온 문화에 기반을 둔 자신의 세계관과 영적 신념 전통을 깊이 이해함으로써 스스로에 대해 좀 더 깊이 이해할 수 있다. 다음의 새터민 대학생 사례는 문화나 영적 가치에 대한 탐구가 자기이해에 어떻게 영향을 미치는지를 보여 주는 사례이다.

영희 씨는 중학교 때 북한을 탈출하여 중국과 동남아시아 국가를 거쳐 고등학교 때 대한민국으로 온 대학생이다. 영희 씨는 며칠 전 한 사회단체로부터 북한의 초등학교에 대해 이야기를 해 달라는 요청을 받고 수락한 상태이다. 그런데 영희 씨는 그날 이후로 마음이 편하지 않았다. 그 이유는 단체에서 주로 북한의 부정적인 점에 대해 이야기를 해 달라고 요청했기 때문이었다. 상담에서 영희 씨는 북한에 부정적인 면이 있는 것은 사실이지만, 어린 시절의 즐거웠던 경험 모두까지 부정되는 것 같아서 슬프다고 토로했다. 주변 사람들이 북한이 절대악이라고 생각하기 때문에 자신은 대학 친구들에게 새터민이라는 이야기를 하지 않는다고도 했다. 사실 영희 씨 또한 북한이 싫어서 탈출하였지만, 북한을 절대악이라고 여기는 한국 문화를 접하면 억울했다. 상담을 통해 영희 씨는 북한의 부정적인 면뿐만 아니라 북한에서 자라면서 경험하고 배운 것 중 현재에 긍정적으로 영향을 미치는 것들이 있으며, 그것이 무엇인지를 정리했다. 이런 과정을 통해 영희 씨는 새터민 영희이건, 동남아에서 온 영희이건, 자신이 진정으로 원하는 모습은 정직하고 솔직하게 사람을 대하는 것이라는 것을 깨달았다. 여전히 북한을 절대적으로 나쁘게 여기고 새터민을 낮추어 보는 문화가 한국에 존재하는 것 같지만, 영희 씨는 북한에서 온 자신을 부끄럽게 여기고 싶지 않은 자신의 마음을 알게 되었다. 영희 씨는 사회단체에 연락해서 북한의 부정적인 점뿐만 아니라 개인적으로 좋았던 경험도 나누고 싶음을 피력했다. 또한, 그 이후 영희 씨는 '너 말투가 이상해' 라는 친구의 질문에 '동남아에서 살아서 그래' 라는 대답보다는 '북한에서 온 사람이야' 라는 대답을 하기 시작했다. 영희 씨는 북한에서 온 사람이 더 행복해지고 한국 사람이 북한 사람을 좀 더 이해하도록 돕는 일을 하기로 결심했다.

위 사례처럼 다문화 청소년의 자아 정체성은 현재 속한 문화와 기존 문화의 가치관이나 신념과 관련이 있다. 이렇게 다문화상담에서는 영성이나 종교가 자아정체성, 사회적 정체성과 같은 다양한 정체성과 중복되거나 상호작용할 수 있기에 종교나 영성의 특징을 고려해야 한다(Robinson & Howard-Hamilton, 2000; Tatum, 1997). 이를 위해 상담자나 학교상담자는 문화나 종교, 영적 신념에 대한 기본적인 지식을 가지고 있어야 한다(Maher & Hunt, 1993; Sue & Sue, 2008).

상담자와 학교상담자가 다른 문화의 종교나 영적 신념에 대한 지식을 갖기 위해 여러 종교의 관점에서 보는 영성에 대해 이해하는 것은 중요하다.

2. 종교와 영성

종교는 문화를 반영한다. 특히 이 장에서 다룰, 사회 전반에 오랜 기간 동안 영향을 끼쳐 온 전통적 도덕관념과 사회적 가치는 그 사회 구성원들이 가진 종교와 밀접한 관련이 있다. 이는 종교가 신이나 절대자를 통해 삶의 궁극적인 의미를 추구하는 데 목적이 있고, 이를 위한 원리와 가치에 대해 강조하기 때문이다. 이처럼 종교가 그 사회 구성원들의 전통적인 도덕관념과 사회적 가치에 영향을 미치기 때문에, 다양한 사회 구성원들의 개인적 영성을 이해하기 위해서는 각 종교에서 이야기하는 영성을 이해할 필요가 있다.

몇몇 연구자들은 영성과 종교라는 단어를 상호 대체할 수 있는 개념으로 사용하지만, 대부분의 연구자들은 영성을 종교와 대비해서 정의한다. 즉, 종교는 조직적 · 예식적 · 관념적인 것으로 정의하는 반면, 영성은 개인적 · 정서적 · 경험적 · 성찰적인 것으로 정의한다(William, 1950). 종교가 법률이나 규칙을 가진 하나의 제도라면, 영성은 개인의 경험이라고 볼 수 있다.

1) 종교적 관점에서의 영성

학교상담자와 상담자는 그리스도교, 불교, 이슬람교, 힌두교의 관점에서 영성이 무엇인지에 대해 이해함으로써 다양한 종교를 가진 다문화 가정이나 청소년을 보다 효과적으로 상담할 수 있다.

(1) 그리스도교 관점에서의 영성

"영성이란 한 사람의 내면에서 일어나는 생각, 형성되는 성품, 그리고 삶의 모습이 성경에 의거한 자기성찰과 근면, 절제와 금욕생활, 기도와 노동 등을 통하여, 궁극적으로 하나님의 성품에 참여하는 자(베드로 후서 1:4)로 변화되어, 성숙한 자아와 긍휼히 여기는 마음과 영혼을 사랑하는 마음을 일상생활 속에서 실천함으로써, 하나님의 이재 가운데서 생활하며, 자기를 비워 예수 그리스도의 마음을 갖고 오직 하나님의 영광만을 위하여 살아가는 온전한 삶의 추구이다."

영성의 어원적 기원은 성경 속의 바울의 서신에서 찾아볼 수 있다. 바울 서신에서 영성은 '영적 사람' 또는 '영적 축복' 의 의미로 사용되었다.

그리스도교 영성이란 하나님을 자신의 주인으로 받아들임으로써 가능해지는 하나님과의 깊은 관계를 말한다. 그리스도교도들은 하나님과의 깊고 밀접한 관계를 통해 하나님의 뜻과 성품을 따르게 되면서 온전히 영적으로 성장하게 된다고 믿는다. 그리스도교에서는 변화된 행동보다 변화된 마음을 중시하지만, 변화된 마음은 변화된 행동을 이끌어 낼 수 있어야 하기 때문에, 진정한 그리스도교 영성체험에는 인간성품의 변화와 행동의 윤리적 변화가 수반되어야 한다(William, 1950).

이처럼 영성은 개인이 신과의 관계에 몰입하는 과정과 관련이 있다. 그런데 개인이 신과의 관계를 구하는 방식은 개인의 그리스도적 영성이 뿌리를 두고 있는 그리스도교 전통에 따라 다르다(Frederick, 2008). 즉, 그리스도교적 전통에 따라 영성의 실천은 다양하다(McGrath, 1999). 구체적으로 살펴보면 가톨릭에서는 다양한 기도방식과 묵상의 방법이 사용되며, 칼빈은 순례 여행, 금식 등 이제까지의 금욕주의적인 모든 의식을 거부하는 대신 예배와 경건생활을 통한 성화의 교리를 제시했고, 청교도들은 개인기도, 묵상, 성찰, 성경읽기, 그리고 사회변화를 강조한다. 현대 복음주의자들은 기도와 성경묵상, 예배참여, 참회 등의 훈련 방법들을 제시하고 있다(Benner, 1998). 이처럼 영성의 실천이 전통에 따라 다른 것처럼 하나님의 말씀에는 어떤 단 하나의 일관적인 영성은 존재하지 않고 다양한 영성이 존재한다(Cunningham & Egan, 1996, p. 15).

물론 하나님의 말씀에 뿌리를 두고 있기에, 그리스도교 영성이 다양하다 해도 공통적인 부분도 존재한다(Frederick, 2008). 즉, ① 그리스도교도들은 매일의 삶에서 실천하는 영적 행동을 해야 하며(Cunningham & Egan, 1996; McGrath, 1999), ② 그리스도를 본받고 있는 목사님이나 신부님에게 순종하는 제자됨의 소명(Bonhoeffer, 1959/1995; Cunningham & Egan, 1996; Foster, 1998; McGrath, 1999)을 가지며, ③ 공동체와 함께 어울려 사는 경험(Bonhoeffer, 1959; Cunningham & Egan, 1996; McGrath, 1999)을 해야 한다.

이 공통점에 근거해서, 그리스도교 관점에서의 영성에서 주요하게 강조되는 것은 제자 되기임을 알 수 있다. 6개의 대표적인 그리스도교 종파 모두 그리스도교도의 신앙이 그리스도를 위한 제자가 되는 사명으로 사는 것이라고 강조한다(Frederick, 2008). 이들은 교인 모두가 하나님의 왕국에서 살게 될 것을 믿어야 한다고 강조한다(Foster, 1998).

"우리가 만일 그리스도가 우리의 육신을 갖고 어떻게 살았는지를 깊이 이해한다면, 어떻게 우리가 진실하게 살아야 하는지 배우게 된다. 죽음 앞에서도 언제나 우리와 함께하셨던 그를 통해 우리는 강해질 수 있다. 그리고 우리는 그리스도의 모습을 본받되, 맹종하는 것이 아니라 그와 함께하는 영과 힘으로 그를 따라 하며, '그와 함께 보조를 맞추어 걸어가는 것'을 의식적으로 배운다."(Foster, 1998, p. 3)

그런데 6개 종파 모두에서 제자 되기가 그리스도교의 영성에서 가장 중요한 부분이라고 강조한다 해도, 그 관점은 다소 차이가 있다(Foster, 1998). 프레드닉(Fredenick, 2008)은 다음과 같이 6개 종파에서 보는 제자 됨의 삶의 모습을 정리하였다.

첫 번째 전통은 관상의 삶을 강조한다. 관상의 삶은 우리를 사랑하는 하나님의 영혼을 꾸준히 응시하도록 돕는다(Foster, 1998, p. 49). 관상하는 삶은 하나님의 사랑을 깊이 체험하는 것을 추구한다. 기도를 통해, 관상을 하는 사람들은 하나님의 존재를 체험하고 인식하는 것을 발달시킨다. "그 모든 것을 통해, 하나님은 점차 천천히 내면의 모든 것을 사로잡아 가셨다. 먼저 내 감정을, 그리고 의지를, 그리고 마음을, 상상력을, 그리고 열정을."(Foster, 1998, p. 51) 이 관점에서 강조하는 것은 개인이 하나님을 경험하는 것이다.

두 번째 그리스도교적인 전통은 '성결(교)'이다. 그리스도적 삶의 성스럽고 신성함은 마음을 내적으로 재형성해 주고 '성스러운 습관'을 발달시키는 데 초점을 둔다(Foster, 1998, p. 53). 신을 기쁘게 하기 위해 신성한 행동을 하는 것이다. 성스럽고 신성하다는 것은, 세상에서 성스러운 삶을 사는 것과 관련이 있다. "그리스도인의 삶의 목표는 단순히 천국에 가는 것이 아니라, 우리 안에 천국을 만드는 것이다."(Foster, 1998. p. 85)

세 번째는, 은사주의(charismatic stream) 전통이다. 그리스도교의 삶의 은사주의와 신앙은, 영의 은사(은총)을 강화시키고 영의 성숙한 열매에 초점을 두는 데 있다(Foster, 1998, p. 99). 은사주의 전통은 그리스도인의 성령의 힘을 경험하는 것을 가치 있게 여긴다. 영에는 세 가지 카리스마적 기능이 있는데, 즉 지도력, 열광시키는 권한(ecstatic empowerment), 공동체 형성이다(Foster, 1998, p. 126).

영의 은사에는 목사의 지도를 통해 교회에서 하나님이 행하시는 것, 황홀한 표현을 통한 간증, 공동체에서의 제자 됨이 포함된다. 이 전통에서의 제자 됨은 더 깊고, 역동적이며, 더 영적인 신성 경험을 촉진시킨다. 은사주의 전통에서의 영적 제자 됨은 하나님의 영적 힘을 다시 경험하는 것과 관련되어 있다. "기적과 치유, 계시와 예지, 이것들이 바로 영속에서 우리가 살고 있음의 발자취들이."(Foster, 1998, p. 129)

넷째, 그리스도적 삶의 사회 정의와 신앙(The Social Justice Stream of Christian Life)은 인간관계와 사회구조에서 사랑과 정의를 실현하는 것이다 (Foster, 1998, p. 137). 이 종파에서 중요하게 생각하는 것은 세 가지, 즉 '사회적 · 윤리적 · 종교적 의미'(misphat), '사람들에 대한 신의 흔들림 없는 연민' (hesed), '사람을 사랑하는 조화로운 공동체에 대한 비전'(shalom)이다. 이 종파에서는 하나님에게 영광을 돌리는 행위보다는 좋고 공정한 사회를 발달시키는 것이 중요하다. 이들은 사회적 · 대인관계적 측면에서의 성스러움에 초점을 맞추며, 하나님의 평화와 정의를 지역사회에 가져오는 것이 진정한 제자 됨으로 여긴다. 개인적 측면에서는 평화와 정의와 일치하는 삶을 사는 것이며, 사회적 측면에서는 결혼과 가족의 삶에서 정의를 실현하고, 이웃 주민들과 공정한 관계를 맺는 것이다. 제도적인 측면에서는 억압적인 사회 구조와 정책에 반대하는 것이다.

다섯째는 복음주의 전통인데, 이는 그리스도의 인생을 알리고 복음을 전파하는 것이다. 이들의 삶에서 가장 중요한 것은 그리스도이며, 성경에서 묘사된 그의 삶이다. 복음주의 관점에서의 제자 됨은 그리스도가 중심이며 그리스도 교리가 중요하다. 즉, 옳은 교리와 믿음을 발전시키고 실행하는 것과 관련이 있다. 제자 됨에서의 강조점은 성서와 개종이다. 이웃을 포함하여 세계 국가에 복음을 전하는 사명을 갖는다. 또한 복음주의의 핵심인 하나님의 말씀인 성경을 가치 있게 여기고, 존중할 사명 또한 갖는다. 성경은 바로 인간이라는 죄인을 위해 희생한 하나님의 아들을 위한 하나님의 진실이다. 성경을 통해 모든 사람들은 구원자인 예수 그리스도로 인해 구원을 받게 된다. 따라서 복음주의 제자들은 복음을 널리 널리 알릴 책임을 갖는다.

여섯째, 성육신적(incarnational) 전통이다. 이는 보이지 않는 영의 영역을 현존하고 보이는 것이 되게 하는 데 초점을 둔다. 이 전통의 중심에는 영을 통한 그리스도의 표현이 있다. 이들의 핵심은 세상에서 하나님에게 영광을 함께 돌리는 교회이다. 성체(세례식 등)는 아들을 통해서 눈에 보이게 해 주심으로써 보이지 않는 하나님을 증명하였듯이 교회에서 가장 눈에 보이는 존재가 되게 만드는 것이다. "성찬식은, 하나님이 우리의 몸, 마음, 영 속에 존재함을 표시하는 구체적인 행위이다." (Foster, 1998, p. 262) 성육신적인 제자 됨은, 그리스도의 존재를 다른 사람에게 나타내는 것과 관련이 깊다.

교회는 역사 속에 나타나신 하나님의 현존을 증거하는 실재이다. 교회는 예수님의 몸이며 성육신의 차원을 지속시키는 것이다. 교회는 그리스도의 현존을 증거하는 증거 자체이다. 성육신적 전통은 공동체의 각 구성원들이 변하지 않는 삶을 살도록, 결혼과 가족 관계, 일 관계, 이웃 관계 속에서 살아갈 것을 요구한다.

(2) 불교 관점에서의 영성

불교는 고타마 싯다르타(Gautama Siddhatha)에 의해 2,500년 전에 정립된 것으로 추정된다. 싯다르타는 힌두교 전통을 가진 가족에서 태어나 힌두 전통에 따라 학습하고 훈련을 받았다. 불교는 부처의 가르침이며 부처에 의해 전해진 종교이다. 부처라 함은 불타 석가모니를 말하며 인도말인 붓다(Buddha)를 음역한 것으로 그 뜻은 각자(覺者: 깨친 사람)라는 뜻이다. 부처의 가르침은 누구나 부처가 되고, 어디나 밝고 깨끗하고 평등하며 자유롭고 평화로운 세상이 되게 할 수 있다는 진리를 가르쳐서 누구나 부처가 되게 하는 것이다(한재희, 2010). 불교에서는 인간은 누구나 부처가 될 수 있는 마음밭을 가지고 있다고 믿는다. 누구나 부처가 될 수 있는 마음은 자아의 집착을 없애는 것과 관련이 깊다. 이렇듯 인간의 고통을 끝내고 평온하게 자유로움을 얻게 되는 상태를 '열반(Nirvana)'이라고 부른다. 열반은 '천국'이라는 형태의 개념이 아니라 인간의 곤궁과 고통에 대한 깊은 깨우침과 이해의 상태이다. 붓다는 명상 훈련을 통해 자기발견이나 자기이해를 촉진시킨다(Rahula, 1978). 이렇게 명상 등의 훈련과 경험을 통한 깊은 깨우침에 이르는 것이 불교 영성의 본질이며, 이는 불교에서 말하는 사성제로 설명될 수 있다(한재희, 2010; Hanna & Green, 2004).

사성제의 가르침은 불교의 궁극적 목표인 '고'에서의 해탈과 관련된 교리로, 고제, 집제, 멸제, 도제로 구성되어 있는데, 인생의 고통의 실상(고제)과 그 원인에 대한 규명(집제) 그리고 고통이 소멸된 열반의 상태(멸제)와 열반에 이르는 길(도제)을 제시해 준다.

먼저 고제는 인생의 고통의 실상에 관한 것으로, 인생은 긴장과 불안으로 가득 차 있다. 인생에는 8가지의 고가 있는데, 그중 생로병사에 관한 것이 태어남의 고통인 생고, 늙는 고통인 노고, 병듦의 고통인 병고, 죽는 고통인 사고이다. 이 외에도 사랑하는 사람들과 이별하거나 사별하는 애별이고, 싫어하고 미워하는 사람들을 만나고 함께 하는 원증회고, 생각대로 되지 않기 때문에 생기는 구부득고, 자기중심적인 집착을 갖는다면 모든 것이 고가 된다는 오취오고가 있다.

그리고 집제는 고통의 원인에 대한 설명으로, 욕망은 긴장과 불안을 일으키는 원인이다. 집제는 욕애, 유애, 무유애라는 세 가지 갈애로 구성되어 있다. 먼저 욕애는 오욕, 즉 감각적 쾌락을 추구하는 애욕에 대한 갈애이다. 둘째는 유애로서 존재를 의미하는 '유(有)'에 대한 갈애이다. 셋째인 무유애는 비존재, 즉 허무를 의미하는 무유(無有)에 대한 갈애이다.

셋째, 멸제에서 멸이란 갈애가 남김 없이 모두 멸한 상태이며, 번뇌의 속박으로부터 해탈, 일체의 집착이 없어진 자유무애의 경지, 즉 열반의 상태를 가리킨다. 즉, 모든 긴장과 불안으로부터 벗어남을 의미한다.

마지막으로 도제는 열반의 깨침에 이르는 동안 갖가지 번뇌를 멸하기 위한 여덟 가지 수행 방법인 팔정도(the Eightfold Path)를 의미한다.

해탈에 이르는 길인 팔정도에는 정견, 정사유, 정어, 정명, 정정진, 정념, 정전이 있는데, 이 중에는 마음챙김(mindfulness)과 깊은 명상, 그리고 신념이나 믿음을 바꾸는 것이 포함된다. 흥미로운 것은 2,500년 전 불교승려들의 수행 방법이 현대 상담 전문가들이 사용하는 상담기술과 똑같다는 점이다(De Silva, 1984, 1985; Mikulas, 1978, 1981). 그 공통적인 기술들로는, 탈감각 기법(desensitization), 홍수법(flooding), (비합리적) 신념 수정, 생각 멈추기, 자기 점검, 상상 기법 등이 있다(Hanna & Green, 2004). 불교 수행의 종착역인 열반은 불안도, 긴장도, 심리적 고통도 없는 상태로 평화롭고 평온한 상태이다. 즉, 자아 중심적인 자아를 벗어나 심리적 · 영적으로 완벽한 상태로서, 자신의 진정한 영성을 깨닫는 상태이다. 열반에 이르게 되면 더 이상의 윤회는 일어나지 않는다. 진정한 나를 찾고 걱정이 없는 상태인 열반과 붓다의 정신 상태는 깊은 자기통찰을 포함한다(Nanamoli, 1975). 이로 인해 불교는 서구의 심리학에서도 흥미로운 주제로 여겨졌고, 불교 사상과 현대 상담 및 심리치료 간의 공통점에 대해 비교하고 설명하고 있는 책들이 상당수 출판되어 있다(Kornfield, 1993; Sweet & Johnson, 1990; Welwood, 2000).

사성제와 함께 불교 사상에서 중요한 개념이 연기법, 윤회와 업의 개념이다.

먼저 연기법은 존재는 여러 가지 원인에 의해서 생기게 되고 그 원인이 소멸되면 존재도 사라지게 된다는 것이다. 따라서 모든 존재는 서로가 서로를 의지하고 관계를 가짐으로써 존재할 수 있고, 그 관계가 깨어질 때 존재도 사라지게 되는 것을 의미한다. 연기의 원리에 의하면 어떠한 존재도 우연히 생겨나거나 홀로 존재할 수 없으며 더 나아가 영원하거나 절대적인 것도 있을 수 없다.

윤회라는 말은 끊임없이 돌고 도는 순환의 의미이며 모든 존재가 여러 가지 세계를 돌아다니면서 삶과 죽음을 끝없이 되풀이함을 의미한다. 윤회의 원리에 따르면 인간이 살아 있는 동안에 갖게 되는 업은 반드시 어떤 결과를 일으키고, 그 결과가 다음 생을 다시 존재하게 한다. 업의 결과가 있는 동안 윤회는 계속되며, 만약 지은 모든 업이 소멸되면 윤회는 멈추게 된다.

이러한 불교 사상은 아시아 문화권에 전반적으로 영향을 미치고 있는데, 문화에 따라 티벳 불교, 중국 불교, 일본식 불교(선종), 북방 대승불교 등 다른 종파로 발달하였다(Radhakrishnan & Moore, 1957). 현재까지 불교는 태국, 말레이시아, 스리랑카, 네팔, 대만, 홍콩, 일본, 부탄, 중국 등 아시아의 다양한 민족들에게 영향을 미치고 있다.

(3) 이슬람교 관점에서의 영성

이슬람교는 사우디아라비아에서 예언자 마호메트(Mahomet)에 의해서 610년에서 632년 사이에 만들어진 종교이다. 전 세계적으로 대략 십억의 이슬람교도들이 있는 것으로 추정된다.

이슬람이라는 말은 문자대로는 '굴복(surrender)'(Armstrong, 2000)이라는 말이지만, 종교적 의미에서는 '알라(신이라는 아랍어)의 의지에 대한 복종'이라는 뜻으로 해석할 수 있다. 알라의 의지에 복종한다는 것은, 오로지 알라의 뜻으로 세상 모든 일들이 일어나고 있다는 사실을 인정하고 받아들이는 것을 의미한다. 따라서 이슬람교도들은 이러한 알라의 의지와 뜻에 굴복하고 받아들이는 사람들이라고 할 수 있다. 알라는 세계에 중심에 있으며, 평화는 알라의 의지에 복종함으로써 이루어진다.

이슬람교는 유대교나 그리스도교와 비슷하게 초기에는 참된 진리를 알리지 못했지만, 마지막 예언자 마호메트의 메시지에 의해 완성되었다고 믿는다. 마호메트의 가르침은 코란(Koran 또는 Qur'an)이라는 이슬람교 경전에 기록되어 있다(Ali, 1934; Pickthall, 1930). 이슬람교도들은 알라의 말은 실수가 없이 완벽한데, 그 완벽한 말씀이 천사 가브리엘에 의해 마호메트에게 전달되었다고 믿는다(Farah, 2003). 또한 이슬람 문화를 이해하는 데 있어 가장 중요한 것은 코란을 가르치는 것을 어떻게 이해하고 받아들이고 행동하는지에 대해서 아는 것이다(Mattson, 2003; Mernissi, 1996). 코란에 따르면 나 자신과 자부심을 버리고 신에게 복종하고 가난한 사람과 나눔으로써 깊은 영성에 도달할 수 있다. 또한 코란의 가르침에 따라 사회를 이슬람교 영성을 지향하는 곳으로 발달시키는 것도 강조되며(Armstrong, 2000) 이는 이슬람교도들에게 매우 가치 있는 일이다. 사실 탈레반과 같이 파괴적인 사람들이 위에 설명한 교리를 따른다는 것이 이상하게 들릴 수도 있다. 그럼에도 불구하고 이슬람교도들은 영적 가치를 따르고 있으며, 특히 이슬람교 종파 중 수피교(Sufi)는 특히 깊은 영성의 세계를 추구하며 그리스도교나 힌두교의 신비주의와도 상당 부분 유사하다(Happold, 1967). 예를 들어 수피교는 사랑의 신과의 직접적인 교감을 강조하며, 다른 이슬람 종파가 뿌리를 두고 있는 두려움과 형식주의와는 거리를 둔다.

한편 이슬람교의 모든 종파는 다섯 개의 믿음의 기둥(Five Pillars)이라는 다섯 가지 중요한 의무를 강조한다(Abudabbeh, 2005). 이 다섯 가지 의무는 이슬람교를 이해하는 데 가장 핵심적이며(Lippman, 1995) 상담자들이 대부분의 이슬람교도의 신앙이나 영성을 이해하는 데 있어 가장 중요하다.

- 유일신과 최후 예언자(마호메트)에 대한 믿음
  - 이는 이슬람교의 가장 근본적인 교리이다.
  - 이슬람교도들은 마호메트가 오기 이전의 선지자들, 즉 그리스도교의 구약성서에서 나오는 선지자들을 선지자로 믿는다("알라 이외에 신은 없으며, 마호메트는 알라의 예언자이다.").
- 하루에 다섯 번 기도
  - 모든 이슬람교도들은 하루에 다섯 번 기도해야 한다. 기도할 때는 사우디아라비아에 있는 성지, 메카를 향해 기도해야 한다.
- 자선
  - 예전에는 의무적이었으나 지금은 자발적인 자비 행위로서, 가난한 사람과 궁핍한 사람에게 자신의 부를 나누어 줄 책임을 본질적으로 가진다.
- 금식
  - 성스러운 달인 라마단 기간 동안에는 해가 뜬 이후부터 질 때까지 물도, 음식도, 부정 타는 생각(예를 들어 타인을 괴롭히거나 물건을 훔치거나 성적 관계를 갖는 생각들)도 금지된다.
- 메카로의 성지순례

- 사우디아라비아에 있는 성지, 메카를 일생에 한 번 순례하는 핫지(Hajj)
  를 해야 한다.

이 의무조항에서 알 수 있듯이 이슬람교는 도덕생활을 강조하며, 자신이나 타인에게 상처를 입히는 행동을 금지한다. 즉, 자만심, 자랑, 중상모략, 비방, 살인, 도둑질, 간통, 탐욕, 약자나 가난한 사람에 대한 억압, 가족 학대, 부모에 대한 불효와 같은 행동을 금한다. 이슬람교도들의 주요한 믿음은 자비로운 행동을 하고, 이슬람교의 법을 따르고, 코란의 가르침을 따르는 행동을 함으로써 행복한 삶을 보상받을 수 있다는 것이다(수라[surah] 중에서 16:97). 따라서 이슬람교도들은 믿음에 맞게 행동하고 코란의 가르침을 잘 따랐는지를 자주 자문한다(Armstrong, 2000). 이 점이 이슬람교도들을 상담하는 데 있어 유용하게 활용할 수 있는 자원이 될 수 있다.

(4) 힌두교 관점에서의 영성

3,000년 전 인도에서 발생한 것으로 추정되는 힌두교는 지구상에 있는 종교중 가장 오래되었다. 흥미로운 것은 힌두교가 그리스도교나 이슬람교처럼 타종교인의 개종을 외치는 종교가 아니라는 점이다. 힌두교 영성 지도자는 인도인들이다. 그러나 그리스도교처럼 힌두교 또한 다양한 종파가 존재한다.

힌두교는 다수의 신을 믿는다. 그리스도교, 이슬람교, 유대교에서는 무에서 세상을 만든 신에 대한 믿음을 강조한다. 반면 우파니샤드(Nikhilananda, 1963)나 요가 바시스타(Venkatesananda, 1984)와 같은 힌두교의 경전에 따르면, 브라마나 신은 자신의 존재에서 세계를 창조하였다.

힌두교의 여러 신 중 브라마(Brahma, 창조주), 비슈누(Vishnu, 보호자), 시바(Shiva, 파괴자)는 가장 중요한 힘과 의미를 갖는다. 이 셋은 거대하고 신성하면서도 각각 독립적인 힘을 가지고 있다. 브라마는 세상을 창조하는 역할을 하며, 비슈누와 시바처럼 종교의식이나 헌신적인 행동에 초점을 두지 않는다. 반면 시바는 요가를 수련하고 영적 깨우침을 원하는 사람들의 신으로서 행동에 초점을 둔다. 그러나 본질적으로 이러한 신들도 우주의 모든 면을 가지고 있는 브라마의 또 다른 형상이기도 하다. 실제 힌두교는 모든 신, 모든 인간, 모든 동물, 모든 사물들은 브라마가 현재 나타난 모습이라고 믿는다.

그러므로 힌두교 영성의 핵심은 개인의 정체성을 궁극적으로 브라마의 정체성으로 실현하는 데 있다. 영적 수행의 목적은 자아를 초월하고, 브라마로서의 정체성, 즉 모든 존재와 함께 하나가 되는 자신의 진정한 정체성을 실현하는 데 있다. 이처럼 힌두교 영성은, 개인보다는 세계 전체를 더 중요하게 생각한다. 이때 이러한 정체성의 실현은 믿음이나 사상을 통해서 얻어지는 것이 아니라 실제적인 경험을 통해 얻은 심오한 영적 깊이와 결과에 대한 통찰력에 근거한다(Hanna & Green, 2004). 이렇게 브라마와 하나의 존재임을 삶에서 실현하고, 세상과 완벽하게 하나임을 체험함으로써 인간은 영적으로 성장하고 발달할 수 있다.

실제 경험을 통한 영적 성장과 관련하여 힌두교 '업(Karma)'의 개념을 이해할 필요가 있다. 힌두교에 따르면, 인간은 업의 결과로 고통의 윤회세계에 태어난다. 그러나 육신을 가지고 이 세상에 태어나기 때문에 행동을 통해 업을 없애고 윤회의 세계를 벗어나 해탈을 실현할 기회를 갖는다. '원래의 나'는 브라마와 하나의 존재일 정도로 영적 존재이지만, 업(Karma) 때문에 '지금의 나'는 고장 나 있다. 그 고장 난 나는 바로 요가(yoga)'를 통해서 원래의 나, 즉 본디의 영성에 다가갈 수 있다(이거룡, 2007, p. 226). 힌두 경전 바가바드기타(Bbagavadgita)에 따르면 사람들의 기질에 따라서 네 가지 방법의 요가가 존재할 수 있다. 먼저 즈나나 요가(Jnana Yoga)는 지적이고 철학적인 반성적 사고를 하는 사람들을 위한 요가이다. 바크티 요가(Bhakti Yoga)는 사랑을 통해 신에 대한 헌신을 수행하는 정서적인 사람들을 위한 요가이다. 카르마 요가(Karma Yoga)는 일상생활에서 주어진 역할을 수행하고 일을 하면서 신에게 헌신하는 활동적 사람들을 위한 것이다. 마지막으로 라자 요가(Raja Yoga)는 모든 존재의 진정한 본성이 일반적으로 감각, 마음, 정서를 통해서 경험하는 것보다 더 위대하다는 가설을 수련을 통해 실험적으로 검토하고 명상하도록 하는 방법이다.

힌두교는 어떤 종파건 간에 삶의 방식으로 요가를 택하고 있다. 나를 아는 것은 나를 실현해 가는 것으로서, 단지 인식의 차원에서 이루어지는 것이 아니라 '구제의 도' 여야 한다(이거룡, 2007, p. 226). 즉, 자아실현의 과정은 신을 믿느냐 믿지 않느냐에 달려 있는 것이 아니라 '영원한 진리(sanatana-dbarma)' 를 생활양식으로 구현하는 것이다(이거룡, 2007, p. 226). 힌두교 교육의 핵심 목적은 영원한 진리의 실체인 브라마에 대한 지식(brabmavarchasa)을 실현하는 것이다.

힌두교의 관점에서, 인간의 이상적인 생애는 태어나서 죽을 때까지 학생기(brabmacharin), 가주기(gribastha), 임서기(vanaprastha), 유행기(sannysin)의 네 가지 단계를 거치는 것이다. 이 단계에 대해 이거룡(2007)은 아래와 같이 설명하였다.

"첫 단계는 학습과 금욕의 시간이다. 두 번째 단계는 결혼하여 가정을 이루는 단계이며, 자식을 낳아 대를 잇고, 가장으로서의 의무를 다하는 기간이다. 세 번째 단계는 앞의 두 단계를 통해 이룬 경제적인 기반과 가업을 후손에게 물려주고 숲으로 들어가 명상하는 단계이다. 이때는 아내와 함께 또는 무리를 이루어 숲으로 들어가 명상에 전념한다. 네 번째 단계는 모든 것을 버리고 운수의 길을 떠나는 시기이다. 이때는 걸식이 주요 생계수단으로 아무것에도 집착하지 않고 세상을 떠도는 산야신이 된다. 이를 보면 인생의 마지막 단계는 모든 욕망을 포기하는 것이다. 행동도, 가족도, 사회도 초월하며 해탈에 대한 집착마저도 벗어 버린다(이거룡, 2007, 228). … 이 이상적인 삶의 네 단계를 통해 결국 이루게 될 인생의 목적은 부(artha)의 축적, 욕망(kama)의 실현, 의무(dbarma)의 실천, 그리고 해탈(moksa)이다." (이거룡, 2007, p. 232)

주목할 것은, 다소 종교적인 삶의 목적과는 괴리가 있는 것처럼 보이는 부의 축적이나 욕망의 실현이 해탈로 향하는 이상적인 생애 단계에 포함되어 있다는 사실이다. 힌두교에서는 이처럼 육신을 가진 존재로서 인간의 욕망을 부정하지 않는다. 인간이 세속의 온갖 욕망과 욕심으로부터 진정으로 자유로워지기 위해서는 우선 인간의 욕망을 성공적으로 실현하는 삶을 살아야 한다. 그러고 나서 이렇게 쌓아 올린 것을 포기함으로써 진정한 자유인이 되는 것이다. 예를 들어, 우리가 좋은 집, 좋은 지위, 좋은 직장으로부터 진정으로 자유로워지려면, 최선을 다해 좋은 집, 지위, 직장을 얻은 후 이를 포기함으로써 그 욕망으로부터 진정으로 자유로워질 수 있다는 것이다. 이 부분을 불교와 비교해 보는 것은 흥미롭다. 사실 힌두교와 불교는 욕망으로부터의 자유로움을 통해 해탈에 이른다는 점에서 같은 지향점을 갖는 것처럼 보인다. 그러나 이 지점, 즉 욕망으로부터 자유로워지는 방법에서 힌두교는 불교와 뚜렷이 구분된다. 즉, 불교가 욕망으로 욕심을 덜어 내고 욕망의 대상을 멀리함으로써 욕망에서 자유로워짐을 강조한다면, 힌두교는 욕망은 오직 욕망으로 초월될 수 있음을 강조한다는 것이다(이거룡, 2007, p. 233).

결국 힌두교의 네 단계의 이상적인 삶의 방식은 '욕망 속에서 욕망을 초월'하는 삶의 방식이다. 앞의 두 단계, 즉 학생기와 가주기가 열심히 쌓고 모으는 삶이라면, 뒤의 두 단계는 그것을 포기함으로써 시작되는 출가의 삶이다. 쌓아 올리는 이유는 결국 버리기 위해서이다. 종국에 버릴 것임에도 쌓아야 하는 이유는, 가진 자만이 버릴 수 있기 때문이다. 이러한 버림을 통해서 자유함을 얻을 수 있기 때문이다. 이처럼 힌두교의 사상은 '포기의 철학'이다(이거룡, 2007, p. 234).

힌두교에서는 해탈이나 영적 깨달음을 위한 영적 교사나 지도자를 갖는 것을 강조한다. 이들 교사나 지도자들은, 제자들이 영적으로 발달할 수 있도록 영적 지도를 제공한다. 또한 이들은 영적 문제에 대한 충고와 지도를 해 주며, 종종 상담자의 역할을 한다.

힌두교 가정은 가족의 신을 선택할 수 있고, 가족에 헌신하는 것을 중요시한다. 어머니들은 가족에게 헌신하고, 가정생활에서 중요한 부분인 축하일이나 예식을 담당한다. 자녀들은 부모에게 순종해야 하며 부모는 온정적인 권위자이다. 자녀는 공부를 잘하고, 부모와 가족을 존중하며, 시간과 에너지를 학교 공부와 종교 공부를 하는 데 쏟아야 한다.

2) 상담사례

상담자나 학교상담자가 종교 관점에서의 영성이 어떻게 상담 실제에 적용될 수 있는지, 어떻게 영성에 대한 지식을 상담 과정에서 활용할 수 있는지 등을 이해하는 것은 중요하다. 이를 위해 종교적 신념이나 영성을 활용하여 성공적으로 상담을 이끈 외국 상담사례를 소개하고자 한다. 앞의 세 사례(사례 6-1부터 6-3까지)는 프레드 해나와 엘렌 그린(Hanna & Green, 2004)이 학술지인 『전문 학교상담(*Professional School Counseling*)』에 발표한 사례를 번역하여 수록한 것이며, 뒤의 두 사례(사례 6-4부터 6-5까지)는 낸시 블랙(Black, 2004)이 『아동·청소년 정신의학치료(*Child Adolesent Psychiatric Clinics*)』에 발표한 사례를 간단히 요약한 것이다.

사례 6-1 불교 영성을 활용한 입양아 지미 사례[1]

불교도들은 대체로 인내심이 많고 비폭력적인 경향이 있다. 15살 소년인 지미는 태국에서 태어나 6살 때 백인 가족에게 입양되었다. 지미의 외모로 인해 사람들은 지미가 아시아에서 입양되었음을 알아차리곤 한다. 지미는 마약 흡입 때문에 청소년 치료 프로그램에 참여할 것을 명령받게 되었는데 이 프로그램은 대안학교에서 이루어졌다. 그런데 지미의 백인 입양부모들은 이 프로그램의 어떤 상담회기에도 참여하는 것을 거부했다. 이에 대해 지미는 겉으로는 괜찮은 척했지만 속으로 힘들어했다. 이후로도 계속 지미는 또래 친구들을 존중하지 않았고 계속적으로 다툼을 일으켰다.

상담자와의 처음 상담 장면에서 지미는 자신이 어떤 상담도 필요하지 않다고 강조하며, 상담자의 물음에 무심하게 반응했다. 지미는 확실히 우울해 보였다. 상담자는 반항적인

---

1) 이 사례는 해나와 그린이 2004년 『전문 학교상담(*Professional School Counseling*)』 저널에 발표한 'Asian Shades of Spirituality: Implications for Multicultural School Counseling' 라는 논문에 수록된 사례로서, 저작자의 동의를 얻어 번역하여 소개한다.

청소년과 라포를 형성하는 전략을 사용하면서(Hanna, Hanna, & Keys, 1999), 지미가 상담에 참여하도록 유도했다. 그 방법 중 하나로, 지미가 태국에서 태어났다는 점을 알고 있던 상담자는 지미가 태국에 대해 관심이 있는지 물었다. 지미는 자신이 태국에 전혀 관심이 없으며, 미국에 살고 있는 자신에게는 태국이 중요하지 않다는 부모의 말을 거론했다. 그러나 상담자가 태국에 몇 번 가 본 적이 있다고 하자 지미는 관심을 보이며 태국이 어떤지에 대해서 물었다. 상담자는 태국 문화의 아름답고 매력적인 부분과 태국의 도시에 대해서 설명해 주면서 태국 사진집을 가지고 싶냐고 지미에게 물었다. 지미는 큰 관심을 보였고 상담자는 사진집을 함께 보면서, 책에 나오는 불교 사원과 문화에 대해서 설명해 주었다. 이때 지미의 모습은 이전에 볼 수 없었던 새로운 모습이었다. 이 순간 상담자는 태국 사람들이 분노와 반대되는 고요함과 침착함을 가치 있게 여기며, 이들이 불교라는 종교를 갖고 있음을 언급했다. 그러자 지미는 불교에 대해서 들어 본 적이 없으며 입양 부모들이 전혀 종교에 대해서 이야기를 한 적이 없다고 하였다. 상담자가 불교가 인생과 자기 자신에 대한 좋은 감정들을 개발시켜 나가는 종교임을 알려 주었다. 덧붙여서 지미에게 불교에 대해서 더 배우고 불교에서 하는 간단한 훈련들을 해 보고 싶은지를 물었고, 지미는 웃으면서 바로 '그렇다'고 대답하였다.

　지미는 걷기 명상(Hahn, 1991)과 마음 챙기는 알아차림(mindful awareness) 훈련을 통해 분노를 직접적으로 폭발시키는 충동을 관찰하고 바라보려고 하였다(Hanna & Hunt, 1999를 보라). 이러한 훈련을 통해 소외감으로 인한 불안과 스트레스를 줄이고, 자신이 기억하고 있는 상처를 감소시키고자 하였다. 상담자는 훈련 방법을 가르쳤을 뿐만 아니라 지미와 함께 명상을 하기도 했다. 마침내 4주 정도 지났을 때 지미는 서서히 변화하기 시작했다. 다행히 지미의 부모도 이런 훈련에 대해 전혀 꺼려하지 않았다. 상담자는 부모에게 태국 문화와 종교에 대한 지미의 흥미를 격려해 주도록 요청했고 부모들은 지미가 변화해 가는 것에 대해 매우 기뻐하면서 적극 협조했다. 이러한 접근을 통해 지미는 자신을 이해하고 사랑하기 시작했다. 분노와 소외감은 자신의 배경과 영성을 수용하고 자랑스러워하면서 줄어들었다.

　이 사례를 살펴볼 때, 불교 영성이나 문화권에서 자란 청소년을 상담하는 학교상담자들이나 상담자들은 다음과 같이 자문해 볼 수 있을 것이다.

"이 학생의 문제를 어떻게 불교 영성과 조화롭게 다루어, 행동, 태도, 목표에서의 바람 직한 변화를 하도록 도울 수 있을까?"

사례 6-2   이슬람교 영성을 활용하여 다문화적 차별을 극복한 프리나 사례[2)]

15세 이슬람교도인 파키스탄인 프리나는 학교 친구들이 이슬람교가 '어리석은' 종교라는 등 상처가 되는 말을 그녀에게 하는 문제로 상담실에 찾아왔다. 프리나는 잔인한 말에 깊이 상처받았고, 이로 인해 우울하고 혼란스러웠다. 프리나의 학교에는 머리에 어떤 착용물도 해서는 안 된다는 교칙이 있었지만 교장은 프리나에게 히잡을 착용할 수 있도록 허락했었다. 그 결과, 프리나는 80%에 달하는 백인학생들 속에서 확연히 구분되는 학생이 되었다. 프리나가 처음 학교에 온 날, 상담자는 프리나에게 언제든지 문제가 있으면 상담실을 올 수 있다고 이야기해 주었다. 이후 1개월이 지나 프리나는 상담자를 찾아왔다.

상담 장면에서 프리나는 울면서 파키스탄에 있는 원래 집이 너무 그립고 미국 사람들이 고향 사람들과는 너무 다르다고 이야기하였다. 이에 상담자는 프리나가 어떤 일 때문에 슬픈지 물었지만, 프리나는 그냥 학교와 또래 친구들이 싫다는 말만 되풀이하면서 자세히 어떤 일이 있었는지는 이야기하지 않았다. 상담자는 계속해서 상담을 진행했고, 어느 날 프리나는 미국에 온 이후 더 좋아질 거라고 생각했지만 더 나빠지기만 했다고 했다. "무엇이 더 나빠졌지?" 상담자의 물음에 프리나는 대답했다 "이슬람교가 어리석고 이슬람 옷은 너무 우스꽝스럽다고 아이들이 놀렸어요." 프리나는 학교 친구들이 자신의 나라를 비웃고, 이슬람교도들은 테러리스트라고 말한다며 슬퍼했다. 이런 경우 다문화에 익숙한 미국의 교사들조차 또래 학생들의 행동을 멈추게 하는 것은 어렵다. 이런 교사들의 태도로 인해 프리나는 더욱 상처를 받았다. 상담자는 괴롭히는 친구들이 그런 말을 하지 못하도

---

2) 이 사례는 해나와 그린이 2004년 『전문 학교상담(*Professional School Counseling*)』 저널에 발표한 'Asian Shades of Spirituality: Implications for Multicultural School Counseling'라는 논문에 수록된 사례로서, 저작자의 동의를 얻어 번역하여 소개한다.

록 상담자가 할 수 있는 어떤 일이든지 하겠다고 말하면서, 이슬람교 신앙이 더욱 깊어졌
는지 물었다. 프리나는 그렇다고 말했고, 이에 상담자는 이슬람교에 대해서 좀 설명해 달
라고 부탁했다. 종교에 대해 이야기하는 게 편안하지는 않지만 해 보겠다고 프리나는 말
했다. 상담자는 알라에 대한 믿음을 언급하고 있는 수라(surah, 코란의 한 장)의 한 구절
"자비로운 행동을 하면 보상으로 행복한 삶을 살게 된다."를 언급했다. 프리나는 상담자
가 코란의 구절을 언급한 것에 대해 놀라면서 좀 더 편안해진 태도로 그 가르침에 대해 알
고 있다고 대답했다. 상담자는 그 가르침이 현재 상황에 적용될 수 있는지 물었다. 이에
프리나는 현재의 경험이 다른 사람들의 말을 견디어 내고 자신의 믿음이 더욱 신실하게 하
는 도전이 될 수 있음을 깨달았다고 말했다.

　　상담자는 프리나를 돕기 위해 먼저 학교장을 만나 프리나의 고통스러운 상황에 대해서
설명했다. 상담자는 이 문제를 학교 분위기 개선 차원에서 다루어야 한다며 지원을 호소
했다. 교사회의에서 교장은 프리나에 대한 학생들의 행동과 편견이 허용되어서는 안 된다
고 강조하면서, 이슬람교도들이 신을 사랑하고 순종하며, 단지 몇몇 이슬람교도들이 테러
를 저지를 뿐이라고 학생들에게 교육시킬 것을 당부했다. 이와 동시에, 상담자는 프리나
가 들어가는 수업의 담당 교사 개개인과의 면담을 통해 도움을 요청했다. 상담자는 또한
교내 여성 또래상담자에게 프리나에 대한 언어적 폭력을 막아 줄 것을 부탁했다. 또래상
담자는 바로 프리나의 친구가 되었고, 다른 친구들을 소개해 주었다. 이런 개입으로 프리
나의 기분이 상당히 호전되었다. 사실 이슬람교에 대한 언어적 폭력이 완전히 그치지는
않았지만(상당히 감소하였음), 사회적 지지 체계가 새로이 생기면서 프리나는 더 이상 힘
들어하지 않게 되었다.

　　이슬람교 배경을 가진 청소년을 상담할 때 상담자들이 중요하게 고민해야 할 것은 어떻
게 이슬람교 영성에 관한 지식을 상담 목표와 연결하느냐이다. 이를 위해서는 상담자들이
이슬람교의 영적 가치에 대해서 이해하려는 노력을 기울여야 한다(Kelly et al.,
1996).

사례 6-3	힌두교 영성을 활용하여 부적응을 극복한 비제이 사례[3]

힌두교 전통에서 학생들을 상담할 때는 상담자가 어느 정도까지 힌두교 전통을 이해할 수 있는지를 판단하는 것이 중요하다. 상담자는 힌두교 부모의 영적 성향에 대해 정중하게 물어볼 수도 있다.

힌두교 고등학교 2학년 학생 비제이는 동료 학생들과 잘 맞지 않고, 학교 친구들에 의해 소외감을 느끼고 불안해하고 있었다.

그의 어머니는 아들이 직접 이야기를 하지는 않지만 불안을 경험하고 있음을 느끼며 이에 대해 걱정이 많다고 이야기했다. 그녀에 따르면, 가족은 3년 동안 미국에서 살고 있으며 여전히 적응하는 데 어려움을 겪고 있었다. 그런데도 비제이의 아버지는 별로 아들의 문제에 신경을 쓰지 않는다. 우연히 상담자가 힌두 영성에 대해서 깊은 존경을 가지고 있다고 하자, 곧바로 비제이의 어머니는 자신도 힌두교의 신앙을 가지고 있다고 대답했다. 상담자는 비제이가 어머니의 종교에 대해 비슷한 마음을 가지고 있는지 물었고, 이에 그녀는 주저하면서 비제이가 비디오나 TV 뮤직쇼에 훨씬 더 빠져 있다고 한탄했다. 이때, 비제이의 어머니는 상담자가 힌두교에 대해서 어느 정도 알고 있는지를 물었다. 상담자가 바가바드기타를 비롯한 다양한 힌두 서적들을 읽었다고 이야기하자 어머니는 매우 기뻐하였다. 덧붙여 상담자는 명상을 하기도 한다고 이야기하였다.

그러고 나서 상담자는 어머니에게 비제이에게 고대 힌두교 서적에 나오는 명상 하나를 가르쳐 주어도 되겠는지를 물었다. 이 명상은 고대 상징인 OM(옴)을 이용하여, 명상을 하면서 계속 이를 반복하는 것이다. 사실 이 명상은 보편화되어 여러 해 동안 연구를 통해서 그 효과가 증명되어 왔다(Benson, 1975). 비제이의 어머니는 기꺼이 이에 동의했다. 상담자는 비제이에게 명상 기법에 대해서 설명하며 이것이 전통적인 힌두교 문화에서 가치 있는 기법으로 인정된 것이지만, 일반적인 모든 수련에도 효과적이라고 말했다. 그는 명상을 시도했고 곧 불안이 줄어들었다. 이를 통해서 비제이는 자신의 어려움을 이야

---

3) 이 사례는 해나와 그린이 2004년 『전문 학교상담(*Professional School Counseling*)』 저널에 발표한 'Asian Shades of Spirituality: Implications for Multicultural School Counseling'라는 논문에 수록된 사례로서, 저작자의 동의를 얻어 번역하여 소개한다.

194

기하기 위해 상담실의 문을 두드렸고 결국 소외감을 느끼게 한 친구들과도 잘 지내게 되었다.

사례 6-4 | 힌두교 영적 공동체를 활용하여 다문화 차별을 극복한 사례[4]

12살의 소녀이며 힌두교도인 내담자는 학교 성적이 떨어졌다는 이유로 부모에 의해 상담에 의뢰되었다. 전문직 종사자인 부모는 내담자가 인도에서는 성적이 좋고 영리했으나 미국 학교에 잘 적응하지 못한다고 걱정하였다. 특히 이들은 내담자의 성적이 잘 나오지 않는 것에 대해서 걱정이 많았으며, 상담자에게 기대하는 것 또한 내담자의 학교 성적이 향상되는 것이었다.

사례를 진행한 상담자는 부모의 권위가 중요하고, 가족 중심으로 문제해결을 하려는 전통적인 힌두 문화에 대해서 이해하고 있었기에, 치료 과정에서 내담자의 부모가 존중받기를 바라고, 어떤 식으로든 내담자의 치료에 참여하기를 바라는 점에 대해서 존중하였다.

상담 과정에서 상담자는 내담자가 학교에 적응하지 못하는 이유가, 다른 학생들이 피부색깔과 냄새 등 외모로 인해 놀리기 때문임을 알게 되었다. 또한 내담자가 학교 스포츠 팀을 정할 때 다리털을 깎지 않았다는 이유로 놀림을 당하고, 이로 인해 학교나 지역 청소년 센터에서 즐겨 참여하던 단체활동을 그만두었음을 알게 되었다.

상담자는 먼저 학교상담자 및 직원들과의 상담을 통해, 내담자의 다문화적 문제를 학교 차원에서 해결하는 방법(다문화 교육 등)을 모색하였고, 내담자가 참여할 수 있는 학교활동을 모색하였다. 한편 상담자는 가족 면담을 통해 내담자 부모가 심리상담을 의뢰했음에도 불구하고 여전히 문제가 드러나고 심리치료를 받는 것에 대해 거부감을 갖고 있다는 사실을 알게 되었다. 이에 상담자는 힌두 사원 교사들을 멘토로 삼아 함께 어울려 사는 것에 대한 메시지를 갖고 현재의 경험을 이해하도록 돕는 방법을 부모와 함께 모색하였다. 단,

---

4) 이 사례는 낸시 블랙이 2004년 『아동 · 청소년 정신의학치료(*Child Adolescent Psychiatric Clinics*)』 저널에 발표한 'Hindu and Buddhist Children, Adolescents, and Families'라는 논문에 수록된 사례를 요약한 것이다.

이런 과정을 거치고 나서도 여전히 내담자가 향상되지 않으면 약물치료나 심리치료를 받아야 한다는 점에 대해 부모의 동의를 얻었다. 치료 이후, 내담자는 성공적으로 학교생활을 마치고 전문직종에서 일하게 되었다고 치료자는 보고하였다.

결론적으로 이 사례에서 상담자는 가족의 역동이나 청소년의 내적인 삶에 대해서 임상적으로 다루지는 않은 것처럼 보인다. 상담자는 자신들의 문제는 가족 내에서 해결해야 한다는 힌두교도들의 신념과, 학교생활을 우선시하고 부모의 권위를 존중받고자 하는 부모의 욕구에 대해서 이해하고 상담 과정에서도 존중한 것으로 보인다. 또한 힌두교 영적 지도를 내담자의 치료에 활용한 것으로 보인다.

사례 6-5 불교 공동체를 활용한 상담사례[5]

이 사례에서 내담자는 일본인과 미국인 사이에서 태어난 13세 혼혈 소년의 사례 또한 소개하고 있다. 소년은 학교생활에 잘 적응하지 못했고, 어느 집단에도 끼지 못하고 있었다. 예를 들어, 대부분의 아시아인 친구들과는 달리 학업 성적이 우수한 편이 아니었고, 주로 학교에서 질이 좋지 않은 친구들과 어울려 다녔다. 그의 아버지는 일본인 2세로 독실한 불교신자였으며, 어머니는 백인으로 기독교인이었다.

상담자는, 치료 과정에서 내담자가 아버지와 관계가 좋지 않다는 점을 발견하게 되었으며, 이를 향상시키기 위해서 아버지와 소년이 함께 불교 사원에서 진행하는 '북을 두드리는 클럽'에 참여하도록 제안하였다. 또한, 부모들이 함께 역시 불교 사원에서 진행하는 '가족 사랑과 친절함에 대한 불교 교리 스터디 그룹'에 참여하도록 권유하였다. 그 결과, 내담자는 북을 두드리는 클럽의 다른 청소년들을 통해 자신만 실패를 하는 것이 아니라는 사실을 깨닫고 위안을 받았다. 또한 북을 두드리는 클럽 지도자의 지도하에 신체적 힘과 자기 통제에 대해서 배우게 되었다. 가족의 삶은 전반적으로 향상되었다.

---

5) 이 사례는 낸시 블랙이 2004년 『아동 · 청소년 정신의학치료(Child Adolescent Psychiatric Clinics)』 저널에 발표한 'Hindu and Buddhist Children, Adolescents, and Families'라는 논문에 수록된 사례를 요약한 것이다.

이 사례는 내담자 및 그 가족의 상담 과정에서 영적 · 종교적 공동체를 어떻게 효과적으로 활용할 수 있는지를 보여 준다. 이 사례와 비슷하게, 청소년 내담자는 종교 단체가 제공하는 건강한 공동체 활동을 통해 건전하게 성장할 수 있는 기회를 가지며, 내담자 부모는 종교 영성의 측면에서 가족을 사랑하는 법, 자신을 사랑하는 법 등 다양한 치유를 경험할 기회를 갖기도 한다.

요약

이 장에서는 상담자나 학교상담자가 다문화 청소년의 영성에 대해서 좀 더 잘 이해할 수 있도록, 여러 종교(그리스도교, 이슬람교, 힌두교, 불교)에서 바라보는 영성에 대해서 설명하고 상담사례를 제시하였다. 먼저, 다문화상담에서의 영성과 종교의 의미에 대해서 설명하였고, 그리스도교, 불교, 이슬람교, 힌두교의 관점에서 보는 영성에 대해서 설명하였다. 또한 이러한 영성이 어떻게 상담에 적용될 수 있는지를 외국 상담사례를 통해서 제시하였다.

다음 장은 현장에서 아동 · 청소년 영성을 측정할 수 있는 다양한 척도와 도구에 대해서 설명할 것이다.

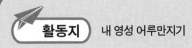

내 영성 어루만지기

지금 의미 있는 삶을 살고 있는가?*

기회가 닿아 〈미스 사이공〉이라는 뮤지컬을 서너 번 보게 되었다. 처음 두어 번은 주로 노래나 멜로디 그리고 볼거리에 치중해서 봤다면 세 번째 이후부터 줄거리에 주로 집중이 되었더랬다.

줄거리를 간단히 소개하자면 베트남 전쟁 당시 킴이라는 베트남 여인이 창녀촌에서 크리스라는 미군과 만나서 결혼을 하고 꿈같은 첫날밤을 보낸다. 그러나 행복도 잠시 미군이 철수하게 되면서 크리스와 킴은 헤어지게 된다. 킴은 베트남 호치민 정권에서 높은 계급이 된 전 약혼자의 청혼을 거절하고 크리스의 아들을 데리고 다시 방콕으로 넘어와서 창녀로 살면서 크리스가 돌아와 자신과 아들을 데리고 갈 날을 기다리며 산다. 한편 크리스도 미국으로 돌아와 킴을 잊지 못하고 살다가 엘렌이라는 여자와 결혼을 하면서 조금씩 안정을 찾아 간다. 그러던 중 크리스는 킴과 아들의 소식을 알게 되고 방콕으로 엘렌과 함께 오게 된다. 결국 킴은 크리스가 결혼을 했다는 것을 알게 되고 아들을 미국에 데려갈 것을 엘렌과 크리스에게 부탁하고 자살한다.

이 뮤지컬의 테마는 비극적인 상황에서 피어난 사랑일 수도 있고 어쩌면 죽음을 불사한 강한 모정일 수도 있다. 하지만 몇 번의 공연을 보면서 킴의 절망보다는 킴의 희망이 궁금해지기 시작했다.

'무엇이 남편을 잃고 다시 창녀로 비참하게 살아갈 수밖에 없는 상황에서 살게 했을까?' 그리고 '사랑하는 남편을 만났음에도 왜 그녀는 다시 죽을 수밖에 없었을까?' '왜 가장 비참했던 상황에서는 살고 좀 더 나은 상황에서는 죽음을 선택했을까?'

이런 생각을 하는 중 머릿속에 선명하게 떠오르는 한 사람이 있었다.

빅터 프랭클(Victor Frankl). 제2차 세계대전 당시 3년 동안 아우슈비츠 강제 수용소에서 수감되었다 생존한 정신과 의사이자 교수 빅터 프랭클은 말했다. 사람이 절망적인 상황을 이겨 낼 수 있게 하는 힘은 희망이라고. 그렇다면 그가 말한 희망과 킴의 희망은 같은 것일까? 아니면 다른 것일까?

빅터 프랭클의 책 『죽음의 수용소에서(*Man's Searching for Meaning: An Introduction to Logotherapy*)』에는 이런 일화가 나온다.

빅터 프랭클과 같은 수용소에 있던 어떤 수감자가 그에게 조용히 와서 고백을 했다. "의사선생, 선생님께 드릴 말씀이 있습니다. 이상한 꿈을 꾸었어요. 꿈에서 어떤 목소리가 소원을 말하라는 거예요. 내가 알고 싶은 것을 말하래요. 그러면 질문에 모두 대답을 해 줄 거라고 하더군요. 그래서 제가 무얼 물어보았는지 아십니까? 나를 위해서 이 전쟁이 언제 끝날 것이냐고 물어보았지요. 언제 우리가, 우리 수용소가 해방될 것인지, 우리 고통이 언제 끝날 것인지 알고 싶었어요."

그러면서 그는 꿈의 목소리가 알려 준 해방의 날이 3월 30일이라고 살짝 알려 주었다.

그리고 3월 30일에 일어난 일은 해방이 아닌 그 수감자의 죽음이었다. 프랭클은 말한다. 희망의 갑작스러운 상실은 치명적이다. 그래서 현실과 괴리되어 있는 지나치게 낙관적인 희망은 독이 될 수 있다.

희망은 현실의 매일 매 순간의 삶의 의미와 관련되어 있어야 한다. 매일 매 순간 삶에서 일어나는 일들이 나에게 어떤 의미를 주는지에 대해서 생각하고 발견하면서 보다 행복한 삶을 꿈꾸는 것이다. 프랭클은 수용소에서 이 고통과 시련이 어떤 의미를 자신에게 주는지에 대해 생각했다고 한다. 강제 노역 중에 들에 핀 꽃과 노을의 아름다움을 느끼기도 했으며 정신과 의사로서 고통받는 동료들에게 정신력을 심어 주려고 노력했다고 한다. "어느 날 나는 '어떤 줄에 서야 일을 덜할 수 있을까? 어떤 관리자를 만나야 좀 편할 수 있을까? 오늘은 어디서 자게 될까?' 등등의 생각을 하는 것에 지쳐서 다른 생각이 하고 싶어졌다. 그리고 대학교 강단 앞에서 내 수용소에서의 경험을 이야기하는 나 자신을 생각했다. 그리고 나는 행복해졌다." 이렇게 끔찍한 고통도 그에게는 의미가 있는 것이다.

〈미스 사이공〉에서의 킴의 희망은 남편을 만나 아들과 행복한 삶을 누리는 것이었다. 그 희망으로 그녀는 살아간다. 그 희망이 좌절되었을 때 그녀에게 삶은 의미가 없다.

어쩌면 너무 극단적인 어려움의 상황인 전쟁이나 아우슈비츠 수용소에서의 이야기가 나에게 크게 다가왔던 것은 어려움의 크기가 나의 것과는 비교할 수도 없지만 프랭클의 희망은 내 삶에 배움을 주기 때문이다. "이것이 이루어진다면 나는 행복할 수 있어." "내가 행복할 수 없는 것은 내가 원하는 상황에 내가 있지 않기 때문이야."라고 말하는 수많은 사람들, 그리고 혹은 내 자신을 볼 때가 있다. 희망의 모습은 가지각색이다…. 자식의 성공, 보다 나은 지위와 명예, 보다 안정된 직장, 보다 완벽한 내 자신의 모습 등등…. 이것을 희망하면서 우리는 혹은 나는 그 과정을 즐기고 있는지, 그 과정에서 가르쳐 주고 있는 삶의 의미들을 잘 발견하고 있는지 궁금해진다.

미국에서 한 5년을 생활했던 적이 있었다. 처음 미국에 갔던 6개월 동안 참으로 우울했던 거 같다. 준비 없이 미국으로 갔던 첫날을 여전히 기억한다. 물건을 넣을 봉투를 원하냐는 짧은 영어를 알아듣지 못해 우물쭈물하던 나를 쳐다보던 계산원의 눈빛… 내 이야기에 박수를 쳐 주고 웃어 주던 친구들은 사라지고, 내 한마디를 귀찮아하는 사람들만 존재했다. 단지 20시간 동안 비행기를 타고 공간을 이동했을 뿐인데, 그 하루를 사이에 두고 접한 세상은 너무 달랐다. 영어에 서투르다 보니 누구를 만나도 움츠러들게 되었고… 한국에선 상담전문가로 나름 대우받던 나는 말도 못하는 이민자가 되었다. 한국에 있는 선배나 후배, 동기가 좋은 직장으로 옮겨 간다는 이야기를 들을 때마다 축하는커녕 우울하기도 했다. 그렇게 살던 어느 날, 우울함에 은사님께 편지를 쓴 적이 있었다. 그리고 은사님은 내게 어쩌면 잔인했을 한마디를 던져 주셨다.

"힘들겠다. 그런데 생각해 보면, 언제 네가 그런 취급을 받아 보겠느냐?"

그 말 한마디는 신비롭게도 비루했던 나의 삶에 의미를 던져 주었다. '상담자 누구' '박사 누구'의 영예로운 타이틀 대신 '이민자 누구'로 취급받을 수 있는 기회… 그 삶이 기회로 여겨지니 '어떻게 해서든 미국에서 좋은 경력을 쌓아야겠다'는 조급함이 없어졌다.

가끔 정신없이 살다가 문득 내가 왜 이 일을 하고 있는가 하고 느낄 때마다 빅터 프랭클은 내게 묻곤 한다.

"지금 너의 삶은 순간순간의 의미를 찾을 수 있는가?"

* 이 글은 서미가 인터넷 사이트 MissyUSA.com의 '심리오디세'와 개인적인 페이스북 계정(facebook)에 포스팅한 글을 요약·발췌한 것이다.

 제7장 아동 및 청소년 영성의 측정

인간은 종교를 갖거나 종교에 심취하지 않더라도 얼마든지 영적일 수 있다 (Bloemhard, 2008). 영성은 인간이 지니는 보편적인 특성이기 때문에 영성을 경험하기 위해 특정 종교에 심취할 필요는 없다. 다만 보다 영적인 존재가 되기 위해서는 개방적 태도, 앎에 대한 호기심, 경이로운 삶을 살고자 하는 용기, 삶을 전적으로 수용하려는 마음가짐 등이 필요하다(Bloemhard, 2008). 특히 아동 및 청소년들은 영적 경험을 인지하고 체득할 수 있는 태생적인 능력을 소유하고 있으며, 삶의 과정 중에 습득된 영성은 이들의 신체적 · 심리적 및 정서적 발달에 중대한 영향을 미친다(Hay & Nye, 2006; Ratcliff & Nye, 2006). 즉, 영성은 자신, 타인, 세계, 절대자와의 만남 혹은 경험을 통해 건강한 성인에 이르기까지 발달을 위한 기초를 제공한다(Hay & Nye, 2006; Lerner et al., 2006). 따라서 아동 · 청소년 시기에 이들이 가지고 있는 영성을 측정하여 이후 단계 발달로 자연스럽게 연결될 수 있는 전략과 개입을 위한 자료를 확보하는 것은 매우 중요하다. 이 장에서는 아동 · 청소년들의 영성을 측정할 수 있

는 방법을 살펴보고자 한다.

1. 개방형 질문

　개방형 질문은 폐쇄형 질문과 반대되는 질문 유형으로 응답에 대한 형식이나 특정 구조를 요구하지 않고 상대방이 자유롭게 응답할 수 있는 질문을 말한다. 개방형 질문을 사용할 때의 장점을 살펴보면 첫째, 응답자가 자신 주의의 환경 또는 세계를 이해할 수 있게 한다. 둘째, 응답자가 자신이 하고 있는 일들을 이해하게 한다. 셋째, 응답자와 긍정적인 라포 또는 신뢰감을 형성한다. 넷째, 응답자가 아동일 경우 문장구성력과 단어 활용 능력을 향상시킨다.

　개방형 질문을 사용할 때 주의할 점은 먼저 상대방의 응답을 유도하지 말고, 응답 중간에 간섭하지 않으며, 응답을 재촉하지 말고, 목소리는 낮은 톤으로 천천히 말해야 한다는 것이다. 또한 상대방이 어떤 응답을 하든지 비판하지 말고 끝까지 자신의 응답을 할 수 있게 격려해야 한다. 아동과 청소년의 영성을 측정하기 위한 대표적인 개방형 질문은 다음과 같다.

- 너에게 도움을 주는 가장 중요한 관계는 무엇이니?
- 힘든 일을 겪으면서 너는 어떤 것을 배웠니?
- 어려운 일을 당할 때 주위 사람들로부터 너는 도움을 받았니?
- 너에게 도움을 준 사람에 대해서 말해 줄래?
- 그 밖에 다른 사람은?
- 힘든 일을 당할 때 너의 믿음이나 신념이 어떻게 도움이 되었니?
- 어려움이나 스트레스를 겪을 때 네가 즐겨 읽는 책에 대해서 말해 줄래?

2. 그림을 통한 영성 이해

그림은 자신의 생각, 느낌, 감정을 자유롭게 표현할 수 있는 유용한 수단이다. 그림은 질문이나 문항 내용에 구애됨이 없이 자유롭게 자신의 사고와 느낌을 표현할 수 있어 응답자의 태도, 감정과 같은 정서적인 부분까지도 파악할 수 있다. 특히, 문장작성 능력이 없거나 구술 답변을 꺼려하는 아동과 청소년들에게 적합한 검사 방법이라 할 수 있다.

1) 영성 인생지도

영성 인생지도는 개인의 영적 인생여정을 지도의 형식으로 나타낸 것을 말한다. 또한 영성 인생지도는 신 또는 초월자와의 관계를 그림의 형태로 설명한 것이라 할 수 있다. 이 지도의 궁극적인 목적은 내담자 또는 참여자가 그들이 어디서부터 왔으며, 지금은 어디에 위치하고 있으며, 어디로 갈지를 이해하는 데 있다.

영성 인생지도에서는 출생부터 현재까지의 시간이 하나의 선 또는 길(path)을 의미하는 두 개의 선으로 표시된다. 이 길 주위에 인생의 중요한 사건(가까운 가족 또는 친구의 죽음, 이사, 전학, 부모님이 실직, 그 밖의 가족관계의 큰 변화 등)들이 상징적으로 그려진다. 이 지도를 효과적으로 활용하기 위해서는 참여자들에게 전반적인 가이드라인을 제시하는 것과 더불어 그들이 겪었던 인생의 어려움과 어려움을 극복하기 위한 영적 자원을 지도에 포함해야 함에 대해 알려 주어야 한다. 영성 인생지도 작성을 위한 가이드라인은 다음과 같다.

- 필기도구를 가지고 조용한 장소를 찾는다.
- 영적 신앙 상태의 간단히 적는다. 영적 신앙이 무엇인지, 어떻게 신앙을 갖게 되었는지 간단히 기록한다.

- 어린 시절부터 현재까지 인생의 가장 기억에 남는 순간을 기록한다. 크고 작은 성공했던 경험들, 후회하는 사건, 상실의 순간들, 평화로운 순간들, 두려움에 떨었던 순간들, 그 두려움을 극복한 순간들, 행복한 기억들, 좌절의 순간 등이다. 각 상황을 요약한 한 마디의 말이나 단어를 생각나는 대로 적는다.

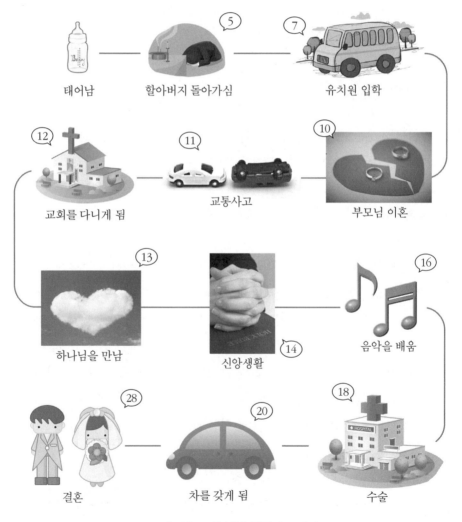

[그림 7-1] 영성 인생지도 예시

- 기록한 사건들에 대한 평가를 해 본다. 성공, 실패, 획득, 손해 등.
- 발견한 인생의 주요 경험들을 나타내는 상징들을 만든다.
- 같은 평가를 받게 되는 사건 또는 경험들을 비교해 본다. 앞 단계에서 썼 던 묘사들을 다시 읽어 본다. 이런 것들을 경험하는 과정에서 당시 마음 상태는 어떠했는가?
- 각 평가와 관련하여 일정한 패턴을 발견하였는가? 발견된 일정 패턴의 별 칭을 만들어라. 예로 동정의 길, 희생의 길, 자만의 도로, 긍정의 레인, 기 부의 원, 확신의 통로 혹은 믿음의 도로 등등.
- 이전 단계에서 떠올렸던 상징들이나 도로 이름들을 사용해서 지금까지 인생을 채워 왔던 공간을 대표하는 상징적인 지도를 그려 본다.

2) 가계도

가계도는 가족의 역사와 구성들 간의 관계를 추적하는 유용한 방법이다. 일 반적으로 3세대 이상의 정보를 수집한 후 작성한다. 가족 구성원의 관계는 정 해진 기호와 선으로 도식화되는데 가계도를 활용하면 가족의 외형적 관계와 더불어 심리적 관계까지도 한눈에 파악할 수 있는 장점이 있다. 가계도는 개 인이 가지고 있는 행동 유형이나 감정이 가족 맥락에서 어떻게 발전되고, 반 영되고 있는지 알아볼 수 있게 한다. 또한 세대를 거쳐 내려오는 부정적인 감 정이나 행동 유형을 파악하는 데도 유용하기 때문에 상담, 심리치료, 의학, 임 상심리 등 다양한 분야에서 활용되고 있다.

가계도를 작성하는 데 기초가 정보는 면담을 통해서 얻게 된다. 면담 시 정 보탐색을 위한 중요 질문은 다음과 같다.

- 현재 가족 상태(예: 부모님의 직업, 생년월일, 종교 등)는?
- 지금 현재 집에서 함께 살고 있는 가족은?
- 가장 최근 가족에 일어난 중요한 일은? 그 일에 대한 가족들의 반응은?

- 주변 인간관계에서 새롭게 일어난 변화는? 부모님의 이직, 동생의 출생, 이사, 전학과 같은 다른 변화는 무엇이 있는가?
- 주변에 최근에 돌아가신 분은? 만약 있다면 언제인지? 가족 중에 특별한 장애가 있는 사람은 있는지?
- 부모님은 언제 태어나셨나? 두 분의 건강 상태는? 혹시 돌아가신 분이 있는가? 있다면 돌아가신 날짜는? 부모님이 직업은? 결혼하실 때 어떻게 만나셨나? 부모님 사이는 어떤지?

기호	내용	기호	내용
 □	남성	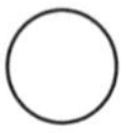 ○	여성
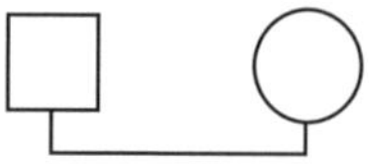 □—○	결혼	 □—⫽—○	이혼
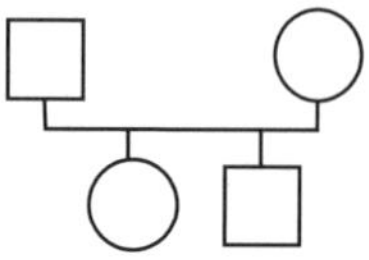 □—○ 자녀	자녀(실선)	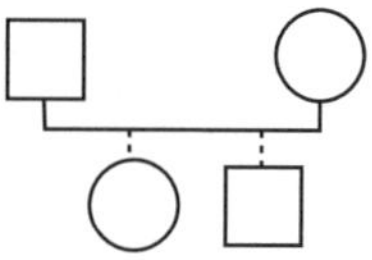 □┈┈○	입양한 자녀(점선)
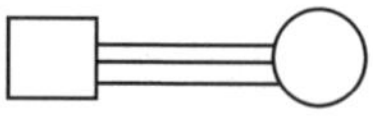 □══○	밀착관계	 □—○	친밀한 관계
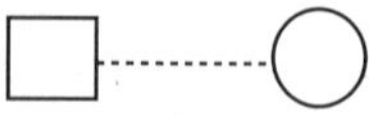 □┈┈┈○	소원한 관계	 □〰〰○	갈등관계
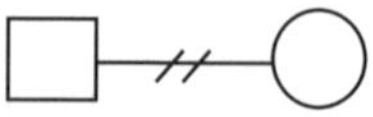 □—⫻—○	관계 단절	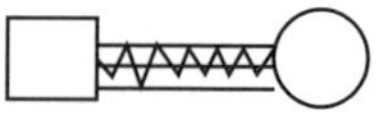 □〰〰〰○	갈등밀착관계

[그림 7-2] 가계도에 사용되는 기호

출처: McGoldrick, Gerson, & Petry, 2008.

- 혹시 부모님이 별거나 이혼하신 적이 있는가? 재혼의 경험은?
- 형, 누나, 언니, 동생 등 형제자매에 대해 말해 줄 수 있는가? 몇 명이고 태어난 순서는?
- 사촌이나 조카, 친척들과의 관계는?

3) 생태도

생태도는 가족 구성원, 개인을 둘러싸고 있는 환경 및 자원 간의 상호작용을 도식화한 것이다(Hartman, 1995). 생태도는 개인이 상호작용하고 있는 생태적 환경 혹은 사회적 자원(이웃, 친구, 학교, 교회, 그 밖의 자원 제공자 등)을 명료하게 보여 줄 뿐 아니라 상호작용의 질과 자원의 흐름에 대한 정보를 제공한다. 가계도가 가족의 역사와 가족 구성원 간의 관계 등 가족 내의 역동에 중점을 둔 것이라면 생태도는 가족 주위의 외적 환경과의 역동에 중점을 둔 것이라할 수 있다.

생태도의 일반적인 유형을 살펴보면 우선 부모관계를 포함한 개인의 가계도가 생태도 중심의 큰 원 안에 위치한다. 이어 그 주위에 여러 개의 작은 원들이 위치하게 되는데 이는 개인에게 영향을 미치는 중요 인물, 사회적 네트워크, 사회적 자원을 의미한다. 각 원들은 여러 유형의 선으로 연결된 형태를 나타내는데 이 연결선은 둘 사이의 관계의 질을 나타낸다. 이렇게 생태도 한 가운데 가족 가계도가 위치하고 그 주위에 중요 인물, 사회적 자원이 작은 원 형태로 위치하고 있기 때문에 마치 태양계의 모습과 같다고 하여 생태도를 '사회적 태양계'라고 부르기도 한다.

생태도에 사용되는 기호는 가계도와 유사하지만 약간의 차이가 있다. 생태도에서는 개인과 개인 또는 개인과 생태환경 간의 관계를 나타낼 때 다음 3가지 요인을 포함해야 한다(Kennedy, 2010).

- 관계의 정도(약함, 불확실, 강함)

• 관계의 영향력(에너지 또는 자원 제공, 에너지 또는 자원 고갈)
• 관계의 질(스트레스 있음, 스트레스 없음)

생태도에 사용되는 기호 중 중요한 것만을 간추려 보면 다음과 같다.

기호	내용
 민수 ⟶ 학교	약한 관계, 에너지가 빠져나감, 스트레스 없음
 민수 ⟵ 학교	강한 관계, 에너지를 제공받음, 스트레스 없음
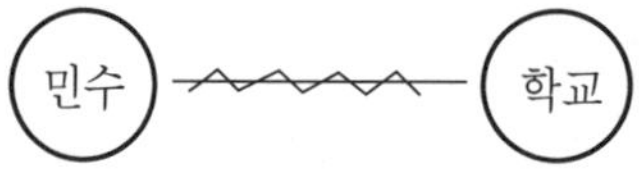 민수 〜〜〜 학교	약한 관계, 에너지 변화 없음, 스트레스 있음
 민수 ◦-------- 학교	불확실한 관계, 에너지를 제공받음, 스트레스 없음

[그림 7-3] 생태도에 사용되는 기호

출처: Ohio CLA, 2002.

3. 신뢰 발달 측정도구

제임스 파울러(Fowler, 1981)의 '신뢰 발달 이론'은 영성뿐 아니라 종교교육, 발달심리에 걸쳐 큰 영향을 미쳤다. 파울러(1981)는 신뢰(faith)를 종교에서 강조하는 믿음의 체계가 아닌 배움의 과정, 주위 환경 혹은 세계에 대한 경험을 구축해 가는 과정이라 정의하고 7단계의 발단 과정을 제시하였다. 파울

러의 신뢰 발달 단계를 측정하는 도구는 여러 개가 있으나 이 장에서는 모즐리
등(Moseley et al., 1993)과 파커(Parker, 2006)가 요약한 신뢰 발달면접(Faith
Development Interview)과 신뢰 발달 척도(Faith Development Scale)를 중심으
로 살펴보고자 한다.

1) 신뢰 발달면접

신뢰 발달면접(Faith Development Interview)은 임상면접과 유사한 형태로
면접자 인생의 중대사건과 그 사건의 원인 및 의미에 초점을 둔다. 검사자는
일련의 반구조화된 질문과 질문순서를 가지고 면접자의 응답을 고려하면서
면접을 진행한다. 면접시간은 2~3시간가량 소요되며 면접내용은 녹음되는
것이 일반적이다. 면접자가 아동일 경우 발달 단계를 고려하여 면접시간이 상
당히 축소될 수 있다.

면접내용은 크게 4개 영역을 다루게 되는데 첫째는 인생 전반에 대한 것으
로 출생 시기, 형제자매 관계, 부모의 직업, 종교 관련 지표, 사회적 지표 등에
대한 질문이 이루어진다. 또한 이 영역에는 삶의 큰 전환기와 변화 그리고 이
러한 삶의 변화가 갖는 의미에 대한 질문이 포함된다. 둘째는 관계형성에 대
한 것으로 어린 시절 부모에 대한 기억, 중요한 인물의 죽음, 가장 행복했을
때의 경험, 가장 금기시하거나 혐오하는 행동 등을 포함한다. 셋째는 현재 가
치관에 대한 것으로 인생의 목적, 정의에 대한 도덕적 견해, 현재 삶의 영향을
미치는 중요한 인물 또는 집단, 죽음과 고통에 대한 생각 등을 포함한다. 넷째
는 종교에 관한 것으로 기도, 죄악, 종교, 도덕의 본질 등의 질문이 포함된다.

신뢰 발달면접은 파울러(1981)의 신뢰 발달 단계를 측정할 수 있는 가장 우
수한 도구로 여러 문헌(Driedger, 1998; Snarey, 1991)에서 타당도를 검증받았
다. 그러나 이러한 장점에도 불구하고 면접을 실행하기 위해서는 막대한 시간
이 소요되므로 실제 수행에 이르기까지는 비용, 면접 장소를 비롯한 여러 제
약이 따른다. 또한 면접 방법을 익히고 면접 결과를 채점하기 위해서는 면접

관 및 채점자에 대한 교육이 필수적으로 요구되는데 이것 또한 면접 실행 시에 따르는 제약이라 할 수 있다.

2) 신뢰 발달 척도

신뢰 발달 척도(Faith Development Scale)는 앞에서 살펴본 신뢰 발달면접이 가지는 시간, 장소, 채점자 교육 등의 한계점을 극복하기 위해 자기보고식으로 제작된 것으로 리크, 룩스와 볼린(Leak, Loucks, & Bowlin, 1999)에 의해 개

표 7-1 신뢰 발달 척도 문항

문항		문항 내용
1	A	나는 속한 교회의 모든 가르침을 전적으로 믿는다.
	B	나는 신앙의 여러 측면에서 교회의 가르침과 다른 점을 발견한다.
2	A	나는 교회가 하나님이 우리에게 무엇을 원하시는지, 어떻게 예배하는지에 대한 충분한 안내를 하고 있다고 믿는다.
	B	나는 우리 교회도 많은 영감을 주지만 다른 종교 역시 그러한 가르침을 제공한다고 생각한다.
3	A	나의 영적인 믿음과 가치를 비판적으로 검토하는 것은 매우 중요한 일이다.
	B	교회의 영적인 믿음과 가치를 받아들이는 것은 매우 중요한 일이다.
4	A	하나님을 알아 가고 분석하는 것은 전적으로 나의 노력에 의해서이다.
	B	하나님을 알아 가고 분석하는 것은 가족이나 교회의 가르침에 의해서이다
5	A	타 종교를 접하는 것은 전혀 당황스럽지 않다.
	B	타 종교를 접하는 것은 내게 전혀 의미가 없다.
6	A	나의 신앙 성장이 가끔 친구들이나 가족들과 마찰을 빚을 때가 있다.
	B	나의 신앙 성장은 전혀 친구들이나 가족들과 충돌하지 않는다.
7	A	나의 신앙과 다른 가족 구성원의 신앙이 일치하는지의 여부는 매우 중요하다.
	B	나의 신앙과 다른 가족 구성원의 신앙이 일치하는지의 여부는 전혀 중요하지 않다.
8	A	내가 가지고 있는 종교적 전통과 신앙은 나에게 아주 중요하며 변할 필요가 없다.
	B	내가 가지고 있는 종교적 전통과 신앙은 현재의 종교적 성향과 상충한다.

발되었다. 신뢰 발달 척도는 2개의 질문이 한 쌍을 이루는 형식으로 모두 8쌍의 문항으로 구성되었다. 응답자는 한 쌍으로 이루어진 2개의 질문 중 반드시 하나를 선택해야 하며 득점의 범위는 0점에서 8점까지이다. 설문 수행 방법이나 설문 채점을 위한 특별한 교육이 필요하지 않다.

신뢰 발달 척도는 검사실시가 용이하고 결과처리 및 분석이 비교적 간단하다는 장점이 있으나 응답자의 신뢰 발달 단계를 정확하게 제시하지 못한다는 한계를 지닌다. 신뢰 발달 척도 검사지에 의해 획득된 점수는 응답자의 전반적인 신뢰 발달 정도만 의미할 뿐 파울러(1981)의 신뢰 발달 7단계 중 응답자가 몇 단계에 속하는지를 직접적으로 지시하지 않는다. 즉, 측정 결과 응답자가 6점을 획득했다면 이는 쌍으로 이루어진 8문항 가운데 6개의 성숙한 진술을 선택했다는 의미이다. 따라서 구체적인 단계를 알고자 한다면 신뢰 발달면접을 같이 병행해야 할 것이다. 신뢰 발달 척도 문항을 구체적으로 살펴보면 〈표 7-1〉과 같다.

4. 아동희망 척도

'희망(hope)'은 긍정심리학이 심리학의 중요한 화두로 던져진 이후 중요한 연구 주제로 관심을 받고 있는 구인이다. 희망은 영성과 동일한 개념은 아니지만 영성과 밀접하게 관련된다. 희망의 수준을 이해하는 것은 개인의 영성을 이해하는 데 상당한 도움이 된다. 또한 희망 척도 자체로도 아동과 청소년을 발달을 이해하는 유용한 척도라고 생각되어 이 장에서 소개하기로 한다.

아동희망 척도는 아동의 희망 수준을 측정할 목적으로 스나이더 등(Snyder et al., 1997)에 의해 제작되었다. 연구진들은 희망을 일종의 인지적인 틀 또는 신념체제로 보았으며 목적에 이르는 대안을 만들 수 있는가에 대한 믿음과 목적을 향한 활동(movement)을 시작하고 유지할 수 있는가에 대한 믿음이라고 정의하였다. 희망 수준이 높은 아동은 미래에 대한 긍정적인 시각을 가질 뿐

표 7-2 아동희망 척도 문항

아래의 6개 문장은 여러분들이 자기 자신을 어떻게 생각하는지 그리고 일반적으로 자신의 일을 어떻게 해결하는지를 나타내고 있습니다. 각 문장을 주의 깊게 읽으세요. 그리고 자신과 가장 비슷한 곳에 ○ 또는 ✓ 표를 하세요. 틀린 답이나 맞는 답은 없습니다. 솔직하게 대답해 주세요.

문항	전혀	아주 조금	약간	자주	거의	항상
1. 나는 아주 잘 하고 있다고 생각한다.						
2. 나는 인생에서 나에게 가장 중요하다고 생각하는 것들을 얻는 많은 방법을 생각해 낼 수 있다.						
3. 나는 내 나이 또래의 다른 아이들만큼 잘할 수 있다.						
4. 나는 문제가 생겼을 때 해결할 많은 방법들을 생각해 낼 수 있다.						
5. 나는 과거에 했던 일들이 앞으로 내게 도움이 된다고 생각한다.						
6. 다른 사람들이 중단하려고 하는 경우에도 나는 그 해결 방법을 찾아낼 수 있다.						

아니라, 어려운 여건 가운데에서도 이를 반드시 해결할 수 있다는 확신을 가진다.

5. 삶의 관점 척도

삶의 관점 척도(Life Perspective Inventory)는 잉거졸(Ingersoll, 1998)이 개발한 영적 안녕감 척도(Spiritual Wellness Inventory)를 서미, 싱크와 조한익(Seo, Sink, & Cho, 2011)이 한국어 번역 과정과 고등학생 1,223명을 대상으로 한 타당화 과정을 거쳐 수정한 척도이다. 잉거졸(1994)은 영적 안녕감 척도를 개발하기 위해 영성 분야에서 10년 이상 상담 및 교육경력이 있는 12명의 패널을

면접하였다. 이들과의 면접 결과를 바탕으로 예비문항을 선정하였으며 타당
화 과정을 거쳐 최종적으로 척도를 개발하였다. 개발된 영적 안녕감 척도는
신성 혹은 절대자에 대한 관점(conception), 의미, 연결성, 신비감, 영적 자유,
용서, 종교적 경험, 희망, 지식, 현재 중심성 등 10개의 하위 요인으로 구성되
었으며 총 55개의 문항으로 이루어졌다.

싱크(2009)는 영적 안녕감 척도를 가지고 미국 고등학생들을 대상으로 타당
화 연구를 진행하였는데 청소년들에게 적합한 척도로 문항을 수정하면서 척
도의 이름을 '삶의 관점 척도'로 변경하였다. 또한 서미, 싱크와 조한익(2011)
은 한국의 고등학생을 대상으로 타당화 연구를 진행하였는데, 잉거졸(1998)의
원척도와 다른 결과를 보고하였다. 원척도는 영적 안녕감을 10개의 하위 요인
으로 구성된 구인으로 보았으나 서미와 싱크(Seo & Sink, 2011)의 연구에서는
3개의 하위 요인만 확인되었다. 문항도 55개 중 29개만이 타당한 것으로 나타
났다. 삶의 관점 척도의 문항 내용과 하위 요인은 다음과 같다.

표 7-3 **삶의 관점 척도**

번호	문항 내용	하위 요인
1	나는 매일의 삶이 소중하다고 여긴다.	현재 중심
2	내 삶의 매 순간마다 희망이 있다고 느낀다.	
3	나는 매일매일의 순간이 즐겁다는 것을 느낀다.	
4	나는, 내 삶에 긍정적인 영향을 미치는 건전한 그룹의 일원이다.	
5	나는 매 순간 깊은 감사의 마음을 갖는다.	
6	희망이 없는 것처럼 보이는 상황에서조차 나는 상황이 좋아질 거라고 믿는다.	
7	나는 내 삶의 경험이 주는 의미를 심사숙고한다.	
8	내가 매일 하는 행동을 통해서 나 자신을 더 잘 알게 된다.	
9	내 자신에 대해 많이 알수록 다른 사람과 더 많이 공유해야 한다.	
10	나는 세상과 내가 연결되어 있다고 느끼는 데 도움을 주는 일들을 한다.	
11	나는 어떤 것에 전념하는 것에 거리낌이 없다.	
12	나는 어떤 순간 내 자신을 온전히 이해할 때가 자주 있다.	

13	나는 매일의 일상적인 활동을 통해서 초월자(신이나 신성한 존재)의 존재를 느낀다.	
14	초월자(신이나 신성한 존재)에 대한 나의 믿음이 다른 사람과 내가 연결되어 있음을 느끼게 해 준다.	
15	나는 영성과 나를 연결시켜 주는 활동을 정규적으로 한다.	
16	초월자(신이나 신성한 존재)에 대한 나의 믿음이 자연과 더욱 연결되어 있음을 느끼게 해 준다.	
17	나는 초월자의 존재를 내면적으로 강하게 느끼지 않는다.	
18	나는, 자라 오면서 새로운 영적인 훈련(예: 명상이나 기도)를 개발하지 않았다.	초월자와의
19	나의 영성은 나에게 매우 의미 있다.	연결성
20	나는 살면서 초월자(신이나 신성한 존재)의 존재를 느끼지 않는다.	
21	나는 초월자(신이나 신성한 존재)의 존재를 느끼기 위해 무엇을 해야 하는지 알지 못한다.	
22	영적인 사람(예: 명상이나 기도를 하는 사람)과 시간을 보내는 것이, 인생을 즐겁게 사는 데 도움이 되지는 않는다.	
23	나는, 나의 인생이 잘될 거라는 믿음이 없다.	
24	나는 삶의 경험으로부터 많은 의미를 발견하지 못한다.	
25	나는 매일매일의 생활이 의미 있다고 느끼지 않는다.	
26	나는, 현실 속의 어떤 집단에도 그 구성원으로 속해 있다고 느끼지 않는다.	
27	나는 인생이나 그 의미에 대해서 궁금증을 갖지 않는다.	
28	나는 타인에 대해 공감하는 일이 별로 없다.	삶의 의미
29	나는 살면서 생겨나는 의문점에 대해 곰곰이 생각하지 않는 편이다.	
30	나는 타인에 대해 공감하는 일이 별로 없다.	
31	나는 살면서 생겨나는 의문점에 대해 곰곰이 생각하지 않는 편이다.	

6. 삶의 의미 척도

이 척도는 스테거, 프레지어, 오이쉬와 캘러(Steger, Frazier, Oishi, & Kaler, 2004)가 개발한 삶의 의미 척도(Meaning in the life questionnaire)를 원두리, 김교헌과 권선중(2005)이 한국어 번역 과정과 대학생 308명을 대상으로 한 타당화 과정을 거쳐 수정한 척도이다. 삶의 의미 척도는 2개의 하위 요인(의미 존재, 의미 추구)으로 구성되었으며 모두 10문항으로 이루어졌다. 타당화 연구 결과 이 척도는 안정된 요인구조를 보이며, 문항수가 적어 실시가 간편한 것으로 나타났다. 또한 대학생들을 대상으로 제작된 척도이지만 문항 내용이 간단하고 이해하기가 쉬워 필요에 따라 약간의 수정만 이루어진다면 아동과 청소년들이 사용하기에도 큰 무리가 없어 보인다.

표 7-4 삶의 의미 척도

번호	문항 내용	하위 요인
1	나는 내 삶의 의미를 이해하고 있다.	의미 존재
2	나는 분명한 삶의 목적의식을 가지고 있다.	
3	나는 내 삶을 의미 있게 해 주는 것이 무엇인지 잘 알고 있다.	
4	나는 만족할 만한 삶의 목적을 발견하였다.	
5	내 삶에는 뚜렷한 목적이 없다(역채점).	
6	나는 내 삶을 의미 있게 만드는 무언가를 찾고 있다.	의미 추구
7	나는 항상 내 삶의 목적을 찾기 위해 노력하고 있다.	
8	나는 내 삶의 중요성을 느끼도록 해 주는 것들을 늘 찾고 있다.	
9	나는 내 삶의 목적 혹은 소명을 찾고 있다.	
10	나는 내 삶의 의미를 찾고 있다.	

7. 국내에서 개발된 영성 척도

1) 한국인을 위한 영성 척도

한국인을 위한 영성 척도는 국내에서 최초로 개발된 영성 척도로서 이경열, 김정희와 김동원(2003)에 의해 제작되었다. 연구자들은 문헌 연구, 집단토의, 영성체험 질문지를 통하여 6개의 영성구인(삶의 의미와 목적, 내적 자원, 연결성,

표 7-5 한국인을 위한 영성 척도

번호	문항 내용	하위 요인
1	나는 내 삶에 방향과 목적을 제공하는 인생 목표가 있다.	삶의 의미와 목적
2	내 삶은 의미와 목적이 있다.	
3	나는 내가 사는 이유를 안다.	
4	나는 주어진 모든 일에서 의미를 발견한다.	
5	나는 항상 내 인생 경험의 의미를 생각한다.	
6	나는 나의 삶에서 일어나는 일들을 통제할 수 있다.	내적 자원
7	나는 내가 뜻하는 대로 내 삶을 이끌어 갈 수 있다.	
8	나는 힘든 상황에서도 마음을 고요하게 할 수 있는 내적 힘이 있다.	
9	나는 자신감이 있다.	
10	나는 내 안에 무한한 능력이 있음을 믿는다.	
11	나는 타인을 친근하게 느낀다.	연결성
12	나는 내가 살고 있는 공동체와 연결되어 있음을 느낀다.	
13	나는 사람을 대할 때 연결되어 있음을 느낀다.	
14	나는 행복하다.	
15	나는 충만하다.	
16	나는 내 자신의 내부로 안내해 주는 영적 차원으로 갈 수 있다.	초월성
17	나는 우주와 하나로 연결되어 있음을 안다.	
18	우주(하느님, 부처님, 참된 나, 존재 등)는 나와 함께 있다.	
19	나의 내적 힘은 높은 힘에 대한 믿음과 관련된다.	
20	나는 자아를 넘어 더 큰 나를 발견한다.	
21	나는 대인관계가 미치는 영향을 알아차린다.	자각
22	나에게 일어난 일이 나에게 어떤 영향을 미치는지 알아차린다.	
23	나는 지금 나의 생각과 느낌을 알아차린다.	
24	나는 육체적·정신적 현상을 분명하게 알아차리는 힘이 있다.	
25	나는 현재 벌어지는 상황을 잘 이해하고 파악한다.	
26	나는 나보다 못한 사람을 잘 보살핀다.	자비심
27	나는 자비심이 있다.	
28	나는 타인에게 봉사하는 것을 즐긴다.	
29	나는 타인을 배려한다.	
30	나는 상대의 잘못에 대해 불쌍하고 측은하게 느낀다.	

초월성, 자각, 자비심)을 선정하였다. 한국인을 위한 영성 척도는 30문항으로 구성되었으며, 5단계 리커트 척도를 사용한다. 한편 이 척도는 대학생과 일반인을 대상으로 타당화 과정을 거쳤기 때문에 아동과 청소년들에게 직접적으로 사용하는 데 무리가 있을 수 있다. 따라서 본 척도를 사용하는 경우에는 대상 아동과 청소년의 발달 단계를 고려하여 일부 문항을 수정하거나 삭제한 후 사용하는 것이 바람직할 것이다.

2) 청소년 영성 척도

청소년 영성 척도는 청소년들의 영성 측정을 위해 제작된 척도로 이은철과 김민정(2010)에 의해 개발되었다. 기존에 개발된 한국인을 위한 영성 척도(이경열, 김정희, 김동원, 2003)가 성인을 대상으로 제작되었기에 청소년이 사용하기에는 어려움이 따른다는 지적에 따라 청소년을 위한 영성 척도 개발이 요구되었다. 이은철과 김민정(2010)은 문헌분석을 통해 11개의 영성구인과 이를 바탕으로 한 60여 개의 예비문항을 가지고 청소년을 대상으로 최종분석을 실시하여, 최종적으로 6개 영성구인을 가지는 26문항의 척도를 개발했다. 청소년 영성 척도의 구체적인 문항구성은 다음과 같다.

표 7-6   **청소년 영성 척도**

번호	문항 내용	영성 요인
1	나는 신(하나님, 부처 등)이 항상 나와 함께 있다고 생각한다.	
2	나는 신(하나님, 부처 등)과 관계된 의미 있는 경험을 하였다.	
3	나는 신(하나님, 부처 등)과 의사소통을 하고 있다.	신과 관계된 경험
4	나는 신(하나님, 부처 등)이 존재한다고 확신할 수 있는 경험을 한 적이 있다.	
5	나는 신(하나님, 부처 등)과 매우 가깝다고 느끼고 있다.	

6	나는 나보다 못한 사람을 잘 보살핀다.	바르게 사는 것
7	나는 타인에게 봉사하는 것을 즐긴다.	
8	나는 나의 영적 신념과 행동에서 나의 삶의 문제를 다루는 데 특별한 도움을 찾을 수 있다고 확신한다.	
9	내가 옳고 그름을 결정하는 기준은 내가 가지고 있는 영적 신념이다.	
10	나의 삶에서 회개의 기도는 매우 중요한 역할을 한다.	
11	영성은 나의 삶을 움직이는 주체이며, 나의 삶의 견해에 대한 대부분의 것을 지도해 준다.	영성의 영향
12	삶에서 슬픔을 대처하는 데 나의 영적 활동이 긍정적인 역할을 한다.	
13	나는 영적 신념이 나의 미래에 희망을 준다고 생각한다.	
14	나는 하나님(신)이 세상을 만드신 창조자이며, 초월적 능력을 가지고 있는 존재임을 믿고 있다	전통적 신앙심
15	나의 삶을 완전하게 하는 배후에는 나의 종교적 신념이 실제적으로 존재한다.	
16	나에게 종교적 신념은 놀라운 것이고 종교는 매우 중요한 것이다.	
17	나는 현재 특정한 종교나 영적 신념을 가지고 있다.	
18	나의 종교적 신념에서 나는 특별한 의미를 발견했다.	
19	나는 종교단체의 소그룹 모임 및 기타 모임에 깊은 수준에서 참여하고 있다	종교활동
20	나는 신앙 공동체에 있는 구성원들과 매우 친밀하다	
21	나의 삶의 방식은 내가 가지고 있는 종교적 신념과 일치한다.	
22	우주(신적 존재, 초월적 힘)는 나와 함께 있다.	초월적 힘의 경험
23	나의 내적 힘은 높은 힘에 대한 믿음과 관련된다.	
24	신앙적인 영역에서 신성하고 초월적인 힘은 나의 행동과 확실하게 관계가 있다.	
25	나는 초월적인 힘을 확신하도록 하는 경험을 한 적이 있다.	
26	나는 초월적인 힘과 가까이 있다고 느끼고 있다.	

3) 영적 안녕감 척도

영적 안녕감은 간단히 영적으로 건강한 정도라 할 수 있다. 다시 말해 자신, 타인, 초월적 존재 및 자연과의 관계에 대한 긍정적인 감정, 행동 및 인식을 의미한다(Gomez & Fisher, 2003). 아래에 제시된 영적 안녕감 척도는 고메즈와 피셔(Gomez & Fisher, 2003)가 개발한 척도를 이 책의 공동저자들(싱크, 서미, 김동현)이 아동용으로 맞게 문항을 수정하고 이를 다시 한국어로 번역한 것이다. 영적 안녕감 척도는 4개의 하위 요인과 총 20문항으로 구성되었으며, 5단계의 리커트 척도를 사용한다.

표 7-7 아동용 영적 안녕감 척도

번호	문항 내용	영성 요인
1	나는 충분히 나 자신에 대해서 잘 알고 있다.	개인적 영성
2	나는 나 자신을 잘 이해한다.	
3	나는 즐겁다.	
4	나는 마음이 편안하다.	
5	나는 삶의 보람(의미)을 느낀다.	
6	나는 다른 사람들을 좋아한다.	관계적 영성
7	나는 다른 사람을 용서한다.	
8	나는 다른 사람들을 믿는다.	
9	나는 다른 사람들을 존중한다.	
10	나는 다른 사람들에게 친절하다.	
11	나는 시간이 날 때마다 자연 속에서 시간을 보내려고 한다.	환경적 영성
12	나는 자연 속에 있으면 즐겁다.	
13	나는 자연 속에 있는 것을 좋아한다.	
14	나는 자연 속에 있을 때 편안하다.	
15	나는 자연 속에 있을 때 특별한 느낌이 든다.	
16	나는 신(하나님, 하느님, 부처님)과 사이가 좋다.	초월적 영성
17	나는 신(하나님, 하느님, 부처님)을 숭배한다.	
18	나는 신(하나님, 하느님, 부처님)과 친하다고 느낀다.	
19	나는 신(하나님, 하느님, 부처님)을 생각할 때 편안하다.	
20	나는 기도한다.	

8. 기타 척도

여기서는 직접적으로 영성을 측정하는 척도는 아니지만 영성과 관련이 있는 구인을 측정하는 척도와 함께 질문지를 소개한다.

1) 6문항 감사 척도

이 척도는 매컬로우, 에몬스와 창(McCullough, Emmons, & Tsang, 2002)이 개발한 척도로 6문항으로 되어 있다. 7단계의 리커트 척도로 구성되었으며 6문항 중 두 문항은 역채점 문항이다.

다음 질문에 당신이 얼마나 동의하는지 숫자로 표시하세요.

> 1 = 전적으로 동의하지 않음
> 2 = 동의하지 않음
> 3 = 약간 동의하지 않음
> 4 = 잘 모르겠음
> 5 = 약간 동의함
> 6 = 동의함
> 7 = 전적으로 동의함

1. 나는 인생에서 감사할 것이 아주 많이 있다.
2. 내가 감사한 것을 일일이 나열한다면 아주 긴 내용이 될 것이다.
3. 나는 세상을 볼 때 감사할 일을 별로 찾을 수가 없다.
4. 나는 다양한 사람들에 대해 감사한다.
5. 나이가 들수록 나의 인생 여정에서 만난 사람들, 사건들, 상황들에 대해 감사한다.
6. 내가 누군가나 또는 어떤 일에 대해 감사를 느끼기 전에 이미 많은 시간들이 지나 간다.

  * 3번과 6번은 역채점 문항

[그림 7-4] 6문항 감사 척도

2) 개인 성장 주도성 척도

개인 성장 주도성 척도(Personal Growth Initiative Scale)는 로비츠첵 (Robitschek, 1999)이 개발한 척도로 개인의 성장 의욕과 주도성 측정을 목적 으로 한다. 모두 9문항으로 구성되었으며 6단계의 리커트 척도 형식을 따른다.

다음 질문에 당신이 얼마나 동의하는지 숫자로 표시하세요.

> 1 = 전적으로 동의하지 않음
> 2 = 동의하지 않음
> 3 = 약간 동의하지 않음
> 4 = 약간 동의함
> 5 = 동의함
> 6 = 전적으로 동의함

1. 나의 인생에서 내가 변화시키기를 원하는 것을 어떻게 처리해야 할지를 잘 알고 있다.
2. 나는 인생에서 내가 어디로 향해 가고 있는지를 잘 알고 있다.
3. 내가 나의 인생에서 무언가를 바꾸고 싶어 한다면 변화를 시작할 것이다.
4. 나는 그룹 안에서 내가 하고 싶어 하는 역할을 선택할 수 있다.
5. 나는 목표를 달성하기 위해 무엇을 해야 할지를 잘 알고 있다.
6. 나는 목표를 달성하는 데 도움이 될 수 있는 특별한 계획을 가지고 있다.
7. 나는 나의 인생에 대해 책임을 질 수 있다.
8. 나는 세상에 어떻게 공헌해야 하는지 알고 있다.
9. 나는 나의 인생을 보다 균형 있게 만들 만한 계획을 가지고 있다.

[그림 7-5] 개인 성장 주도성 척도

3) 삶의 만족 척도

삶의 만족 척도(Satisfaction of Life Scale)는 프리쉬(Frisch, 1992)가 개발한 척 도로 삶의 만족 측정을 목적으로 한다. 모두 5문항으로 구성되었으며 7단계의 리커트 척도 형식을 따른다.

다음 질문에 당신이 얼마나 동의하는지 숫자로 표시하세요.

> 1=전적으로 동의하지 않음
> 2=동의하지 않음
> 3=약간 동의하지 않음
> 4=잘 모르겠음
> 5=약간 동의함
> 6=동의함
> 7=전적으로 동의함

1. 나의 삶의 대부분은 내가 꿈꿔 왔던 것과 비슷하다.
2. 나의 삶의 현재 상태는 아주 만족스럽다.
3. 나는 나의 삶을 만족한다.
4. 나는 지금까지 내가 원하던 중요한 것들을 가졌다.
5. 만약 내가 다시 태어난다 해도 지금의 삶을 선택할 것이다.

[그림 7-6] 삶의 만족 척도

요약

　종교를 막론하고 아동과 청소년 시기에 자아 인식과 세계, 타인과의 관계, 절대 자아와의 만남 등은 신체적 · 심리적 · 정서적 발달에 중대한 영향을 끼친다. 영성은 인간이 지니는 보편적인 특성이기 때문에 영성을 경험하기 위해 특정 종교에 심취할 필요는 없다. 다만 보다 영적인 존재가 되기 위해서는 개방적 태도, 앎에 대한 호기심, 경이로운 삶을 살고자 하는 용기, 삶을 전적으로 수용하려는 마음가짐 등이 필요하다. 특히 아동 및 청소년들은 영적 경험을 인지하고 체득할 수 있는 태생적인 능력을 소유하고 있으며, 삶의 과정 중에 습득된 영성은 이들의 신체적 · 심리적 및 정서적 발달에 중대한 영향을 미친다. 이를 측정할 수 있는 도구로서 개방형 질문, 그림을 통한 아동 영성의 이해(가계도, 영적 인생지도, 생태도)와 신뢰 발달도구로 신뢰 발달면접과 신뢰 발달 척도 등이 있다. 아동 희망 척도와 삶의 관점 척도도 영성과 긍정심리학의 연계성에서 나온 중요한 척도안이다. 대부분의 척도가 국외 연구인 반면 한국인을 위한 영성 척도와 청소년 영성 척도, 영적 안녕감 척도 등은 국내 연구진에 의해 개발되었다. 그 외에 영성과 관련된다고 파악된 척도들로 6문항 감사 척도, 개인 성장 주도성 척도, 삶의 만족 척도 등을 살펴보았다.

제8장 영성 연구의 동향

앞에서 우리는 긍정심리학이 생겨나게 된 배경과 긍정심리학이 가지고 있는 핵심가정들 그리고 긍정심리학에서 가장 중요시하는 요인 중 하나인 회복탄력성에 대해 살펴보았다. 또한 이 책의 핵심 주제인 아동과 청소년의 영성이 회복탄력성과 어떻게 연결되는가를 살펴보았으며, 아동과 청소년들에게 영성 발달이 왜 중요한지, 교사와 상담자가 영성에 대한 지식을 왜 가져야 하는지, 그리고 학교 장면에서 영성이 어떤 역할을 할 수 있는가에 대해서 알아보았다.

이번 장에서 다루고자 하는 것은 영성 연구의 동향이다. 앞에서 다루었던 내용과 일부 겹치는 부분이 있음에도 불구하고, 영성 연구가 어떤 방향에서 어떻게 진행되고 있는가에 대한 내용을 소개하는 것이 꼭 필요한 일이라 생각되어 이 장에서는 지금까지 보고된 영성 관련 연구를 바탕으로 대략적인 영성 연구의 흐름과 그 핵심 연구 결과를 살펴보고자 한다. 편의상 국내에 비해 영성 연구가 많이 진행된 국외 연구 동향을 먼저 소개하고자 한다. 국외 연구 동향은 싱크와 현준(Sink & Hyun, 2012)의 내용을 중심으로 살펴본다.

1. 국외 연구

영성은 인간의 내재된 본성이며, 아동기에서 노년기에 걸쳐 점차적으로 발달되는 것으로 오래전부터 심리학과 상담학에서 많은 관심을 받아 왔다. 1950년대에는 심리학을 응용한 분야(임상, 상담 및 상담자 교육, 건강, 사회복지)와 교육학에서 영성에 대해 주목하기 시작하였으며 그 결과 영성(혹은 종교)의 심리적·신체적·사회적·정서적 기능과의 관계를 밝히는 데 중요한 역할을 하였다(예: Ellison, 1983; Emmons & Paloutzian, 2003; Lovecky, 1998; Meland, 1953; Souza, 1999).

영성에 대한 연구는 역사가 오래되었지만 괄목한 만큼 양적·질적 성장을 이룬 것은 1990년대에 이르러서이다. 에몬스(Emmons, 2006)에 따르면 1994년부터 2003년까지 '영성' 또는 '영적인' 검색어로 영성에 관계된 연구들을 찾아본 결과 약 1,800개의 연구가 발표되었고, '종교' 또는 '종교성'으로 검색한 결과 1,300개의 연구가 보고된 것으로 나타났다. 이처럼 영성 연구에 대한 관심이 크게 증가한 것은 과도한 물질 지향적 삶에 대한 반성과 이에 대한 반작용으로 의미 있는 삶 또는 진정으로 행복한 삶에 대한 사회적 관심이 높아진 것과 깊은 관련이 있다.

윌리엄슨(Williamson, 1939)이 청소년을 대상으로 한 교육과 개입 계획을 마련할 경우 이들이 가지고 있는 종교를 고려할 것을 주장했지만, 본격적으로 학교상담 관련 전문서적 등에서 아동과 청소년의 발달 과정에 미치는 영성의 영향력을 고려하기 시작한 것은 1990년대에 이르러서이다(예: Briggs, Akos, Czyszczon, & Eldridge, 2011; Dobmeier, 2011; Euvrard, 1992; Finn Maples, 2001; Jackson, 1995; Mattson, 1994; Sink & Richmond, 2004; Staton & Cobb, 2006). 학교상담자들은 아동과 청소년들이 전인적 인간으로 성장하며 자신들이 가지고 있는 잠재 능력을 마음껏 발휘할 수 있게 하는 중요한 기제가 바로 건강한 영성이라고 밝히고 있다(예: Briggs et al., 2011; Dobmeier, 2011; Davis, Lambie, & Leva, 2011; Sink & Devlin, 2011).

영성 연구는 이미 영적 자신감(spiritual competence), 영적 지능(spiritual intelligence), 영적 복지(spiritual wellness), 영성 발달 단계(spiritual-faith development), 영성 상담(spiritual counseling), 영성교육(spiritual education), 영성과 가족관계(spirituality and Family Issues), 영적 적응성(spiritual resiliency), 영성과 학교상담(spirituality and school counseling), 영성과 가치관 및 도덕성(spirituality, values and Ethics) 등 긍정심리학, 교육학, 상담학 및 정신건강을 포함하여 광범위한 분야에서 연구가 이루어지고 있다. 이와 같이 다양한 분야에 걸쳐 광범위하게 진행되고 있는 영성 연구를 이 장에서 일일이 살펴본다는 것은 가능하지 않을뿐더러 무모한 일에 지나지 않을 것이다. 따라서 이 장에서는 특히 국외 연구의 경우, 청소년상담과 관련된 부분만을 중심으로 고찰하고자 한다.

1) 영성의 정의

종교와 영성 간의 차이를 구분하는 것은 상담 연구가들을 포함한 학자들 사이에 늘 어려운 문제이다. 그러나 오랜 기간에 걸쳐 발표된 심리 및 상담 연구 결과들을 종합해 보면 영성과 종교의 관계는 크게 3가지 중 하나로 구분될 수 있다. 즉, 영성은 모든 사람에게 내재된 것으로 첫째, 종교와 불가분한 관련이 있거나, 둘째, 자연적이고 비종교적인 현상이거나, 셋째, 개인과 사회 믿음체제를 반영하여 구축된 것이다.

종교와 결속된 영성   영성과 타 학문 영역(예를 들면 사회학, 사회복지학, 심리학) 간의 중복된 부분을 살펴본 대다수의 문헌들은 빠짐없이 종교적 관념을 소개하였다(예: Eliassen, Taylor, & Lloyd, 2005; Emmons & Paloutzian, 2003; Hill et al., 2000; Lau, 2006; Miller & Thoresen, 2003; Nelson, 2009; Smith & Denton, 2005; Smith & Snell, 2009). 윌리엄 제임스(James, 1902/1936)는 그의 저서인 『종교적 경험의 다양성(*Varieties of Religious Experience*)』에서 종교와 영성은 서로 분리될 수 없다고 했다. 종교와 영성에는 모두 '신성함'이라는 요소가 핵심을 이루기 때문이다. 여기서 신성함이란 사회적으로 영향을 받아 형성된 것으로 궁극적 진실 또는 실제, 혹은 신성한 존재나 물체에 대한 인식을 의미한다(Hill et al., 2000, p. 67). 종교와 영성은 서로 분리될 수 없다고 보는 관점에서는, 인생의 의미와 목적을 발견해 가는 과정에서 이 둘은 서로 비교되기도 하지만 분리될 수 없는 관계로 간주한다.

자연주의적 혹은 세속적/인본주의적 영성　　앨버트 엘리스(Ellis, 2000)의 합리적 정서 행동 상담(개인의 불합리한 믿음을 설득에 의해 수정시키는 심리 요법)은 영성을 종교와 분리된 것으로 보는 대표적인 예이다. 엘리스의 심리치료는 철저하게 무신론적·비초월적·비종교적인 것에 초점을 두었으며, 내담자가 영성을 추구하는 과정을 순수한 인본주의적인 목적, 예를 들면 인생의 목적과 의미를 찾는 것, 무조건적 자아 및 타인 수용, 평안, 사회적 관심과 동정심, 낙관주의와 희망, 개인의 진실성 등을 추구하는 것으로 보았다. 최근 들어 저명한 철학자(예: Flanagan, 2007; Solomon, 2007)들과 교육가(예: Noddings, 2006)들은 영성을 정의하는 데 있어 초자연적인 것을 배재하려는 경향을 보인다. 영성에서 초자연적인 부분을 제외하는 대신 종교적이지 않으며, 신학적이지 않으며, 성경과는 무관하며, 초월적이지 않은 영성의 측면을 포함시키려고 한다(Solomon, 2007). 아들러와 엘리스의 영향으로 솔로몬과 플래너건은 영성과 종교를 보는 데서 오는 논리적·철학적 한계를 과감하게 포기하고 대신 '자연주의적 영성' 또는 인간의 '인생에 대한 진지한 성찰'(Solomon, 2007, p. 6)이라는 관점을 선택했다. 이러한 인본주의적 영성은 내부 지향적이고, 인지적이며, 감정적일 뿐만 아니라 사회적이고 때로는 전 세계적이다. 결과적으로 인본주의적 영성은 인생의 긍정적인 측면(사랑, 신뢰, 경외, 지혜)과 더불어 부정적인 측면(절망, 죽음)의 영역들을 모두 포함하여 인간이 '정상적으로' 사회에서 기능할 때 일어날 수 있는 다양한 측면을 다루고 있다.

사회-심리학적 구성주의로서의 영성   영성을 구성주의적 관점에서 살펴볼 수 있다. 영성은 그 요소와 내용에 있어, 종교와 중첩되는 부분이 있지만, 또한 종교와 뚜렷이 구별되는 부분도 많다. 이러한 세 번째 관점은 심리 및 사회-문화적 구성주의자들에게 영향을 받은 것이다(Bruner, 2005; Fowler & Dell, 2006; Piaget, 1972/2008; Vygotsky, 1978; Cole & Wertsch, 1996; Liu & Matthews, 2005; Parker, 2011). 싱크(Sink, 2004)와 보인튼(Boynton, 2011)은 구성주의가 특히 아동과 청소년의 영성을 이해하는 매우 유용한 도구라고 주장했다. 영성은 사회생활 속에서 자연스럽게 형성되는 것으로 인생의 의미와 목적 그리고 자신, 타인, 우주 및 초월적 존재와의 연결 등을 추구하는 것을 통해 반영되곤 한다(Sheridan, 2004, p. 10). 또한 이러한 영성은 종교적인 형태로 나타나기도 한다. 다음은 구성주의적인 관점에서 믿음과 영성의 발달을 설명한 것이다.

> 자기초월을 향한 내적 성장 과정에서 자아는 자신보다 더 큰 존재, 즉 연결성, 인생의 의미, 목적성, 유대감, 그리고 종교적인 전통, 신념, 수행의 범주 안팎에서 형성된 사회적 공헌의 추구 등과 같은 도움을 통해서 형성되는 것이다(Benson, Roehlkepartain, & Rude, 2003, p. 207).

구성주의적 관점은 영성을 종교를 포함하는 포괄적인 측면에서 설명한다. 구성주의적 관점에서는 영성이 개별화 및 사회화 과정으로 형성되며, 의미 부여 활동(인지적·사회적·종교적·개인적 의미구성)과 깊은 관련이 있는 것으로 본다. 또한 구성주의적 관점은 종교인들이 자신들의 영성을 특정 종교의 틀 안에서 정의할 수 있는 여지를 마련해 주었다(Watts, 2011). 결론적으로 구성주의적 견해는 앞선 두 견해의 극단적인 입장을 연결해 주는 가장 유연한 관점에서 영성을 정의하고 있다. 학교 장면에서도 사립학교나 공립학교이든 상관하지 않고, 점차 구성주의 관점이 받아들여지고 있다(Sink & Devlin, 2011).

2) 아동과 청소년의 긍정적인 발달 결과와 영성의 영향

앞서 설명한 바와 같이 영성과 관련된 모든 연구 결과를 정리한다는 것은 그 범위가 매우 광범위하기 때문에 불가능한 일이다. 여기에서는 영성과 신체적·정신적 건강과 관련된 연구, 영성과 긍정심리학과 관계된 연구, 영성을 측정할 수 있는 평가 척도와 관계된 연구들을 중심으로 살펴보고자 한다.

서구 여러 나라의 연구들은 지속적으로 영성과 종교가 아동과 청소년들의 신체적 및 정신적 건강 그리고 인생의 의미와 만족감에 긍정적 영향을 미치는 것으로 보고하고 있다(예: Cotton et al., 2009; Cotton et al., 2005; Cotton, Zebracki, Rosenthal, Tsevat, & Drotar, 2006; Dew et al., 2008; Grey et al., 2004; Kim & Esquivel, 2011; Koenig, 2009; Sandage, & Jankowski, 2010). 특히 높은 수준의 인생의 의미와 목적을 가진 학령기 아동의 경우 우울증, 만성적인 신경쇠약증, 정신적 문제에 수반된 신체적 이상 징후 등이 비교적 적게 나타나는 것으로 알려졌다. 또한 어린 시절에 삶의 만족도가 비교적 높았던 학생들의 경우, 청소년기와 성인기에도 삶에 대한 높은 수준의 만족도를 보이는 것으로 나타났다. 중학교 1학년에서 고등학교 3학년의 한국계 미국 학생 248명을 대상으로 한 강과 로모(Kang & Romo, 2011)의 연구에 따르면, 교회의 종교적 활동에 많이 참여한 학생들이 개인적인 영성과 리더와의 멘토링 관계를 향상시킨 것으로 나타났다. 또한 건강한 영성은 여학생들과 고학년 남학생들의 우울을 감소시키는 것으로 나타났다. 반다이크, 글렌윅, 시세로와 김(Van Dyke, Glenwick, Cecero, & Kim, 2009)은 도심의 저소득층 중학교 학생 76명을 대상으로 한 연구에서, 긍정적 종교행동 대처와 일상적인 영적 체험이 긍정적 정서 및 삶의 만족감과 유의미한 관련이 있는 것으로 보고했다. 반면 부정적 종교행동 대처는 우울, 걱정, 신체화 증상, 부정적 정서 등에 유의미한 상관이 있는 것으로 나타났다.

아동과 청소년을 대상으로 한 연구가 미국과 유럽에 비해 아시아와 아시아 태평양 지역에서는 다소 미흡한 면이 있으나, 아시아계 학생들을 대상으로 한 앞의 두 연구는 영성 연구 결과가 아시아를 포함한 다른 지역까지 확대될 수 있음을 보여 준다(Atri & Sharma, 2006; Hanna & Green, 2004; Seo, Sink, & Cho, 2011). 말레이시아 청소년들을 대상으로 한 연구(Imam, Nurullah, Makol-Abdul, Rahman, & Noon, 2009)에서는 영적 및 존재적 안녕감이 자기효능감, 자존감, 삶의 만족도를 유의미하게 예언하는 것으로 나타났다. 더 나아가 서미 등(Seo et al., 2011)은 영성이 한국 청소년의 정신적 건강에 긍정적인 영향을 주는 것으로 보고한 바 있다. 홍콩에서는 중학생 2,683명을 대상으로 자살생각(suicidal ideation)과 일반적인 정신건강(우울, 자신감 결여 및 무능감, 심리사회적 문제와 강점)과의 관계를 예측하기 위한 광범위한 연구(Siu-Man, Mao-Sheng, & Chan, 2010)를 실시한 바 있다. 결과에 따르면 자살생각은 영성, 평온함, 회복력 등의 변인들과 부적 상관이 있는 것으로 나타났다. 요약하면 미국과 여러 아시아 국가들에서 수행된 연구 결과들은 아동과 청소년들의 영성이 신체적 및 정신적 건강에 긍정적 영향을 미칠 뿐 아니라, 장기적으로 삶을 풍요롭게 하는 중요한 요인임을 뒷받침하고 있다.

3) 긍정심리학, 발달 자원, 회복력, 보호 요인

긍정심리학 연구는 학교상담을 효과적으로 실천하는 데 많은 기여를 하고 있다(Briggs et al., 2011; Galassi & Akos, 2007). 즉, 학생 발달을 촉진하는 자원들, 예를 들면 건설적인 개인성향, 긍정적 경험, 각종 단체 혹은 기관 등을 확인하여, 어려움을 겪고 있는 학생들에게 필요한 효과적인 대처 방법을 제공하고 또한 이들이 활용 가능한 자원이 무엇인지 측정할 수 있는 다양한 도구들을 상담자에게 제공하였다. 다시 말하면 셀리그만(Seligman, 2002)이 언급한 바와 같이, 긍정심리학자들은 학교생활 부적응 혹은 실패 요인을 찾아내는 데 지나치게 많은 에너지를 소모하기보다는, 어려운 환경에도 불구하고 학교에서 혹은 졸업 후 사회에서 성공적으로 자신의 삶을 영위하는 학생들의 성공 요인을 분석하는 것이 보다 효율적이라고 주장한다(Gilman, Huebner, & Furlong, 2009; Huppert, 2007; Peterson, 2009; Seligman, Steen, Park, & Peterson, 2005; Sheldon, 2006). 발달적 자원의 핵심 요인들(안녕감, 인생의 의미)은 건강한 영성 그리고 종교적 삶과도 서로 밀접하게 관련된다(Steger & Fraziera, 2004). 예를 들어 '번성하는(flourishing)' 개인은 첫째, 인생의 의미 추구와 의미 부여에 관심을 가지며, 둘째, 총체적 안녕에 대한 감각을 소유하고, 셋째, 자연, 예술 등을 감상하고 이에 조예가 깊고, 넷째, 긍정적인 감정들(감사, 동정심, 타인 중심, 용서, 겸손, 낙관, 희망, 용기, 폭넓은 사고)을 표현하며, 다섯째, 일반적으로 고난과 역경에 효과적으로 대처(회복)할 수 있다(Baylis, 2007; Burns, 2007; Dobmeier, 2011; Fredrickson, 2007; McLean, Breen, & Fournier, 2010; Peterson, 2009).

영성 및 인생에 대한 의미 부여는 미국 내의 소수민족 학생들과 다른 나라에 거주하는 청소년들에게서 나타나는 핵심적인 요인이다. 컁과 풀리니(Kiang & Fuligni, 2010)는 인생의 의미가 라틴계, 아시아계, 유럽계 미국 청소년들에게 매우 중요한 요인임을 보고했다. 최근 홍콩에서는 21개의 중학교 학생 1,800명을 대상으로 청소년 시기를 거치는 동안 성공적인(thriving) 생활을 가능하게 하는 성격 요인을 규명하는 연구(Ho, Cheung, & Cheung, 2010)가 실시되었다. 중요한 연구 결과 중 하나는 바로 성공적인 삶과 관련된 성격 요인이 문화적 차이마저 극복하는 것으로 밝혀졌다는 것이다. 또한 연구에 따르면 인생의 의미와 낙관성은 삶의 만족도와 정적 상관을 나타내었으며, 공개적 자리에서 수치에 대한 두려움과 같은 사회적 문제는 인생의 의미와 부적 상관이 있는 것으로 나타났다.

회복력은 타고난 인간의 특성이 아니라 개인의 생물학적 요인과 환경적 요인의 상호작용에 의해 형성된 다차원적인 구인이다(Clinton, 2008). 빠른 회복력을 보이는 청소년들은 위기 상황에 유연하게 대처하는 특성을 보이기 마련인데, 특히 가정과 지역사회(종교 단체, 청소년 스포츠 클럽)에서 사회적 기술을 포함한 보호 요인이 잘 갖추어질 때 그러하다. 회복이 빠른 학생들은 스트레스 상황에 유연하게 대처할 뿐 아니라, 인생을 보다 긍정적인 방향으로 이끌어 갈 수 있는 자질을 소유한 이들이다(Clinton, 2008, p. 216). 간단히 말해, 역경과 난관을 잘 극복하고, 건설적인 목표를 향해 자신을 지속적으로 고무시키는 학생들에게서 공통적으로 발견되는 요인이 바로 회복력인 것이다(Galassi & Akos, 2007).

회복력을 다룬 문헌들은 온전히 기능하는 건강한 학생에 대해 영성이 어떻게 기여하는가를 함께 소개하고 있다(Ai, Tice, Peterson, & Huang, 2005; Bernard & Slade, 2009; Cheon & Canda, 2010; Crawford, Wright, & Masten, 2006; Lerner, Roeser, & Phelps, 2008; Masten, Herbers, Cutuli, & Lafavor, 2008; Miller, 2008). 영적 공동체는 아동과 청소년 그리고 그 가족들에게 중요한 보호자로서의 역할을 담당하기도 한다. 건강한 영성은 위독한 질병, 아동학대, 어린이 가출, 노숙 등을 포함한 위기 상황에 처했을 때, 긍정적으로 대처할 수 있게 도와준다(Ault, 2001; DiLorenzo, Johnson, & Bussey, 2001; Kim & Esquivel, 2011; Mahoney, 2010; Pargament, Smith, Koenig, & Perez, 1998; Williams & Lindsey, 2005). 또한 다양한 문화와 인종을 배경으로 하는 고등학생들에게 영적 · 종교적 지원은 흡연, 임신을 포함한 다양한 일탈행동을 예방하는 보호 요인 또는 조절 요인으로 작용할 수 있다(Belgrave et al., 2010; Doswell, Kouyate, & Taylor, 2003).

김과 잭슨(Kim & Jackson, 2009)이 관찰한 바에 따르면 하와이안, 아시아계, 태평양 섬 거주 청소년들에게 문화적으로 부합된 내용의 학습 경험 및 치료(영성, 상담, 교육, 가족 경험 등)가 제공될 때, 마약 중독과 동반장애의 장기적인 치료에 긍정적인 결과를 가져왔다. 연구 참가자들은 정신건강과 사회적 기능이 향상되었으며, 동시에 약물 사용, 이에 동반된 어려움 그리고 청소년범죄 보호시설 사용률이 감소하는 것으로 나타났다. 또한 교육과 고용에 있어서도 긍정적인 결과를 보고하였다. 엉가이와 청(Ngai & Cheung, 2007)은 홍콩 청소년들의 위험행동 원인을 살펴보는 질적 연구에서, 내적 스트레스(정체성의 혼란,

인생의 의미를 찾는 것, 균형)와 인간관계 스트레스(중요한 타자와의 좋은 인간관 계를 유지하는 것)가 약물 중독의 증가와 관련이 깊은 것을 밝혀냈다. 경제적으로 불우한 중국계 홍콩 청소년 230명을 대상으로 한 연구(Shek, 2001)에서 인생의 의미를 심도 있게 부여할수록 자기효능감이 향상되는 것으로 드러났다.

요약하자면, 청소년의 경우 회복력, 안녕감, 친사회적 행동, 대처기술, 자기 조절 능력 등은 영성 및 종교와 정적인 관련이 있다(Moore-Thomas & Day-Vines, 2008). 또한 일반상담과 학교상담 관련 문헌들은 영성이 학생과 성인들의 신체적·심리사회적·신체적 안녕을 좌우하는 주요한 요인임을 보고하고 있다(Briggs et al., 2011; Bruce & Cockreham, 2004; Galassi & Akos, 2007; Hall et al., 2004; Sink & Devlin, 2011).

4) 아동과 청소년의 영성 발달

아동과 청소년의 영성 및 종교성 발달과 관련된 연구는 대부분 유럽이나 북미(백인 대상)에서 이루어졌기 때문에 연구 결과들을 그 외 지역(아시아, 남미, 중동 등)의 학생들에게 적용할 때는 주의가 필요하다(Parker, 2010). 또한 연구들마다 개념 정의와 용어 사용이 다르기 때문에 영성 발달을 단순한 모델로 일반화시키는 것에 무리가 따른다. 예를 들어, 올포트(Allport, 1950)와 엘킨드(Elkind, 1978)의 모델은 종교적인 개념(교회, 기도, 하나님)을 강조하는 반면 에릭슨(Erikson, 1968/1994)의 심리사회적 발달, 콜버그(Kohlberg, 1976)의 도덕성 발달, 피아제(Piaget, 1970)의 인지 발달을 참조한 파울러(Fowler, 1981)의 5단계 모델은 종교적 요소와 비종교적 요소를 모두 포함하여 보다 포괄적인 관점에서 영성 발달을 제시했다. 파울러의 모델은 약 30여 년간 다양한 분야(종교 교육, 발달 심리, 상담)의 주요 이론적 근거가 되었으며, 이 모델에 근거한 상당한 양의 실질적인 연구가 이루어졌다(Parker, 2010).

대부분의 이론들은 의미 부여와 관계된 개인의 활동, 믿음, 감정 등이 시간의 흐름에 따라 순차적으로 나타나게 된다는 관점을 따른다(Allport, 1950;

Elkind, 1978; Erikson, 1950/1963, 1980; Fowler, 1981; Hall, 1904; Oser, 1991; Sandhu, 2007). 각 단계를 나타내는 구체적인 내적·외적 요인과 단계와 단계를 연결하는 과정이 무엇이지 명확히 밝히고 있지는 않지만, 많은 영성 발달 연구는 아동기와 청소년기의 영성 및 종교성의 표현에 있어 뚜렷한 차이가 있다는 사실을 지지한다(Coles, 1990; Fowler & Dell, 2006; Hart, Limke, & Budd, 2010; Hay, Nye, & Murphy, 1996; Jensen, 2009; Ojalehto & Wang, 2008; Parker, 2010).

영성과 종교성 발달에 관한 다양한 연구와 접근들을 종합한 결과, 학교 장면에 활용 가능한 모델로서 싱크(Sink, 2011)는 3단계의 학생 영성 발달 모델을 제시했다. 첫 번째 단계는 아동기로 대략 3세 이후부터 초등학교 고학년까지이다. 이 시기의 영성은 주로 가족의 기대와 본보기에 의존한다. 이 시기에 아동의 영성은 어른들의 영적 표현에 비해 훨씬 풍성하고 창의적으로 발산된다(Parker, 2010). 이는 아동이 성인에 비해 보다 상상적 존재, 궁극적인 선, 참 의미를 찾고자 할 뿐 아니라 경이로움, 신비함을 잘 경험하기 때문이다(Nelson, 2009). 차츰 시간이 지남에 따라 아동의 영성(믿음), 정체성, 도덕성, 가치관 등은 양육자의 신념과 가치관에 따라 점차로 축소되고 동조되는 경향을 보이는데, 이는 정상적으로 그들이 속한 문화와 민족성을 내재화하는 과정으로 해석된다(Jensen, 2009; Templeton & Eccles, 2006). 프로에제와 바더(Froese & Barder, 2010)는 신에 대한 미국인들의 생각을 조사한 연구에서 부모의 가르침과 가족 고유의 신앙 전통이 아동의 초기 영적 정체성 및 성경과 신에 대한 관점에 결정적인 영향을 미친다고 보고했다. 프로에제와 바더(2010)는 가족이 아동의 영성 발달에 미치는 영향에 대해 다음과 같이 기술했다.

한 개인이 가족이나 공동체가 신에 대해 가지고 있는 믿음과 전혀 상반되는 길을 선택하는 일은 매우 드물다. 이것은 또한 신앙이 없는 개인에게도 마찬가지이다. 신앙적 전통이 없는 가정에서 자란 아동의 경우, 대부분 친구나 가족의 영향을 받아 무교적 가족 전통을 이어 간다.

두 번째 단계는 청소년기로 대략 중학교 시기부터 성인 초기까지에 해당한다. 청소년기에 접어들면서 학생들은 사회정서적 기술, 인지적 기술 및 영적 특성의 뚜렷한 발달을 보인다(Hosseini, Elias, Krauss, & Aishah, 2010). 중고등학교 시기의 학생들이 가족 신앙과 연장자들의 권위, 비상식적인 학교와 가정의 규범 및 규칙 등에 대해 문제를 제기한다는 것은 별로 놀랄 만한 사실이 아니다. 영성 발달 과정 중 두 번째 단계에 속하는 청소년기에 나타나는 공통적인 현상 중 하나는 영적 경향성을 표현할 때, 부모로부터 받던 영향이 점차적으로 줄어드는 반면 친구나 핵심 멘토의 영향력이 상대적으로 강화된다는 사실이다. 청소년들은 자신과 타인, 나아가 인생의 의미 발견과 같은 본질적인 문제들에 대해서 심도 있는 성찰을 하는 것으로 나타났다(Nelson, 2009). 또한 이 시기는 학생들이 자신의 영적 지능(Spiritual Intelligence)을 어떻게 사용하는가를 알아볼 수 있는 최적의 시간이다. 여기서 영적 지능은 개인의 성격적 특성, 신경처리 과정, 인지 능력 및 영적 자질과 관심 등을 종합한 능력을 의미한다(Hosseini et al., 2010). 영적 지능은 청소년과 초기 성인들이 자기중심성에서 벗어나 깊은 차원의 의미를 찾을 수 있게 도울 뿐 아니라, 복잡한 영적 문제들(인간 고통의 본질에 대한 이해, 선악, 삶과 죽음 등)을 효과적으로 탐색할 수 있게 도와준다. 따라서 청소년 영성 발달은 광범위한 외부 자원 및 경험에 노출되는 정도에 따라 상당한 영향을 받게 된다.

세 번째 단계는 성인기로 성인 중기 이후부터 노년기까지에 해당한다. 성인기의 후반에 접어들면서 개인의 영성과 믿음에 대한 또래집단의 영향력은 점점 줄어든다. 이 시기의 영적 단계에서는 현재 차지하고 있는 지위와 현재 상황을 받아들이려고 노력하는 가운데 자신만의 확고한 믿음 체계를 구축하려는 경향을 보인다(Fowler & Dell, 2006; Nelson, 2009; Parker, 2011). 또한 자기 존재에 대한 의미를 가지려고 한다. 미국처럼 개인주의를 지향하는 서구사회에서 문화, 인종, 가족은 끊임없이 개인의 신앙 및 영적 가치와 선택에 지속적으로 영향을 미친다(Callahan & Vescio, 2011). 간단히 말해 이 단계에서 개인들은 자신만의 영성을 소유하는 경향이 있고, 이에 따라 영성 발달의 핵심이 외적인 것에서 내적인 것으로 옮겨지게 된다.

여러 연구들을 종합한 넬슨(Nelson, 2009)과 파커(Parker, 2011)에 따르면, 학생들의 영성은 다른 발달 영역들(인지/지적 발달, 심리사회적 발달, 진로 발달)과 연계된 발달 과정의 중요한 요인이다. 사려 깊은 학교상담자는 초등학교 초기부터 고등학교 졸업까지 학생들의 영적 표현과 종교적 특성들이 점진적으로 변하는 것을 관찰할 수 있을 것이다. 건강하지 않은 영성 발달 과정을 걷고 있는 아동과 청소년을 조기에 발견하는 것은 이후 이들에게 나타나는 부정적인 결과(제한된 회복력, 비관적인 전망, 우울과 걱정 등)를 예방하는 데 매우 중요한 사항이다(Blakeney & Blakeney, 2006; Murray & Ciarrocchi, 2007; Richmond, 2004; Roehlkepartain, Benson, King, & Wagener, 2006).

앞서 언급한 바와 같이 영성 발달 연구는 미국을 제외하고 다른 나라에서 아직까지 학문적 관심을 받고 있지 못한 실정이다. 파울러(1981)의 신뢰 발달 단계 이론은 아시아계 미국 학생과 다른 소수민족 학생들을 대상으로 한 연구에 의해 어느 정도 그 타당성이 뒷받침되었다. 이 연구는 민족마다 문화적 유산과 영적 성향을 정의하는 방식이 매우 다양하다는 것을 보여 주었다(Chae, Kelly, Brown, & Bolden, 2004; Parker, 2010). 한편 파커(2010)는 위계적인 영성 발달 단계를 국가 간 또는 타 문화권과 직접 비교하는 것은 불가능하다고 주장했다. 서구 문화권과는 다르게 타 문화권에서 온 사람들의 경우, 영성 발달 측정 문항마다 상대적으로 낮은 점수를 부여받기 때문이다. 오자레토와 왕(Ojalehto & Wang, 2008)도 문화적 차이를 강조하면서, 미국 내 난민 아동들이 다른 소수민족 아동들과 유사한 영성 발달 과정을 거치게 될 것이라고 가정하는 오류를 범해서는 안 된다고 경고한 바 있다. 웡(Wong, 2006)은 파울러(1981)의 전통적인 발달 이론을 타 문화권에 그대로 적용하는 것은 불가능하지만 해당 문화권 안에서 맥락적으로 이해되고 적용될 수는 있다고 했다.

5) 영성의 측정

영성이 인간의 풍요로운 삶에 미치는 영향력이 알려짐에 따라 상담과 심리학자들은 정확한 영성 측정에 대해 신속하게 관심을 갖기 시작했다(Emmons, Cheung, & Tehrani, 1998; Fisher, 2009a, 2009b; Gill, Harper, & Dailey, 2011; Gorsuch & Walker, 2006; Hodge, 2005a, 2005b; Ibrahim & Dykeman, 2011; Lambie et al., 2008; Lopez & Snyder, 2003a, 2003b; Oakes & Raphel, 2008; Parker, 2006; Stanard, Sandhu, & Painter, 2000). 이들 연구들은 다음 사항을 강조하고 있다. 첫째, 개입 이전에 내담자의 영성을 측정, 둘째, 어느 종교나 종파에도 속하지 않는 사람들의 영성을 신뢰성 있게 측정할 수 있는 새로운 측정도구의 개발, 셋째, 상담자 교육 및 상담자 평가 능력과 윤리와 관련된 실제적인 방법론 등이다(Gill et al., 2011; Lambie et al., 2008; Oakes & Raphel, 2008; Richards, Bartz, & O' Grady, 2009; Robertson & Young, 2011; Young & Fuller, 1996).

타당화 과정을 거친 영성 측정도구(보다 자세한 정보는 다음 문헌에서 확인 가능함. Fisher, 2009a, 2009b; Lopez & Snyder, 2003a)가 200여 개나 되기 때문에 이 절에서는 학교 장면에 적용 가능한 것만을 중심으로 살펴보고자 한다. 종교성을 측정하는 도구들(개관을 위해서는 Cotton, McGrady, & Rosenthal, 2010; Kapuscinski & Masters, 2010 참조)도 여러 개가 있지만, 일반 공립학교에서는 사용되지 않을 것으로 예상되기 때문에 본 절의 논의 대상에서 제외하였다.

긍정심리학, 영성 발달 이론, 종교심리학, 영성심리학 등 많은 분야의 영성 관련 연구자들은 영성, 영성과 신앙 발달, 영성과 관련된 다차원적인 잠재구인을 측정하기 위한 도구를 개발하고 있다. 이러한 측정도구들은 희망, 낙관성, 인생의 의미, 감사, 용서, 삶의 만족도, 현재 중심성, 초월적 존재와의 연결, 자각, 영적 안녕감, 영성 발달 단계 등에 초점을 둔다. 이 중 상당수는 온라인을 통해 언제든 사용 가능하다(VIA Institute on Character at University of Pennsylvania; http://www.authentichappiness.sas.upenn.edu/resources.aspx).

아동과 청소년의 영성 관련 구인을 측정하기 위해 보편적으로 사용되고 있는
측청도구는 다음과 같다.

- 어린이 희망 척도(Snyder et al., 1997)는 8세부터 19세까지의 아동과 청소
  년을 대상으로 개발된 척도이다. 이 척도는 자신이 추구하는 목적을 달성
  하기 위한 활동을 시작하고 유지할 수 있는 능력을 측정한다.
- 아동 활동가치 강점 척도(Values in Action[VIA] Strength Survey for
  Children, Seligman, 2004)는 10세부터 17세까지의 아동과 청소년을 대상
  으로 개발된 척도이며, 주된 측정 목적은 24의 성격적 강점을 조사하는
  것이다. 이 척도가 측정하는 강점에는 지혜와 지식, 용기, 인간애, 정의,
  절제, 초월 등이 포함된다. 또한 각 영역에는 세부하위 요인들이 있다. 파
  크와 피터슨(Park & Peterson, 2005)은 청소년용으로 수정된 척도를 개발
  한 바 있다.
- 청소년 인생 경향 척도(Youth Life Orientation Test, Ey et al., 2005)는 초등
  학교 3학년에서 6학년까지의 아동을 대상으로 개발되었다. 이 척도는 아
  동의 미래에 대한 긍정적 기대와 부정적 기대를 함께 측정한다.

실제적 긍정심리학 연구에서는 다양한 삶의 만족도를 측정하는 도구들을
이미 사용하고 있으며, 그 측정 대상에는 아동과 청소년들이 포함된다
(Huebner, Suldo, Smith, & McKnight, 2004; Proctor, Linley, & Maltby, 2009). 비
용이 많이 들지 않고 자기보고식으로 만들어져서 간편하게 실시할 수 있는 만족
도 관련 측정도구(Vassar & Hale, 2007; Funk, Huebner, & Valois, 2006)가 개발되
었는데 바로 다차원 간이 학생생활 만족도 검사(Brief Multidimensional Students'
Life Satisfaction Scale)와 다차원 학생생활 만족도 검사(Multidimensional Students'
Life Satisfaction Scale)이다. 모두 학생들의 삶의 만족도를 다양한 각도에서 측정
할 수 있는 간편한 도구들이다.

긍정심리학의 평가도구와 관련하여 피셔(Fisher, 2009a, 2009b)는 다차원적

영성과 안녕감을 측정하는 172개 측정도구를 정리한 바 있다. 여기에서 소개된 대부분의 측정도구는 아동과 청소년들에게 시행 가능한 것이다. 172개의 측정도구 가운데에는 1문항 혹은 2문항 등 소수 문항으로 이루어진 것도 있으며, 또한 몇몇 측정도구들은 양적 측정 방식으로 설계된 반면 다른 도구들을 질적 측정 방식을 따르고 있다. 양적 측정 도구들은 대부분 1~5단계의 리커트 척도를 사용한 자기보고식 척도를 참조하여 개발되었으며, 질적 측정 도구들은 자기보고, 인터뷰 등의 형식을 바탕으로 개발되었다(Fisher, 2009a, 2009b; Kapuscinski & Masters, 2010). 대표적인 양적 측정도구들을 살펴보면, 매일 영적 경험 척도(Daily Spiritual Experiences Scale), 영적 안녕감 척도(Spiritual Well-being Survey; 미국에서 가장 일반적으로 사용되고 있음), 영적 건강 및 인생 경향 척도(Spiritual Health and Life-Orientation Measure), 영적 안녕감 설문(Spiritual Well-being Questionnaire), 좋은 느낌/좋은 인생 설문(Feeling Good/ Living Good Survey) 등이 있다. 이들 측정도구들이 조사하고자 하는 핵심은 영적 안녕감의 세부 요인들(개인적 영적 안녕감, 공동체적 영적 안녕감, 환경적·영적 안녕감, 초월적 존재에 대한 영적 안녕감)이다. 한편 측정도구들의 한계점을 논의하는 과정에서는 가장 보편적으로 사용되는 10개의 주요 척도의 재분석을 통해, 어떤 측정도구도 종교성과 뚜렷이 구별되는 영성 요인을 측정하지 못하는 것으로 보고되었다(Sessanna, Finnell, Underhill, Chang, & Peng, 2011). 이는 영성 척도들이 측정하고자 하는 구인에는 아직까지 종교성과 영성이 중첩되어 있음을 의미한다.

청소년 발달 욕구 및 측정 연구로 잘 알려진 서치 인스티튜트(Search Institute, 2011b)에서는 영성의 다양한 면을 측정할 수 있는 유용한 도구들을 온라인상에 제공하고 있다. 여기에서 소개하고 있는 측정도구들은 해당 척도를 사용한 연구에 대한 정보가 함께 수록되어 있기 때문에, 상담자들에게 매우 유용하다. 사용하려는 도구가 심리측정상 적합한지 또는 학교 장면에 적합한지를 결정하는 것은 사용자가 담당해야 할 몫이다.

질적 설계이거나 비형식적인 영성 측정도구 역시 상담자에게 유용하다. 이러한 도구들은 상담 및 관련 문헌에도 자세히 소개되어 있다(Carpenter-Aeby, Aeby, & Boyd, 2007; Hodge, 2005a, 2005b; Limb & Hodge, 2007, 2011; Willow, Tobin, & Toner, 2009).

영성 인생지도(spiritual lifemap)는 문장이나 구술 같은 언어 형식이 아니라 그림으로 학생들의 영성을 측정하는 대표적인 질적 도구이다. 영성 인생지도는 시각적으로 피검사자의 영적 여정을 잘 설명해 준다. 특히 아동과 청소년에게 매우 적합한 측정도구이다. 영성 인생지도는 검사자와 장시간에 걸친 면담이나 질문 과정 없이도 인생의 본질적인 질문들, 예를 들면 자신들이 어디서 왔는지, 지금 어디에 있는지, 그리고 어디로 가고 있는지를 보여 준다. 또한 상담자들에게도 이 지도는 학생들의 세계관과 영적 사고에 대한 정보를 제공해 줄 뿐 아니라 학생들과의 공감대를 형성하는 데 유용하다(Hodge, 2005a, 2005b; Limb & Hodge, 2007).

영적 가계도(spiritual genogram)는 3세대 이상의 실제적인 영성을 보여 주는 것으로 내담자 또는 학생들의 영성을 이해하는 데 유용한 도구이다. 영성 가계도는 예비 상담자 훈련 과정에도 효과적으로 사용되기도 한다(Willow et al., 2009). 이 가계도는 상담자와 내담자 모두에게 세대를 걸쳐 이어져 오는 가족만의 고착화된 행동 양식에 대한 중요한 정보를 제공한다. 호지(Hodge, 2005a)는 영적 가계도를 세대 간 복잡한 영적 상호작용을 나타내는 청사진이라 했다.

영성을 시각적으로 이해하는 세 번째 대표적인 도구는 영적 생태도(spiritual ecomap)이다. 영적 생태도의 목적은 학생들이 자신들의 영적 자원과 현재 맺고 있는 관계성을 이해하는 데 있다. 학생 개인과 그 가족 관계는 보통 생태도의 중앙에 위치한다. 가족 구성원들과의 관계성과 사회적 환경(학교, 건강 네트워크, 직장, 영적 공동체 등)과의 관계성을 정해진 기호로 도식화하여 완성한다(Carpenter-Aeby et al., 2007).

아동과 청소년 영성을 측정하거나 표현할 때 이처럼 시각적인 도구를 사용하는 것은 매우 유용하다. 왜냐하면 시각적인 표현활동들은 그 활동 자체가 유쾌할뿐더러 학생들이 가지고 있는 다양한 문화배경 차이를 극복할 수 있기 때문이다. 또한 학생들과 상담자들 간의 유대감을 쌓는 데도 큰 도움이 된다. 그리고 언어 사용이 어려운 학생들에게 영성 인터뷰나 개인 성장 과정기록과 같은 구술 형식의 도구 대신 사용할 수 있는 장점이 있다.

내담자의 영성 기록, 배경, 혹은 연혁 등을 탐색하는 데 있어 구조화된 인터뷰는 매우 효과적이다(Curry, 2009; Dell & Josephson, 2006; Young & Fuller, 1996). 다음에 소개되는 도구들은 학생들의 영성을 측정하거나 개입하는 과정에 대해 별다른 행정적 규제가 없으며 학부모가 이의를 제기하지 않는 학교(종교기관 부속학교, 신앙 중심 학교)에서 사용하기에 적합할 것이다.

- 신앙 발달면접(Faith Development Interview, Fowler, 1981; Parker, 2006) 은 5세 이상의 아동과 성인들에게 사용할 수 있다. 특히 이 도구는 아동과 청소년에게 적합한 것으로 파울러(Fowler, 1981)가 제시한 신앙 발달 단계를 측정할 수 있다. 하지만 구조화된 질문들 중에는 종교적인 내용이 많이 포함되어 있기 때문에 부모들의 반대가 있을 수 있다. 따라서 면접 시작 이전에 반드시 서면화된 부모동의서가 필요하다.
- 영성 면접(Spirituality Interview Format; Young & Fuller, 1996)은 구조화된 인터뷰 형식의 질적 도구로 내담자의 영적 · 종교적 문제들을 이해하는 데 사용된다. 종교적 색채가 강한 학생과 학부모 또는 종교적 배경을 전혀 가지고 있지 않은 학생과 학부모를 대상으로 할 때는, 일부 문항들을 보다 신중하게 수정해야 한다. 학교 장면에서 이 도구에 대한 타당성 문제는 아직 논의할 과제로 남아 있다.

피셔(2009)는 서구 유럽 지역이 아닌 지역, 특히 무슬림 지역 학생들에게 적합한 영적 안녕감 척도를 소개한 바 있다. 영성, 종교, 개인 신앙을 하위 영역으로 한 WHO 삶의 질 척도(World Health Organization Quality of Life)와 아동 삶의 질 척도(태국판) 등은 학교상담자나 교사들이 주목해야 할 좋은 척도이다. 서구문화권 외의 지역에서도 소수이기는 하지만 측정도구 개발 연구가 조금씩 수행되고 있다. 예를 들어, 최근 발표된 인생 관점 척도(Life Perspectives Inventory-Short Form; Seo et al., 2011; Sink, 2009)가 그중 하나이다. 이 척도는 청소년들의 영적 안녕감을 측정하는 도구로 절대자와의 관계성, 인생의 의미, 현재 중심성을 하위 요인으로 두고 있다. 특히 이 척도는 종교적인 의미를 내포하는 단어나 문장을 배제함으로써 공립학교에 종사하는 학교상담자나 교사들이 사용할 수 있게 고안되었다. 또한 영성의 핵심요소인 인생의 목적을 정확히 측정하려는 목적으로 한국 청소년 2,677명을 대상으로 크럼바흐와 마홀릭(Crumbaugh & Maholick, 1981)이 개발한 인생 목적 척도의 타당화 연구가 수행되기도 했다(Kim, Lee, Yu, Lee, & Puig, 2005). 그 이전에 셰크, 마와 청(Shek, Ma, & Cheung, 1994)은 중국어판 인생 목적 척도를 사용하여 중국 청소년들의 인생의 목적 및 의미를 측정한 연구를 보고하였다.

2. 국내 연구 동향

이성의 능력을 의지하여 이상적인 사회를 건설하려는 모더니즘의 희망이 사라진 이후, 현대사회에는 다원주의, 상대주의, 감성주의로 일컬어지는 포스트모더니즘이 그 자리를 대신하게 되었다. 한국도 예외는 아니어서 전통적인 유교적 가치관 대신 포스트모더니즘적 가치관과 사상이 급속히 확산되고 있다. 사회 전반적으로 권위에 절대적으로 복종하며 이전 세대의 가치와 전통을 존중하고 이를 전수받고자 하기보다는 기존의 가치를 부정하고 개인의 능력, 감정, 가치, 취향을 소중히 여기는 분위기가 주류를 이루고 있다. 절대적 가치보다 상대적 가치가 우선시되는 다원화된 현대사회는 스스로 인생의 기준과 목적을 찾고 이를 바탕으로 각자의 인생을 살아가는 능동적인 삶의 주체로서 개인을 부각시켰다. 또한 물질적으로 풍부한 환경과 더불어 개인만의 독특한 감각과 가치를 중시하는 가운데 보다 많은 가능성과 자유를 개인에게 허용하였다. 하지만 이러한 긍정적인 기여에도 불구하고 절대적 가치의 붕괴, 사회적 권위의 부정, 상대화, 다양화된 사회는 종국적으로 개인적이고 자기중심적인 사람을 양산하고 나아가 인간의 파편화 혹은 단편화라는 결과를 초래하기에 이르렀다(김도일, 2010). 특히 하루가 다르게 변화하는 과학기술의 발전으로 몇 년 후의 미래조차 예측이 불가능한 현실에서 개인들은 더욱더 불안, 무력감, 우울감, 소외감 등 부정적인 심리 요인들에 쉽게 노출되었다. 이에 정신분열, 우울증, 인격장애, 물질남용을 비롯한 심리·정서적 치료나 상담이 필요한 증상들은 최근 더욱 심해져 가고 있다(김종성, 안상섭, 한성열, 2009). 이에 대한 반작용으로 인간을 총제적인 관점에서 바라보고, 진정한 삶의 의미가 무엇인지, 참으로 잘 사는 것(well-being)은 무엇인지에 대한 존재론적 질문들이 한국 사회에서도 대두되었다.

이러한 사회적 여건 속에서 종교적 영역에만 국한되었던 영성 연구는 점차 종교를 뛰어넘어 철학, 심리, 상담, 교육, 보건 등 다양한 학문 분야에 이르기까지 확대되고 있다. 그러나 앞서 살펴본 외국의 영성 연구들과 비교해 볼 때, 국내 영성 연구는 아직까지 시작 단계에 머무르고 있다고 보는 것이 타당할 것이다. 김용환, 최금주와 김승돈(2009)에 따르면, 국립중앙도서관과 한국학술연구정보서비스를 통해 1990년부터 2008년까지 '영성' '영적' '영적 욕구' 등으로 검색한 결과 130개의 논문이 발표된 것으로 나타났다. 이들 연구의 분석 대상인 130개의 논문 중에는 학위논문이 상당수 포함되었다. 학술지에 발표된 논문만 고려할 경우에는 72편에 불과한 것으로 나타났다. 국내 연구의 경우 심리학, 상담학과 더불어 교육학을 중심으로 지금까지 진행된 영성 연구 동향을 살펴보고자 한다.

1) 영성에 대한 정의

(1) 기독교적 관점

영성 연구의 간학문적(interdisciplinary) 특성으로 인해 여러 분야에서 다발적으로 연구가 진행되다 보니 학자들마다 영성에 대한 이해와 관점이 다르기 마련이고, 따라서 영성에 대해 모두가 동의하는 정의를 찾기란 쉽지 않다. 그러나 가장 먼저 영성에 대해 관심을 가지고 연구를 진행해 왔던 기독교 관련 분야, 즉 기독교 교육, 목회상담, 기독교 상담치료 등에서 논의되었던 부분을 살펴보는 것이 합리적일 것이다.

기독교 내에서도 영성은 학자들에 따라서 다양한 의미로 해석될 수 있는데 김정준(2011)에 의하면 영성은 한 인간이 기독교 사상과 정신 그리고 가치를 가장 중요한 덕목으로 하여 사회문화적 상황 안에서 자신의 삶을 일치시키며 구체화하는 삶의 총체적 양식을 말한다. 유동식(2004)은 영성의 본질을 세 가지 차원에서 설명하였는데 첫째, 초월적 차원의 영성이다. 영성은 인간이 창조한 것이 아니라 본래 초월자, 곧 하나님에게 있는 것으로 하나님의 세계에 대한 각성을 의미한다. 둘째, 사회문화적 차원의 영성이다. 영성은 인류보편적인 것으로 인생과 자연 및 우주를 이해하고 탐구하고 추구하는 신앙적 기능을 의미한다. 셋째, 개인 차원의 영성이다. 타고난 정신과 구별되는 한 개인의 신령한 품성(얼)이 종교적 삶의 문제와 관련하여 인격을 표현하고 형성해 가는 과정을 의미한다.

한편 현대에서는 미시적 관점의 영성과 거시적 관점의 영성으로 설명되기도 한다(김도일, 장신근, 2009). 미시적 관점의 영성이란 한 사람의 내면에서 일어나는 생각, 형성되는 성품, 그리고 삶의 모습이 성경에 의거한 자기성찰과 근면, 절제와 금욕생활, 기도와 노동 등을 통하여 하나님의 성품과 닮아 가는 것을 의미한다. 바꾸어 말하면, 성숙한 자아와 타인을 긍휼히 여기는 마음, 그리고 영혼을 사랑하는 마음을 일상생활 속에서 실천함으로써, 하나님의 임재 가운데서 살아가는 온전한 삶의 추구라고 할 수 있다. 거시적 관점의 영성은 사회적 체제 속에서 신음하고 억압받는 이들에게 관심을 갖고, 돌보며, 이들에게 실제로 필요한 것을 공급하는 제반 행위와 그러한 삶의 양태를 의미한다. 더 나아가서 거시적 시각으로 영성을 본다면, 사회의 체계를 바로잡고, 지구와 우주의 생태적 환경 보존과 온 피조물의 조화를 추구하는 실천적 삶을 의미한다. 미시

적 관점의 영성이 개인의 존재론적 탐구에 중점을 둔 것이라면 거시적 관점의
영성은 사회, 지구, 우주의 조화와 관계에 중점을 맞춘 것이라 할 수 있다.

(2) 일반적 관점

기독교 관련 분야에서 국내 연구자들에 의해 독자적으로 영성 개념에 대한
논의가 활발히 진행된 것과 대조적으로 일반 분야 연구에서는 외국 문헌과 연
구자들이 주장한 영성의 개념을 소개하거나 그대로 받아들이는 경향이 우세
하다. 본 절에서는 다양한 외국 문헌들에 기초하여 초종교적으로 보는 관점,
인간의 본질적 특성으로 보는 관점, 인간의 고차적 의식 수준으로 보는 관점
등으로 영성을 정의한 김정신(2002, 2004)의 논의를 중심으로 살펴보고자 한다.

먼저 초종교적인 관점에서의 영성은 종교적 개념을 초월하는 초종파적·초
종교적 개념을 뜻한다. 영성과 종교의 개념상 중복되는 부분이 있지만 이 둘
은 동일한 개념으로 볼 수는 없다. 군이 구분하자면 종교가 교리, 신앙, 체험
등 종파적인 속성을 가진 것이라면 영성은 가치관, 신념, 믿음 등 종교를 포함
하는 보다 포괄적인 개념이라 할 수 있다. 영성은 단순히 종교적인 신념 또는
가르침이 아니라 삶의 의미를 추구토록 하는 힘이며, 사랑, 용서, 자비와 같은
행동을 가능하게 만드는 것이며, 또한 관계성, 개방성, 초월성과 관계된 것으
로 내면적·초종교적·우주적 특징을 지닌다(김정신, 2002).

인간의 본질적인 특성으로 영성을 이해하는 관점에서 영성이란 동물과는
구분되는 독특한 본성 또는 인간만이 가지는 본래적 특성을 의미한다. 인간은
동물들과 다르게 본능을 넘어 이성적으로 사고하며, 죄책감을 가지고 있으며,
미래를 생각하며, 도덕적 행동과 양심을 가지고 있으며, 불안과 죽음을 넘어
내세에 대한 믿음을 가지고 살아가는 존재이다(김종성, 안상섭, 한성열, 2009).
다른 동물과는 다르게 인간만이 가지는 이러한 독특한 특성들은 인간이 영적
인 존재임을 보여 주는 일면이다. 또한 영성을 본질적인 특성으로 보는 관점
에서는 인간을 다양한 부분들이 모여서 이루어진 총합적인 존재로 인식하지
않고, 인간은 부분적으로 나누어질 수 없는 전체로서 이해한다.

인간의 고차적 의식 수준으로 영성을 이해하는 관점에서 영성은 자신 및 자신을 둘러싸고 있는 환경에 대한 초월, 온 우주를 관통하고 있는 보편적 진리에 대한 자각, 삶에서의 신비 또는 경이에 대한 자각 등 인간의식 중 가장 높은 수준을 의미한다. 영성은 자신 중심의 삶을 초월하려는 것과 관련된 내재된 능력이며, 이러한 초월은 더 넓은 지식의 세계로 이끌며 더 큰 사랑의 실천을 가능하게 한다. 따라서 영성이란 인간이 도달해야 하는 궁극적인 의식 상태를 의미하며, 인간의 여러 본질적 영역을 통합시켜 주는 역동적인 힘을 의미한다 (김도일, 장신근, 2009).

2) 영성과 심리상담

심리·상담학 분야에서 영성에 대한 연구는 아직까지 영성상담, 목회상담, 영적 치유와 같이 종교와 관련된 연구, 특히 기독교와 관련된 연구가 주류를 이루고 있다. 최근 영성이 종교를 포함하는 보다 확대된 개념이라고 인식하는 것이 보편적으로 받아들여짐에 따라 기독교 관련 영성 연구에서도 일반 심리·상담학과 공통분모를 찾으려는 노력이 시도되고 있다. 박노권(2002, 2006)은 하나님과의 경험을 통해 자기를 초월하려는 내적 갈망인 기독교적 영성은 하나님 또는 신의 개념을 포함하지 않는 심리학과 본질적으로 차이가 있으나 이러한 한계에도 불구하고 융의 이론을 비롯한 심리학적 이론들은 기독교 영성을 풍부하게 이해하는 데 도움이 된다고 했다. 그는 기독교 영성에서 인간을 몸, 혼, 영을 소유하는 전인적인 존재로 보는 것처럼 심리학에서도 인간을 몸과 마음이 서로 상호 관련성이 있는 전인적인 존재로 인식한다는 공통점을 가지며, 영적으로 건강한 사람과 심리적으로 건강한 사람 간에 발견되는 공통적 특성에 주목하고, 전인건강 차원에서 기독교 영성과 심리학은 접촉점을 가진다고 했다.

전인건강에 대한 개념은 세계보건기구(WHO)의 건강개념에서도 볼 수 있는데, 1999년에 세계보건기구는 건강개념을 재정립하면서 건강이란 질병이 없는 상태가 아니라 '신체적·심리적·사회적 및 영적으로 건강한 상태'로 규정한 바 있다(김종성, 안상섭, 한성열, 2009). 전인건강과 영성이 관련된다는 것이 알려짐에 따라 국내에서도 이에 대한 연구들이 수행되었다. 학술지에 발표된 연구들을 중심으로 주요 논문들을 살펴보면 다음과 같다. 먼저, 유성경과 심혜원(2002)은 위험요소가 높은 환경에 노출된 청소년들일지라도 어려움을 어떻게 해석하고 받아들이느냐에 따라 다른 행동과 결과를 보이는 것에 주목하고 청소년의 회복탄력성(resiliency)과 관련 변인을 탐색하였다. 연구 결과 실존적 영성 혹은 실존적 안녕감이 한국 청소년들의 회복탄력성을 가장 의미 있게 설명하는 변인으로 나타났다. 실존적 안녕감이란 삶에 대한 만족도, 삶의 의미화에 초점을 둔 영적 안녕감으로, 이것은 어려움에 처한 청소년들이 부정적인 외부 환경의 영향에도 불구하고 이를 극복하고 정상적인 생활을 유지하게 하는 보호기제의 역할을 하는 것을 의미한다(유성경, 심혜원, 2002). 같은 맥락에서 유성경, 홍세희와 최보윤(2004)은 구조 모델 분석을 통해 실존적 영성이 위험요소와 적응 수준 사이에서 매개체 역할을 하는 것을 보고했다. 부부관계, 가정문제와 같은 가정의 위험요소는 청소년들의 적응수준에 유의하게 부정적인 영향을 미치지만 실존적 영성을 포함하여 자아탄력성, 부모애착과 같은 보호 요인들이 그 영향력을 매개하면서 위험요소의 직접적인 영향력을 무력화하는 것으로 나타났다.

회복탄력성과 더불어 영성과 스트레스에 관한 의미 있는 연구들도 수행되었다. 서경현과 전겸구(2004)는 대학생들을 대상으로 영적 안녕감과 생활 스트레스 간의 부적관계를 보고하였는데, 특히 실존적 안녕감은 이성관계를 제외한 모든 스트레스와 부적 상관이 있는 것으로 보고한 바 있다. 서경현, 정성진과 구지현(2005)은 역시 대학생들을 대상으로 영성과 생활 스트레스, 자아존중감 및 우울의 관련성을 보고했다. 연구 결과에 따르면 여대생의 영적 안녕감이 남대생보다 높았으며, 종교를 가지고 있는 학생들의 종교적 안녕감이 종교를 가지지 않는 학생들보다 높은 것으로 나타났다. 또한 영적 안녕감은 모든 종류의 생활 스트레스와 부적 상관이 있었으며, 자아존중감과는 정적 상관을 보였고,

우울과는 부적 상관이 있는 것으로 나타났다. 결론적으로 상담 전문가들이 내담자의 종교성과 영적 안녕감에 관심을 가져야 할 것을 제언하였다. 같은 맥락에서 김유심(2010)은 빈곤층 여성 한부모들을 대상으로 영적 안녕감이 우울에 부정적인 영향을 미치는 것을 확인하였고, 생활사건 스트레스와 우울과의 관계에서 영적 안녕감이 우울을 낮추는 조절 변인임을 보고하였다.

영성과 심리사회적 성숙성에 대한 연구도 보고되었다. 이종연(2007)은 영적 안녕감이 높은 교사일수록 심리사회적 성숙성(정서 안정성, 대인관계)이 높은 것으로 보고했다. 또한 이종연(2011)은 교사의 영성과 공감 능력의 관계에서 심리사회적 성숙성이 매개 변인으로 작용하는 것을 밝혔다. 영성이 높은 교사들이 공감하는 능력도 우수한데 이는 영성이 직접적으로 공감에 영향을 주는 것이 아니라 심리사회적 성숙성을 거쳐 공감 능력에 영향을 주는 것으로 나타났다. 결론적으로 교사 연수 또는 양성 과정에 있어 교사의 영성에 관심을 갖고 이를 높일 수 있는 프로그램 또는 강의가 필요하다고 제안했다.

한편, 소수이기는 하지만 영성과 관계된 연구들이 대개 외국에서 개발된 측정도구를 번안하여 사용한 것에 주목하고 한국인들의 특성을 반영한 측정도구를 개발한 연구들도 진행되었다. 이경열, 김정희와 김동원(2003)은 서양적 영성 구인 요인 4개에 동양적 구인 요인 2개(자각, 자비심)를 포함하여 초월성, 삶의 의미와 목적, 자비심, 내적자원, 자각, 연결성 등 6개 하위 요인으로 이루어진 성인용 영성 척도를 개발하였다. 이은철과 김민정(2010)은 총 26문항으로 구성된 청소년용 영성 척도를 개발하였는데, 하위 요인으로 신과 관계된 경험, 바르게 사는 것, 영성의 영향, 전통적 신앙심, 종교활동, 초월적인 힘 경험 등 6개로 구성되었다.

3) 영성과 교육학

일반교육이 원만한 인간관계, 사회적 효율성, 시민적 자실, 자아실현과 같은 가치를 중시하면서 인간의 합리성, 논리성, 타당성, 효율성과 같은 인간 외적이고 이성적인 측면, 지식 및 기능의 습득을 강조한다면, 영성교육은 사랑, 지혜, 기쁨, 감사, 각성, 삶의 목적과 의미, 생명, 행복, 초월감과 같은 인간의 내면적 · 감성적 · 직관적 측면을 강조한다(김정신, 2002). 영성교육은 새로운 지식, 기술, 태도, 능력을 가르치고 기르는 교육이라기보다는 인간존재 자체를 탐구하고 알아 가는 과정이며 인생의 의미와 목적을 탐구하는 것이다.

일찍부터 공립학교에도 학생들에게 영성과 관련된 교육의 중요성을 강조했던 영국에서 1992년부터 영성교육을 법제화하여 도덕, 사회, 문화와 함께 영성을 교육하고 있다. 이와 같은 영향으로 한국에서도 영성교육에 대한 관심이 점차 증가하고 있는 추세이다. 이상우(2010)는 통합교육 차원에서 영성의 중요성을 강조하고 영성교육을 통해 특정 이데올로기에 집착하거나 자기중심적 배려가 아닌 탈중심적인 신뢰와 사랑을 통해 타자를 긍정하는 힘을 배울 수 있다고 했다. 허영주(2010)는 현대사회를 자아 상실과 인간 소외가 심각한 사회라고 규정하고 영성교육을 통해 인간으로서의 존엄성을 회복하고, 자신의 존재 이유와 전체적인 삶의 의미를 깨닫게 해 주는 진정한 의미의 교육을 실천할 것을 주장했다. 그는 더 나아가 학습자가 스스로 자신의 본질과 만나고 자신의 삶을 동료와 이웃 그리고 자연과의 상호관계성 안에서 이해할 수 있게 도와주는 통합된 영적 교육과정이 필요하다고 했다.

한편 심은주와 이경화(2012)는 교육학 차원에서의 영성 연구 및 영성의 교육적 실천에 관한 국내 연구의 방향성을 모색할 목적으로 2000년 이후 발표된 237편의 영성 관련 논문들을 정리해서 발표한 바 있다. 다음은 핵심 내용을 요약한 것이다.

(1) 연구 주제

〈표 8-1〉에서 나타난 바와 같이 교육학에서 영성 연구가 많이 진행된 분야는 교수 이론/교육 방법/교수법이다. 총 237편의 전체 논문 중 45.6%를 차지하는 것으로 나타났다. 다음으로 교육철학/사상, 교육과정, 미분류/일반교육, 교육심리, 교육평가 순이었다.

2. 국내 연구 동향

표 8-1 교육학 연구 주제

주제 분야	연구 발표 시기			계(%)
	2000~2003	2004~2007	2008~2011	
교육철학/사상	24	14	29	67(28)
교육과정	5	11	9	25(11)
교수 이론/교육 방법/교수법	32	31	45	108(46)
교육평가	1	1	1	3(1)
교육심리	4	3	4	11(5)
미분류/교육일반	9	7	7	23(10)
계	75(32)	67(28)	95(40)	

(2) 연구 방법

〈표 8-2〉에서 나타난 바와 같이 교육학에서 영성 연구는 이론적 연구가 가장 진행된 것으로 나타났다. 무려 전체 논문의 87%를 자치하는 것으로 나타났다. 다음으로 양적 연구가 많이 진행되었으며, 질적 연구는 전체의 연구의 약 3%만을 자치하는 것으로 나타났다.

표 8-2 교육학 연구 방법

연구 방법		연구 발표 시기			계(%)
		2000~2003	2004~2007	2008~2011	
이론 연구		64	61	81	206(87)
양적 연구	조사 연구법	6	1	6	13(5)
	실험 연구법	1	5	6	12(5)
질적 연구	근거 이론 연구			1	1(.5)
	문화기술지	1			1(.5)
	사례 연구	3		1	4(2)
계		75(32)	67(28)	95(40)	237

(3) 연구 형식 및 게재 학술지 성격

연구 형식은 학위논문이 126편으로 53% 과반수를 넘었으며 학술지 논문은 111편으로 조금 적었다. 한편 게제 학술지 성격을 살펴보면 『기독교교육정보』 『종교교육학 연구』 『한국기도교신한논총』과 같이 종교 성향의 학술지에 발표된 논문이 111편 중에서 66편으로 약 60%를 차지하는 것으로 나타났다. 비종교 성향 학술지에는 모두 45편의 논문이 발표된 것으로 나타났다. 대표적인 학술지는 『홀리스틱교육 연구』로 16편의 논문이 발표되었다.

현재 2009년 개정 교육과정이 강조하는 통합교육의 측면 및 해가 갈수록 부각되고 있는 아동과 청소년들의 인성교육 그리고 도덕교육의 측면을 고려해 볼 때 영성교육은 우리 교육에 하나의 좋은 대안임은 분명해 보인다. 그럼에도 불구하고 지금까지 이루어진 연구 동향을 살펴볼 때 아직 가야 할 길이 먼 것 또한 분명해 보인다. 영성교육이 우리 교육현실에 실질적인 대안이 되기 위해서 무엇보다도 이론 위주의 연구가 아닌 실험 연구를 포함한 양적 연구와 질적 연구가 많이 진행되어야 할 것이다. 또한 비종교 학술지에 보다 많은 연구들이 발표되어 일반교사나 교육 전문가들이 연구 결과를 함께 공유하고 영성교육을 통한 새로운 대안을 찾아보는 시각을 제공할 필요가 있을 것이다.

요약

이 장에서는 국외와 국내에서 진행된 영성 연구의 동향에 대하여 살펴보았다. 외국의 연구 동향의 경우 영성이라는 구인이 갖는 정의를 간략히 다루었으며, 이어서 영성과 아동 및 청소년의 발달의 관련성을 살펴본 연구들을 살펴보았다. 요약하면, 영성이 아동과 청소년들의 정서적·신체적 발달에 긍정적인 영향을 미친다는 연구 결과들이 일관되게 보고되고 있음을 알 수 있었다. 또한 영성은 회복력, 안녕감, 자기조절 능력, 대처기술에 영향을 미치는 주요 변인으로 아동과 청소년 발달에 핵심 요인임을 알 수 있었다. 그리고 영성 연구에 있어서 영성 발달 과정과 측정 방법이 또 하나의 중요한 주제임을 살펴보았다.

한편 국내 연구의 경우는 상담과 심리학 분야뿐 아니라 교육학 분야를 포함하여 영성 연구의 동향에 대해 살펴보았다. 외국과 동일하게 영성을 정의하는 부분에 있어 다양한 정의가 내려지고 있는 것을 살펴보았으며, 심리학과 상담학 그리고 교육학에서 진행된 연구들을 살펴보았다. 국내 연구에서도 회복탄력성은 영성과 관련된 중요 요인이었으며 나아가 스트레스와 공감 능력에 영성이 어떠한 영향을 주는지를 알아보는 연구들이 수행되고 있음을 알 수 있었다. 아울러 영성 척도를 개발하는 연구도 진행 중이나 매우 미흡한 실정이고 영성 발달 단계에 관한 연구가 필요함을 알 수 있었다. 교육학 분야에서는 전인교육과 관련하여 영성에 대한 관심이 증폭되고 있다. 하지만 이론 연구가 많고, 아직까지 종교적 측면이 강한 연구가 많다는 한계를 찾을 수 있었다.

영성 연구 동향을 통해서 우리는 영성이 아동과 청소년의 긍정적 발달에 영향을 미치는 핵심 요인임을 다시 한 번 확인할 수 있었다. 이런 의미에서 앞으로의 영성 연구는 영성을 촉진할 수 있는 종합적 프로그램의 개발 및 적용 그리고 이를 학교 장면에 연결시키는 방안에 대한 연구가 필요하리라 여겨진다.

제9장 청소년 영성의 실제

뿌리가 깊은 나무는 바람에 흔들리지 아니하므로 꽃이 아름답고 열매를 많이 맺느니라. 샘이 깊은 물은 가뭄에 마르지 아니하므로 시내를 이루어 바다에까지 이르니라(용비어천가 2장).

그러므로 누구든지 나의 이 말을 듣고 행하는 자는 그 집을 반석 위에 지은 지혜로운 사람 같으리니. 비가 내리고 창수가 나고 바람이 불어 그 집에 부딪히되 무너지지 아니하나니 이는 주초를 반석 위에 놓은 연고요. 나의 이 말을 듣고 행치 아니하는 자는 그 집을 모래 위에 지은 어리석은 사람 같으리니. 비가 내리고 창수가 나고 바람이 불어 그 집에 부딪히매 무너져 그 무너짐이 심하니라(마태복음 8:24-27).

앞에서 살펴본 바와 같이 아동과 청소년들의 영성을 길러 주는 것은 그들이 현재 직면하는 삶의 역경과 고난을 극복하는 현실적인 대안뿐 아니라 이후 성인기에 이르기까지 자신들의 삶에 대한 방향성과 목적성을 제시해 줄 수 있기 때문에 매우 중요하다. 영성을 가르치는 것은 이전과 다른 새로운 지식, 기능, 태도 등을 학생들에게 학습시키는 것이 아니라 이미 그들 안에 소유하고 있는 영성을 발견하고 경험하고 표현할 수 있게 돕는 활동을 의미한다. 이러한 영성교육 또는 영성활동을 통해 일차적으로 학생들은 자신의 존재적 가치 혹은 진정한 자기 존재와 만나게 되며, 이차적으로 타인, 사회, 우주와 자신과의 관계성 및 초월자와의 관계성을 이해하게 될 것이다. 영성이 깊은 학습자는 이 장 서두에 소개한 문헌들에 나타난 내용과 같이 자신 속 깊은 곳에 삶의 목적, 삶의 방향성 그리고 삶의 의미라는 깊은 뿌리를 내릴 수 있을 것이다. 이렇게 내려진 깊은 뿌리는 인생의 여정에서 필연적으로 만나게 되는 삶의 다양한 역경을 견디게 하는 원초적인 힘을 제공할 것이다.

이 장에서는 아동과 청소년의 영적 민감성을 길러 줄 수 있는 몇 가지 활동 및 프로그램을 살펴보고자 한다. 소개되는 활동과 프로그램들은 일반교사들과 상담자들이 학급 전체를 대상으로 또는 소그룹을 대상으로 활동할 수 있는 것들을 우선적으로 선정하였다.

1. 스토리텔링을 이용한 활동

1) 장님과 코끼리

- **활동목표**: 모든 종교의 다양성을 존중할 수 있다.
- **활동 대상**: 초등학교 2~5학년
- **준비물**: 장님과 코끼리 이야기, 생각해 볼 질문
- **활동순서**
  ① 장님과 코끼리에 관한 이야기를 들려준다.
  ② 이야기를 다 들려준 후 다음 질문들을 생각해 보게 한다.

– 이 이야기 뒤에 숨어 있는 교훈은 무엇인가?

– 여러분은 이 맹인들처럼 친구들과 서로 의견이 맞지 않아서 다툰 적이 있는가?

– 만약 그렇다면 어떻게 해결하였는가?

– 종교에 적용해 본다면 이 이야기를 어떻게 적용할 수 있는가?

– 종교를 존중해야 한다는 점을 고려해 볼 때 이 이야기는 어떻게 적용될 수 있을까?

• **참고자료** 1: 장님과 코끼리 이야기 내용

어느 작은 마을에 코끼리 한 마리가 나타났습니다. 그 마을 사람들은 코끼리를 본 적이 없었기 때문에 모두 놀라워했습니다. 이 마을에는 맹인이 다섯 명 살았는데, 그들 또한 코끼리가 나타났다는 이야기를 듣고는 매우 흥분해서 사람들이 코끼리를 보려고 몰려 있는 곳에 다가갔습니다. 사람들은 맹인들도 코끼리에게 다가가 만져 볼 수 있도록 길을 내주었습니다. 처음 겪는 일에 이들은 모두 흥분해서 집으로 돌아오는 길에 토론이 벌어졌습니다.

한 사람이 말했습니다.

"코끼리라는 것이 뱀같이 생겼나 봐. 길고 두껍고 이리저리 움직이더라고!"

그러자 다른 사람이 말했습니다.

"아니야, 코끼리는 짧고 가느다란 줄 같았어!"

또 다른 사람도 나섰습니다.

"둘 다 틀렸네. 코끼리는 평평하고 가느다랗고 천천히 움직였어. 커다랗고 판판한 부채처럼 생긴 게 틀림없어!"

이에 옆에 있던 사람이 말했습니다.

"무슨 소리야, 코끼리는 단단한 벽 같았어!"

그들의 말을 가만히 듣고 있던 사람이 입을 열었습니다.

"자네들 감각도 이제 예전 같지 않군. 코끼리는 두꺼운 기둥처럼 둥글고 단단했어."

앞의 이야기에서 맹인들이 한 말은 모두 옳습니다. 각각 코끼리의 다른 부위를 만져 보았기 때문입니다. 때때로 우리는 코끼리 코만 만져 보고는 이것이 코끼리 전체라고 생각하지만, 너무 가까이서 바라보느라 어떤 일의 전체적인 의미를 깨닫지 못하는 경우도 많습니다.

2) 냉정한 뱀

- **활동목표**: 남을 도울 때도 분별력을 가져야 함을 알 수 있다.
- **활동 대상**: 중학교 1~3학년
- **준비물**: 냉정한 뱀 이야기, 생각해 볼 질문, 뱀 인형
- **활동순서**
  ① 냉정한 뱀 이야기를 읽고 다음의 문제들을 생각해 본다.
    - 뱀이 소년을 물었을 때 소년은 어떻게 느꼈는가?
    - 여러분은 이 이야기를 읽고 어떻게 느꼈는가?
    - 여러분은 뱀이 선택할 의지가 있었다고 생각하는가?
    - 뱀의 선택은 책임 있는 행동이었다고 생각하는가?
    - 소년은 다른 방법으로 뱀을 도와줄 수 있었을까?
    - 만약 여러분이 소년이라면 어떻게 했겠는가?
  ② 다음 순서에 따라 역할극을 해 본다.
    - 뱀 인형을 준비한다.
    - 번갈아 가며 소년과 뱀을 역할을 해 본다.
    - 소년의 역할을 하는 학생은 뱀을 자신의 품에 넣어 본다.
    - 뱀에게 물려서 괴로워하는 모습을 표현한다.

- **참고자료 2**: 냉정한 뱀 이야기(출처: SAI Sppiritual Education, http://www. nesdsai.us/sai-spiritual-education/sse-lesson-plans 내용 요약)

　어느 추운 겨울날 학교를 가던 한 소년의 발걸음을 멈추게 한 것은 다름 아닌 막대기처럼 뻣뻣해진 뱀 한 마리였다. 신음 소리를 내며 소년의 따뜻한 품을 원했던 뱀의 요구에 소년은 잠시 주춤했다. 그가 알고 있는 뱀에 대한 선입견은 뱀이 그다지 의리 있거나 친근하지 않다는 것이었기 때문이다.

　머뭇거리는 소년에게 뱀은 이렇게 애원했다. "제발 소년아, 내가 만약 너를 문다면 너도 나도 모두 죽게 될 거야. 나를 산 아래까지만 네 품속에서 따뜻하게 갈 수 있게 된다면 절대 너를 물지 않기로 약속할게." 이에 불쌍한 마음이 든 소년은 두려운 마음에 산 중반까지 한걸음에 달려 내려와서는 뱀을 놓아주려 했다.

　그러나 관절염의 핑계를 대며 뱀은 좀처럼 따뜻한 소년의 품에서 나오려 하질 않았다. 관절염으로 고생하던 할머니가 생각나 마음이 약해진 소년은 다시 뱀의 요구를 들어주었다. 산 아래 도착하자 소년은 약속한 대로 뱀을 내보내려 했다. 그러자 이때 뱀은 기다렸다는 듯이 옷 밖으로 머리를 내밀에 소년의 목을 물었다. 소년은 뱀의 목을 거머쥐고 바닥에 내리쳤으나 때는 이미 늦어 뱀은 소년에게서 스르르 빠져나가고 소년은 힘이 빠져 땅바닥에 누운 채 이렇게 되물었다.

　"뱀아, 너는 나에게 한 약속을 왜 지키지 않았니?" "소년아, 나는 나를 집었을 때 내가 어떤 동물인지 몰랐니? 내가 누구인지 미리 알아차렸어야지. 본성을 거스를 수 없는 뱀이라는 사실을…." 뱀은 죽어 가는 소년을 뒤로한 채 스르르 근처 풀숲으로 기어갔다.

　때마침 소년은 학교에 등교 중이던 친구에게 발견되어 다행히 목숨은 건졌다. 왜 그런 무모한 행동을 했느냐는 친구의 물음에 소년은 이렇게 대답했다. "너는 너 자신을 가장 먼저 신뢰해야 해. 결국 주변에 교활한 뱀들이 있을 테니."

2. 그림을 이용한 활동

1) 인생지도 그리기

- **활동명**: 인생지도(Life Map)
- **활동 목표**
  ① 학생들이 자신의 인생에서 의미 있었던 순간을 되돌아볼 수 있다.
  ② 연대기 순으로 중요한 사건들을 정리할 수 있다.
  ③ 인생의 중요한 사건을 적당한 그림과 도형을 사용하여 묘사할 수 있다.
- **활동 대상**: 모든 학년
- **준비물**: 인생지도 체크리스트, 도화지(8절), 색연필, 연필, 자
- **활동순서**
  ① 인생지도 체크리스트(참고자료 2)를 사용하여 인생의 중요 사건들을 기록한다.
  ② 체크리스트에서 결정한 사건들을 그림을 통해 표현한다. 예를 들어 태어난 사건을 표시하려고 할 때는 생일 케이크나 임신한 여성을, 학교에서 일어난 중요한 사건을 묘사하려면 학교건물이나 칠판으로 나타낼 수 있다.
  ③ 예시 인생지도(참고자료 3)를 보여 주며 상징들을 선으로 연결하는 것과 좋은 일은 위쪽으로 나쁜 일은 아래쪽으로 향하게 됨을 설명한다.
  ④ 도화지를 사용하여 인생에서 있었던 큰 사건들을 표시한다. 사건들을 시간의 순서대로 배열한다.
  ⑤ 색연필이나 크레파스를 사용하여 중요한 사건을 그림으로 표시하고 색을 칠한다.
  ⑥ 완성된 인생지도를 사용하여 다른 학생들과 함께 이야기한다. 인생지도에 나타난 자신만의 중요한 사건을 설명한다.

• **참고자료 3**: 인생지도 체크리스트

인생지도 체크리스트(저학년용)	
1. 내가 태어난 곳	
2. 처음으로 이사 간 곳	
3. 유치원은 어디에서 다녔는가?	
4. 유치원 시절 가장 기뻤을 때와 슬펐을 때	
5. 초등학교는 어디에서 다녔는가?	
6. 초등학교 시절 가장 기뻤을 때와 슬펐을 때	

인생지도 체크리스트(고학년용)

중요 사건	시기	감정정도 (0~5까지)	상징	내용
예) 초등학교 졸업	2010	4	졸업모자	가족과 함께 식사
예) 할머니 죽음	2011	0	무덤	장례식에 다녀옴

• **참고자료 4**: 인생지도 예시

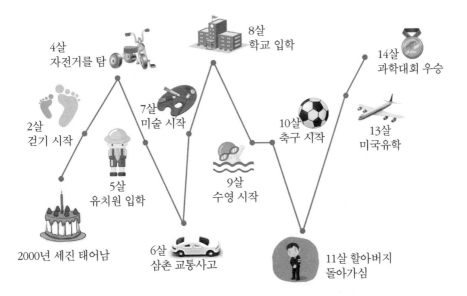

2) 생태도 그리기

- **활동명**: 생태도
- **활동 목표**

  ① 자신의 인생에서 관계있는 사람들을 그림으로 나타낼 수 있다.

  ② 가족과 현재 어떤 영향을 주고받는지를 그림으로 묘사할 수 있다.

  ③ 중요한 사건을 그림과 도형으로 나타낼 수 있다.
- **활동 대상**: 모든 학년
- **준비물**: 생태도 학습지, 색연필, 연필, 자
- **활동 순서**

  ① 활동지 중앙의 원 안에 가족 구성원의 이름과 나이를 기록한다(참고자료 5의 학습지를 활용). 남자는 사각형, 여자는 원으로 기록한다. 직계가족 중 아직 태어나지 않았으면 세모, 돌아가신 분은 X로 표현한다.

  ② 각 구성원 간의 관계를 선으로 표현한다. 가는 실선은 보통의 관계 굵은 실선은 강한 유대감을 의미하고, 사선이나 점선은 약한 유대감을 의미한다. 불규칙하거나 사선이 실선 위에 그려지면 스트레스나 갈등이 있는 관계를 나타낸다.

  ③ 개인의 삶에 영향을 주는 영역들, 예를 들어 직장, 학교, 교회, 건강, 친구, 여가생활 등은 작은 원 안에 표시하고 이를 중앙의 큰 원 주위에 배치한다.

  ④ 앞에서와 같이, 중앙의 큰 원 밖에 각 구성원들이 관계를 맺고 있는 사람들의 이름과 관계를 적은 후 역시 선으로 연결한다.

  ⑤ 각 선의 끝에 에너지의 흐름을 표시한다. 구성원이 외부에서 영향을 받고 있다면 화살표를 가족 구성원 쪽으로 향하게 그린다. 가족 구성원이 영향력을 주고 있다면 화살표를 바깥쪽으로 향하게 한다. 양방향 화살표는 서로 영향을 주고받는 것을 의미한다.

  ⑥ 생태도를 완성한 후 친구들 앞에서 발표한다.

• **참고자료** 5: 생태도 학습지

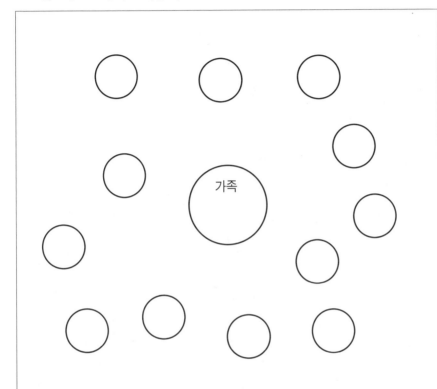

기호	내용
——————	약한 유대감
━━━━━━	강한 유대감
- - - - - - - - - -	불확실한 관계
∧∧∧∧∧∧∧∧∧∧	스트레스를 주는 관계

⟶

화살표는 에너지의 흐름
을 나타냄

• **참고자료 6**: 생태도 예시

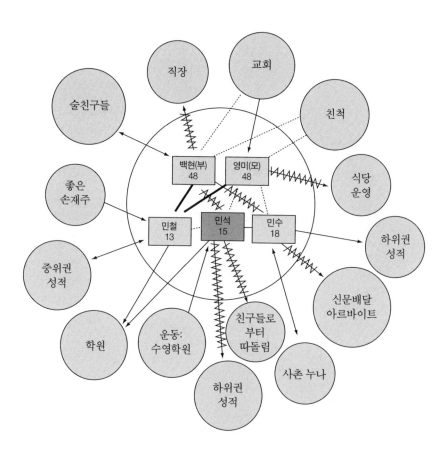

3. 사진과 영상을 이용한 활동

1) 자연과의 만남

(출처: Utah Museum of Fine Arts, 2008, http://umfa.utah.edu/lessons, 수정
보완)

- **활동명**: 자연의 아름다움 표현하기
- **활동 목표**
  ① 학생들은 자연의 아름다움을 감상할 수 있다.
  ② 자신이 관찰한 자연의 아름다움을 표현할 수 있다.
- **활동 대상**: 초등학교 4~6학년
- **준비물**: 풍경 사진, 노트를 위한 공책
- **활동 순서**
  ① 자연을 나타내는 명언을 함께 알아본다.
    - 일출 전 숲의 아름다움보다 더 아름다운 것은 없다(조지 워싱턴 카버).
    - 자연은 신의 묵시이고, 예술은 인간의 묵시이다(H. W. 롱펠로우).
    - 자연을 연구하라. 자연을 사랑하라. 자연과 함께하라. 절대 실망하지 않을 것이다(프랭크 라이트).
    - 나의 인생의 풍요로움은 자연으로부터 오고, 나의 영감의 원천 역시 자연에서 온다(클로드 모네).
  ② 제주도 10대 절경 중 하나인 윗세오름의 풍경사진을 제시한다.
  ③ 아름다운 자연을 바라보았던 경험에 대해서 이야기한다.
  ④ 학생들이 자연의 아름다움 속에서 절대자의 숨결을 느낄 수 있게 수업 장소를 조용하면서도 자연의 경관(숲이 있는 빈 운동장, 주변 공원 등)이 있는 곳으로 이동한다.
  ⑤ 학생들에게 10분 정도를 주고 아무것도 적거나 그리지 말고 오직 자신들의 오감을 이용해 자연을 관찰하게 한다.
  ⑥ 다음 10분 동안 자신들이 관찰한 것(보고, 듣고, 냄새 맡고, 느낀 것 등)을 간단하게 그리거나 메모하게 한다.
  ⑦ 활동 후 느낌을 나누고 학생들이 작성한 메모나 그림을 간단히 전시한다.

• **참고자료 7**: 제주도 윗세오름 풍경

2) 의미 있는 삶과의 만남

(출처: Utah Museum of Fine Arts, 2008, http://umfa.utah.edu/lessons, 수정
보완)

- **활동명**: 의미 있는 삶이란 무엇인가?
- **활동 목표**
  ① 나누어 주는 삶에 대한 의미를 생각할 수 있다.
  ② 학생들은 글을 통해 자신의 느낌을 표현할 수 있다.
- **활동 대상**: 중학교 1~3학년
- **준비물**: 이야기 자료(퀼트 공예가의 선물), '팔복 최춘선 할아버지' 동영상,
  활동지
- **활동 순서**
  ① 제프 브롬비의 '퀼트 공예사의 선물' (참고자료 8)을 함께 읽는다.
  ② 책을 읽고 난 후 느낀 점을 이야기한다.
  ③ '팔복 최춘선 할아버지' 동영상(유튜브, http://www.youtube.com/
  watch?v=TH_wQad-EFc)을 시청한다.
  ④ 시청 후 느낀 점을 이야기한다.
  ⑤ '퀼트 공예사의 선물' 이야기와 '팔복 최춘선 할아버지' 의 이야기에
  서 공통점을 찾아본다.
  ⑥ 활동지(참고자료 9)를 사용하여 두 인물에 대한 대조, 비교를 포함한 느
  낌을 글로 나타낸다.

- **참고자료 8**: 퀼트 공예사 이야기(출처: Scholastic Press, 2001, ISBN
  0439309107 내용 요약)
  아주 오랜 옛날, 안개가 자욱한, 인적 드문 높은 산에 한 퀼트 공예사가 살
  고 있었다. 하늘이 주신 뛰어난 재능으로 사람들에게 널리 알려진 이 공예사
  는 그녀의 세상에서 가장 아름다운 퀼트를 구입하려던 부자들에게 이렇게 말

했다. "나는 내가 만든 퀼트를 거지나 불쌍한 사람들에게 줄 것입니다. 이것은 당신들과 같은 부자들을 위한 것이 아닙니다."

퀼트 공예사는 아주 춥고 어두운 밤이 되면 어김없이, 그녀가 사는 산 아래의 시내로 내려갔다. 추운 거리에서 집 없이 구걸하는 사람들을 찾을 때까지 공예사는 거리를 돌아다녔다. 마침내 아무도 돌보지 않고 추위에 떨고 있는 사람을 발견하면 그녀는 자신이 만든 퀼트를 꺼내서 떨고 있는 사람의 어깨를 꼭 감싸 주고 살며시 사라졌다. 그리고 다음 날, 따뜻한 블랙베리 차를 마시며 새로운 퀼트를 만드는 것이 그녀의 일상이었다.

같은 마을에 선물 받기를 좋아하는 욕심 많은 왕이 살고 있었다. 세상에서 가장 좋은 것을 모두 갖고 싶어 했던 이 왕은 오히려 자신의 채워지지 않는 욕심 때문에 어떤 선물에도 만족을 느낄 수 없었다. 그러던 중 한 병사로부터 퀼트 공예사의 소식을 전해 듣게 되었다.

왕은 수많은 병사를 거느리고 공예사의 집을 방문했다. "나는 네가 만든 퀼트를 원한다. 그것이 나를 기쁘게 해 줄 것이다." 곰곰이 생각하던 공예사는 이렇게 대답했다. "당신이 정말 이 퀼트를 원한다면 제가 만들어 드리지요. 하지만 조건이 있습니다. 임금님이 갖고 계신 것으로 다른 사람들을 위한 선물을 직접 만드세요. 그 선물을 다른 사람들에게 줄 때마다 제가 임금님을 위한 퀼트를 한 조각씩 만들 것입니다. 임금님이 선물을 다 주고 나면 임금님의 퀼트 또한 완성될 것입니다." "뭐라고? 나의 보물을 모두 버리라고? 나는 그것들도 포기하지 않고 퀼트도 가질 것이다." 병사들이 공예사가 만들어 놓은 퀼트를 빼앗으려 하자 그녀는 그것들을 창밖으로 던져 보냈다.

화가 난 왕은 군사를 시켜 그녀를 곰이 잠들어 있는 동굴 안에 가두어 두었다. 곰이 그녀를 발견하고는 공격하려고 할 때였다. 그녀는 침착한 태도로 곰에게 소나무 바늘과 솔을 주면 베개를 만들어 주겠다고 약속했다. 아무에게도 친절을 받아 본 적이 없던 곰은 생각지 않던 선물에 감사하고 그녀와 친구가 되었다.

한편 왕은 곰에게 죽임을 당했을지도 모를 공예사에 대한 생각에 밤새 죄책감을 느꼈다. 아침이 되자 왕은 얼른 군사를 보내 공예사를 구하려고 했다. 하지만 그녀가 곰과 함께 블루베리와 꿀로 아침을 먹는 광경을 보고는 다시 화가 치솟았다.

왕은 그녀를 아주 작은 섬에 가두었다. 이 섬은 까치발을 딛고서야 간신히 설 수 있는 아주 작은 섬이어서 사람이 오래 서 있기가 힘들기 때문에 곧 물에 빠져 죽도록 되어 있었다. 섬에 버려진 공예사는 한 참새가 대서양을 가로질러 날아가는 것을 보았다. 그녀는 새가 쉬어 갈 수 있게 그녀의 어깨를 내어주었다. 지친 참새는 몸을 떨고 있었다. 그녀는 자신의 보라색 조끼를 오려내어 코트를 만들어 주었다. 잠시 후 하늘은 수천마리의 참새 떼로 어두워졌다. 수천 개의 날개를 함께 퍼덕이며, 새 떼들은 그녀를 육지까지 안전하게 데려다 주었다.

밤새 또다시 죄책감에 시달린 왕은 큰 나뭇가지에 앉아서 참새들을 위한 작은 코트를 만들고 있는 공예사를 발견했다. 그러고는 자신이 어떤 사람인지를 깨닫고 공예사의 충고를 듣기로 다짐했다. "내가 포기하겠소." "내가 무엇을 줘야 그 퀼트를 나에게 주겠소?" 그녀의 대답은 한결같았다. "임금님이 소유한 모든 것을 다른 사람에게 주면 내가 퀼트를 만들어 주겠어요." 고민에 빠진 왕에게 공예사는 다시 물었다. "당신이 가지고 있는 것들이 당신을 행복하게 해 주지 않는다면 무슨 소용이 있겠어요?"

마침내 왕은 자신이 가지고 있는 것들을 나누어 주기 시작했다. 작은 구슬을 아이들에게 주는 것부터 시작하여 나중에는 회전목마를 위해 진짜 말들을 주었다. 아이들이 기쁨으로 탄성을 지르는 것을 보며 왕의 마음에도 기쁨이 솟아나기 시작했다. 왕은 그가 가져온 선물로 인해서 춤과 행복이 넘쳐 나는 것을 보았고 자신도 또한 그 속에 있음을 알게 되었다. "어떻게 이럴 수가 있지? 모든 것을 버리자 오히려 이렇게 행복해질 수 있다니? 모든 것을 가지고 나와라." 그러는 동안 공예사는 왕과의 약속을 지키기 위해 특별한 퀼트를 만들었다. 그녀는 마지막 바느질을 마치고 산을 내려가 왕을 찾기 시작했다.

왕은 이렇게 말했다. "고마워요. 하지만 내가 당신을 위해 준비한 선물을 받기 전까지 퀼트는 내 것이 아니오." 그리고 왕은 낡은 마차에서 그의 왕좌를 꺼냈다. "이것은 매우 조용하고 편안하오. 아마 앉아서 바느질하기에 안성맞춤일 거요." 그날 이후로 왕은 퀼트 공예사의 집을 자주 방문했다. 그녀가 만든 퀼트는 왕의 손에 의해 힘들고 어려운 사람들에게 전달되었다. 왕에게는 이전에 없었던 나누는 기쁨이 생기게 되었다.

• **참고자료 9**: 활동지

의미 있는 삶과의 만남
♥ 가장 인상 깊었던 장면과 이유는?
♥ 퀼트 공예사와 최춘선 할아버지의 공통점은?
♥ 퀼트 공예사와 최춘선 할아버지의 차이점은 무엇인가?
♥ 나에게 의미 있는 삶이란 어떤 것인가?

4. 제2차 세계대전 시 유태인의 수난사를 이용한 활동

1) 영적 저항
(출처: Yad Vashem, 2013, http://www.yadvashem.org/yv/en/education/
lesson_plans/spiritual_resistance.asp)

- **활동명**: 사진을 이용한 저항
- **활동 목표**
  ① 학생들이 홀로코스트에서 벌어진 인권침해의 정확한 실상을 바로 알고 어떤 형태의 저항이 있었는지 이해할 수 있다.
  ② 유대인들이 종교적인 정체성을 지키기 위해 감수해야 했을 어려움과 위험에 대해 토론할 수 있다
  ③ 유대인 거주지 또는 수용시설에서의 비참했던 개인의 삶을 알 수 있다.
- **활동 대상**: 고등학교 1~3학년
- **준비물**: 사진자료, 생각해 볼 질문
- **활동 순서**
  ① 참고자료 10을 이용하여 당시 시대적 배경을 설명한다.
  ② 학생들에게 2명의 사진작가를 소개한다.
  ③ 그룹별로 또는 학급전체가 다음 질문들을 함께 토론한다.
  - 유대인들에게 빈민촌에서의 생활을 기록으로 남기는 것은 왜 중요한 것이었는가?
  - 참고자료 10의 웹 주소에서 세 번째와 네 번째 사진은 음식을 배급받기 위해 줄을 서 있는 유대인들의 모습을 촬영한 것이다. 사진 속의 여인은 멘델 그로스만의 여동생 로카 그로스만이다. 그는 이 사진 속에서 무엇을 표현하려고 하였는가? 왜 그렇다고 생각하는가?
  - 위의 사진을 공공연하게 찍는 것은 당시 목숨을 내놓을 정도로 위험

한 일이었다. 왜 그러한 위험을 감수하였는가?

– 홀로코스트 박물관에 전시된 사진들은 대부분 독일에서 제공한 자료
들이다. 두 사람이 제공한 사진들은 극히 예외적인 것이다. 사진을
통한 역사 유산 차원에서 볼 때, 두 사람의 용감한 행동은 어떤 역할
을 하고 있는가?

• **참고자료 10**(출처: Yad Vashem, 2013, http://www.yadvashem.org/yv/en/
education/lesson_plans/spiritual_resistance.asp)

시대적 배경	
유태인들은 자신들의 거주지(ghetto)에서 카메라를 소지할 수 없었다. 그러나 일부 유태인 출신의 사진사들은 공식 사진을 촬영하기 위해서 유태인 위원회(Judenrat)에 고용되었다. 물론 촬영에는 철저한 제한이 따랐다. 이런 상황에서 고용된 사진사 중 일부는 비밀리에 당시 유태인들이 수용시설이나 거주지에서 겪어야 되는 열악한 환경을 촬영할 수 있었다.	
멘델 그로스만	**조지 카디시**
그는 폴란드 유태인 거주지(Lodz Ghetto) 담당 사진사로 통계부서에서 일하였다. 공식적 활동만 촬영해야 함에도 불구하고 그로스만은 외투 사이에 카메라를 숨겨 유태인의 비참한 생활상과 학대당하는 모습을 카메라에 담았다. 결국 그는 1940년부터 1944년 동안 수천 장의 사진을 찍다가 발각되어 죽음의 행진(death march) 과정에서 숨을 거두고 말았다. 하지만 숨지기까지 그의 카메라에 담긴 당시의 참혹한 실상은 오늘까지 전해지고 있다.	그는 소련 유태인 거주지(Kovno Ghetto)에서 독일군의 엑스레이 기계 수리원으로 일하였다. 카디시는 우연히 유태인들의 인권이 유린되는 모습이 담긴 필름을 얻게 되었고 이는 독일 군인병원에 대한 반감으로 이어지게 되었다. 이후 성공적으로 유대인의 비참한 실상을 촬영할 수 있었다. 그러나 창문 문틈이나 겉옷의 단추 구멍을 통해 촬영을 하다가 결국 독일군에게 발각되어 체포되기에 이르렀다. 다행히도 이듬해 전쟁이 종료되어 돌아올 수 있었다.

* 참고자료 10과 11의 사진은 저작권 때문에 직접 싣지 못했으나 제시된 웹주소를 이용하면 해당 사진을 쉽게 찾을 수 있을 것이다.

2) 영적 유산

(출처: Yad Vashem, 2013, http://www.yadvashem.org/yv/en/education/
lesson_plans/spiritual_resistance.asp)

- **활동명**: 편지를 통한 저항
- **활동 목표**
  ① 학생들이 홀로코스트에서 벌어진 인권침해의 정확한 실상을 바로 알
  고 어떤 형태의 저항이 있었는지 이해할 수 있다.
  ② 유대인들이 종교적인 정체성을 지키기 위해 감수해야 했을 어려움과
  위험에 대해 토론할 수 있다
- **활동 대상**: 고등학교 1~3학년
- **준비물**: 사진자료, 생각해 볼 질문
- **활동 순서**
  ① 다음 상황을 설명한다.
  "마지막으로 죽음으로 향하던 차 안에서 유대인들은 좁은 창문을 통해서
  자신의 노트를 던지거나 혹은 때때로 기차에 오르기 직전 간단한 메모를
  할 수 있었다."
  ② 사진(참고자료 11의 웹 주소에서 다섯 번째)을 제시한다.
  ③ 위 그림에서 여인은 왜 급하게 메모를 하였다고 생각하는가?
  ④ 잘만 그래도스키의 이야기(참고자료 11)를 들려준다.
  ⑤ 그룹별로 또는 학급 전체가 다음 질문들에 대해 함께 토론한다.
     - 잘만 그래도스키가 남긴 말은 왜 중요하다고 생각하는가?
     - 당시 수용소에서는 연필과 노트를 가지고 있을 수가 없었다. 그럼에
       도 그래도스키는 죽기 직전 마지막 글을 작성할 수 있었다. 그가 남
       긴 글은 홀로코스트를 부정하는 견해(공식적으로 명령에 의한 대량 학
       살은 없었다는 견해)에 맞서 싸우는 데 어떻게 사용될 수 있을까?

• **참고자료 11**(출처: Yad Vashem, 2013, http://www.yadvashem.org/yv/en/
education/lesson_plans/spiritual_resistance.asp)

잘만 그래도스키	땅에 묻었던 글의 내용
그는 아우슈비츠 수용소에서 가스실을 작동하고 가스실에서 죽은 시체들을 소각하는 일을 하였다. 그는 수용된 포로 및 동료들과 화장터 중의 하나를 파괴하였다. 이러한 용감한 행동을 하기 전에 그는 다음과 같은 글을 써서 땅에 묻어 두었는데 후에 이 글이 발견되었다.	"이 글을 찾은 이에게, 부디 이 주변을 샅샅이 찾으십시오. 수십 개의 글이 이곳의 실상을 알려 줄 것입니다. 우리는 이곳에서 자유를 얻을 수 있다는 희망을 잃었습니다. 역사가 우리가 남긴 이 증거를 가지고 판단할 것입니다. 세상 사람들이 우리가 겪은 이 비극에 대한 진실 중에서 일부만이라도 발견하기를 바라며…."

5. 놀이 중심 활동

1) 퍼즐 맞추기

• **활동명**: 만족
• **활동 목표**
  ① 자신의 삶에서 만족하고 감사하는 부분을 찾을 수 있다.
  ② 마음의 평화를 가져오는 요소를 이해한다.
• **활동 대상**: 초등학교 4~6학년
• **준비물**: 활동지
• **활동 순서**
  ① '인생은 퍼즐' 이야기(참고자료 12)를 읽고 다음의 문제를 함께 토의한다.
    – 당신은 원하는 것을 얻었을 때 행복감을 느꼈는가?
    – 행복감이 얼마나 지속되었는가?
    – 당신은 진정한 만족감을 느껴 본 적이 있는가? 그 순간 어떤 것을 경험했는가?

② 학생들을 2인 1조로 나눈 후 '평화'라는 제목의 퍼즐(참고자료 13)을 완성하게 한다. 어떤 조각이 없는지 서로 찾아보도록 격려한다.

③ 자신의 삶에서 만족하고 감사했던 일들을 일기로 기록한 뒤 일주일 후에 발표한다.

• **참고자료 12:** '인생은 퍼즐' 이야기

인생은 작은 조각들을 맞추어 하나의 그림을 완성하는 퍼즐과 같다. 조각이 하나라도 없어진다면 아무리 노력을 해도 그림을 완성할 수 없다. 어떤 사람들에게는 주어진 환경과 그가 선택한 잘못된 결정으로 없어진 조각들이 여러 개일 수도 있다. 어릴 적 부모님의 사랑, 입고 싶었던 멋진 옷, 친구들과의 깊은 우정, 배우고 싶은 지식 또는 기술 등등. 우리가 원하는 것을 채우려면 천년을 살아도 부족할 것이다.

그렇다면 잃어버린 조각을 찾아 평생을 슬퍼하면서 지내야 하는가? 결코 그렇지 않다. 우리 주위에는 다른 사람들보다 많은 것을 가졌음에도 불구하고 여전히 불행한 사람들이 있다. 반면에 다른 사람들보다 적은 것을 가졌음에도 어느 누구보다 행복한 사람들을 발견할 수 있다.

작은 것에도 행복한 삶을 누리는 사람들의 비결은 바로 감사하는 것이다. 가지고 싶었던 것들(핸드폰, 컴퓨터, 유명 브랜드 가방, 멋진 옷, 자동차, 집 등)을 마침내 소유했을 때, 행복했던 감정이 얼마나 지속되었는가? 그 행복감이 영원하다면 우리는 다른 것을 소유하려고 노력하지 않을 것이다. 사람들은 끊임없이 새로운 만족을 얻기 위해 새로운 물건, 잃어버린 퍼즐을 찾고자 한다. 하지만 잃어버린 퍼즐은 찾는 비결은 새것을 얻기보다 이미 가지고 있는 것에 만족하는 데 있다.

매일 밤 잠들기 전 하루에 감사했던 것을 3가지만 생각해 보라. 인생의 퍼즐이 조금씩 맞추어져 감을 경험할 것이다.

• **참고자료** 13: 퍼즐조각

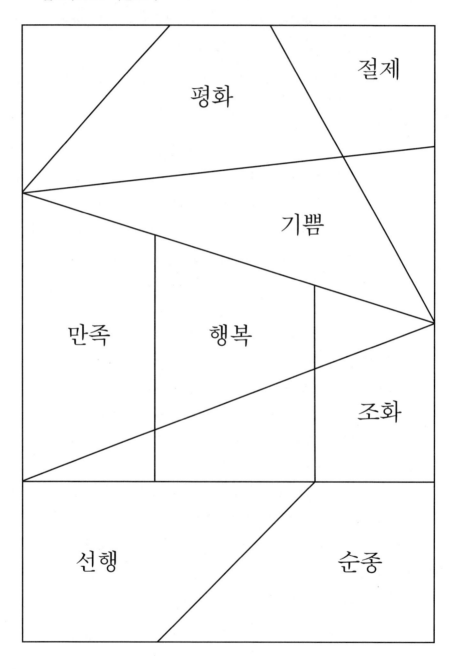

2) 숫자 이어서 색칠하기

• **활동명**: 종교의 중요성

• **활동 목표**

① 종교의 역할과 목적에 친숙해질 수 있다.

② 종교는 인생의 한 방식이라는 것을 이해한다.

• **활동 대상**: 초등학교 1~3학년

• **준비물**: 활동지, 색연필, 연필, 지우개

• **활동 순서**

① 숫자가 표시되지 않은 그림 활동지(참고자료 14)를 학생들에게 나누어
   준 후 그림을 완성하게 한다.

② 이번에는 숫자가 표시된 그림 활동지(참고자료 14)를 학생들에게 나누
   어 준 후 그림을 완성하게 한다.

③ 두 그림을 색연필로 색칠하여 완성한 후 서로 비교해 본다.

④ 그림을 완성하는 데 있어서 숫자를 사용했을 때와 숫자 없이 점만 사
   용했을 때를 비교하여 얼마나 다른지를 알아본다.

⑤ 종교의 역할이 그림 속의 숫자와 같이 인생에 목적을 부여하고 보다
   구체적인 그림을 그릴 수 있게 하는 것임을 설명한다.

• **참고자료** 14: 숫자가 표시되지 않은 그림 활동지와 숫자가 표시된 그림 활동지(출처: Spiritual-Education, 2004, http://www.spiritual-education.org/book2_lesson04)

3) 공감활동

- **활동명**:
- **활동 목표**

  ① 시각장애인의 어려움을 이해할 수 있다.

  ② 다른 사람의 입장이 되어 그 상황을 공감할 수 있다.

- **활동 대상**: 모든 학년
- **준비물**: 활동지, 안대, 연필
- **활동 순서**

  ① 2명씩 짝을 짓는다.

  ② 먼저 한 사람이 안대로 눈을 가린다.

  ③ 활동지 출발지점에 연필을 위치시킨다.

  ④ 눈을 가리지 않은 짝은 상대방이 경로를 벗어나지 않고 도착할 수 있
  게 말로 설명한다.

- **참고자료 15**

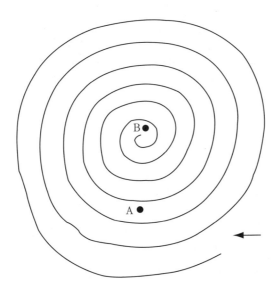

4) 빈칸 채워 말하기

- **활동명**: 빈칸을 채워 말하기
- **활동 목표**

  ① 한 주제에 대한 자신의 생각과 느낌을 알 수 있다.

  ② 같은 주제에 대한 다른 사람의 생각과 의견을 이해할 수 있다.
- **활동 대상**: 초등학교 중학년 이상
- **준비물**: 완성되지 않은 문장이 적힌 활동지, 물음표 상자
- **활동 순서**

  ① 한 사람이 물음표 상자 안에 있는 활동지 중 하나를 꺼낸다.

  ② 큰 목소리로 완성되지 않은 문장을 읽고, 나머지 문장을 완성한다.

  ③ 청중 중에서 질문이 있거나 자신의 의견을 말하고 싶은 사람이 발표한다.

  ④ 활동지를 처음 고른 사람이 다른 사람을 지명한다.

  ⑤ 같은 방법으로 진행한다.

- **참고자료 16**: 완성되지 않은 문장의 예

  - 나는 (   ) 때 편안하고 안전하다고 느낀다.

  - 나는 정말로 (   )에 몰두한다(미쳐 있다).

  - 실수를 저질렀을 때 나는 (   ).

  - 나는 종종 (   )을 상상하곤 했었다.

  - 나는 (   ) 잘못이라고 생각한다.

  - 나는 (   ) 두렵다.

  - 나는 항상 (   )을 꿈꿔 왔다.

  - 언젠가 나는 (   ).

  - 나는 (   ) 바란다.

  - 내가 존경하는 사람과 의견이 맞지 않을 때 (   ).

- 집에서 (   ).
- 내가 다시 한 번 어린 시절로 돌아간다면 (   ).
- 나의 거대한 꿈은 (   ).
- 만약 (   ), 나는 진정으로 행복할 것이다.
- 나는 (   ) 종류의 사람을 싫어한다.
- 어린 시절 중 가장 생생하게 떠오르는 장면은 (   ).
- 내 인생에서 가장 원하는 것은 (   ).
- 나는 (   )에 대한 두려움이 없었으면 좋겠다.
- 진정한 친구란 (   ).
- 나는 아직까지도 (   )에 기분이 좋지 않다.
- 내가 가장 좋아하는 유형의 사람은 (   ).
- 나는 (   ) 때 너무 화가 난다.
- 어린 시절에 내가 했던 가장 큰 잘못은 (   ).
- 사람들은 나에 대해서 (   ).
- 내 인생에서 가장 중요한 사람은 (   ).

6. 영성 프로그램

영성이 삶이 역경을 이겨 내는 중요한 내적 자원이며 전인건강 차원에서도 의미 있는 요인임에도 불구하고 영성을 증진하거나 개발하기 위한 프로그램은 아직까지 소수에 불과한 실정이다. 이미 개발된 영성 프로그램들은 아동과 청소년보다는 성인을 대상으로 한 것들이 주류를 이루고 있다. 이 장에서는 발표된 영성 프로그램 중에서 가장 최근에 개발된 두 개의 프로그램을 소개하고자 한다.

1) 전인건강 향상을 위한 영성 프로그램

전인건강 향상을 위한 영성 프로그램은 고경숙(2013)에 의해 개발된 것으로 청소년들의 영성 계발을 통한 전인건강 향상을 목적으로 한다. 선행 연구를 통해 영성 프로그램의 하위 요인을 설정하였으며, 사전실험 과정을 통해 예비 프로그램을 수정한 후 최종적으로 개발하였다. 프로그램 검증은 고등학생 10명을 대상으로 하였으며 검증 결과 이 프로그램은 청소년들의 영성을 향상에 긍정적으로 기여하며 전인건강을 증진시키는 것으로 나타났다. 이 프로그램의 회기별 주제, 활동 목표 및 내용은 다음과 같다.

• **참고자료** 17: 영성 프로그램의 주제와 내용

회기	주제	활동 목표	활동 내용
1	오리엔테이션	프로그램 이해 및 참여 동기 부여	• 파트너 정하기 사전검사 • 별칭 만들기
2	내적 자원	긍정적 자기 이미지와 자기 능력 믿기	• 나의 장점 찾기(내가 잘하는 일) • 나의 강점 찾기(나는 누구인가?)
3	삶의 의미	삶의 의미와 목표 설정하기	• 인생목표의 중요도 정하기 • 실천사항 계획하기
4	자각	알아차리기	• 내면의 나 만나기 • 문장 완성하기 • 자신의 감정을 형용사로 말하기
5	소통	자연과 나, 사람과 나, 가족과 나의 소통	• 나와 자연 및 절대자와의 관계 • 미술로 표현한 후 스토리텔링
6	적응 능력	Here and Now	• 어려운 감정 표출과 대처 방법 • 자신의 현재 감정에 대한 지각역할극
7	사랑	나와 타인을 이해하고 도우려는 마음 만들기	• 사랑과 관계된 사람, 사건 등 • 장님과 벙어리 활동
8	마무리	영성 전하기 및 소감 기록하기	• 프로그램 종합평가 및 사후검사

• **주요 회기 활동 예시(4회기):** 알아차리기

• **활동순서**

① 문장완성 리스트(참고자료 18)를 참고로 문장을 완성한다.

② 다음 순서로 감정을 형용사로 말한다.

    – 세 명이 한 팀이 된다.

    – 자신이 자주 느끼는 감정을 4박자에 맞추어 형용사로 말한다.

    – 일정한 방향으로 돌아가면서 차례로 말한다.

    – 부정적 표현보다는 긍정적 감정 표현으로 한다.

③ 학생들은 조용히 눈을 감고 '새로운 가능성' 듣기 자료(참고자료 19)를 듣는다.

• **참고자료 18:** 문장완성 리스트

번호	구분	자각
1	감사, 흥분	나는 _____ 덕분에 신이난다. 나는 _____에 감사한다. 나는 오늘 _____라서 다행이다.
2	염려	나는 _____ 때문에 염려된다. 나는 왜 _____한지 궁금하다.
3	문제해결	나는 _____가 좋지 않으므로 _____로 변화를 주고 싶다.
4	선행	나는 _____에서 _____ 위해 _____ 도움을 주었다.
5	소망	나는 _____을 희망한다. _____이 _____하면 좋겠다.
6	지금 감정	나는 지금 _____ 감정이다.
7	느낌	나는 지금 _____ 느낌이다.

• **참고자료 19:** '새로운 가능성' 듣기 자료

당신의 신체에 사랑과 소중함의 메시지를 전달하세요.

우리는 존재하지만 눈에 보이지 않고…

존재하지만 알려져 있지 않고…

존재하지만 감추어져 있는…

아주 많은 부분을 갖고 있습니다.

그래서 우리 앞에 펼쳐진 여로는

어디로 가든지

언제나

감미로운 경이일 것입니다.

때로는 고통도 있고

때로는 흥분도 따르겠지요.

그러나 항상 함께 하는 것은

우리 자신을 위한 새로운 가능성입니다.

2) 기독교 영성 증진 프로그램

이 프로그램은 교회학교에 속한 청소년들의 영성 증진을 위한 목적으로 만들어진 것으로 박준하(2011)에 의해 개발되었다. 클라인벨(Clinebell, 2003)의 전인적 해방-성장 목회상담 이론 및 요구분석을 기초로 개발된 이 프로그램은 교회에 출석하는 25명의 고등학생을 대상으로 효과성 검증을 실시한 결과 영성 발달의 향상과 더불어 수치심과 불안 감소 효과가 있는 것으로 나타났다.

• **참고자료** 20: 기독교 영성 증진 프로그램 회기별 목표와 주요 내용

회기	주제	활동 목표	활동 내용
1	오리엔테이션	• 프로그램 이해 • 진행 과정 이해	• 특강: 영성 증진에 대하여 • 프로그램의 목적과 내용 및 진행 방법 안내
2	관계 증진	• 집단원을 이해 • 관계 증진	• 인터뷰 및 파트너 소개하기와 친밀감 높이기 활동 • 집단에서 지켜야 할 규칙을 스스로 정하기
3	상처탐색	• 자기 상처를 탐색 • 나눔을 통한 깊은 이해	• 바디스캔 명상하기: 상처 입은 마음과 아픈 부분 탐색 • 탐색한 것을 그림으로 표현하여 내면의 불안과 수치심 원인 파악하기 • 감정을 표현한 용지를 통해 서로의 모습 이해
4	좌절감 치유	• 절망 극복 방법	• 당신은 이웃을 사랑하십니까/몸으로 그리는 소시오그램 • 특강: 좌절감을 치유하라
5	수치심 치유	• 수치심과 죄책감을 벗어나는 방법	• 도피처로 피하기 활동 • 특강: 수치심과 죄책감을 치유하라
6	열등감 치유	• 열등감의 극복 방법	• 천국 여행하기 활동 • 특강: 열등감을 치유하라
7	분노감 치유	• 분노감의 극복 방법	• 인간 매듭 풀기, 인간 빨래 돌리기 게임 • 특강: 분노를 치유하라
8	불만에서 희망으로	• 대처자원의 발견	• 불안 웅덩이에서 희망 자원 찾기 활동 • 성경공부: 분노에서 자유를 찾자
9	하나님의 인도	• 하나님의 예비하심 발견	• 나의 발달사 그리기 활동 • 성경공부: 길르앗의 유향
10	회개와 용서	• 하나님의 용서 체험	• 성경공부: 하나님의 온전한 치유 • 죄와 상처의 해결
11	새로운 출발	• 이웃을 섬기는 삶	• 세족식 행사 • 친구가 주는 수료증에 동료의 장점 써 주기

• 회기별 활동 예시(3회기): 바디스캔 명상하기

• 활동 방법

① 참가자들에게 신체상이 그려진 사람 모양의 그림 종이를 나누어 준다. 눈을 감고 누워서 과거와 현재에 겪었거나 겪고 있는 어려움, 무거운 짐을 구체적으로 생각하게 한다. 자기 몸을 탐색하는 바디스캔 명상법을 간단하게 배우고 자기 몸의 아픈 부분, 불편한 부분을 탐색한다.

② 충분히 생각할 시간을 준 후 "자! 눈을 뜨고 나누어 드린 이 신체상이 자신이라고 생각하고, 자신의 신체나 마음이 어떤 상황인지, 신체적 심리적으로 아프고 상처받은 경험, 무거운 짐이 있으면 그러한 상황을 크레파스나 색연필로 표현해 보세요."라고 한다.

③ 그림 작업이 끝나면 그림 주위에 글자로 그림에 나타난 상황(상처, 무거운 짐)을 솔직히 표현하도록 한다.

④ 그림 아래 부분에 다음과 같은 감정을 표현해 보도록 한다. 1) 내가 가장 분노할 때는? 2) 가장 슬펐을 때는? 3) 가장 고통스러웠을 때는?

⑤ 종이 아래 부분에다 이름과 자신의 특징이나 외모, 성격, 이미지를 간단하게 약 3가지 정도만 기록한다(예: "저는 키가 작고요, 머리는 똑똑하고요, 피아노를 잘 치는 편이에요.").

⑥ 기록한 종이를 바구니에 걷고서 잘 섞은 후 한 사람씩 종이를 뽑게 한다.

⑦ 받은 종이에 적힌 친구의 이름과 소개 아래에다가 자신이 알고 있는 특징(기분이 상할 만한 단점이나 약점을 지적하지 않도록 주의)을 써서 접은 후에 다른 주머니에 넣게 한다.

⑧ 돌아가며 한 명씩 주머니에서 쪽지를 꺼내어 자신이 뽑은 종이의 주인공 이름을 밝히지 말고 다른 사람의 것을 마치 자신의 것처럼 자연스럽고 능청스럽게 소개한다. 소개가 끝난 후 다른 사람들이 알아맞히도록 한다.

⑨ 몇 번의 기회 동안에도 못 맞추면 소개했던 사람이 주인공을 밝혀 준다.

⑩ 모두 박수로 환영해 준다.

⑪ 기록한 친구가 아닌 다른 친구들에게도 그 친구가 가지고 있는 또 다른 특징을 물어봄으로써 타인과 내가 모두 아는 나의 모습뿐만 아니라 타인에게 비추어진 나의 모습과 타인이 모르는 나의 모습까지 서로 알게 됨으로 건강한 자아를 형성하는 데 도움이 될 수 있다.

요약

이 장에서는 아동과 청소년들의 영성을 계발하기 위한 활동과 집단상담 프로그램을 살펴보았다. 초등학교 저학년부터 고등학교 3학년 까지를 활동 대상으로 보았으며, 학교 수업시간 또는 집단상담 장면에 사용 가능한 활동들을 중심으로 소개하였다. 되도록 다양한 유형의 활동들을 소개하고자 노력하였으며, 영성 관련 활동 후에 윤리적·도덕적 문제가 발생될 우려가 있는 것은 제외하였다. 간략하게 정리하면, '장님과 코끼리' 그리고 '냉정한 뱀' 이야기 등 스토리텔링을 활용한 활동, 인생지도와 생태도 등 그림을 활용한 활동, '윗세오름'와 '최춘선 할아버지 이야기' 등 사진과 영상을 이용한 활동, 제2차 세계대전 시 유태인의 수난사를 이용한 활동, 그 외 퍼즐 맞추기를 포함한 게임 형식의 활동들을 살펴보았다. 또한 가장 최근에 발표된 두 개의 집단상담 프로그램을 살펴보았다.

아동과 청소년들이 자신의 영성을 자각하고 이를 개발하는 것은 현재의 어려움 뿐 아니라 불확실한 미래를 대비하는 면에서도 유용하다. 하지만 살펴본 바와 같이, 이 장에서 소개한 영성 활동의 대부분은 외국에서 개발된 것이다. 학교 장면 또는 상담 장면에서 직접적으로 사용 가능한 영성 관련 활동자료 중에서 국내에서 개발된 것은 아직 소수에 불과하다. 영성 집단상담 프로그램 또한 종교 관련 프로그램을 제외한다면 동일한 실정이다. 따라서 아동과 청소년들의 영성을 계발하기 위한 다양한 활동과 집단상담 프로그램을 개발하는 노력들이 더욱 요구되는 시점이다.

참고문헌

강진령, 유형근(2004). 초등학교 저학년을 위한 학교상담프로그램 I. 서울: 학지사.

고경숙(2013). 청소년의 전인건강 향상을 위한 영성프로그램 개발과 효과. 경성대학교 박사학위논문.

김도일(2010). 인간성 회복을 추구하는 기독교. 영성교육종교교육학연구, 32, 1-21.

김도일, 장신근(2009). 기독교 영성교육. 서울: 동연.

김복영(2011). 홀리스틱 교육이 추구하는 목적으로서의 영성지능. 홀리스틱교육연구, 15(1), 115-134.

김용환, 최금주, 김승돈(2009). 한국에서의 영성관련 연구동향 분석 및 학문적 함의. 상담학연구, 10, 813-829.

김유심(2010). 생활사건 스트레스가 빈곤층 여성한부모의 우울에 미치는 영향: 영적안 녕감의 조절효과를 중심으로. 한국가족복지학, 28, 187-218.

김융자(2002). 과르디니. 연세대학교 교육철학연구회 편. 위대한 교육사상가들 V. 서울: 교육과학사.

김정섭(2009). 학교공동체의 심리. 배움과 돌봄의 학교공동체. 서울: 학지사.

김정신(2002). 영성교육을 위한 탐색적 연구. 교류인류학연구, 5, 53-78.

김정신(2004). 영성지향 유아교육의 목적 설정을 위한 연구. 유아교육연구, 24, 107-133.

김정신(2005). 영성지향적 접근을 위한 유아교사교육의 방향 탐색. 유아교육연구, 25(2), 79-103.

김정준(2011). 기독교영성교육 연구방법론에 관한 고찰. 기독교교육논총, 27, 155-192.

김종성, 안상섭, 한성열(2009). 영성의 긍정적 기여. 한국심리학회: 사회문제, 15, 207-226.

명지원(2011). 현 교육현실에서 전인교육의 방향. 학문과 기독교 세계관, 2, 93-112.

박노권(2002). 기독교 영성에 대한 심리학적 접근. 한국기독교신학논총, 24, 311-332.

박노권(2006). 영성과 심리학의 관계에 대한 비교 연구. 한국기독교상담학회지, 117-138.

박준하(2011). 청소년 기독교 영성증진 프로그램의 개발과 효과검증. 영남대학교 박사학위논문.

부산여성뉴스(2010. 8. 31). 늘어나는 청소년 자살 막을 방법 없나?

서경현, 전겸구(2004). 영적 안녕, 생활 스트레스 및 대처. 한국심리학회지: 건강, 9, 333-350.

서경현, 정성진, 구지현(2005). 대학생의 영적 안녕과 생활 스트레스, 우울 및 자아존중감. 한국심리학회지: 상담 및 심리치료, 17, 1077-1095.

서현, 이승은(2007). 농촌지역의 국제결혼 가정자녀가 경험하는 어려움에 관한 연구. 열린유아교육연구, 12(4), 25-47.

심은주, 이경화(2012). 교육학 분야 영성연구의 동향과 과제: 2000년부터 2011년까지 발표된 국내논문을 중심으로. 열린교육연구, 20, 37-58.

안현미(2013). 상담자 발달에 신앙경험이 갖는 의미. 이화여자대학교 박사학위논문.

연합뉴스(2013). 국내 다문화학생 5만명 돌파: 전체학생 1%에 육박. Retrieved from http://media.daum.net/society/others/newsview?newsid=20130804103705867&RIGHT_COMM=R7

오현수, 한재희(2009). 상담전문가 발달과정에서의 좌절경험 극복 경험 분석. 상담학연구, 10(1), 125-142.

원두리, 김교헌, 권선중(2005). 한국판 삶의 의미척도의 타당화 연구: 대학생을 대상으로. 한국심리학회지: 건강, 10, 211-225

유동식(2004). 풍류도와 한국의 종교사상. 서울: 연세대학교출판부.

유성경, 심혜원(2002). 적응 유연한 청소년들의 심리적 보호요소 탐색. 교육심리연구, 16, 189-206.

유성경, 홍세희, 최보윤(2004). 가정의 위험요소와 적응의 관계에서 자아 탄력성, 애착, 실존적 영성의 매개 효과 검증. 교육심리연구, 18, 393-408.

유순화(2009). 돌봄의 공동체를 위한 학교상담. 배움과 돌봄의 학교공동체. 서울: 학지사.

유형근(2002). 초등학교의 학교상담 교육과정 구안. 한국교원대학교 대학원 박사학위논문.

이거룡(2007). 힌두교 전통에서 배우는 대안적 교육론. 종교성, 미래교육의 새로운 패러다임. 서울: 학지사.

이경열, 김정희, 김동원(2003). 한국인을 위한 영성척도 개발. 한국심리학회지: 상담 및 심리치료, 15(4), 711-728.

이경화, 심은주(2013). 영·유아교사의 영성과 기관 내 사회적 지지가 행복감에 미치는 영향. 아동교육학논집, 17(2), 219-239.

이상민, 안성희(2003). 학교상담자, 무엇을 해야 하는가? 상담학연구, 4, 281-293.

이상우(2010). 근대통합교육에 대한 영성교육 논의. 통합교육과정연구, 4, 69-91.

이상희, 이지은, 노성덕(2000). 학교현장에서의 또래상담프로그램 효과 검증 연구. 서울: 한국청소년상담원.

이은경(2007). 청소년의 행복관련 요인에 대한 연구: 정신건강 측면을 중심으로. 한국청소년복지학회 춘계학술대회 자료집, 71-95.

이은철, 김민정(2010). 청소년을 위한 영성척도의 개발. 열린교육연구, 18(3), 243-263.

이종연(2007). 예비 상담교사들의 영적 안녕과 심리사회적 성숙성. 교육연구논총, 21, 193-210.

이종연(2011). 중등학교 교사의 영성과 공감 능력의 관계에서 심리사회적 성숙성의 매개효과. 중등교육연구, 59, 481-508.

이해우(2002). 효과적인 학교의 특성분석을 통한 학교경용 체제모형 탐색. 경북대학교 박사학위논문.

장덕희, 신효선(2010). 다문화가정 자녀의 학교부적응에 미치는 환경요인. 청소년학연구, 17(3), 123-147.

전경숙(2008). 경기도 지역의 다문화가정과 일반가정 청소년의 생활실태조사: 학교생활과 가정생활을 중심으로. 청소년상담연구, 16(1), 167-185.

정명숙(2005). 연령과 삶에 대한 만족도. 한국심리학회지: 발달, 18(4), 87-108.

정윤경(2005). CTT(Courage To Teacher) 교사교육에 관한 고찰: 한국 교사교육에의 시사점을 중심으로. 한국교육학연구, 11(1), 54-76.

정제영(2013). 〈헤럴드 포럼〉 학교폭력 예방 위해 학교중심으로 각계 노력 결집해야. 헤럴드 경제, 2013년 7월 31일. Retrieved from http://news.heraldcorp.com/view1.php?ud=20130731000087&md=20130803004656_ATonnestad, M. H. (1992).

조혜영, 이창호, 권순희, 서덕희, 이은하(2007). 다문화가족 자녀의 학교생활실태와 교사 학생의 수용성 연구. 서울: 한국청소년정책연구원.

중앙일보(2010. 8. 18). 중앙일보·한국심리학회 공동기획-한국인 맞춤형 행복지수. Retrieved from http://article.joins.com/article/article.asp?ctg=20&Total_ID=4391292

청소년폭력예방재단(2013). 2012년 전국 학교폭력 실태조사. 청소년폭력예방재단.

통계청(2010). 2010년 청소년통계. Retrieved from http://kostat.go.kr

한국청소년상담복지개발원(2013). 2012 학교폭력 대응 솔리언또래상담사업 결과보고집. 서울: 한국청소년상담복지개발원.

한대동, 김대현, 김정섭, 안경식, 유순화, 주철안, 손우정, 전현곤(2009). 배움과 돌봄의 학교공동체. 서울: 학지사.

한영란(2004). 교사와 영성교육. 서울: 내일을 여는 책.

한재희(2010). 한국적 다문화 상담. 서울: 학지사.

행정안전부(2012). 2012년 지방자치단체 외국인 주민 현황 조사결과. Retrieved from http://mospa.go.kr

허영주(2010). 교사의 영적 성숙을 위한 교사교육과정의 변화 방향 탐색. 교육과정연구, 28(1), 261-290.

허학도(2006). 학교 공동체 구성원의 역할 탐색을 위한 조사연구. 수산해양교육연구, 18(3), 364-373.

Abudabbeh, N. (2005). Arab families: An overview. In M. McGoldrick, J. Giordano, & N. Garcia-Preto (Eds.), *Ethnicity and family therapy* (3rd ed., pp. 423-436). New York, NY: Guilford Press.

Ai, A. L., Tice, T. N., Peterson, C., & Huang, B. (2005). Prayers, spiritual support, and positive attitudes in coping with the September 11 National Crisis. *Journal of Personality, 73,* 763-792.

Ali, A. Y. (1934). *The Qur'an: Translation.* Elmhurst, NY: Tarike Tarsile Qur'an.

Allport, G. W. (1950). *The individual and his religion: A psychological interpretation.* New York, NY: Macmillan.

Allport, G. W. (1961). *Patterns and growth in personality.* New York, NY: Holt, Rinehart, & Winston.

Alvord, L. (2005). Navajo spirituality. In C. L. Harper (Ed.), *Spiritual information: 100 perspectives on science and religion* (pp. 395-399). Westport, CT: Templeton Foundation Press.

American Counseling Association. (2005). ACA code of ethics. Retrieved from http://www.counseling.org/knowledge-center/ethics

American School Counseling Association. (1999). *Role Statement: The school Counselor.* Alexandria, VA: ASCA Press.

American School Counselor Association. (2004). ASCA national standards for students—One vision, one voice. Retrieved from http://ascamodel.

timberlakepublishing.com/files/NationalStandards.pdf

American School Counselor Association. (2005). *The ASCA national model: A framework for school counseling programs* (2nd ed.). Alexandra, VA: Author.

American School Counselor Association. (2010). Ethical standards for school counselors. Retrieved from http://www.schoolcounselor.org/school-connsebrs-members/legal-ethical

Anderson, K. L. (2010). *Culturally considerate school counseling: Helping without bias*. Thousand Oaks, CA: Corwin Press.

Ano, G. G., Mathew, E. S., & Fukuyama, M. A. (2009). Religion and spirituality. In N. Tewari & A. N. Alvarez, (Eds.), *Asian American psychology: Current perspectives* (pp. 135-151). New York, NY: Routledge. Association for Spiritual, Ethical, and Religious Values in Counseling. (ASERVIC). (n.d.). Spirituality: A white paper. Retrieved from http://www.njcounseling.org/subpage/aservic/Whitepaper1.html

Armstrong, K. (2000). *Islam: A short history*. New York: Modern Library.

Ash, D. (2008). Thematic continuities: Talking and thinking about adaptation in a socially complex classroom. *Journal of Research in Science Teaching, 45,* 1-30.

Association for Spiritual, Ethical, and Religious Values in Counseling (ASERVIC). (2009). Competencies for addressing spiritual and religious issues in counseling. Retrieved from http://www.aservic.org/resources/spiritual-competencies/

Astley, J. (2009). The psychology of faith development. In M. de Souza, L. J. Francis, & J. O' Higgins-Norman, & D. Scott (Eds.), *International handbook of education for spirituality, care and wellbeing* (pp. 231-245). Springer Netherlands.

Atri, A., & Sharma, M. (2006). Designing a mental health education program for South Asian international students in United States. *Californian Journal of Health Promotion, 4,* 135-145.

Ault, N. (2001). Spiritual life as a journey: A metaphor of exclusion for children? *Journal of Christian Education, 44*(1), 29-37.

Aumann, J. (1987). 영성신학(이홍근 역). 칠곡군: 분도출판사.

Babin, D. (1993). 종교 커뮤니케이션의 새 시대(유영난 역). 칠곡군: 분도출판사.

Baker, J. A. (2008). Assessing school risk and protective factors. In B. Doll & J. A. Cummings (Eds.), *Transforming school mental health services: Population-based approaches to promoting the competency and wellness of children* (pp. 43–65). Thousand Oaks, CA: Sage and National Association of School Psychologists.

Baker, J. A., Dilly, L. J., Aupperlee, J. L., & Patil, S. A. (2003). The developmental context of school satisfaction: Schools as psychologically healthy environments. *School Psychology Quarterly, 18,* 206–221.

Baker, J. A., Terry, T., Bridger, R., & Winsor, A. (1997). School as caring communities: A relational approach to school reform. *School Psychology Review, 26,* 586–602.

Balk, D. E. (2000). Adolescents, grief, andloss. In K. J. Doka (Ed.), *Living with grief: children, adolescents and loss.* Levittown, PA: Hospice Foundation of America.

Bandura, A. (1986). *Social foundations of thought and action.* Englewood Cliffs, NJ: Prentice Hall.

Bandura, A. (1997). *Self-efficacy: The exercise of control.* New York, NY: W. H. Freeman.

Banks, J. A., & Banks, C. A. (2009). *Multicultural education: Issues and perspectives* (7th ed.). New York, NY: John Wiley & Sons.

Battistich, V. (2003). Effects of a school-based program to enhance prosocial development on children's peer relations and social adjustment. *Journal of Research in Character Education, 1,* 1–16.

Battistich, V., Schaps, E., & Wilson, N. (2004). Effects of an elementary school intervention on students' "connectedness" to school and social adjustment during middle school. *Journal of Primary Prevention, 24,* 243–262.

Baylis, N. (2007). Relationship with reality and its role in the well-being of young adults. In F. A. Huppert, N. Baylis, & B. Kevene (Eds.), *The science of well-being* (pp. 241–274). New York, NY: Oxford University Press.

Beauregard, M. (2008). The emerging field of spiritual neuroscience: An interview with Mario Beauregard, PhD. Interview by Sheldon Lewis. *Advances in Mind-Body Medicine, 23*(1), 20–23.

Beauregard, M. (2011). Neuroscience and spirituality—Findings and consequences. *Studies in Neuroscience, Consciousness and Spirituality, 1*, 57-73.

Beauregard, M., & O'Leary, D. O. (2007). *The spiritual brain*. New York, NY: Harper One.

Beauregard, M., & Paquette, V. (2006). EEG activity in Carmelite nuns during a mystical experience. *Neuroscience Letters, 444*(1), 1-4.

Belgrave, F. Z., Johnson, J., Nguyen, A., Hood, K., Tademy, R., Clark, T., & Nasim, A. (2010). Stress and tobacco use among African-American adolescents: The buffering effect of cultural factors. *Journal of Drug Education, 40*, 173-188.

Bender, S. L., & Carlson, J. S. (2013). An initial investigation of parenting stress, social-emotional protective factors, and behavior concerns within a Head Start population. *Journal of Educational and Developmental Psychology, 3*, 113-123.

Benight, C. C., & Cieslak, R. (2011). Cognitive factors and resilience: How self-efficacy contributes to coping with adversities. In S. M. Southwick, T. Litz, D. Charney, & M. Friedman. (Eds.), *Resilience and mental health: Challenges across the lifespan* (pp. 45-55). New York, NY: Cambridge University Press.

Benner, D. G. (1998). *Care of Souls: Revisioning Christian Nurture and Counsel*. Grand Rapids: Baker Books.

Benson, H. (1975). *The Relaxation Response*. New York, NY: Avon.

Benson, P. (1997). Spirituality and the adolescent journey. *Journal of Emotional and Behavioral Problems, 5*, 206-209.

Benson, P. L., Roehlkepartain, E. C., & Rude, S. P. (2003). Spiritual development in childhood and adolescence: Toward a field of inquiry. *Applied Developmental Science, 7*, 204-212.

Benson, P. L., Scales, P. C., & Syvertsen, A. K. (2010). The contribution of the developmental assets framework to positive youth development theory and practice. *Advances in child development and behavior, 41*, 197-230.

Bernard, B. (2004). *Resiliency: What we have learned*. San Francisco, CA: WestEd.

Bernard, B., & Slade, S. (2009). Listening to students: Moving from resilience research to youth development practice and school connectedness. In R. Gilman, E. Huebner, M. J. Furlong (Eds.), *Handbook of positive psychology in schools* (pp. 353-369). New York, NY: Routledge.

Binder, M. J. (2011). 'I saw the universe and I saw the world' : Exploring spiritual literacy with young children in a primary classroom. *International Journal of Children's Spirituality, 16,* 19–35.

Black, N. (2004). Hindu and Buddhist children, adolescents, and families. *Child and Adolescent Psychiatric Clinics, 13,* 201–220.

Blakeney, R. F., & Blakeney, C. D. (2006). Delinquency: A quest for moral spiritual integrity. In E. C. Roehlkepartain, P. E. King, L. Wagener, & P. L. Benson (Eds.), *The handbook of spiritual development in childhood and adolescence* (pp. 371–383). Thousand Oaks, CA: Sage.

Blanusa, J. M. (2009). How are the students? How teachers' spirituality and religion influence their work as educators. (Unpublished doctoral dissertation). Harvard University, MA.

Bloemhard, A. (2008). Practical implications of teaching spiritual care to health care professionals. *Australian Journal of Pastoral Care and Health, 2*(2), 1–8.

Boff, L. (1996). 생태신학(김항섭 역). 서울: 가톨릭출판사.

Bolte, A., Goschke, T., & Kuhl, J. (2003). Emotion and intuition: effects of positive and negative mood on implicit judgement of semantic coherence. *Psychological Science, 14,* 416–421.

Bonhoeffer, D. (1959, 1995). *The cost of discipleship* (R. H. Fuller, trans.). New York, NY: Simon & Schuster. (Original work published 1937)

Bornstein, M. H., Hahn, C. S., & Suwalsky, J. T. (2013). Developmental pathways among adaptive functioning and externalizing and internalizing behavioral problems: Cascades from childhood into adolescence. *Applied Developmental Science, 17,* 76–87.

Bornstein, M. H., Hahn, C. S., & Suwalsky, J. T. (2013). Developmental pathways among adaptive functioning and externalizing and internalizing behavioral problems: Cascades from childhood into adolescence. *Applied Developmental Science, 17,* 76–87.

Boyatzis, C. J. (2008). Children's spiritual development: Advancing the field in definition, measurement, and theory. In H. C. Allen (Ed.), *Nurturing children's spirituality: Christian perspectives and best practices* (pp. 43–57). Eugene, OR: Cascade Books.

Boynton, H. M. (2011). Children's spirituality: Epistemology and theory from various helping professions. *International Journal of Children's Spirituality, 16,* 109–127.

Briggs, M. K., & Rayle, A. (2005a). Incorporating spirituality into core counseling courses: Ideas for classroom application. *Counseling and Values, 50,* 63–75.

Briggs, M. K., & Rayle, A. (2005b). Spiritually and religiously sensitive counselors. In C. Cashwell & J. Young (Eds.), *Integrating spirituality and religion into counseling* (pp. 85–104). Alexandria, VA: American Counseling Association.

Briggs, M. K., & Shoffner, M. F. (2006). Spiritual wellness and depression: Testing a theoretical model with older adolescents and midlife adults. *Counseling and Values, 51,* 5–20.

Briggs, M. K., Akos, P., Czyszczon, G., & Eldridge, A. (2011). Assessing and promoting spiritual wellness as a protective factor in secondary schools. *Counseling and Values, 55,* 171–184.

Bronfenbrenner, U. (Ed.). (2004). *Making human beings human: Bioecological perspectives on human development.* Thousand Oaks, CA: Sage.

Brown Kirschman, K. J., Johnson, R. J., Bender, J. A., & Roberts, M. C. (2009). Positive psychology for children and adolescents: Development, prevention, and promotion. In C. R. Lopez & S. J. Lopez (Eds.), *Oxford handbook of positive psychology* (pp. 133–148). New York, NY: Oxford University Press.

Brown, A. L., & Campione, J. C. (1998). Designing a community of young learners. In N. M. Lambert & B. L. McCombs (Eds.), *How students learn: Reforming schools through learner-centered education* (pp. 153–186). Washington, DC: American Psychological Association.

Brown, A. L., Metz, K. E., & Campione, J. C. (1996). Social interaction and individual understanding in a community of learners: The influence of Piaget and Vygotsky. In A. Tryphon & J. Voneche (Eds.), *Piaget Vygotsky: The social genesis of thought* (pp. 145–170). Hove, United Kingdom: Psychology Press.

Brown, D. R., Carney, J. S., Parrish, M. S., & Klem, J. L. (2013). Assessing spirituality: The Relationship between spirituality and mental health. *Journal of Spirituality in Mental Health, 15*(2), 107–122.

Brown, G. I. (1971). *Human Teaching for Human Learning: An Introduction to Confluent Education.* New York: Viking.

Brown, L., Hill, E., Shellman, A., & Gómez, E. (2012). Positive youth development:

A resiliency-based afterschool program case study. *Journal of Youth Development? Bridging Research & Practice, 7*(3), 50-62.

Bruce, M. A., & Cockreham, D. (2004). Enhancing the spiritual development of adolescent girls. *Professional School Counseling, 7*, 334-342.

Bruna, K. (2010). Learning to love the questions: Spirituality and the practice of a multicultural teacher educator. *Multicultural Perspectives, 12*, 103-106.

Bruner, J. (1996). The culture of education. Cambridge, MA: Harvard University.

Bruner, J. (2005). Cultural psychology and its functions. *Constructivism in the human sciences, 10*, 1053-1063.

Burke, M. T., Chauvin, J. C., & Miranti, J. G. (2005). *Religious and spiritual issues in counseling: Applications across diverse populations.* New York, NY: Brunner-Routledge.

Burke, M., Chauvin, J., & Miranti, J. (2003). *Religious and spiritual issues in counseling.* New York, NY: Brunner-Routledge.

Burke, M., Hackney, H., Hudson, P, Miranati, J., Watts, G., & Epp, L. (1999). Spirituality, religion, and CACREP curriculum standards. *Journal of Counseling & Development, 77*, 251-257.

Burns, G. W. (2007). Naturally happy, naturally healthy: The role of the natural environment in well-being. In F. A. Huppert, N. Baylis, & B. Kevene (Eds.), *The science of well-being* (pp. 405-431). New York, NY: Oxford University Press.

Byrnes, J. P. (2003). Cognitive development during adolescence. In G. R. Adams & M. D. Berzonsky (Eds.), *Blackwell handbook of adolescence* (pp. 227-246). Oxford, UK: Blackwell.

Caldwell-Colbert, A., Parks, F. M., & Eshun, S. (2009). Positive psychology: African American strengths, resilience, and protective factors. In H. A. Neville, B. M. Tynes, & S. O. Utsey (Eds.), *Handbook of African American psychology* (pp. 375-384). Thousand Oaks, CA: Sage.

Callahan, M., & Vescio, T. K. (2011). Core American values and the structure of antigay prejudice. *Journal of Homosexuality, 58*, 248-262.

Campbell, L. H. (2011). Holistic art education: A transformative approach to teaching art. *Art Education, 64*, 18-24.

Carlson, J., & Maniacci, M. P. (Eds.). (2012). *Alfred Adler revisited.* New York, NY:

Routledge.

Carpenter-Aeby, T., & Kurtz, P. D. (2000). The portfolio as a strengths-based intervention to empower chronically disruptive students in an alternative school. *Children & Schools, 22,* 217-231.

Carpenter-Aeby, T., Aeby, V. G., & Boyd, J. S. (2007). Ecomaps as visual tools for deconstructing reciprocal influences: Triage with disruptive students at an alternative school. *The School Community Journal, 17*(2), 45-72.

Carr, A. (2011). *Positive psychology: The science of happiness and human strengths.* New York, NY: Routledge.

Cashwell, C. S., & Young, J. S. (2004). Spirituality in counselor training: A content analysis of syllabi from introductory spirituality courses. *Counseling and Values, 48,* 96-109.

Cashwell, C. S., & Young, J. S. (Eds.). (2005). *Integrating spirituality and religion into counseling.* Alexandria, VA: American Counseling Association.

Cashwell, C. S., & Young, J. S. (Eds.). (2011). *Integrating spirituality and religion into counseling: A guide to competent* (2nd ed.). Alexandria, VA: American Counseling Association.

Cashwell, C. S., Bentley, P., & Yarborough, J. (2007). The only way out is through: The peril of spiritual bypass. *Counseling and Values, 51,* 139-148.

Catalano, R. F., Berglund, M. L., Ryan, J. A., Lonczak, H. S., & Hawkins, J. D. (2004). Positive youth development in the United States: Research findings on evaluations of positive youth development programs. *The Annals of the American Academy of Political and Social Science, 591,* 98-124.

Causadias, J. M., Salvatore, J. E., & Sroufe, L. A. (2012). Early patterns of self-regulation as risk and promotive factors in development: A longitudinal study from childhood to adulthood in a high-risk sample. *International Journal of Behavioral Development, 36, 293-302.* doi: 10.1177/0165025412444076

Chae, M. H., Kelly, D. B., Brown, C. F., & Bolden, M. A. (2004). Relationship of ethnic identity and spiritual development: An exploratory study. *Counseling and Values, 49,* 15-26.

Chandler, C. K., Holden, J. M., & Kolander, C. A. (1992). Counseling for spiritual wellness: Theory and practice. *Journal of Counseling & Development, 71,* 168-176.

Cheon, J., & Canda, E. R. (2010). The meaning and engagement of spirituality for positive youth development in social work. *Families in Society, 91,* 121-126.

Cicchetti, D. (2013). Resilient functioning in maltreated children: Past, present, and future perspectives. *Journal of Child Psychology and Psychiatry, 54,* 402-422.

Clifton, D. O., Anderson, E., & Schreiner, L. A. (2005). *Strengths Quest: Discover and develop your strengths in academics, career, and beyond.* Washington, DC: Gallup, Inc.

Clinebell, H. (2003). 성장상담(이종헌 역). 서울: 성장상담학 연구소.

Clinton, J. (2008). Resilience and recover. *International Journal of Children's Spirituality, 13,* 213-222.

Cole, M., & Wertsch, J. (1996). Beyond the individual-social antimony in discussions of Piaget and Vygotsky. In D. Kuhn (Ed.), *Human development* (pp. 250-256). New York, NY: Karger.

Coles, R. (1990). *The spiritual life of children.* Boston, MA: Houghton Mifflin.

Cornett, C. (1998). *The soul of psychotherapy: Recapturing the spiritual dimension in the therapeutic encounter.* New York, NY: The Free Press.

Compton, W. C., & Hoffman, E. (2012). *Positive psychology: The science of happiness and flourishing.* Belmont, CA: Wadsworth.

Coreth, E. (1994). 인간이란 무엇인가(안명옥 역). 서울: 성바오로출판사.

Cottingham, M. (2005). Developing spirituality through the use of literature in history education. *International Journal of Children's Spirituality, 10*(1), 45-60.

Cotton, S., Kudel, I., Humenay, Y., Pallerla, R. H., Tevat, J., Succop, P., & Yi, M. S. (2009). Spiritual well-being and mental health outcomes in adolescents with or without inflammatory bowel disease. *Journal of Adolescent Health, 44,* 485-492.

Cotton, S., Larkin, E., Hoopes, A., Cromer, B., & Rosenthal, S. (2005). The impact of adolescent spirituality on depressive symptoms and health risk behaviors. *Journal of Adolescent Health, 36,* 529-529.

Cotton, S., McGrady, M. E., & Rosenthal, S. L. (2010). Measurement of religiosity/spirituality in adolescent health outcomes research: Trends and recommendations. *Journal of Religious Health, 49,* 414-444.

Cotton, S., Zebracki, K., Rosenthal, S. L., Tsevat, J., & Drotar, D. (2006).

Religion/spirituality and adolescent health outcomes: A review. *Journal of Adolescent Health, 38,* 472-480.

Coyle, A. (2011). Critical responses to faith development theory: A useful agenda for change? *Archive for the Psychology of Religion/Archiv für Religionspychologie, 33*(3), 281-298.

Crawford, E., Wright, M. O., & Masten, A. S. (2006). Resiliency and spirituality in youth. In E. Roehlkepartain, P. King, L. Wagener, & P. Benson (Eds.), *Handbook of spiritual development in childhood and adolescence* (pp. 355-370). Thousand Oaks, CA: Sage.

Crumbaugh, J. C., & Maholick, L. T. (1981). *Manual of instructions for the Purpose in Life Test.* Munster, Ind.: Psychometric Affiliates.

Cunningham, L. S., & Egan, K. J. (1996). *Christian spirituality: Themes from the tradition.* New York: Paulist.

Curry, J. (2009). Examining client spiritual history and the construction of meaning: The use of spiritual timelines in counseling. *Journal of Creativity in Mental Health, 4,* 113-123.

Davis, K. M., Lambie, G. W., & Leva, K. P. (2011). Influence of familial spirituality: Implications for school counseling professionals. *Counseling and Values, 55,* 199-209.

De Silva, P. (1984). Buddhism and behaviour modification. *Behaviour Research and Therapy, 22,* 661-678.

De Silva, P. (1985). Early Buddhist and modern behavioral strategies for the control of unwanted intrusive cognitions. *The Psychological Record, 35,* 437-443.

Dell, M., & Josephson, A. M. (2006). Working with spiritual issues of children. *Psychiatric Annals, 36,* 176-181.

Devaney, E., O'Brien, M. U., Tavegia, M., & Resnik, H. (2005). Promoting children's ethical development through social and emotional learning. *New Directions for Youth Development, 108,* 107-116.

Dew, R. E., Daniel, S. S., Armstrong, T. D., Goldston, D. B., Triplett, M. F., & Koenig, H. G. (2008). Religion/spirituality and adolescent psychiatric symptoms: A review. *Child Psychiatry & Human Development, 39,* 381-398.

DiLorenzo, P., Johnson, R., & Bussey, M. (2001). The role of spirituality in the recovery process. *Child Welfare, 80,* 257–273.

Dimitrov, D. M. (2012). *Statistical methods for validation of assessment scale data in counseling and related fields.* Alexandria, VA: American Counseling Association.

Dixon, A. L., & Tucker, C. (2008). Every student matters: Enhancing strengths-based school counseling through the application of mattering. *Professional School Counseling, 12,* 123–126.

Dobmeier, R. A. (2011). School counselors support student spirituality through developmental assets, character education, and ASCA competency indicators. *Professional School Counseling, 14,* 317–327.

Donnon, T., & Hammond, W. (2007). Understanding the relationship between resiliency and bullying in adolescence: An assessment of youth resiliency from five urban junior high schools. *Child and Adolescent Psychiatric Clinics of North America, 16,* 449–471.

Doswell, W., Kouyate, M., & Taylor, J. (2003). The role of spirituality in preventing early sexual behavior. *American Journal of Health Studies, 18,* 195–202.

Dowd, T. (1997). Spirituality in at-risk youth. *Journal of Emotional and Behavioral Problems, 5,* 210–212.

Driedger, S. (1998). Relationships among faith development, ego development, and religious orientation in HIV+individuals. *Dissertation Abstracts International, B58*(12), p. 6842.

Droege, T. (1984). Pastoral counseling and faith development. *Journal of Psychology and Christianity, 3,* 37–47.

Duan, W., Li, T., & Zhang, Y. (2011). Values in Action Inventory of Strengths and its review of process in applied research. *Chinese Journal of Clinical Psychology, 19,* 205–208.

Durlak, J. A. (1998). Common risk and protective factors in successful prevention programs. *American Journal of Orthopsychiatry, 68,* 512–520.

Easterbrook, G. (2003). *The progress paradox: how life gets better while people feel worse.* New York, NY: Randon House.

Eaude, T. (2009). Happiness, emotional well-being and mental health-What has children's spirituality to offer? *International Journal of Children's Spirituality, 14,* 185–196.

Eisler, R. (1987). *The Chalice and the Blade*. New York: Harper & Row.

Elias, M. J., Arnold, H., & Hussey, C. S. (2003). Introduction: Learning from others, connecting to others. In M. J. Elias & H. Arnold (Eds.), *EQ+ IQ = best leadership practices for caring and successful schools* (pp. 177-183). Thousand Oaks, CA: Corwin.

Elias, M. J., Zins, J. E., Graczyk, P. A., & Weissberg, R. P. (2003). Implementation, sustainability, and scaling up of social emotional and academic innovations in public schools. *School Psychology Review, 32,* 303-319.

Eliassen, A., Taylor, J., & Lloyd, D. A. (2005). Subjective religiosity and depression in the transition to adulthood. *Journal for the Scientific Study of Religion, 44,* 187-199.

Elkind, D. (1978). *The child s reality: Three developmental themes*. Hillsdale, NJ: Erlbaum.

Ellis, A. (1985). *The case against religion*. Austin, TX: American Atheist Press.

Ellis, A. (2000). Spiritual goals and spirited values in psychotherapy. *Journal of Individual Psychology, 56,* 277-284.

Ellison, C. W. (1983). Spiritual well being: Conceptualization and measurement. *Journal of Psychology and Theology, 11,* 330-340.

Emmons, R. A. (2006). Spirituality recent progress. In M. Csikszentmihalyi & L. S. Csikszentmihalyi (Eds.), *A life worth living: Contributions to Positive Psychology* (pp. 66-81). New York: Oxford University Press.

Emmons, R. A., & Paloutzian, R. F. (2003). The psychology of religion. *Annual Review of Psychology, 54,* 377-402.

Emmons, R. A., Cheung, C., & Tehrani, K. (1998). Assessing spirituality through personal goals: Implications for research on religion and subjective well-being. *Social Indicators Research, 45,* 391-422.

Erikson, E. H. (1950/1963). *Childhood and society* (2nd rev. ed.). New York, NY: W. W. Norton.

Erikson, E. H. (1968/1994). *Identity: Youth and crisis*. New York, NY: W. W. Norton.

Erikson, E. H. (1980). *Identity and the life cycle*. New York, NY: W. W. Norton.

Erikson, E. H. (1998). *The life cycle completed*. New York, NY: W. W. Norton.

Eriksson, I., Cater, Å., Andershed, A. K., & Andershed, H. (2010). What we know and need to know about factors that protect youth from problems: A review of previous reviews. *Procedia-Social and Behavioral Sciences, 5,* 477–482.

Estrada, C. A., Isen, A. M., & Young, M. J. (1994). Positive affect improves creative problem solving and influences reported source of practice satisfaction in physicians. *Motivation and Emotion, 18,* 285–299.

Euvrard, G. (1992). School guidance: What do the pupils want? *South African Journal of Psychology, 22,* 215–219.

Ey, S., Hadley, W., Allen, D. N., Palmer, S., Klosky, J., Deptula, D., Thomas, J., & Cohen, R. (2005). A new measure of children's optimism and pessimism: the Youth Life Orientation Test. *Journal of Child Psychology & Psychiatry, 46,* 548–558.

Faiver, C, Ingersoll, R., O'Brien, E., & McNally, C. (2001). *Explorations in counseling and spirituality.* Belmont, CA: Wadsworth.

Farah, C. E. (2003). *Islam: Beliefs and observances.* Hauppauge, NY: Barrons.

Fava, G. A., Rafanelli, C., Cazzaro, M., Conti, S., & Grandi, S. (1998). Well-being therapy. A novel psychotherapeutic approach for residual symptoms of affective disorders. *Psychological Medicine, 28,* 475–480.

Fife, J. E., Bond, S., & Byars-Winston, A. (2011). Correlates and predictors of academic self efficacy among African American students. *Education, 132,* 141–148.

Fingelkurts, A. A., & Fingelkurts, A, A. (2009). Is our brain hardwired to produce God, or is our brain hardwired to perceive God? A systematic review on the role of the brain in mediating religious experience. *Cognitive Processing, 10,* 293–326.

Finn Maples, M. (2001). Spirituality: Its place in counseling children. In D. S. Sandhu (Ed.), *Elementary school counseling in the new millennium* (pp. 223–237). Alexandria, VA: American Counseling Association.

Fisher, J. W. (2009a). Getting the balance: Assessing spirituality and well-being among children and youth. *International Journal of Children's Spirituality, 14,* 273–288.

Fisher, J. W. (2009b). Understanding and assessing spiritual health. In de Souza, M. Francis, L. J., O'Higgins-Norman, J. & Scott, D. (Eds.), *International handbook of education for spirituality, care and wellbeing* (Vol. 3, Part I, pp. 69-88). New York, NY: Springer.

Flanagan, O. (2007). *The really hard problem: Meaning in a material world*. Cambridge, MA: MIT Press.

Fletcher, D., & Sarkar, M. (2013). Psychological resilience: A review and critique of definitions, concepts, and theory. *European Psychologist, 18*(1), 12-23.

Foster, R. J. (1998). *Streams of living water: Celebrating the great traditions of Christian faith*. San Francisco, CA: Harper & Row.

Fowler, J. W. (1976). Stages in faith: The structural-developmental approach. In T. Hennessey (Ed.), *Values and Moral Education* (pp. 273-211). New York, NY: Paulist Press.

Fowler, J. W. (1981). *Stages of faith: The Psychology of Human Development and the Quest for Meaning*. San Francisco, CA: Harper & Row.

Fowler, J. W. (1995). *Stages of faith: The Psychology of Human Development and the Quest for Meaning*. New York, NY: Harper Collins.

Fowler, J. W. (1996). Pluralism and oneness in religious experience: William James, faith-development theory, and clinical practice. In E. Shafranske (Ed.), *Religion and the clinical practice of psychology* (pp. 165-186). Washington, DC: American Psychological Association.

Fowler, J. W. (2001). Faith development theory and the postmodern challenges. *International Journal for The Psychology of Religion, 11*, 159-172.

Fowler, J. W. (2004). Faith development at 30: Naming the challenges of faith in a new millennium. *Religious Education, 99*, 405-421.

Fowler, J. W., & Dell, M. L. (2006). Stages of faith from infancy through adolescence. In E. C. Roehlkepartain et al. (Eds.), *The handbook of spiritual development in childhood and adolescence* (pp. 355-370). Thousand Oaks, CA: Sage Publications.

Fowler, J. W., & Prain, S. (1984). *Becoming adult, becoming Christian: Adult development and Christian faith*. San Francisco, CA: Harper & Row.

Fowler, J., & Dell, M. (2006). Stages of faith development from infancy through adolescence. In E. Roehlkepartain, P. King, L. Wagener, & P. Benson (Eds.), *The handbook of spiritual development in childhood and adolescence* (pp. 34-45). Thousand Oaks, CA: Sage.

Foy, D. W.,, Drescher, K. D., & Watson, P. J. (2011). Religious and spiritual factors in resilience. In S. M. Southwick, T. Litz, D. Charney, & M. Friedman. (Eds.), *Resilience and mental health: Challenges across the lifespan* (pp. 90–119). New York, NY: Cambridge University Press.

Frame, M. W. (2003). *Integrating religion and spirituality into counseling.* Pacific Grove, CA: Brooks/Cole.

Frankl, V. E. (1946/1959). *Ein Psychologerlebt das Konzentrationslager* (trans. From death–camp to existentialism: A psychiatrist's path to a new therapy). Boston, MA: Beacon Press.

Frederick, T. V. (2008). Discipleship and Spirituality from a Christian Perspective. *Pastoral Psychol, 56,* 553–560.

Fredrickson, B. (2007). The broaden–and–build theory of positive emotions. In F. A. Huppert, N. Baylis, & B. Kevene (Eds.), *The science of well-being* (pp. 217–240). New York, NY: Oxford University Press.

Fredrickson, B. L. (1998). What good are positive emotions? *Review of General Psychiatry, 2,* 300–319.

Fredrickson, B. L., & Branigan, C. (2005). Positive emotions broaden the scope of attention and thought–action repertoires. *Cognitive & Emotion, 19,* 313–332.

Fredrickson, B. L., & Kurtz, L. E. (2011). Cultivating positive emotion to promote human flourishing. In S. I. Donaldson, M. Csikszentmihalyi, & J. Nakamura (Eds.), *Applied positive psychology: Improving everyday life, health, schools, work, and society* (pp. 25–47). New York, NY: Routledge.

Fredrickson, B. L., & Losada, M. F. (2005). Positive affect and the complex dynamics of human flourishing. *The American Psychologist, 60,* 678–686. doi:10.1037/0003–066X.60.7.678.

Freud, S. (1930/1961). *Civilization and its discontents.* New York, NY: W. W. Norton.

Freud, S. (1961). The future of an illusion. In J. Strachey (Ed. & Trans.), *The standard edition of the complete psychological works of Sigmund Freud* (Vol. 21, pp. 3–56). London, England: Hogarth Press. (Original work published 1927)

Frisch, M. B. (1992). Use of the Quality of Life Inventory in problem assessment and treatment planning for cognitive therapy of depression. In A. Freeman & F.M. Dattilio (Eds.), *Comprehensive Casebook of Cognitive Therapy* (pp. 27–52).

New York: Plenum.

Froese, P., & Bader, C. (2010). *America's four gods: What we say about god?and what that says about us*. New York, NY: Oxford University Press.

Froh, J. J. (2004). The history of positive psychology: Truth be told. *NYS Psychologist, 16*(3), 18-20.

Froh, J. J., & Parks, A. C. (2013). (Eds.). *Activities for teaching positive psychology: A guide for instructors*. Washington, DC: American Psychological Association.

Fukuyama, M. A., & Sevig, T. D. (1999). *Integrating Spirituality Into Multicultural Counseling*. Thousand Oaks, CA: Sage.

Funk, B. A., Huebner, E. S., & Valois, R. F. (2006). Reliability and validity of a Brief Life Satisfaction Scale with a high school sample. *Journal of Happiness Studies, 7*, 41-54.

Galassi, J. P., & Akos, P. (2007). *Strengths-based school counseling: Promoting student development and achievement*. Mahwah, NJ: Lawrence Erlbaum.

Gavin, L. E., Catalano, R. F., David-Ferdon, C., Gloppen, K. M., & Markham, C. M. (2010). A review of positive youth development programs that promote adolescent sexual and reproductive health. *Journal of Adolescent Health, 46*(3), S75-S91.

Geldhof, G. J., Bowers, E. P., & Lerner, R. M. (2013). Special section introduction: Thriving in context: Findings from the 4-H Study of Positive Youth Development. *Journal of Youth and Adolescence, 42*, 1-5.

Gile, J. (1991). *The first forest* (T. Heflin, Illus.) Rockford, IL: JGC United.

Gill, C. S., Harper, M. C., & Dailey, S. F. (2011). Assessing the spiritual and religious domain. In C. S. Cashwell, J. Young, C. S. Cashwell, & J. Young (Eds.), *Integrating spirituality and religion into counseling: A guide to competent practice* (2nd ed., pp. 141-162). Alexandria, VA: American Counseling Association.

Gilman, R., Huebner, E. S., & Furlong, M. J. (Eds.). (2009). *Positive psychology in schools*. New York, NY: Routledge.

Gold, J. M. (2010). *Counseling and spirituality: Integrating spiritual and clinical orientations*. Upper Saddle River, NJ: Merrill.

Goldfried, M. R. (2001). Conclusion: a Perspective on How Therapists Change. In M.

R. Goldfried (Ed.), *How Therapists Change* (pp. 315–330). Washington, DC: APA.

Goldstein, S., & Brooks, R. B. (Eds.). (2013). *Handbook of resilience in children*. New York, NY: Springer.

Gomez, B. J., & Ang, P. M. M. (2007). Promoting positive youth development in schools. *Theory Into Practice, 46,* 97–104.

Gomez, R., & Fisher, J. W. (2003). Domains of spiritual well–being and development and validation of the spiritual well–being questionnaire. *Personality and Individual Differences, 35,* 1975–1991.

Good, M., & Willoughby, T. (2008). Adolescence as a sensitive period for spiritual development. *Child Development Perspectives, 2*(1), 32–37.

Goodell, J., & Robinson, D. (2008). Through the glass darkly: New paradigms for counselors, courage, and spirituality in contemporary education. *Catholic Education: A Journal of Inquiry and Practice, 11,* 522–542.

Gorsuch, R. L. (2007). *Integrating psychology and spirituality?* Pasadena, CA: Fuller Seminary Press.

Gorsuch, R. L., & Walker, D. (2006). Measurement and research design in studying spiritual development. Roehlkepartain, P. King, L. Wagener, & P. Benson (Eds.), *The handbook of spiritual development in childhood and adolescence* (pp. 92–103). Thousand Oaks, CA: Sage.

Greenfield, E. A., & Marks, N. F. (2010). Sense of community as a protective factor against long–term psychological effects of childhood violence. *The Social Service Review, 84,* 129–147. doi:10.1086/652786.

Grey, M., Berry, D., Davidson, M., Galasso, P., Gustafson, E., & Melkus, G. (2004). Preliminary testing of a program to prevent type 2 diabetes among high–risk youth. *Journal of School Health, 74*(1), 10–15.

Griffin, D. R. (1988). Spirituality and society: Postmodern visions. Albany, NY: State University of New York Press.

Griffith, J., & Griffith, M. (2002). *Encountering the sacred in psychotherapy*. New York, NY: Guilford Press.

Haboush, K. L. (2007). Working with Arab American Families: Culturally competent practice for school psychologists. *Psychology in the Schools, 44,* 183–198.

Hagberg, J. O., & Guelich, R. A. (2005). *The critical journey: Stages in the life of faith* (2nd ed.). Salem, WI: Sheffield.

Hage, S. M. (2006). A doser look at the role of spirituality in psychology training programs. *American Psychologist, 37,* 303–310.

Hagedorn, W. B., & Gutierrez, D. (2009). Integration versus segregation: Applications of the spiritual competencies in counselor education programs. *Counseling & Values, 54,* 32–47.

Hahn, T. N. (1991). *Peace in every step: The path of mindfulness in everyday life.* New York, NY: Bantam.

Halford, J. M. (1999). Longing for the sacred in schools: A conversation with Nel Noddings. *Educational Leadership, 56,* 28–32.

Hall, C. R., Dixon, W. A., & Mauzey, E. D. (2004). Spirituality and Religion: Implications for counselors. *Journal of Counseling & Development, 82,* 504–507.

Hall, G. S. (1904). *Adolescence: Its psychology and its relations to physiology, anthropology, sociology, sex, crime, religion, and education.* New York, NY: D. Appleton. Retrieved from http://books.google.com/ebooks/reader?id=hhaeAAAAMAAJ & printsec= frontcover&output=reader

Hanna, F. J., Hanna, C. A., & Keys, S. G. (1999). Fifty strategies for counseling defiant and aggressive adolescents: Reaching, accepting, and relating. *Journal of Counseling and Development, 77,* 395–404.

Hanna, F. J., & Green, A. (2004). *Asian shades of spirituality: Implications for multicultural school counseling. Professional School Counseling, 7*(5), 326–333.

Hanna, F. J., & Hunt, W. P. (1999). Techniques for psychotherapy with defiant, aggressive adolescents. *Psychotherapy, 36*(1), 56–68.

Hanson, W. E., Creswell, J. W., Clark, V. L. P., Petska, K. S., & Creswell, J. D. (2005). Mixed methods research designs in counseling psychology. *Journal of Counseling Psychology, 52,* 224–235.

Happold, F. C. (1967). *Mysticism: A study and an anthology.* Hammondsworth, Middlesex, UK: Penguin.

Harris, A. H., Thoresen, C. E., & Lopez, S. J. (2007). Integrating positive psychology into counseling: Why and (when appropriate) how. *Journal of Counseling & Development, 85,* 3–13.

Hart, C. W. (2010). Faith development theory. In. A. Leeming, K. Madden, & S. Marlan, (Eds.), *Encyclopedia of psychology and religion* (pp. 316–317). New York, NY: Springer.

Hart, J. T., Limke, A., & Budd, P. R. (2010). Attachment and faith development. *Journal of Psychology and Theology, 38,* 122–128.

Hartman, A. (1995). Diagrammatic assessment of family relationships. *Families in Society, 76*(2), 111–122.

Hartz, G. (2005). *Spirituality and mental health: Clinical applications.* New York, NY: Routledge/Haworth Press.

Harvard Medical School. (2008). Positive psychology in practice: Various approaches aim to shift attention away from pathology. *Harvard Mental Health Letter, 24*(11), 1–3.

Harvey, J., & Delfabbro, P. H. (2004). Psychological resilience in disadvantaged youth: A critical overview. *Australian Psychologist, 39,* 3–13. doi: 10.1080/00050060410001660281

Haugen, M. R. G., & Pargament, K. I. (2013). Spirtual struggles as a fork in the road to the sacred. In J. J. Froh & A. C. Parks (Eds.), *Activities for teaching positive psychology: A guide for instructors* (pp. 53–57). Washington, DC: American Psychological Association.

Hay, D., & Nye, R. (2006). *The spirit of the child.* London: Jessica Kingsley.

Hay, D., Nye, R., & Murphy, R. (1996). Thinking about childhood spirituality: Review of research and current directions. In L. J. Francis, W. K. Kay, & W. S. Campbell (Eds.), *Research in religious education* (pp. 47–72). Macon, GA: Smyth & Helwys.

Hay, D., Reich, K. H., & Utsch, M. (2006). Spiritual development: Intersections and divergence with religious development. In E. Roehlkepartain, P. King, L. Wagener, & P. Benson (Eds.), *The handbook of spiritual development in childhood and adolescence* (pp. 46–59). Thousand Oaks, CA: Sage.

Heppner, P. P., Wampold, B. E., & Kivlighan, D. M. (2008). *Research designs in counseling* (3rd ed.). Belmont, CA: Thompson Brooks/Cole.

Hepworth, D. H., Rooney, R. H., Rooney, G. D., Strom-Gottfried, K., & Larsen, J. A. (2012). *Direct social work practice: Theory and skills.* Belmont, CA: Brooks/Cole.

Hickson, J., Housley, W., & Wages, D. (2000). Counselors' Perceptions of Spirituality in the Therapeutic Process. *Counseling and Values, 45,* 58–66.

Hill, P. C., & Hood, R. W. (1999). *Measures of religiosity.* Birmingham, AL: Religious Education Press.

Hill, P. C. (2013). Measurement assessment and issues in the psychology of religion and spirituality. In R. F. Paloutzian & C. L. Park (Eds.), *Handbook of the psychology of religion and spirituality* (pp. 48–74). New York, NY: Guilford.

Hill, P. C., Pargament, K. I., Hood, R., McCullough, M. E., Swyers, J. P., Larson, D. B., & Zinnbauer, B. J. (2000). Conceptualizing religion and spirituality: Points of commonality, points of departure. *Journal for the Theory of Social Behaviour, 30*(1), 51–77.

Hinterkopf, E. (1998). *Integrating spirituality in counseling.* Alexandria, VA: American Counseling Association.

Ho, M. Y., Cheung, F. M., & Cheung, S. F. (2010). The role of meaning in life and optimism in promoting well-being. *Personality and Individual Differences, 48,* 658–663.

Hodge, D. R. (2005a). Developing a spiritual assessment toolbox. *Health & Social Work, 30,* 314–323.

Hodge, D. R. (2005b). Spiritual ecograms: A new assessment instrument for identifying clients' strengths in space and across time. *Families in Society, 86,* 287–296.

Hodge, D. R. (2011). Alcohol treatment and cognitive-behavioral therapy: Enhancing effectiveness by incorporating spirituality and religion. *Social Work, 56,* 21–31.

Hosseini, M., Elias, H., Krauss, S. E., & Aishah, S. (2010). A review study on spiritual intelligence, adolescence and spiritual intelligence, factors that may contribute to individual differences in spiritual intelligence, and the related theories. *International Journal of Psychological Studies, 2,* 179–188.

House, S. H. (2007). Nurturing the brain nutritionally and emotionally from before conception to late adolescence. *Nutrition and Health (Bicester), 19*(1–2), 143–161.

Howden, J. W. (1992). Development and psychometric characteristics of the Spirituality Assessment Scale (Doctoral dissertation, Texas Woman's

University). *Dissertation Abstracts International, 54*(1-B), 166.

Howell, A. J., Keyes, C. L., & Passmore, H. A. (2013). Flourishing among children and adolescents: Structure and correlates of positive mental health, and interventions for its enhancement. In P. A. Linley & C. Proctor (Eds.), *Research, applications, and interventions for children and adolescents* (pp. 59-79). New York, NY: Springer.

Huebner, E. G., Suldo, S. M., Smith L. C., & McKnight, C. G. (2004). Life satisfaction in children and youth: Empirical foundations and implications for school psychologists. *Psychology in the Schools, 41,* 81-93.

Huebner, E., Gilman, S. C., Reschly, A. L., & Hall, R. (2009). Positive Schools. In C. R. Snyder & S. Lopez (Eds.), *Oxford handbook of positive psychology* (pp. 561-568). New York, NY: Oxford University Press.

Hunter, E. (1961). *Conversations with children.* Boston: Beacon Press.

Huppert, F. A. (2007). Positive mental health in individuals and populations. In F. A. Huppert, N. Baylis, & B. Kevene (Eds.), *The science of well-being* (pp. 307-340). New York, NY: Oxford University Press.

Ibrahim, F. A. (1985). Effective cross-cultural counseling and psychotherapy: A framework. *The Counseling Psychologist, 13,* 625-638.

Ibrahim, F. A., & Dykeman, C. (2011). Counseling Muslim Americans: Cultural and spiritual assessments. *Journal of Counseling & Development, 89,* 387-396.

Imam, S. S., Nurullah, A. S., Makol-Abdul, P. R., Rahman, S. A., & Noon, H. M. (2009). Spiritual and psychological health of Malaysian youths. *Research in the Social Scientific Study of Religion, 20,* 85-110.

Ingersoll, R. E. (1994). Spirituality, religion, and counseling: Dimensions and relationships. *Counseling and Values, 38,* 98-112.

Ingersoll, R. E. (1998). Refining dimensions of spiritual wellness: A cross-traditional approach. *Counseling and Values, 42,* 156-165.

Ingersoll, R. E., & Bauer, A. L. (2004). An integral approach to spiritual wellness in school counseling settings. *Professional School Counseling, 7,* 301-308.

Inglehart, R., Foa, R., Peterson, C., & Welzel, C. (2007). Development, freedom, and rising happiness: a global perspective. *Perspectives on Psychological Science, 3,* 264-285.

Inhelder, B., & Piaget, J. (1958/2008). *The growth of logical thinking from childhood to adolescence*. New York, NY: Basic Books.

Isen, A. M., Daubman, K. A., & Nowicki, G. P. (1987). Positive affect facilitates creative problem solving. *Journal of Personality and Social Psychology, 52,* 1122-1131.

Isen, A. M., Rosenzweig, A. S., & Young, M. J. (1991). The influence of positive affect on clinical problem solving. *Medical Decision Making, 11,* 221-227.

Jackson, L., & Panyan, M. V. (2002). *Positive behavioral support in the classroom: Principles and practices*. Baltimore: Brookes.

Jackson, M. L. (1995). Counseling youth of Arab ancestry. In C. C. Lee & C. C. Lee (Eds.), *Counseling for diversity: A guide for school counselors and related professionals* (pp. 41-60). Needham Heights, MA: Allyn & Bacon.

Jain, S., Buka, S. L., Subramanian, S. V., & Molnar, B. E. (2012). Protective factors for youth exposed to violence role of developmental assets in building emotional resilience. *Youth Violence and Juvenile Justice, 10,* 107-129.

James, W. (1902/1936). *The varieties of religious experience: A study in human nature*. New York, NY: Modern Library.

Jensen, L. A. (2009). Conceptions of god and the devil across the lifespan: A cultural-developmental study of religious liberals and conservatives. *Journal for the Scientific Study of Religion, 48,* 121-145.

Johnstone, B., & Glass, B. A. (2008). Support for a neuropsychological model of spirituality in persons with traumatic brain injury. *Zygon: Journal of Religion and Science, 43,* 861-874.

Jonas, W. B. (2011). Towards a neuroscience of spirituality. *Studies in Neuroscience, Consciousness and Spirituality, 1,* 253-262.

Joseph, S., & Linley, A. (2005). Positive psychological approaches to therapy. *Counselling & Psychotherapy Research, 5*(1), 5-10.

Joseph, S., & Linley, P. (2006). Positive psychology versus the medical model?: Comment. *American Psychologist, 61,* 332-333. doi:10.1037/0003-066X.60.4.332

Josephson Institute. (2011). *Six pillars of character*. Retrieved from http://charactercounts.org/sixpillars.html

Josephson, A., & Peteet, J. (2004). *Handbook of spirituality and worldview in clinical practice*. Arlington, VA: American Psychiatric Association.

Jung, C. G. (1938/1966). *Psychology and religion*. Binghamton, NY: Yale University

Press.

Kang, P., & Romo, L. (2011). The role of religious involvement on depression, risky behavior, and academic performance among Korean American adolescents. *Journal of Adolescence, 34,* 767-778.

Kapuscinski, A. N., & Masters, K. S. (2010). The current status of measures of spirituality: A critical review of scale development. *Psychology of Religion and Spirituality, 2,* 191-205.

Keith, T. Z., & Reynolds, C. R. (2003). Measurement and design issues in child assessment research. In C. R. Reynolds & R. W. Kamphaus (Eds.), *Handbook of psychological and educational assessment of children* (pp. 79-114). New York, NY: Guilford Press.

Kennedy, V. (2010). Ecomaps. *MAI Review*(http://review.mai.ac.nz), 1-12.

Kiang, L., & Fuligni, A. J. (2010). Meaning in life as a mediator of ethnic identity and adjustment among adolescents from Latin, Asian, and European American backgrounds. *Journal of Youth and Adolescence, 39,* 1253-1264.

Kim, B. K., Wong, Y., & Maffini, C. S. (2010). Annual review of Asian American Psychology, 2009. *Asian American Journal of Psychology, 1,* 227-260.

Kim, R., & Jackson, D. S. (2009). Outcome evaluation findings of a Hawaiian culture-based adolescent substance abuse treatment program. *Psychological Services, 6*(1), 43-55.

Kim, S. S. (2009). First and Second Generation in Education of the Asian American Community. Doctoral dissertation, University of Columbia.

Kim, S., & Esquivel, G. B. (2011). Adolescent spirituality and resilience: Theory, research, and educational practices. *Psychology in the Schools, 48,* 755-765.

Kim, T-K., Lee, S. M., Yu, K., Lee, S., & Puig, A. (2005). Hope and the meaning of life as influences on Korean adolescents' resilience: Implications for counselors. *Asian Pacific Education Review, 6,* 143-152.

Klika, J. B., & Herrenkohl, T. I. (2013). A review of developmental research on resilience in maltreated children. *Trauma, Violence, & Abuse, 14,* 222-234.

Kneezel, T. T., & Emmons, R. A. (2006). Personality and spiritual development. In E. Roehlkepartain, P. King, L. Wagener, & P. Benson (Eds.), *The handbook of spiritual development in childhood and adolescence* (pp. 266-276). Thousand Oaks, CA: Sage.

Koenig, H. G. (2009). Research on religion, spirituality, and mental health: A review. *The Canadian Journal of Psychiatry, 54*, 283-291.

Koepfer, S. R. (2000). Drawing on the spirit: Embracing spirituality in pediatrics and pediatric art therapy. *Art Therapy: Journal of the American Art Therapy Association, 17*(3), 188-194.

Kohlberg, L., & Hersh, R. H. (1977). Moral development: A review of the theory. *Theory Into Practice, 16*, 53-59. Retrieved from http://worldroom.tamu.edu/ Workshops/CommOfRespect07/MoralDilemmas/Moral%20Development%20a %20Review%20of%20Theory.pdf

Kohlberg, L. (1976). Moral stages and moralization: The cognitive-developmental approach. In T. Lickona (Ed.), *Moral development and behavior: Theory, research, and social issues* (pp. 31-53). New York, NY: Holt, Rinehart and Winston.

Koller, J. R., & Svoboda., S. K. (2002). The application of a strengths-based mental health approach in schools. *Childhood Education, 78*, 291-294.

Kornfield, J. (1993). *A path with heart.* New York: Bantam.

Kourie, C. (2007). The "turn" to spirituality. *Acta Theologica, 27*(2), 19-40.

Kuhl, J. (1983). Emotion, cognition, and motivation: II. The functional significance of emotion in perception, memory, problem-solving, and overt action. *Sprache & Kognition, 2*, 228-253.

Kuhl, J. (2000). A functional-design approach to motivation and self-regulation: the dynamics of personality systems interactions. In M. Boekaert, P. R. Pintrich, & M. Zeidner (Eds), *Handbook of self-regulation* (pp. 111-169). San Diego: Academic Press.

Kwan, K-L. (2003). The ethical practice of counseling in Asia: An introduction to the special issue of Asian Journal of Counseling. *Asian Journal of Counselling, 10*, 1-10.

Lambie, G., Davis, K., & Miller, G. (2008). Spirituality: Implications for professional school counselors' ethical practice. *Counseling and Values, 52*, 211-223.

Lane, K. L., Menzies, M., Kalberg, J. R., & Oakes, W. P. (2012). A comprehensive, integrated three-tier model to meet students' academic, behavioral, and social needs. In K. Harris, T. Urdan, & S. Graham (Eds.), *American Psychological Association Educational Psychology Handbook* (Vol. 3, pp. 551-581).

Washington, DC: American Psychological Association.

Lau, P. (2006). Spirituality as a positive youth development construct: Conceptual bases and implications for curriculum development. *International Journal of Adolescent Medicine & Health, 18,* 363–370.

Leak, G. K. (2009). An assessment of the relationship between identity development, faith development, and religious commitment. *Identity: An International Journal of Theory and Research, 9,* 201–218.

Leak, G. K., Loucks, A. A., & Bowlin, P. (1999). Development and initial validation of an objective measure of faith development. *The International Journal for the Psychology of Religion, 9*(2), 105–124.

Lee, S. M., & Yang, E. (2008). School counseling in South Korea: Historical development, current status, and prospects. *Asian Journal of Counselling, 15,* 157–181.

Lerner, R. M. (2010). The place of learning within the human development system: A developmental contextual perspective. *Human Development, 38,* 361–366.

Lerner, R. M., Bowers, E. P., Geldhof, G. J., Gestsdóttir, S., & DeSouza, L. (2012). Promoting positive youth development in the face of contextual changes and challenges: The roles of individual strengths and ecological assets. *New directions for youth development, 2012*(135), 119–128.

Lerner, R. M., Lerner, J. V., Lewin-Bizan, S., Bowers, E. P., Boyd, M. J.; Mueller, M. K., Schmid, K. L., & Napolitano, C. M. (2011). Positive youth development: Processes, programs, and problematics. *Journal of Youth Development, 6*(3), 40–64.

Lerner, R. M., Roeser, R. W. & Phelps, E. (Eds.). (2008). *Positive youth development and spirituality: From theory to research.* West Conshohocken, PA: Templeton Foundation Press.

Leseho, J. (2007). Spirituality in counsellor education: A new course. *British Journal of Guidance and Counselling, 35,* 441–454.

Levine, C., Kohlberg, L., & Hewer, A. (1985). The current formulation of Kohlberg's theory and a response to critics. *Human Development, 28,* 94–100.

Limb, G. E., & Hodge, D. R. (2007). Developing spiritual lifemaps as a culture-centered pictorial instrument for spiritual assessments with Native American clients. *Research on Social Work Practice, 17,* 296–304.

Limb, G. E., & Hodge, D. R. (2011). Utilizing spiritual ecograms with Native American families and children to promote cultural competence in family therapy. *Journal of Marital & Family Therapy, 37,* 81-94.

Linley, A. P., Joseph, S., Harrington, S., & Wood, A. M. (2006). Positive psychology: Past, present, and (possible) future. *The Journal of Positive Psychology, 1*(1), 3-16.

Linley, P. A. (2003). Positive adaptation to trauma: Wisdom as both process and outcome. *Journal of Traumatic Stress, 16,* 601-610.

Linley, P. A., & Proctor, C. (Eds.). (2013). *Research, applications, and interventions for children and adolescents.* New York, NY: Springer.

Lippman, T. W. (1995). *Understanding Islam: An introduction to the Muslim world.* New York, NY: Penguin.

Liu, C. H., & Matthews, R. (2005). Vygotsky's philosophy: Constructivism and its criticisms examined. *International Education Journal, 6,* 386-399. Retrieved from http://iej.cjb.net/

Logan-Greene, P., Nurius, P. S., Herting, J. R., Hooven, C. L., Walsh, E., & Thompson, E. A. (2011). Multi-domain risk and protective factor predictors of violent behavior among at-risk youth. *Journal of Youth Studies, 14,* 413-429.

Lonborg, S. D., & Bowen, N. (2004). Counselors, communites, and spirituality: Ethical and multicultural considerations. *Professional School Counseling, 7*(5), 318-325.

Lopez, S. J., & Snyder, C. R. (2003a). *Positive psychological assessment: Handbook of models and measures.* Washington, DC: American Psychological Association.

Lopez, S. J., & Snyder, C. R. (2003b). The future of positive psychological assessment: Making a difference. In S. J. Lopez & C. R. Snyder (Eds.), *Positive psychological assessment: A handbook of models and measures* (pp. 461-468). Washington, DC: American Psychological Association.

Love, P. G. (2001). Spirituality and student development. *New Directions for Student Services, 95,* 7-16.

Lovecky, D. C. (1998). Spiritual sensitivity in gifted children. *Roeper Review, 20,* 178-183.

Luthar, S. S., & Cicchetti, D. (2000). The construct or resilience: Implications for interventions and social policies. *Development & Psychopathology, 12,* 857–885.

Luthar, S. S., & Zelazo, L. B. (2003). Research on resilience: An integrative review. In S. S. Luthar (Ed.), *Resilience and vulnerability: Adaptation in the context of childhood adversities* (pp. 1–25). New York, NY: Cambridge University Press.

Lyubomirsky, S., Sheldon, K. M., & Schkade, D. (2005). Pursuing Happiness: The Architecture of Sustainable Change. *Review of General Psychology, 9*(2), 111–131.

MacDonald, D. (2004). Collaborating with students' spirituality. *Professional School Counseling, 7,* 293–300.

Maddi, S. R. (1963). Humanistic psychology: Allport and Murray. In J. Wepman & M. R.W Heine (Eds.), *Concepts of personality* (pp. 162–205). Hawthorne, NY: Aldine Publishing.

Magaldi-Dopman, D. (2009). Psychologists' experience of spiritual and religious material in counseling through the lens of their own spiritual/religious/nonreligious identity (Doctoral dissertation). Retrieved from Dissertation Abstracts International: Section B: The Sciences and Engineering, 70, 3788.

Magyar-Moe, J. L. (2009). *Therapist s guide to positive psychological interventions.* New York, NY: Academic Press.

Maher, M. F., & Hunt, T. K. (1993). Spirituality reconsidered. *Counseling and Values, 38,* 21–28.

Mahoney, A. (2010). Religion in families, 1999–2009: A relational spirituality framework. *Journal of Marriage and Family, 72,* 805–827.

Mahoney, M. J. (2002). Constructivism and positive psychology. In C. R. Snyder & S. J. Lopez (Eds.), *Handbook of positive psychology* (pp. 745–750). New York, NY: Oxford University Press.

Mallin, B., Walker, J. R., & Levin, B. (2013). Mental health promotion in the schools: Supporting resilience in children and youth. In S. Prince-Embury & D. H. Saklofske (Eds.), *Resilience in children, adolescents, and adults* (pp. 91–112). New York, NY: Springer.

Marshall, J. M. (2009). Describing the elephant: Preservice teachers talk about spiritual reasons for becoming a teacher. *Teacher Education Quarterly,*

36(2), 25-44.

Marsiglia, F. F., Ayers, S. L., & Hoffman, S. (2012). Religiosity and adolescent substance use in Central Mexico: Exploring the influence of internal and external religiosity on cigarette and alcohol use. *American Journal of Community Psychology, 49*(1-2), 87-97.

Maslow, A. H. (1943). A theory of human motivation. *Psychological Review, 50,* 370-396. doi:10.1037/h0054346

Maslow, A. H. (1954). *Motivation and personality.* New York, NY: Harper. Retrieved from http://www.positivedisintegration.com/18a.pdf

Maslow, A. H. (1968). *Toward a psychology of being* (2nd ed.). Princeton, NJ: Van Nostrand.

Masten, A. S. Cutuli, J. J., Herbers, J. E., &. Reed, M-G. J. (2009). Resilience in development. In C. R. Snyder & S. J. Lopez (Eds.), *Oxford handbook of positive psychology* (pp. 117-132). New York, NY: Oxford University Press.

Masten, A. S. (2011). Resilience in children threatened by extreme adversity: Frameworks for research, practice, and translational synergy. *Development and Psychopathology, 23,* 493-506.

Masten, A. S., & Narayan, A. J. (2012). Child development in the context of disaster, war, and terrorism: Pathways of risk and resilience. *Annual Review of Psychology, 63,* 227-257.

Masten, A. S., Cutuli, J. J., Herbers, J. E., & Reed, M-G. J. (2009). Resilience in development. In C. R. Lopez & S. J. Lopez (Eds.), *Oxford handbook of positive psychology* (pp. 117-132). New York, NY: Oxford University Press.

Masten, A. S., Herbers, J. E., Cutuli, J. J., & Lafavor, T. L. (2008). Promoting competence and resilience in the school context. *Professional School Counseling, 12,* 76-84.

Masten, A. S., Hubbard, J. J., Gest, S. D., Tellegen, A., Garmezy, N., & Ramirez, M. (1999). Competence in the context of adversity: Pathways to resilience and maladaptation from childhood to late adolescence. *Development and Psychopathology, 11,* 143-169.

Masters, K. S., Carey, K. B, Maisto, S. A., Caldwell, P. E., Wolfe, T. V., Hackney, H. L., & Himawan, L. (2009). Psychometric examination of the brief multidimensional measure of religiousness/spirituality among college students. *International Journal for the Psychology of Religion, 19,* 106–120.

Matthews, M. (2012). Positive psychology: Adaptation, leadership, and performance in exceptional circumstances. In P. A. Hancock & J. L. Szalma (Eds.), *Performance under stress* (pp. 163–180). Burlington, VT: Ashgate.

Mattson, D. L. (1994). Religious counseling: To be used, not feared. *Counseling and Values, 38,* 187–192.

Mattson, I. (2003). How Muslims use Islamic paradigms to define America. In Y. Y. Haddad, J. I. Smith, & J. Esposito (Eds.), *Religion and immigration* (pp. 202–209). Walnut Creek, CA: Altamira Press.

McAllister, M., & McKinnon, J. (2009). The importance of teaching and learning resilience in the health disciplines: A critical review of the literature. *Nurse Education Today, 29,* 371–379.

McCullough, M. E., Emmons, R. A., & Tsang, J. (2002). The Grateful Disposition: A conceptual and Empirical Topography. *Journal of Personality and Social Psychology, 82,* 112–127.

McGoldrick, M., Gerson, R., & Petry, S. S. (2008). *Genograms: Assessment and intervention* (3rd ed.). New York: W.W. Norton & Co.

McGrath, A. E. (1999). *Christian spirituality: An introduction.* Malden, MA: Blackwell.

McGrath, D. (2003). Developing a community of learners: What will it look like and how will it work? *Learning & Leading with Technology, 30,* 42–45.

McLean, K. C., Breen, A. V., & Fournier, M. A. (2010). Constructing the self in early, middle, and late adolescent boys: Narrative identity, individuation, and well-being. *Journal of Research on Adolescence, 20,* 166–187.

McNamara, P. (Ed.). (2006). *Where God and science meet: The neurology of religious experience* (Vol. 2). Westport, CN: Praeger.

Meland, B. E. (1953). *Higher education and the human spirit.* Chicago, IL: University of Chicago.

Mernissi, F. (1996). *Women's rebellion and Islamic memory.* New York, NY: Saint Martin's Press.

Mikulas, W. L. (1978). Four noble truths of Buddhism related to behavior therapy. *The Psychological Record, 28,* 59–67.

Mikulas, W. L. (1981). Buddhism and behavior modification. *The Psychological*

Record, 31, 331-342.

Miller-McLemore, B. (2006). Whither the children? Childhood in religious education. *The Journal of Religion, 86,* 635-657.

Miller, G. (1999). The development of the spiritual focus in counseling and counselor education. *Journal of Counseling and Development, 77,* 498-501.

Miller, G. (2003). *Incorporating spirituality in counseling and psychotherapy.* Hoboken, NJ: Wiley.

Miller, G. (2005). Religious/spiritual lifespan development. In C. Cashwell & J. Young (Eds.), *Integrating spirituality and religion into counseling* (pp. 105-122). Alexatidria, VA: American Counseling Association.

Miller, J. P. (1996). *The Holistic Curriculum* (2nd ed.). Toronto: Ontario Institute for Studies in Education.

Miller, L. (2008). Spirituality and resilience in adolescent girls. In K. K. Kline (Ed.), *Authoritative communities: The scientific case for nurturing the whole child* (pp. 295-302). New York, NY: Springer Science.

Miller, L. (2009). Present to possibility: Spiritual awareness and deep teaching. *Teachers College Record, 111*(12), 2705-2712.

Miller, R. (1990). *What Are Schools For?: Holistic Education in American Culture* (3rd ed.). Brandon, VT: Holistic Education Press.

Miller, W. R., & Thoresen, C. E. (2003). Spirituality, religion, and health: An emerging research field. *American Psychologist, 58,* 24-35.

Minnard, C. V. (2002). A strong building: Foundation of protective factors in schools. *Children & Schools, 24,* 233-246.

Monahan, K. C., & Steinberg, L. (2011). Accentuation of individual differences in social competence during the transition to adolescence. *Journal of Research on Adolescence, 21,* 576-585.

Mong, A. D., Bergeman, C. S., & Chow, S. (2010). Positive emotions as a basic building block of resilience in adulthood. In J. W. Reich, A. J. Zautra, & J. Hall (Eds.), *Handbook of adult resilience* (pp. 81-93). New York, NY: Guilford.

Moore, K., Talwar, V., & Bosacki, S. (2012). Canadian children's perceptions of spirituality: diverse voices. *International Journal of Children's Spirituality, 17,* 217-234.

Moore-Thomas, C., & Day-Vines, N. (2008). Culturally competent counseling for religious and spiritual African American adolescents. *Professional School Counseling, 11,* 159-165.

Moran, S. (2009). Purpose: Giftedness in intrapersonal intelligence. *High ability studies, 20,* 143-159.

Morgan, O. J. (Ed.). (2007). *Counseling and spirituality: Views from the profession.* Boston, MA: Houghton Mifflin.

Morrison, G. M., & Allen, M. R. (2007). Promoting student resilience in school contexts. *Theory Into Practice, 46,* 162-167.

Morrison, J. Q., Clutter, S. M., Pritchett, E. M., & Demmitt, A. (2009). Perceptions of clients and counseling professionals regarding spirituality in counseling. *Counseling & Values, 53,* 183-194.

Moseley, R., Jarvis, D., Fowler, J. & DeNicola, K. (1993). *Manual for faith development research.* Atlanta: Center for Research in Faith and Moral Development.

Murray, K., & Ciarrocchi, J. W. (2007). The dark side of religion, spirituality and the moral emotions: Shame, guilt, and negative religiosity as markers for life dissatisfaction. *Journal of Pastoral Counseling, 42,* 22-41.

Myers, B. K., & Myers, M. E. (1999). Engaging children's spirit and spirituality through literature. *Childhood Education, 76*(1), 28-32.

Naglieri, J. A., LeBuffe, P. A., & Shapiro, V. B. (2013). Assessment of Social-Emotional Competencies Related to Resilience. In S. Goldstein & R. B. Brooks (Eds.), *Handbook of resilience in children.* New York, NY: Springer.

Nanamoli, B. (1975). *The path of purification: Visuddhimagga.* Kandy, Sri Lanka: Buddhist Publication Society.

Nelson, J. M. (2009). *Psychology, religion, and spirituality.* New York, NY: Springer.

Newberg, A. B. (2005). Field analysis of the neuroscientific study of religious and spiritual phenomena. Retrieved from http://www.metanexus.net/tarp/pdf/TARP

Newberg, A. B., & Newberg, S. K. (2005). The neuropsychology of religious and spiritual experience. In R. F. Paloutzian & C. L. Park (Eds.), *Handbook of the psychology of religion and spirituality* (pp. 199-215). New York, NY: Guilford.

Newberg, A. B., & Newberg, S. K. (2006). The neuropsychology perspective on spiritual development. In E. Roehlkepartain, P. King, L. Wagener, & P. Benson (Eds.), *The handbook of spiritual development in childhood and adolescence* (pp. 183-196). Thousand Oaks, CA: Sage.

Newberg, A. B., & Newberg, S. K. (2008). Hardwired for God: A neuropsychological model for developmental spirituality. In K. K. Kline (Ed.), *Authoritative communities: The scientific case for nurturing the whole child* (pp. 165-186). New York, NY: Springer Science.

Newberg, A. B., & Newberg, S. K. (2010). Psychology and neurobiology in a postmaterialist world. *Psychology of Religion and Spirituality, 2,* 119-121.

Newberg, A., Wintering, N., Waldman, M., Amen, D., Khalsa, D., & Alavi, A. (2010). Cerebral blood flow differences between long-term meditators and non-meditators. *Consciousness and Cognition, 19,* 899-905.

Nicholas, S. N. (1997). Community-building in the classroom: A process. *Journal of Humanistic Education and Development, 35,* 198-208.

Nieto, S. (2005). *Why we teach.* New York: Teachers College Press.

Nikhilananda, S. (Trans.). (1963). *The Upanishads.* New York: Harper & Row.

Nissen, L. B. (2006). Bringing strength-based philosophy to life in juvenile justice. *Reclaiming Children and Youth: A Journal of Strength-Based Interventions, 15*(1), 40-46.

Noddings, N. (1989). *Women and evil.* Berkeley: University of California Press.

Noddings, N. (1995). Teaching Themes of Care. *Phi Delta Kappan, 9,* 675-679.

Noddings, N. (2003). *Happiness and education.* New York: Cambridge University Press.

Noddings, N. (2006). *Critical Lessons: What our schools should teach.* New York, NY: Cambridge University Press.

Oakes, K., & Raphel, M. M. (2008). Spiritual assessment in counseling: Methods and practice. *Counseling and Values, 52,* 240.

Ockerman, M. S., Mason, E., & Hollenbeck, A. F. (2012). Integrating RTI with school counseling programs: Being a proactive professional school counselor. *Journal of School Counseling, 10*(15), 1-15.

Ohio CLA. (2002). Ohio Caseload Analysis Implementation Leadership Forum. (Ohio Caseload Analysis Initiative-Ecomap). Accessed at http://ohiocla.com/

Year%205%20Revisions/ecomap1.htm.

Ojalehto, B., & Wang, Q. (2008). Children's spiritual development in forced displacement: A human rights perspective. *International Journal of Children's Spirituality, 13,* 129–143.

Oser, F. K. (1991). The development of religious judgment. *New Directions for child and adolescent development, 1991*(52), 5–25.

Osterman, K. F. (2000). Students' need for belonging in the school community. *Review of Educational Research, 70,* 323–367.

Palmer, P. (1998/1999). Evoking the spirit in public education. *Educational Leadership, 56*(4), 6–11.

Palmer, P. J. (2003). Teaching with heart and soul. *Journal of Teacher Education, 54,* 376–385.

Palmer, P. J. (2010). *The promise of paradox: A celebration of contradictions in the Christian life.* New York, NY: Jossey-Bass.

Pans, T., Gächter, S., Starmer, C., & Wilkinson, R. (2008). Cooperative behavior in adolescence: Economic antecedents and neural underpinnings. In R. M. Lerner, R. W. Roeser, E. Phelps, R. M. Lerner, R. W. Roeser, & E. Phelps (Eds.), *Positive youth development and spirituality: From theory to research* (pp. 128–144). West Conshohocken, PA: Templeton Foundation Press.

Pargament, K. (2007). *Spiritually integrated psychotherapy: Understanding and addressing the sacred.* New York, NY: Guilford Press.

Pargament, K. I., Smith, B. W., Koenig, H. G., & Perez, L. (1998). Patterns of positive and negative religious coping with major life stressors. *Journal for the Scientific Study of Religion, 37,* 710–724.

Park, N. (2009). Building strengths of character: Keys to positive youth development. *Reclaiming Children and Youth, 18,* 42–47.

Park, N., & Peterson, C. (2005). Assessment of character strengths among youth: The Values in Action Inventory of Character Strengths for Youth. In K. Moore & L. Lippman (Eds.), *Conceptualizing and measuring indicators of positive development: What do children need to flourish?* (pp. 13–24). New York, NY: Kluwer Academic/Plenum Publishers.

Park, N., & Peterson, C. (2008). Positive psychology and character strengths: Application to strengths-based school counseling. *Professional School*

Counseling, 12, 85–92.

Park, S. M., Seo, M., Kim, J. S., & Kang, M. C. (2013). Korean Version of the Spiritual Wellness Inventory: Psychometric Properties and Implications for School Counselors. Paper Presented at the 44th Annual Meeting of Society for Psychotherapy Research, Brisbane, Austrailia.

Parker, S. (2006). Measuring faith development. *Journal of Psychology and Theology, 34,* 337–348.

Parker, S. (2010). Research in Fowler's faith development theory: A review article. *Review of Religious Research, 51,* 233–252.

Parker, S. (2011). Spirituality in counseling: A faith development perspective. *Journal of Counseling & Development, 89,* 112–119.

Payne, A. A., Gottfredson, D. C.,& Gottfredson, G. D. (2003). Schools as communities: The relationships among communal school organization, student bonding, and school disorder. *Criminology, 41,* 749–777.

Peterson, C. (2009). Positive psychology. *Reclaiming Children and Youth, 18*(2), 3–7.

Peterson, C., & Seligman, M. E. P. (2004). *Character strengths and virtues: A handbook and classification.* New York, NY: Oxford University Press.

Phenix, P. (1966). *Education and the worship of God.* Philadelphia: Westminster Press.

Phillips, M. (1997). What makes schools effective? A comparison of relationships of communitarian climate and academic climate to mathematics achievement and attendance during middle school. *American Educational Research Journal, 34,* 633–662.

Piaget, J. (1970). Piaget's theory. In P. H. Mussen (Ed.), *Carmichael's manual of child psychology* (3rd ed., Vol. 1, pp. 703–723). New York, NY: Wiley.

Piaget, J. (1972). *The psychology of the child.* New York, NY: Basic Books.

Piaget, J. (1972/2008). Intellectual evolution from adolescence to adulthood. *Human Development, 51,* 40–47.

Piaget, J. (1973). *The child and reality: Problems of genetic psychology.* New York, NY: Publishers.

Pickthall, M. (1930). *The meaning of the glorious Qur'an.* New York: Alfred A. Knopf.

Power, F. C., Higgins, A., & Kohlberg, L. (1989). *Lawrence Kohlberg's approach to moral education*. New York, NY: Columbia University Press.

Prince-Embury, S. (2011). Assessing personal resiliency in the context of school settings: Using the resiliency scales for children and adolescents. *Psychology in the Schools, 48,* 672-685.

Prince-Embury, S. (2013). Resiliency Scales for Children and Adolescents: Theory, research, and clinical application. In S. Prince-Embury & D. H. Saklofske (Eds.), *Resilience in children, adolescents, and adults* (pp. 19-44). New York, NY: Springer.

Prince-Embury, S., & Steer, R. A. (2010). Profiles of personal resiliency for normative and clinical samples of youth assessed by the Resiliency Scales for Children and Adolescents. *Journal of Psychoeducational Assessment, 28,* 303-314.

Proctor, C., Linley, P. P., & Maltby, J. (2009). Youth life satisfaction: A review of the literature. *Journal of Happiness Studies, 10,* 583-630.

Puig, A. & Adams, C. (2007). Introducing spirituality into multicultural counseling. In W. M. Parker & M. A. Fukuyama (Eds.), *Consciousness raising: A primer for multicultural counseling* (3rd ed., pp. 181-203). Springfield, IL: Charles C. Thomas Publisher.

Quick, M. B., & Sink, C. A. (2014). Spirituality. In R. Byrd & B. T. Erford (Eds.), *Applying techniques to common encounters in school counseling: A case-based approach* (pp. 79-84). New York, NY: Pearson.

Radhakrishnan, S., & Moore, C. A. (Eds.). (1957). *A source book in Indian philosophy*. Princeton, NJ: Princeton University.

Rahula, W. (1978). *What the Buddha taught*. London: Gordon Fraser.

Rambo, L. R., & Bauman, S. C. (2012). Psychology of conversion and spiritual transformation. *Pastoral Psychology, 61*(5-6), 879-894.

Rashid, T., & Seligman, M. E. P. (in press). *Positive psychotherapy: A treatment manual*. New York, NY: Oxford University Press.

Ratcliff, D., & Nye, R. (2006). Childhood spirituality: Strenghtening the research foundation. In E. C. Roehlkepartian, P. E. King, L. Wagner, & P. L. Benson (Eds.), *The handbook of spiritual development in childhood and adolescence* (pp. 473-483). Thousand Oaks, CA: Sage.

Rathunde, K. (2001). Toward a psychology of optimal human functioning: What positive psychology can learn from the "experimental turns" of James, Dewey, and Maslow. *Journal of Humanistic Psychology, 41,* 135–153. doi:10.1177/0022167801411008

Redding, S. (2000). Alliance for achievement: Building a school community focused on learning. Philadelphia: Mid Atlantic Regional Educational Laboratory at Temple University Center for Research in Human Development and Education.

Richards, C. E. (2009). Toward a pedagogy of self. *Teachers College Record, 111*(12), 2732–2759.

Richards, P. S., & Bergin, A. E. (2005). *A spiritual strategy for counseling and psychotherapy* (2nd ed.), Washington, DC: American Psychological Association.

Richards, P. S., Hardman, R, K., & Berrett, M. E. (2007). *Spiritual approaches in the treatment of women with eating disorders.* Washington, DG: American Psychological Association.

Richards, P., Bartz, J. D., & O' Grady, K. A. (2009). Assessing religion and spirituality in counseling: Some reflections and recommendations. *Counseling and Values, 54,* 65–79.

Richmond, L. J. (2004). When spirituality goes awry: Students in cults. *Professional School Counseling, 7,* 365–375.

Rizzuto, A. (2005). Psychoanalytic considerations about spiritually oriented psychotherapy. In L. Sperry & E. Shafranske (Eds.), *Spiritually oriented psychotherapy* (pp. 31–50). Washington, DC: American Psychological Association.

Roberts, T. B. (1975). *Four Psychologies Applied to Education.* Cambridge, MA: Schenkman.

Robertson, L. A., & Young, M. E. (2011). The revised ASERVIC spiritual competencies. In C. S. Cashwell, J. Young, C. S. Cashwell, & J. Young (Eds.), *Integrating spirituality and religion into counseling: A guide to competent practice* (2nd ed., pp. 25–42). Alexandria, VA: American Counseling Association

Robinson, R. L., & Howard-Hamilton, M. F. (2000). The convergence of race, ethnicity, and gender: multiple identities in counseling. Columbus, Ohio: Merril.

Robitschek, C. (1999). Further validation of the Personal Growth Initiative Scale.

Measurement and Evaluation in Counseling and Development, 31, 197–210.

Roehlkepartain, E. C. & Patel, E. (2006). Congregations: Unexamined crucibles for spiritual development. In E. C. Roehlkepartain, P. E. King, L. Wangener, & P. L. Benson (Eds.), *The handbook of spiritual development in childhood and adolescence* (pp. 324–336). Thousand Oaks, CA: Sage.

Roehlkepartain, E. C., Benson, P. L., King, P. E., & Wagener, L. M. (2006). Spiritual development in childhood and adolescence: Moving to the scientific mainstream. In E. Roehlkepartain, P. King, L. Wagener, & P. Benson (Eds.), *The handbook of spiritual development in childhood and adolescence* (pp. 1–15). Thousand Oaks, CA: Sage.

Rogers, C. R. (1951). *Client-centered therapy: Its current practice, implications and theory.* Boston, MA: Houghton–Mifflin.

Rogers, C. R. (1963). The concept of the fully functioning person. *Psychotherapy: Theory, Research, & Practice, 1,* 17–26. doi:10.1037/h0088567

Rogers, C. R. (1969). *Freedom to Learn.* Columbus, OH: Merrill.

Ross, C. E., & Mirowsky, J. (2013). The sense of personal control: Social structural causes and emotional consequences. In. S. Aneshensel, J. C. Phelan, & A. Bierman (Eds.), *Handbook of the sociology of mental health* (pp. 379–402). New York, NY: Springer.

Roszak, T. (1978). *Person/Planet: The Creative Disintegration of Industrial Society.* Garden City, NY: Anchor/ Doubleday.

Rowe, G., Hirsh, J. B., Anderson, A. K., & Smith, E. E. (2007). Positive affect increases the breadth of attentional selection. *PNAS Processings of the National Academy of Science the United States of America, 104,* 383–388.

Ruini, C., Belaise, C., Brombin, C., Caffo, E., & Fava, G. A. (2006). Well-being therapy in school settings: A pilot study. *Psychotherapy and Psychosomatics, 75(6),* 331–336. Retrieved from http://ezproxy.spu.edu/login?url=http://search.proquest.com/docview/235466375?accountid=2202

Rutter, M. (2012). Annual research review: Resilience: Clinical implications. *Journal of Child Psychology and Psychiatry, 54,* 474–487. Retrieved from http://onlinelibrary.wiley.com/doi/10.1111/j.1469-7610.2012.02615.x/full

Safrin, S. P., & Oswald, K. (2003). Positive behavior supports: Can schools reshape disciplinary practices? *Exceptional Children, 69,* 361-373.

Saklofske, D. H., Nordstokke, D. W., Prince-Embury, S., Crumpler, T., Nugent, S., Vesely, A., & Hindes, Y. (2013). Assessing personal resiliency in young adults: The Resiliency Scale for Children and Adolescents. In S. Prince-Embury & D. H. Saklofske (Eds.), *Resilience in children, adolescents, and adults* (pp. 189-198). New York, NY: Springer.

Sandage, S. J., & Jankowski, P. J. (2010). Forgiveness, spiritual instability, mental health symptoms, and well-being: Mediator effects of differentiation of self. *Psychology of Religion and Spirituality, 2,* 168-180.

Sandhu, D. S. (2007). Seven stages of spiritual development: A framework to solve psycho-spiritual problems. In O. J. Morgan (Ed.), *Counseling and spirituality: Views from the profession* (pp. 64-85). Boston, MA: Houghton Mifflin.

Scales, P. C. (2011). Youth developmental assets in global perspective: Results from international adaptations of the Developmental Assets Profile. *Child Indicators Research, 4,* 619-645.

Schaps, E., Battistich, V., & Solomon, D. (2004). Community in school as key to student growth: Findings from the Child Development Project. In J. E. Zins, R. P. Weissberg, M. C. Wang, & H. J. Walberg (Eds.), *Building academic success on social and emotional learning: What does the research say?* (pp. 189-205). New York: Teachers College Press.

Scheibe, S., Kunzmann, U., & Baltes, P. B. (2009). New territories of positive life-span development: Wisdom and life longings. In C. R. Snyder & S. Lopez (Eds.), *Oxford handbook of positive psychology* (pp. 171-183). New York, NY: Oxford University Press.

Scherer, M. (Ed.). (2009). *Engaging the whole child: Heart, mind, and soul.* Alexandria, VA: Association for Supervision and Curriculum Development (ASCD).

Schmidt, J. J. (2003). *Counseling in Schools: Essential Services and Comprehensive Programs* (4th ed.). Boston: Allen & Bacon.

Schneider, C. (1986). Faith development and pastoral diagnosis. In C. Dykstra & S. Parks (Eds.), *Faith development and Fowler* (pp. 221-250). Birmingham, AL: Religious Education Press.

Schoonmaker, F. (2009). Only those who see take off their shoes: Seeing the classroom as a spiritual space. *Teaching College Record, 111*(12), 2713-2731.

Schreiner, L. A., Hulme, E., Hetzel, R., & Lopez, S. (2009). Positive psychology on campus. In S. J. Lopez, C. R. Snyder, S. J. Lopez, C. R. Snyder (Eds.), *Oxford handbook of positive psychology* (2nd ed., pp. 569-578). New York, NY: Oxford University Press.

Search Institute. (2006). 40 developmental assets for adolescents (ages 12-18). Retrieved from www.search-institute.org

Search Institute. (2011a). 40 developmental assets lists. Retrieved from http://www.search-institute.org/developmental-assets/lists

Search Institute. (2011b). Spirituality measures. Retrieved from http://www.search-institute.org/csd/measures/spirituality

Search Institute. (2013). Developmental Assets Profile: Technical summary. Retrieved from http://www.search-institute.org/sites/default/files/a/DAP--TechnicalSummary-05-2013a.pdf

Seligman, L. (2004). *Diagnosis and treatment planning in counseling* (3rd ed.). New York: Springer.

Seligman, M. E. P. (2002). *Authentic happiness: using the new positive psychology to realize your potential for lasting fulfillment.* New York: Free Press.

Seligman, M. E. P. (2003). Positive psychology: Fundamental assumptions. *The Psychologist, 16*(3), 126-127.

Seligman, M. E. P., & Csikszentmihalyi, M. (2000). Positive psychology: An introduction. *American Psychologist, 55,* 5-14. doi:10.1037/0003-066X.55.1.5

Seligman, M. E. P., Ernst, R. M., Gillham, J., Reivich, K., & Linkins, M. (2009). Positive education: Positive psychology and classroom interventions. *Oxford Review of Education, 35*(3), 293-311.

Seligman, M. E. P., Rashid, T., & Parks, A. C. (2006). Positive psychotherapy. *American Psychologist, 61,* 774-788.

Seligman, M. E. P., Steen, T. A., Park, N., & Peterson, C. (2005). Positive psychology progress. *American Psychologist, 60,* 410-421.

Seligman, M. E. P., Park, N., & Peterson, C. (2004). The Values in Action (VIA) classification of character strengths. *Ricerche Di Psicologia, 27*(1), 63-78.

Seo, M., Sink, C. A., & Cho, H-I. (2011). Spirituality in Korean adolescents: Life Perspectives Inventory. *Professional School Counseling, 15,* 15–33.

Sesma Jr, A., Mannes, M., & Scales, P. C. (2013). Positive adaptation, resilience and the developmental assets framework. In S. Goldstein & R. B. Brooks (Eds.), *Handbook of resilience in children* (pp. 427–442). New York, NY: Springer.

Sessanna, L., Finnell, D. S., Underhill, L., M., Chang, Y.-P., & Peng, H.-L. (2011). Measures assessing spirituality as more than religiosity: A methodological review of nursing and health–related literature. *Journal of Advanced Nursing, 67,* 1677–1694.

Seybold, K. (2010). Biology of spirituality. *Perspectives on Science and Christian Faith, 62,* 89–98.

Shek, D. T. L. (2001). Meaning in life and sense of mastery in Chinese adolescents with economic disadvantage. *Psychological Reports, 88,* 711–712.

Shek, D. T. L. (2012). Spirituality as a Positive Youth Development Construct: A Conceptual Review. The Scientific World Journal, 2012.

Shek, D. T. L., & Yu, L. (2011). A review of validated youth prevention and positive youth development programs in Asia. *International Journal of Adolescent Medicine And Health, 23,* 317–324.

Shek, D. T. L., Ma, H. K., & Cheung, P. C. (1994). Meaning in life and adolescent antisocial and prosocial behavior in a Chinese context. *Psychologia: An International Journal of Psychology in the Orient, 37,* 211–218.

Sheldon, K. M. (2006). Positive psychology: The science of happiness and human strengths and an introduction to positive psychology. *The Journal of Positive Psychology, 1*(1), 53–55.

Shepard, J. M., Shahidullah, J. D., & Carlson, J. S. (2013). *Counseling students in levels 2 and 3: A PBIS/RTI guide.* Thousand Oaks, CA: Corwin.

Sheridan, M. J. (2004). Predicting the use of spiritually–derived interventions in social work practice. A survey of practitioners. *Journal of Religion and Spirituality in Social Work, 23*(4), 5–25.

Shimabukuro, K., Daniels, J., & D'Andrea, M. (1999). Addressing spiritual issues from a cultural perspective: The case of the grieving Filipino boy. *Journal of Multicultural Counseling and Development, 27,* 221–239.

Shukor, S. A., & Jamal, A. (2013). Developing scales for measuring religiosity in the context of consumer research. *Middle-East Journal of Scientific Research, 13*, 69–74.

Shults, C. (2008). Making the case for a positive approach to improving organizational performance in higher education institutions: the community college abundance model. *Community College Review, 36*(2), 133–159.

Shure, M. B., & Aberson, B. (2013). Enhancing the process of resilience through effective thinking. In S. Goldstein & R. B. Brooks (Eds.), *Handbook of resilience in children* (pp. 481–503). New York, NY: Springer.

Simon, L. L., & Norton, N. E. L. (2011). A mighty river: Intersections of spiritualties and activism in children's and young adult literature. *Curriculum Inquiry, 41*, 293–318.

Sink, C, A., & Richmond, C. (2004). Introducing spirituality to professional school counseling. *Professional School Counseling, 7*, 291–292.

Sink, C. A. (1997). Spirituality and faith development of schoolchildren: Implications for school counseling. *Religion and Education, 24*, 59–67.

Sink, C. A. (2004). Spirituality and comprehensive school counseling programs. *Professional School Counseling, 7*, 309–317.

Sink, C. A. (2008). Stages (pathways) of faith/spiritual development. Retrieved from https://docs.google.com/viewer?a = v&pid = sites&srcid = ZGVmYXVsdGRvb WFpbnxjaHJpc3Npbmt3ZWJzaXRlfGd4OjJhNTUxMDU5NWJiOTZiYmE

Sink, C. A. (2009). *Life Perspectives Inventory (LPI)—English version and technical report.* Seattle, WA: Seattle Pacific University.

Sink, C. A. (2010). *Student spirituality. ASCA School Counselor, 47*(3), 38–43. Retrieved from http://www.schoolcounselor.org/ article.asp?article = 1119&paper = 91&cat = 137

Sink, C. A. (2011). Major influences and pathways to healthy and atypical development. Unpublished document.

Sink, C. A., & Cleveland, R. (2012). Spirituality an untapped developmental asset: Implications for school counseling/La spiritualité en tant qu' atout inexploité de développement: les conséquences pour le counseling scolaire. *Counselling and Spirituality, 31*(2), 15–38.

Sink, C. A., & Devlin, J. (2011). Student spirituality and professional school counseling: Issues, opportunities, and challenges. *Counseling and Values,*

85, 130–148.

Sink, C. A., & Edwards, C. (2008). Supportive learning communities and the transformative role of professional school counselors. *Professional school counseling, 12*(2), 108–114.

Sink, C. A., & Hyun, J. (2012). A comprehensive review of research on child and adolescent spirituality: Evidence for the inclusion of spirituality in school counseling. *Journal of Asia Pacific Counseling, 2*(1), 19–43.

Sink, C. A., & Richmond, C. (2008). Supportive learning communities and the transformative role of professional school counselors. *Professional School Counseling, 12*(2), 108–114.

Sink, C. A., & Richmond, L. (2004). Introducing spirituality to professional school counseling. *Professional School Counseling, 7*, 291–292.

Sink, C. A., & Rubel, L. (2001). The school as community approach to violence prevention. In D. S. Sandhu (Ed.), *Faces of violence: Psychological correlates, concepts, and intervention strategies* (pp. 417–437). Huntington, NY: Nova Science Publishers.

Sink, C. A., & Simpson, L. (2013). African Americanadolescent spirituality: Implications for school counseling. *Religion and Education, 40*, 1–31.

Sink, C. A., Stern, J., & Cleveland, R. (2007). Spiritual formation in Christian school counseling programs. *Journal of Research on Christian Education, 16*, 35–63.

Siu-Man, N., Mao-Sheng, R., & Chan, C. (2010). Factors related to suicidal ideation among adolescents in Hong Kong. *Illness, Crisis & Loss, 18*, 341–354.

Skovholt, T. M., & McCarthy, P. R. (1988). Critical incidents: Analysis for counselor development. *Journal of Counseling and Development, 67*, 69–130.

Skovholt, T. M., & Ronnestad, M. H. (1992). The mesin Therapist and Counselor Development. *Journal of Counseling and Development, 70*, 505–515.

Skovholt, T. M., & Starkey, M. (2008). Epistemology Legs of the Practitioner's Stool: Research, Practice, Personal Life. Paperpresented at the 116th Annual Convention of the American Psychological Association, Washington, DC.

Slee, N. M. (1996). Further on from Fowler: Post-Fowler faith development research. In L. J. Francis, W. K. Kay, & W. S. Campbell (Eds.), *Research in religious education* (pp. 73–96). Macon, GA: Smyth & Helwys Publishing.

Smith-Augustine, S. (2011). School counselors' comfort and competence with spirituality issues. *Counseling and Values, 55,* 149-156.

Smith, C., & Denton, M. L. (2005). *Soul searching: The religious and spiritual lives of American teenagers.* New York, NY: Oxford University Press.

Smith, C., & Snell, P. (2009). *Souls in transition: The religious and spiritual lives of emerging adults.* New York, NY: Oxford University Press.

Smith, E. P. (2006). The strength-based counseling model: A paradigm shift in psychology. *The Counseling Psychologist, 34,* 134-144. doi: 10.1177/0011000005282364

Smith, E. P., Boutte, G. S., Zigler, E., Finn-Stevenson, M. (2004). Opportunities for schools to promote resilience in children and youth. In K. I. Maton, C. J. Schellenbach, B. J. Leadbeater, & Solarz, A. L. (Eds.), *Investing in children, youth, families, and communities: Strengths-based research and policy* (pp. 213-231). Washington, DC: American Psychological Association.

Smith, J., & McSherry, W. (2004). Spirituality and child development: A concept analysis. *Journal of Advanced Nursing, 45*(3), 307-315.

Smith, L., Webber, R., & DeFrain, J. (2013). Spiritual well-being and its relationship to resilience in young people: A mixed methods case study. *SAGE Open, 3*(2), 1-16. doi: 10.1177/2158244013485582. Retrieved from http://sgo.sagepub.com/content/3/2/2158244013485582.full.pdf+html

Smith, T. B., Richards, P. S., MacGranley, H., & Obiakor, F. (2004). Practicing multiculturalism: An introduction. In T. B. Smith (Ed.), *Practicing multiculturalism: Affirming diversity in counseling and psychotherapy* (pp. 3-16). Boston: Pearson Education.

Smith-Augustine, S. (2011). School counselors' comfort and competence with spirituality issues. *Counseling and Values, 55,* 149-156.

Snarey, J. (1991). Faith development, moral development, and non-theistic Judaism: A construct validity study. In W. Kurtines & J. Gerwitz (Eds.), *Handbook of Moral Development and Behavior* (Vol. 2, pp. 279-306). Hillsdale, NJ: Lawrence Erlbaum.

Snyder, C. R., Hoza, B., Pelham, W. E., Rapoff, M., Ware, L., Danovsky, M., Highberger, L., Ribinstein, H., & Stahl, K. J. (1997). The development and validation of the Children's Hope Scale. *Journal of Pediatric Psychology, 22,*

399–421.

Snyder, C. R., Lopez, S. J., & Pedrotti, J. T. (2011). *Positive psychology: The scientific and practical explorations of human strengths*. Thousand Oaks, CA.

Solomon, R. C. (2007). *Spirituality for the skeptic*. New York, NY: Oxford University Press.

Solomon, V., Battistich, D., Watson, M., & Schaps, E. (1997). Caring school communities. *Educational Psychologist, 32*, 137–151.

Souza, K. Z. (1999, October). A review of spirituality in counselor education. Paper presented at the National Conference for the Association for Counselor Education and Supervision, New Orleans, LA. Retrieved from http://www.eric.ed.gov/PDFS/ED436689.pdf

Sroufe, L. A., & Jacobvitz, D. (2010). Diverging pathways, developmental transformations, multiple etiologies and the problem of continuity in development. *Human Development, 32*(3–4), 196–203.

Stalikas, A., & Fitzpatrick, M. R. (2008). Positive emotions in psychotherapy theory, research, and practice: New kid on the block? *Journal of Psychotherapy Integration, 18*, 155–166. doi:10.1037/1053-0479.18.2.155

Stanard, R. P., Sandhu, D. S., & Painter, L. (2000). Assessment of spirituality in counseling. *Journal of Counseling & Development, 78*, 204–210.

Staton, R., & Cobb, H. (2006). Religion and spirituality. In G. G. Bear & K. M. Minke (Eds.), *Children's needs III: Development, prevention, and intervention* (pp. 369–378). Washington, DC: National Association of School Psychologists.

Steger, M. F., & Frazier, P. (2004). Meaning in life: One link in the chain from religiousness to well-being. *Journal of Counseling Psychology, 52*, 574–582.

Steger, M. F., Frazier, P., Oishi, S., & Kaler, M. (2004). The development and validation of the meaning in life questionnaire. Unpublished Manuscript. University of Minesota.

Steinberg, L., Cauffman, E., Woolard, J., Graham, S., & Banich, M. (2009). Are adolescents less mature than adults?: Minors' access to abortion, the juvenile death penalty, and the alleged APA "flip-flop". *American Psychologist, 64*(7), 583–594.

Streib, H. (2005). Faith development research revisited: Accounting for diversity in structure, content, and narrativity of faith. *The International Journal for the Psychology of Religion, 15*, 99–121.

StrengthsTest.com. (2005–2012). Strengths Finder strengths list. Retrieved from http://www.strengthstest.com/strengthsfinderthemes/strengths-themes.html

Sue, D. W., & Sue, D. (2008). *Counseling the culturally diverse: Theory and practice* (5th ed.). Boboken: John Wiley & Sons. Inc.

Sugai, G., & Homer, R. R. (2006). A promising approach for expanding and sustaining school-wide positive behavior support. *School Psychology Review, 35*, 245–259.

Sun, R. C., & Shek, D. T. (2010). Life satisfaction, positive youth development, and problem behaviour among Chinese adolescents in Hong Kong. *Social Indicators Research, 95*, 455–474.

Sweet, M. J., & Johnson, C. G. (1990). Enhancing empathy: The interpersonal implications of a Buddhist meditation technique. *Psychotherapy, 27*, 19–29.

Tatum, B. D. (1997). *"Why are all the Black kids sitting together in the cafeteria?" and other conversations about race. A psychologist explains the development of racial identity.* New York, NY: Basic Books.

Templeton, J. L., & Eccles, J. S. (2006). The relation between spiritual development and identity processes. In E. Roehlkepartain, P. King, L. Wagener, & P. Benson (Eds.), *The handbook of spiritual development in childhood and adolescence* (pp. 252–265). Thousand Oaks, CA: Sage.

Templeton, J. S., & Eccles, J. L. (2006). The relation between spiritual development and identity processes. In E. C. Roehlkepartain, P. E. King, L. Wagener, & P. L. Benson (Eds.), *The handbook of spiritual development in childhood and adolescence* (pp. 252–265). Thousand Oaks, CA: Sage.

To, S., Ngai, S. S., Ngai, N., & Cheung, C. (2007). Young people's existential concerns and club drug abuse. *International Journal of Adolescence and Youth, 13*, 327–341.

Troy, A. S., & Maus, I. B. (2011). Resilience in the face of stress: emotion regulation as a protective factor. In S. M. Southwick, T. Litz, D. Charney, & M. Friedman (Eds.), *Resilience and mental health: Challenges across the lifespan* (pp. 30–44). New York, NY: Cambridge University Press.

Tucker, L. M. (2010). Quest for wholeness: Spirituality in teacher education.

Education for Meaning and Social Justice, 23(2), 1-10.

U. S. Department of Education. (2007). Caring School Community (formerly, the Child Development Project). What Works Clearinghouse Intervention Report. Retrieved March 10, 2008, from http://www.eric.ed.gov/ERICDocs/data/ericdocs2sql/content_storage_01/0000019b/80/3a/47/04.pdf

Ungar, M. (2011). The social ecology of resilience: Addressing contextual and cultural ambiguity of a nascent construct. *American Journal of Orthopsychiatry, 81,* 1-17.

Ungar, M., Ghazinour, M., & Richter, J. (2012). Annual research review: What is resilience within the social ecology of human development? *Journal of Child Psychology and Psychiatry, 54,* 348-366. doi: 10.1111/jcpp.12025

Urry, H. L., & Poey, A. P. (2008). How religious/spiritual practices contribute to well-being: The role of emotion regulation. In R. M. Lerner, R. W. Roeser, E. Phelps, R. M. Lerner, R. W. Roeser, & E. Phelps (Eds.), *Positive youth development and spirituality: From theory to research* (pp. 145-163). West Conshohocken, PA: Templeton Foundation Press.

Van Dyke, C. J., Glenwick, D. S., Cecero, J. J., & Kim, S-K. (2009). The relationship of religious coping and spirituality to adjustment and psychological distress in urban early adolescents. *Mental Health, Religion & Culture, 12,* 369-383.

Vassar, M., & Hale, W. (2007). Reliability reporting practices in youth life satisfaction research. *Social Indicators Research, 83,* 487-496.

Venkatesananda, S. (1984). *The concise Yoga Vasistha.* Albany, NY: SUNY.

Vygotsky, L. S. (1978). *Mind in society.* Cambridge, MA: Harvard University Press.

Wade, N. (2009). *The faith instinct: How religion evolved and why it endures.* New York, NY: Penguin.

Waginold, G. M., & Young, H. M. (1993). Development and psychometric evaluation of the Resilience Scale. *Journal of Nursing Measurement, 1,* 165-178.

Waterman, A. S. (2013). The humanistic psychology–positive psychology divide: Contrasts in philosophical foundations. *American Psychologist, 68,* 124-133. doi: 10.1037/a0032168

Watkins, C. (2005). *Classrooms as learning communities: What s in it for schools?* New York: Routledge.

Watts, R. E. (2011). Embracing both a constructivist counseling approach and a specific religious tradition: Is it a leap of faith? *Counseling and Values, 56*(1-2), 3-9.

Weisner, T. S. (2002). Ecocultural understanding of children's developmental pathways. *Human development, 45,* 275-281.

Welwood, J. (2000). *Toward a psychology of awakening: Buddhism, psychotherapy, and the path of personal and spiritual transformation.* Boston: Shambhala.

Wentzel, K., & Juvonen, J. (1996). *Social motivation: Understanding children's school adjustment.* New York: Cambridge University Press.

Westgate, C. (1996). Spiritual wellness and depression. *Journal of Counseling & Development, 75,* 26-35.

Wickramaratne, P. J., Weissman, M. M., Leaf, P. J., & Holford, T. R. (1989). Age, period and cohort effects on the risk of major depression: results from five United States communities. *Journal of Clinical Epidemiology, 42,* 333-343.

William, J. (1950). *The Varities of Religious Experience.* New York: Bantam.

Williams, N., & Lindsey, E. (2005). Spirituality and religion in the lives of runaway and homeless youth: Coping with adversity. *Journal of Religion & Spirituality in Social Work, 24*(4), 19-38.

Williams, T., Gomez, E., Hilla, E., Millikena, T., Goffa, J., & Gregory, N. (2013). The Resiliency and Attitudes Skills Profile: An assessment of factor structure. *Illuminare, 11*(1), 16-30. Retrieved from http://scholarworks.iu.edu/journals/index.php/illuminare/article/view/3179

Williamson, E. G. (1939). *How to counsel students: A manual of techniques for clinical counselors.* New York, NY: McGraw-Hill.

Williamson, G. M., & Christie, J. (2009). Aging well in the 21st century: Challenges and opportunities. In C. R. Snyder & S. Lopez (Eds.), *Oxford handbook of positive psychology* (pp. 165-170). New York, NY: Oxford University Press.

Willow, R. A., Tobin, D. J., & Toner, S. (2009). Assessment of the use of spiritual genograms in counselor education. *Counseling and Values, 53,* 214-223.

Wintersgill, B. (2008). Teenagers' perceptions of spirituality—A research report. *International Journal of Children's Spirituality, 13,* 371-378, doi:10.1080/13644360802439565

Wolf, J. T. (2004). Teach, but don't preach: Practical guidelines for addressing spiritual concerns of students. *Professional School Counseling, 7,* 363-366.

Wong, P. (2006). A conceptual investigation into the possibility of spiritual education. *International Journal of Children's Spirituality, 11,* 73-85.

Yates, T. M., & Masten, A. S. (2004). Fostering the future: Resilience theory and the practice of positive psychology. In P. A. Linley & S. Joseph (Eds.), *Positive psychology in practice* (pp. 521-539). New York, NY: John Wiley & Sons.

Yeh, C. J., Borrero, N. E., & Shea, M. (2011). Spirituality as a cultural asset for culturally diverse youth in urban schools. *Counseling and Values, 55,* 185-198.

Yonker, J. E., Schnabelrauch, C. A., & DeHaan, L. G. (2012). The relationship between spirituality and religiosity on psychological outcomes in adolescents and emerging adults: A meta-analytic review. *Journal of Adolescence, 35,* 299-314.

Young, J., & Fuller, J. O. (1996). The assessment of spiritual issues in counseling [monograph]. Retrieved from http://eric.ed.gov/

Yousafzai, A. K., Rasheed, M. A., & Bhutta, Z. A. (2013). Annual research review: Improved nutrition—A pathway to resilience. *Journal of Child Psychology and Psychiatry, 54,* 367-37.

Yue, X. (2010). On idol transformation education—Thoughts for helping young people to benefit from idol worship. *Asian Journal of Counselling, 17*(1-2), 23-40.

Zohar, D., & Marshall, I. (2001). *SQ: Connecting with our spiritual intelligence.* London: Bloomsbury.

찾아보기

〈 인명 〉

〈내용〉

■ 저자 소개 ■

크리스토퍼 싱크(Christopher Sink)
미국 시애틀퍼시픽 대학교(Seattle Pacific University) 교수

서미
한국청소년상담복지개발원 상담조교수

김동현
경기도 용인 한일초등학교 교사

아동·청소년을 위한 긍정상담
- 영성을 중심으로 -

2014년 1월 3일 1판 1쇄 인쇄
2014년 1월 7일 1판 1쇄 발행

지은이 • 크리스토퍼 싱크 · 서미 · 김동현
펴낸이 • 김진환
펴낸곳 • (주) 학지사
　　　　121-837 서울특별시 마포구 서교동 352-29 마인드월드빌딩 5층
대표전화 • 02)330-5114　　　팩스 • 02)324-2345
등록번호 • 제313-2006-000265호

홈페이지 • http://www.hakjisa.co.kr
커뮤니티 • http://cafe.naver.com/hakjisa

ISBN 978-89-997-0261-7 93180

정가 17,000원

인터넷 학술논문 원문 서비스 **뉴논문** www.newnonmun.com

이 도서의 국립중앙도서관 출판시도서목록(CIP)은 서지정보유통지
원시스템 홈페이지(http://seoji.nl.go.kr)와 국가자료공동목록시스템
(http://www.nl.go.kr/kolisnet)에서 이용하실 수 있습니다.
(CIP제어번호: CIP2014000559)